1

2

3

4

5 **Autor: Robert Kroiss**

6

7

8

9

10

11

12

13

14

15

16

17

18

19

20

21

22

23

24

25

26

27

28

29

30

31

32

33

34

35

36

37

38

39

40

41

42

43

44

45   **Mein Buch für Dich**

46

47

48

49

50

51

52

53

54

55

56

57

58

59

Vorwort

Dieses Buch soll keine Abrechnung sein, kein Auszug aus dem "Who is Who" des Lebens. Es dient vielleicht für all die jungen Menschen dazu, über das Für und wider mancher Taten und Vorhaben nachzudenken, für die Älteren, daher stammt wohl auch das Wort Eltern, soll es ein Buch zum Nachdenken sein, welche Folgen die Erziehung von Kindern für das spätere Leben haben kann, nicht muss. Sicher gibt es auch viele Kinder, die das gleiche Schicksal, oder noch Schlimmere, erlebt haben und dennoch aus ihrem Leben etwas gemacht haben, aber das wird nicht unbedingt die Regel sein. Ich habe mich zu diesem Buch entschlossen, nachdem ich mit 42 Jahren vor den Trümmern meines Lebens stand, vor einem geschäftlichen Desaster, entstanden durch die „Flucht" aus dem kriminellen Milieu, hinein in die Bastion der „soliden" Bevölkerung, die mich in ihrem Bereich nicht akzeptierten wollte. Nachdem alle Versuche gescheitert waren, dennoch Fuß zu fassen, habe ich die Reste meines Lebens in Koffer gepackt, und habe mich respektvoll aus dem Land der Untoleranz verabschiedet. Deutschland Ade, die Welt ist weit und hat genügend Platz für Außenseiter wie mich.

Ganz besonders widme ich dieses Buch meinen besten Freund Klaus, der mich in den letzten Jahre mit seiner kompromisslosen Freundschaft, durch alle Höhen und Tiefen, begleitet hat. Eine sicher nicht ganz alltägliche Freundschaft, die hoffentlich noch viele Jahre bestehen wird

88 und die auch durch die Entfernung nicht an ihrer Intensität

89 verlieren kann.

90 Alle anderen die in diesem Buch, positiv oder negativ

91 erwähnt werden sei gesagt, dass es nicht in meiner Absicht

92 lag, Menschen zu diskriminieren, oder schlecht zu machen.

93 Ich wollte mit diesem Buch mir selbst und auch denen, die es

94 interessiert, die Möglichkeit geben, intensiver über Sinn

95 und Unsinn mancher Dinge im Leben nachzudenken.

96 Meiner Mutter, sofern sie noch lebt, sowie meinen

97 Geschwistern sei auf diesem Weg noch gesagt, dass ich die

98 letzten 15 Jahre, seit wir uns zum letzten Mal gesehen

99 haben, immer nur mit Groll und Zorn an sie gedacht habe und

100 auch in der verbleibenden Zeit keinen Kontakt haben möchte.

101 Ich bin noch zu jung um von Lebenskrise zu sprechen, aber

102 alt genug um festzustellen, dass mein Leben eine einzige

103 Krise war, ein Kampf gegen die Gesellschaft, die mit

104 unfairen Mitteln und Wegen gegen mich angekämpft hat. Ich

105 bekenne mich auch dazu, dass ich viele Fehler und vielleicht

106 auch noch mehr Probleme durch meinen Charakter und meine Art

107 zu Leben hervorgerufen habe, als ich sowieso schon hatte,

108 aber geschlagene Hunde beißen schneller und manchmal auch

109 aus Angst. Eine Angst, die meine Erziehung und später auch

110 die Gesellschaft in mir sehr stark geweckt hat und die bis

111 heute nicht mehr von meiner Seite gewichen ist. Eine Angst,

112 zu verlieren und auf der Strecke zu bleiben. Eine Angst,

113 nicht gut genug zu sein, nicht besser als die Anderen, den

114 Makel nicht verstecken zu können oder die Angst, mit

115 Misserfolg nicht umgehen zu können.

116

```
117  Wenn ich mich dazu entschlossen habe, die Namen in dem Buch
118  zu ändern, dann nur aus dem Grund, damit wirklich jedermann
119  das Buch unter neutralen Gesichtspunkten lesen und bewerten
120  kann. Die, die es betrifft, werden sich wiedererkennen und
121  die, die sich nicht wiedererkennen haben es wohl nicht
122  verdient, in diesem Buch erwähnt zu werden. Ich versichere
123  jedem Leser, dass es sich bei allen Schilderungen um
124  wirklich so geschehene Ereignisse handelt, weder etwas
125  verheimlicht, hinzugefügt oder beschönigt wurde.
126
127
128
129  Copyright
130
131
132
133  Verlag
134
135
136
137  Auflage
138
139
140
141  Gerichtsstand
142
143
144
145  2002
```

146

147

148

149   **Preis**

150

151

152

153

154   **Mein Dank gilt insbesondere Enrique und Horst vom Mambo in**

155   **Ibiza Stadt, die mir die letzten Monate mit einem Dach über**

156   **dem Kopf und mit teilweise sehr vielen Getränken die**

157   **Möglichkeit gaben, dieses Buch fertig zu schreiben und**

158   **nebenbei nicht zu verdursten.**

159

160

161

162

163   **Einleitung:**

164

165   **Das Buch beginnt tatsächlich so, wie ich es erlebt habe,**

166   **meine ersten Zeilen habe ich tatsächlich am TGV Bahnhof in**

167   **Aix en Provence geschrieben und von diesem Tag an habe ich**

168   **das Ende und den Anfang meines Lebens Tag für Tag**

169   **zueinandergeführt.**

170   **Eigentlich sind es zwei Bücher, denn das eine Buch ist meine**

171   **Geschichte des Lebens im Rückblick und das andere Buch**

172   **erzählt genau mein momentanes Leben und die Umstände dazu.**

173   **Erst am Ende werden sich beide vereinen, wenn sich die**

174   **Vergangenheit mit der Gegenwart trifft, denn noch lebe ich**

175 ja und habe somit auch das Ende meines Buches selbst
176 verfasst.
177 Dass mich eine gewisse Todessehnsucht treibt und auch meine
178 Gesundheit nicht allzu viel Hoffnung lässt, den Erfolg oder
179 Misserfolg dieses Buches noch mitzuerleben, das kann ich
180 nicht abstreiten, aber dieses Buch wurde nicht unter den
181 Voraussetzungen geschrieben, kommerziell und erfolgreich zu
182 sein, sondern um eine Hilfe in dieser manchmal sehr rauen
183 Welt zu sein, für Menschen, deren Seele nicht dafür geeignet
184 ist, mit dieser Art des Lebens fertig zu werden. Eine Hilfe
185 auch für all diejenigen, die der Meinung sind, mit Kraft und
186 Härte stellt sich der Erfolg von alleine ein und auch für
187 all diejenigen die meinen, Egoismus ist der Weg zu allem
188 Glück auf dieser Welt.
189
190
191
192
193
194 Egoismus ist die reine Form einer Droge:
195 Wer es einmal ausprobiert hat, wird nicht mehr davon
196 loskommen und immer mehr brauchen, um glücklich zu sein.
197
198
199
200
201
202
203

204

205

206

207

208

209

210

211

212

213

214

215

216

217

218

219

220

221

222

223

224

225

226   **Jede Rechnung im Leben muss bezahlt werden, wie in einem**

227   **guten Lokal, immer am Schluss, und unabänderlich...**

228

229

230

231

232

233

234 Und für alle meine Freunde noch ein kleiner persönlicher

235 Satz:

236

237

238 Meist war ich es, der Hilfe anbot, der Hilfe und Rat gab.

239 Oft war ich es, der Undank und Ärger dafür geerntet hat.

240 Aber ich habe es immer mit Überzeugung und in guter Absicht,

241 ohne Hintergedanken getan. Neid, Missgunst und Egoismus habe

242 ich bis heute nicht gekannt und trotzdem oder deswegen hatte

243 ich Freunde, nicht viele, aber genug um darauf stolz zu sein

244

245

246

247

248

249 Ach, Gott sei Dank, und ich dachte schon ich hätte mal

250 Glück: Es fährt   kein Zug von Aix en Provence nach

251 Barcelona, aha, zurück nach Marseille und dort umsteigen,

252 nach Barcelona... nun, nach Beginn meiner Reise in ein neues

253 Leben keine Überraschung mehr für mich. Da stehe ich nun,

254 mit fünf Taschen und einem Koffer, meinem Notebook und einer

255 Tüte mit Strohhalmen und weiß noch nicht so recht, wie ich

256 das jemals alles bis nach Ibiza bringen soll, ohne Auto und

257 ohne Hilfe und dann geht da noch nicht einmal ein Zug direkt

258 hin. Zum Kotzen alles, ich bin selbst zum Auswandern wohl zu

259 dämlich.

260 Nun, ich muss wohl noch erzählen, dass ich mit 42 Jahren den

261 Entschluss fasste, noch mal ganz von vorne anzufangen, mich

262 reduzieren, wie ich dazu sage. Nicht das erste Mal in meinem

263 Leben, ich habe nicht mitgezählt, aber ich weiß, es war

264 sehr, sehr oft, dass ich mal wieder ganz von vorne anfangen

265 wollte oder musste. Der kleine Unterschied diesmal ist nur,

266 dass ich fast 43 Jahre alt bin und keine Lust und auch keine

267 Kraft mehr habe, ich wollte nur noch mein Leben

268 niederschreiben und dafür habe ich mir eine Insel

269 ausgesucht, die mir das Gefühl geben kann, noch am Leben zu

270 sein - Ibiza.

271 Also überlegte ich mir, wie es wohl am Besten gehen würde,

272 dieses Auswandern. Um immer ein Dach über den Kopf zu haben,

273 ist ein Wohnmobil die richtige Alternative, da kann man

274 immer drin schlafen, kochen und hat alles bei sich, was man

275 denn so im Leben noch braucht, Unterlagen, Papierkram,

276 Kleidung und Schuhe, einfach alles was zu einem vernünftigen

277 Leben hinzugehört und was wichtig ist, man kann immer und

278 überall bleiben, oder auch wieder wegfahren. Gut, Problem

279 erkannt, Problem gebannt, unter widrigen Umständen ein

280 Wohnmobil gekauft, nicht mir Hirn, sondern nach Gefühl. In

281 meiner Heimatstadt Rosenheim habe ich alles verkauft,

282 verschenkt und im Chaos hinterlassen, das Wohnmobil mit dem

283 Rest von meinem Leben gefüllt, Bekleidung, ein paar

284 Unterlagen, 800 CDs mit unmöglicher Musik, ein paar Euros

285 und wenig Zuversicht.

286 Auf dem Weg nach Ibiza, meiner ersten Anlaufstation, ging

287 soweit eigentlich noch alles ganz glatt, das amerikanische

288 Model eines 6,6 ltr. Motors soff wie ein Bürstenbinder, aber

289 egal, Hauptsache ich war endlich auf dem Weg, denn sonst

290 hätte ich es wahrscheinlich nicht geschafft, alles hinter

291 mir zu lassen, meine Freundin, meine Wohnung, all meine

292 Freunde und Bekannten, die mir noch was bedeuteten, einfach

293 alles, was man so auf einer Reise, alleine in eine ungewisse

294 Zukunft so hinter sich lässt. Es war ein tränenreicher

295 Abschied und ich denke, die ersten Kilometer brauchte der

296 Motor genauso viel Sprit, wie ich Tränen vergoss, eine

297 Unmenge. Nachdem ich in den frühen Morgenstunden etwas arg

298 müde wurde und meine verheulten Augen auch etwas Ruhe

299 brauchten, legte ich in Cannes eine kleine Pause ein, und

300 fuhr dann am Vormittag weiter Richtung Barcelona, denn ich

301 brauchte ja die Fähre nach Ibiza und die ging nur von

302 Barcelona aus. Ich hatte gerade die ersten Schilder, die auf

303 diese wunderschöne Stadt hinwiesen, hinter mir gelassen,

304 voller Freude auf die Fähre, da verabschiedete sich der

305 Motor mit einem aufrechten „Hoppla, ich bin am Ende". Nicht

306 dass der Motor schlecht gewesen wäre, nein, das sicher

307 nicht, aber man sollte eben auf den Tacho sehen, vor allem

308 bei einem Wohnmobil mit 4 Tonnen und meiner massiven

309 Zuladung. Jedenfalls stand ich mitten auf der Autobahn,

310 Ausfahrt 28 und kam aus dem Staunen nicht mehr heraus, wie

311 viel Öl in so einem Motor doch ist und wie sich das alles

312 auf der Strasse nach und nach verteilte, denn erst nach

313 Stunden des Wartens kam endlich auch mal ein Abschleppwagen,

314 und ich konnte alles, nur nicht Französisch

315 Kein Problem in Frankreich, für Franzosen ist Englisch eine

316 echte Fremdsprache, jeder kann sie und keiner gibt es zu,

317 und noch dazu wenn du als Deutscher die Frechheit besitzt,

318 mit deinem amerikanischen Wohnmobil auf der teuren Autobahn

319 liegen zu bleiben. Nun gut, da kamen jetzt erst mal ein paar

320 gravierende Probleme auf mich zu, wie mir so in der langen
321 Wartezeit durch den Kopf ging: Kein ADAC-Schutzbrief oder
322 dergleichen, keine französischen Sprachkenntnisse, keine
323 Kreditkarte und auch wenig Bargeld. Davon dass die Fähre weg
324 war und ich noch nicht wusste, wie ich meine ganzen Sachen
325 von diesem Ort wegbringen sollte, ganz zu schweigen. Den
326 ADAC ausgetrickst, das war noch das kleinere Problem, dank
327 meines Freundes Klaus, der mir dabei sehr behilflich war,
328 denn wer auswandert hat sicher keinen Schutzbrief, aber
329 zumindest wird das Mobil nach Deutschland überführt was ja
330 auch einiges kosten wird, bei einem so großen und schweren
331 Wohnmobil. Nur, ich habe auch keine internationale
332 Kreditkarte, also auch kein Leihwagen. Damit war mal ganz
333 schnell klar, dass ich auf diese Art nicht von dem Ort
334 wegkam, denn selbst die Versuche aus Deutschland einen
335 Leihwagen zu ordern, Klaus hatte dafür seine Kreditkarte zur
336 Verfügung gestellt, scheiterte und hatte auch generell keine
337 Chance, weil man nicht mit dem Leihwagen auf die Insel
338 fahren darf. Und nachdem der Ort des Abschleppunternehmens
339 auch kein Hotel hatte, fuhr ich mit dem Taxi in die nächste
340 Stadt um dort zu erfahren, dass durch das größte Festival in
341 Frankreich, dort kein Zimmer zu bekommen ist. Welch Glück,
342 in der nächsten Stadt gab es dann ein Zimmer, nach 60 Euro
343 Taxi.
344 Am nächsten Tag dann wieder zurück zu dem
345 Abschleppunternehmen, alle weiteren Modalitäten dort
346 geregelt, Wohnmobil ausgeräumt, zumindest soviel ich tragen
347 konnte ohne zusammenzubrechen, und mit dem Taxi weiter zu
348 der nächsten Bahnstation. Wenn man sich jetzt noch überlegt,

349 **wie schwer das eigentlich ist, mit soviel Gepäck in einem**

350 **fremden Land zu sein, da ist nichts mit mal schnell auf die**

351 **Toilette oder was essen, geschweige denn ein Getränk zu**

352 **holen, oder gar Zigaretten, nein, da ist aufpassen angesagt,**

353 **sonst hat man nämlich im Nu nur noch einen Bruchteil seiner**

354 **Sachen zu tragen, der andere Teil wird von anderen getragen,**

355 **schnell und weit weg. Genau das was ich für mich auch wolle,**

356 **weit, weit weg. Und da sitze ich jetzt am Bahnhof in Aix-en-**

357 **Provence und fange an, mir über mein Leben intensiv Gedanken**

358 **zu machen und alles niederzuschreiben.**

359

360 Begonnen hatte eigentlich alles mit der Geburt, besser

361 gesagt, sechs Monate früher. An diesem Tag kam meine Mutter

362 zu meinem Vater und überraschte ihn mit der Mitteilung, sie

363 sei erneut schwanger. Generell gesehen eine nette Nachricht

364 wohl, aber nicht so für meinen Erzeuger, ein Mann der gerne

365 alles bestimmte und alles nach seinen Wünschen und Denken zu

366 funktionieren hatte. Nach zwei Mädchen und einigen Jahren

367 der Ruhe war ich einfach nicht geplant und auch im

368 finanziell sehr eng gehaltenen Familienbudget nicht

369 enthalten. Außerdem wurde ich ganz schnell für meinen Vater

370 zu einem Unhold, denn obwohl noch nicht mal auf der Welt

371 stiftete ich schon

372 familiären Unfrieden. Hatte doch mein werter Herr Vater,

373 sämtliche Kinder- und Babysachen, Möbel als auch

374 Kinderwagen, Bett, etc. , verschenkt, genau an dem Tag als

375 meine Mutter mit der erfreulichen Nachricht nach Hause kam.

376 Haha, das war ein Brüller, den hörte ich durch den Bauch

377 direkt bis in die Fruchtblase. Also, mein Vater liebte mich

378 von diesem Tag an anscheinend gleich so richtig.

379 Wahrscheinlich hat meine Mutter wohl auch in etwa so

380 gedacht, denn wer von beiden jetzt nicht aufgepasst hat oder

381 was sonst der Grund für die Schwangerschaft war weiß keiner,

382 nur, zwei Kinder in der Zeit würden vollauf genügen...

383 und... und... und., ich jedenfalls wurde am 8. Februar mit

384 einem fröhlichen „Hurra, er ist da", oder so ähnlich

385 empfangen. Habe ich mir zumindest gewünscht. Laut meiner

386 Großmutter war das wohl nicht so, wobei meine Großmutter

387 meine Mutter nicht sonderlich gern mochte. Wie ich von

388 meiner Großmutter väterlicherseits später erfuhr,

389 verweigerte sich die gesamte Familie anfangs, sich um mich

390 zu kümmern, sodass ich die ersten Wochen bei meiner

391 Großmutter verbrachte. Irgendwann durfte ich dann wohl auch

392 mal die nette Familie kennen lernen, bekam im Zimmer meiner

393 beiden Schwestern ein Bett hingestellt, was die beiden ab

394 dem Tag zu meinen „besten" Freundinnen machte. Später

395 zahlten sie mir diese „Unverschämtheit" mehrfach zurück. Mit

396 soviel Liebe aufgewachsen, begann ich wohl sehr früh, mich

397 generell auf mich Selbst zu verlassen und mal von

398 vorneherein in Opposition zu gehen. Wobei man natürlich

399 sagen muss, dass ich damals nicht so denken konnte, dazu war

400 ich ja wohl zu klein. Heute würde ich es so definieren.

401 Im zarten Alter von 3 Jahren hatte ich den ersten

402 Vollrausch. Schlichtweg hatte ich mich über eine Flasche

403 Eierlikör hergemacht, den meine Großmutter wohl nicht für

404 mich gemacht hat. Und nachdem bei jedem Vollrausch

405 Abertausende von Gehirnzellen absterben, waren bei mir wohl

406 ab diesem Zeitpunkt die wichtigsten Gehirnzellen im Arsch.

407 Wohlgemerkt, ich war auch noch im Sternzeichen des
408 Wassermanns geboren also von Natur aus sehr anders.

409 Mit fünf Jahren hatte ich dann das erste bleibende Erlebnis
410 mit meinem Vater, wobei es sicher schon vorher zu solchen
411 gravierenden Erlebnissen gekommen ist, aber eben viele
412 Erlebnisse wohl nur im Unterbewusstsein gespeichert werden.
413 Ich hatte also im Alter von fünf Jahren die Schnauze so
414 richtig voll von zuhause, von der Art wie man mich
415 behandelte und wofür ich alles verantwortlich war. Ich
416 musste zu dieser Zeit schon die Kohleneimer aus dem Keller
417 holen die dann fünf Stockwerke ohne Lift nach oben mussten,
418 das Holz zum Anfeuern ebenso, wie den Abfall runterbringen.
419 Es gab schon damals etwas, was mich immer mehr in den Bann
420 zog, Erzählungen über Huckleberry Fin und Karl May
421 faszinierten mich, waren mein liebstes Erlebnis, vor allem
422 über Reisen in fremde Länder konnte ich wohl stundenlang
423 zuhören. Ich weiß es noch wie heute, ich hatte einen roten
424 Matchsack, so eine Art Seesack für kleine Kinder. Zeit
425 meines Lebens weiß ich, dass mein Vater Punkt 10 Minuten
426 nach 17 Uhr von der Arbeit kam, dann eine halbe Stunde
427 Kaffeetrinken, Zeitungslesen und Punkt 18 Uhr gab's
428 Abendessen, akkurat 18.00 Uhr, nicht vorher und nicht
429 nachher. Um das Bild von meinem Vater zu vervollständigen
430 muss unbedingt erwähnt werden, dass er Bluthochdruck hatte,
431 cholerisch im Übermaß war, einen amerikanischen Stiftenkopf
432 und Stiernacken hatte und von Beruf Schlosser und Schmied
433 war. Also, das gab doch die besten Vorraussetzungen für ein
434 glückliches und einvernehmliches Familienleben.

435

436 **Mittlerweile habe ich Marseille im übrigen hinter mir**
437 **gelassen und befinde mich geografisch betrachtet, auf den**
438 **Weg nach Barcelona, außer man schmeißt mich aus dem Zug,**
439 **weil ich keine Zeit und Lust hatte, eine Fahrkarte zu kaufen**
440 **und die Franzosen, ganz nach dem europäischen Gedanken,**
441 **keine Fahrkarten für spanische Züge verkaufen wollen, oder**
442 **dürfen, oder möchten. Ich sitze mit meinem Notebook auch**
443 **wohl in der ersten Klasse, aber ich kann ja auch noch nicht**
444 **so viel Spanisch, dass ich das schon lesen könnte.**
445 **Anscheinend mache ich noch einen sehr gepflegten und**
446 **seriösen Eindruck auf den Schaffner, der grüßt immer ganz**
447 **freundlich, aber er will keinen Fahrschein sehen. Bin ja mal**
448 **gespannt, wie das so weitergeht. Ich sitze gerne im Zug und**
449 **betrachte die verschiedensten Landschaften, die im Eiltempo**
450 **an einem vorbeiziehen, in diesem Fall habe ich stets das**
451 **Meer auf der linken Seite. Gut dass langsam auch mein Akku**
452 **zu Ende geht, denn jetzt will jemand auf den schönen Platz**
453 **von mir, der hat ihn wohl bezahlt und reserviert. Na gut,**
454 **dann setzen wir uns eben draußen hin und rauchen mal eine**
455 **Zigarette, ist ja auch nicht schlecht.**

456

457 Mein erstes Erlebnis begann damit, dass ich mich entschloss,
458 dem harmonischen Familienleben zu entfliehen, wahrscheinlich
459 war der Auslöser mal wieder eine mehr oder weniger starke
460 Backpfeife, aus nichtigem Anlass. Ich also meinen Seesack
461 gepackt, mein Teddy musste mit, und mein Hansi, ein
462 Kopfkissen für kleine Kinder, zum festhalten. Mehr musste
463 nicht sein - doch - der Abschied: ich in die Wohnküche,
464 Kaffeetrinkzeit, meine Eltern am Tisch, und ich nur ganz

465 lapidar: Also, dann, ich wandere aus, fahre zur See und
466 suche mir jemanden, der mich lieb hat. Punkt. Absatz kehrt
467 und raus aus dem verhassten Haus. Mein Vater hinter mir her,
468 ich versteckte mich hinter den Mülltonnen vom Nachbarhaus.
469 Meinem Erzieher machte das wohl ziemlich sauer, immerhin
470 störte ich ja seine Abendruhe. Nach ein paar hundert Metern
471 laufen und verstecken hatte er mich gefunden und dann bekam
472 ich noch die ersten Schläge und Tritte mit, mehr nicht mehr,
473 alles was ich dann noch weiß ist weiß: Nette Menschen um
474 mich rum, alle in weißen Kitteln. Was mir alles genau fehlte
475 und was ich da machte, das wusste ich auch nicht, nur dass
476 mir alles weh tat und ich wohl ziemlich übel ausgesehen
477 habe. Ich weiß auch noch den Namen des Krankenhauses und
478 etliche Erlebnisse in dem Krankenhaus, Besuche und so, aber
479 es merkt sich wohl kein Kind den Namen des Krankenhauses,
480 vielleicht noch den, in dem einem die Mandeln oder der
481 Blinddarm rausgenommen wurde. Tatsache war, dass mich mein
482 Vater fand, bewusstlos schlug und ich mit etlichen inneren
483 Verletzungen ins Krankenhaus gebracht wurde, natürlich von
484 ihm, ich sei von der Rutschbahn gefallen, hahaha, die Ärzte
485 haben wohl selten so gelacht, aber ab diesem Tag hatte ich
486 ein völlig neues Verhältnis zu meinem Vater, ein völlig
487 schlechtes.
488 Ich weiß noch, dass er auch einmal, ich saß wohl noch im
489 Kinderwagen, beim C&A rausflog, weil er mich geprügelt hat
490 und ich vor lauter Zorn darüber die Luft, solange angehalten
491 hatte, bis ich blau angelaufen bin. Das konnte ich wohl
492 damals, wohl ein frühkindlicher Hang zum Selbstmord durch
493 Eigenersticken. Das war zum Beispiel ein Erlebnis, das mir

494   später eine Tante Teddy erzählt hat, die eben in jenem
495   Kaufhaus gearbeitet hat und die Sache miterleben durfte.
496   Meiner Mutter war das wahrscheinlich nicht egal, aber gegen
497   so mental und körperlich starke Menschen wie meinen Vater,
498   setzt man sich als Frau in den 60er Jahren nicht durch und
499   irgendwie wollte sie das wohl auch nicht wirklich. Sie ist
500   bis heute eine weiche Frau geblieben die immer dann krank
501   war, wenn man sie gebraucht hätte und immer versucht hat, es
502   allen recht zu machen, aber manchmal geht das eben im Leben
503   nicht und man muss sich für seine Kinder einsetzen.
504   Vielleicht ist es ja so, dass ein Teil der Eltern mit der
505   Erziehung nervlich überlastet ist, das mag vorkommen, aber
506   dann muss der andere Teil zumindest die Kinder vor
507   Übergriffen schützen und sich dazwischen stellen.
508   Auf jeden Fall wurde unser Familienleben nun zunehmend mehr
509   und mehr von Gewalt gegen mich geprägt, was auch keine
510   Einbildung ist, sondern schlichtweg eine Tatsache. Aber nur
511   mir gegenüber, mit meinen Schwestern hatte er keinerlei
512   Anfälle dieser Art, vielleicht habe ich die auch nur nicht
513   mitbekommen, das mag auch sein. Angst haben wir auf jeden
514   Fall alle vor meinen Vater gehabt, auch meine Schwestern.
515   Meiner Mutter gegenüber war er wohl auch nicht so oft
516   handgreiflich, obwohl ich das nie so mitbekommen habe,
517   schien zumindest nach außen hin alles mehr oder weniger
518   normal, und als ich mich so zu einem zehnjährigen Jungen
519   entwickelt hatte, wusste ich auch die Lösung für viele
520   kleine Sorgen: Lügen, auch wenn es mit der Wahrheit wohl
521   einfacher gewesen wäre. Nein, alles vermeiden, was diesen
522   Brutalo-Papa gereizt hätte, und wenn es auch nur durch Lügen

523 war, besser noch, als wieder eine auf die Mütze zu bekommen.

524 Es stand auf jeden Fall fest, das wird eine ganz massive

525 Kindheit   für   mich   werden   und   auf   keinen   Fall   ein

526 Zuckerschlecken. Das schönste für mich in diesen Jahren war,

527 dass meine Mutter zum Glück eine Waschmaschine bekommen hat.

528 Denn   wer   kennt   sie   nicht,   diese   meterlangen   Miele-

529 Waschkochlöffel aus Holz, hinten etwas schmäler und nach

530 vorne breiter, und eignen sich bestens, Kinder zu schlagen.

531 Gedacht waren sie damals, dass man die Wäsche im Bottich

532 umdrehen kann, aber benutzt wurden sie in der Regel an mir.

533 Ich weiß nicht ob man sich die Angst vorstellen kann, wenn

534 da   der   große,   übermächtige   Vater   mal   wieder   mit

535 wutgeschwollener Ader auf der Stirn ins Badezimmer gelaufen

536 ist und den Waschkochlöffel geholt hat, da tat schon der

537 Gedanke an das was kommt richtig weh. An mir wurden derer

538 mindestens drei Stück zerschlagen.

539 Einmal entdeckten meine Freunde aus dem Haus in dem wir

540 wohnten, dass im Haus gegenüber, einem Lagerschuppen, die

541 Firma Coca-Cola das Leergut lagerte. Und kleine dünne

542 Kinderarme kommen natürlich überall hin und, Schwups,

543 brachten wir jeden Tag unsere „Beute" zum Edeka-Laden am Eck

544 und mit dem Pfand gab's Eis. Tolle Erfindung, bis die

545 Verkäufer im Laden der Flut von Coca-Cola Flaschen nicht

546 mehr hehr wurden und schon wurde es für uns alle ziemlich

547 heftig, als die Polizei im Haus war, das war dann wieder

548 nicht   so   toll.   Tja,   was   blieb   war   wiedermall   der

549 Waschkochlöffel und wiedermall hatte ich an den Folgen

550 fürchterlich zu leiden, dieses mal vielleicht zurecht, wobei

551 sich darüber immer streiten lässt, ob es Sinn macht, ein

552 Kind mit festen Gegenständen zu schlagen bis es blutet? Ich

553 habe zwar lange gebraucht, später dann, Konflikte anders als

554 mit Gewalt zu lösen, aber ich habe niemals in meinem Leben

555 Gegenstände in die Hand genommen, davor hatte ich einfach

556 zuviel Respekt vor den anderen Menschen..

557 Die Folgen dieser Maltretuhren waren: Milzriss,

558 Leberschaden, gebrochenes Nasenbein, geplatztes Trommelfell,

559 mehrfach, eine verletzte Hornhaut am Auge, und endlos viele

560 blaue Flecken.

561 Schwierig gestaltete sich dabei nur eine Verletzung, die mir

562 wohl auch bleiben wird und das ist ein Durchbruch bei den

563 Hoden, das passierte wohl mal bei einem Fußtritt, der etwas

564 daneben ging. Als ich das mit 18 dann operieren lassen

565 musste, hat mir der Arzt erklärt, dass solche Verletzungen

566 nur durch einen Tritt in die Weichteile kommen können,

567 welche in der Kindheit passiert sein musste, weil ansonsten

568 die Beckenknochen zu hart werden. Na ja, für meinen Vater

569 war ich sowieso nie ein richtiger Kerl, also was brauchte

570 ich dann auch die Eier so wichtig.

571 Ist alles eine Frage der Gewohnheit und ich hatte nur noch

572 einen Gedanken, der mich seit meiner Kindheit nachdrücklich

573 verfolgt: Weg, weit weg und einfach nur weg. Bis es jedoch

574 soweit war, musste ich zuerst noch durch die Hölle Namens

575 „Schule". Nicht dass mir die Schule keinen Spaß gemacht hat,

576 ganz im Gegenteil, dort hatte ich ja meinen Frieden und

577 konnte auch meinen Wissensdurst löschen, aber Gott, gab das

578 immer einen Ärger, egal ob die Noten gut waren oder

579 schlecht, ich war immer der Trottel, schon damals zu dumm zu

580 irgendwas und sowieso blöd und außerdem zu nichts zu

581 gebrauchen, selbst zu dem nicht. Also, mit anderen Worten,

582 es gab nie Lob, nie freundliche Unterstützung, auch sonst

583 keinerlei Anerkennung. Diese suchte ich mir wohl in der

584 Schule, indem ich mich vom ersten Tag an immer um alle

585 kümmerte, und wenn's nötig war, auch mit körperlicher

586 Gewalt. Kannte ich ja von zuhause, und wenn dann alle vor

587 mir den „Respekt" sprich Angst hatten, dann war auf diesem

588 Weg zumindest die kleine Welt des Roberts wieder im Lot.

589 Also, eigentlich gab es kein einziges Zeugnis bei mir, indem

590 nicht stand: Zu aktiv, lebhaft, muss seine körperliche Kraft

591 zügeln lernen. aber wie?   Irgendwie wurde ich schon in

592 dieser Zeit in einem Teufelskreis gerissen, aus dem ich

593 wahrscheinlich bis heute nicht ganz entkommen konnte, Gewalt

594 erzeugt Gegengewalt und der Schwächere gibt auf. Ich hatte

595 aber gelernt, keine Schwäche zu zeigen, nicht zu weinen,

596 auch wenn die Schmerzen noch so groß waren, einfach

597 versuchen ein Mann zu sein, auch wenn man manchmal gerne ein

598 Mädchen gewesen wäre...

599 Vor allem stelle ich im nachhinein fest, dass es sehr schwer

600 ist, wenn man nicht lernt, Konflikte durch Gespräche zu

601 lösen, in einer Gemeinschaft zurechtzukommen. Nicht dass ich

602 ein Vertreter der antiautoritären Erziehung wäre, das wohl

603 sicher nicht, aber was nützt körperliche Gewalt gegen

604 Kinder? Nichts, denn eine Ohrfeige im Leben, nur eine, die

605 prägt man sich ein und dann weiß man warum, bei jeder

606 Gelegenheit eine Ohrfeige, dann wird das Ganze zu einem

607 Normalfall und man weiß als Kind bald nicht mehr warum man

608 die alle bekommen hat, ob zu recht oder zu unrecht, aus Zorn

609   oder Ärger, aus Wut oder Hilflosigkeit, man gewöhnt sich
610   einfach daran.

611   Ich finde es immer wieder faszinierend, wenn mir andere von
612   ihrer Kindheit erzählen und das sie von ihrem Vater oder der
613   Mutter nur eine einzige Ohrfeige bekommen haben, und die
614   wissen auch immer noch Jahrzehnte später, für was die war.
615   Ich weiß nicht mehr für was ich die alle bekommen habe, nur,
616   für was ich keine bekommen habe. Und das waren die Sachen,
617   die ich vor meinem Vater verheimlichen konnte oder durch
618   Lügen, geschickte Lügen, von mir fernhalten konnte. Das ist
619   wohl der schlechtere Weg und Start ins Leben.

620

621   **Ach übrigens, ich habe wohl den Beginn einer größeren**
622   **Glückssträhne: Der Zug von Marseille nach Barcelona hatte**
623   **keine Panne, und, was noch viel schöner war, ich musste**
624   **nicht bezahlen. Warum? Keine Ahnung, es wollte keiner meinen**
625   **nicht vorhandenen Fahrschein sehen, den ich ja in Frankreich**
626   **nicht bekommen habe. Und zudem wird wohl mein genervtes**
627   **Aussehen den Rest getan haben. Oder lag es daran, dass ich**
628   **unbeabsichtigt in der ersten Klasse saß?**
629   **Jetzt musste ich nur noch vom Bahnhof irgendwie zu dem Hafen**
630   **kommen, aber wie, mit all dem Gepäck, und den Strohhalmen,**
631   **also die nervten tierisch, aber ich hatte Enrique und Horst**
632   **versprochen, dass ich ihnen welche aus Deutschland**
633   **mitbringe, denn die gab es in Ibiza nicht, und was ich**
634   **verspreche, das halte ich auch.**
635   **Nun, das erste Taxi habe ich gleich mal abgelehnt, 20 Euro**
636   **bis zum Hafen, das ist ja wohl leicht übertrieben, aber der**
637   **nächste hatte das gleiche gute Angebot, also, mir egal, ich**

638 möchte nur die Taschen loswerden und nach Ibiza kommen,

639 irgendwie, mich hinlegen, aufs Klo gehen und duschen, denn

640 die lange Reise macht sich langsam in meiner Nase breit.

641 Mittlerweile sitze ich auch schon auf einer Fähre,

642 allerdings nicht nach Ibiza, sondern nach Mallorca. Gut, das

643 ist noch zu akzeptieren, die Fähre nach Ibiza habe ich um

644 dreißig Minuten versäumt, und bevor ich bis in der Früh

645 warte, die Nacht in Barcelona verbringe, nutze ich die Zeit

646 um schon Mal bis Mallorca zu fahren und dort zu sehen ob ich

647 das Schnellboot um acht Uhr erreichen werde, das mich dann

648 nach Ibiza bringen wird, aber bei meiner Glückssträhne...

649

650 Ich wusste genau, wenn ich wieder mal Prügel bezogen habe

651 und zu weinen begann, dann wurde es noch schlimmer, weil

652 mein werter Herr Vater es nicht haben konnte, wenn ich als

653 Junge Tränen vergoss. Zumal ich ja nach seiner alleinigen

654 Meinung jede meiner Ohrfeigen und Prügel zurecht bekam.

655 Heute nach dem gültigen Gesetz wäre es schwere

656 Körperverletzung, damals war es einfach nur Erziehung,

657 nichts weiter.

658 Eigentlich war es ja egal was ich machte, es war nie gut.

659 Manchmal auch berechtigt, oder wer findet es schon gut, wenn

660 sein Kind, ich war damals elf Jahre alt, mit dem Moped des

661 Hotelbesitzers gegen sein Auto fuhr. Zum Glück waren seine

662 beiden Söhne mit dabei, sonst hätte ich wohl Italien nicht

663 mehr lebend verlassen. Das war dann auch das letzte Mal,

664 dass ich mit in den Urlaub durfte. Mit 12 Jahren blieb ich

665 in Deutschland, die Olympischen Spiele in München fanden

666 statt, natürlich mochte ich auch bei der Eröffnung dabei

667 sein, als alle Münchner Schulkinder einen Tanz aufführten.

668 Meine Ehrenkarte, die jeder bekam, blieb unbenutzt, alle

669 anderen Familienmitglieder waren in Italien, und ich bei

670 meiner Oma. Aber die habe ich bis zu ihrem Tod wirklich

671 geliebt, auch wenn sie sehr streng mit mir war, aber

672 wenigstens bekam ich keine Prügel. Nicht mal, als ich

673 entgegen aller Vorschriften, die Rutschbahn Kopf voraus

674 rutsche und unten mit der Nase gegen eine Begrenzung

675 knallte: Nase mal wieder gebrochen, sie musste mich abends

676 noch zum Arzt bringen und dann hoffen, dass man nicht mehr

677 allzu viel sah, wenn meine Eltern mich abholten, denn das

678 hätte dann richtig Zirkus gegeben. Oder als ich tropfnass

679 zu ihr kam und fest behauptet habe, dass es nicht regnet –

680 weil ich Lügen schon so gewohnt war und wusste, wenn ich bei

681 meinem Vater gesagt hätte: „Ich weiß, es regnet, aber es war

682 so schön beim Spielen", dann hätte ich eine Ohrfeige

683 bekommen, weil ich ja bei Regen zuhause zu sein hatte. Wenn

684 ich aber sagte: „Oh, Hab ich gar nicht gemerkt, dass es

685 regnet", dann hatte ich wenigstens die unwahrscheinliche

686 Chance, keine Ohrfeige zu bekommen. Immer nach dem Motto,

687 ich habe zwar sowieso keine Chance, aber dafür nutze ich die

688 so gut ich kann.

689 An meinem dreizehnten Geburtstag hatte ich dann das nächste

690 Schlüsselerlebnis. Ich stand voller Freude in der Früh auf

691 der Matte, in freudiger Erwartung netter Gesten und

692 Geschenke

693 und bekam gleich ohne Worte eine gestreckte Gerade, toll.

694 Nase wieder kaputt, und alles nur, weil mein Vater dachte,

695 ich hätte etwas aus dem Kühlschrank genommen. Später stellte

696 sich dann heraus, dass es mein kleiner Bruder gewesen ist,

697 der mittlerweile auf der Welt war. Jetzt fing nämlich alles

698 noch härter an, ich musste nicht mal mehr lügen, ich war

699 schon auf Verdacht schuld und wurde dementsprechend

700 bestraft. Mein Bruder war für mich eigentlich ein Lichtblick

701 und ich war sehr froh, dass sich die Dinge jetzt etwas

702 normalisieren würden, aber das geschah nicht. Mein Bruder

703 war ja das Nesthäkchen, ein Wunschkind, nachdem sich die

704 Familie finanziell ans rettende Ufer gebracht hatte und

705 meine Mutter wohl noch ein Kind wollte, um die Ehe zu

706 retten. Für mich machte das keinen Unterschied, nur dass ich

707 nicht mehr so oft bei meiner Großmutter sein konnte, da die

708 sich ja um ihr behindertes Enkelkind 24 Stunden rund um die

709 Uhr kümmern musste. Also, meine Erziehung bestand dann

710 darin, dass mir der Umgang mit Schulkameraden verboten

711 wurde, die auch nur den Anschein machten, dass sie was

712 besseres oder schlechteres als ich waren. Damit war immer

713 ein Grund vorhanden, mich zu bestrafen, denn ich traf mich

714 trotzdem mit denen, mit wem auch sonst? Das war genial

715 einfach und ich musste nichts tun, wurde einfach so

716 verprügelt. So vergingen die Jahre eigentlich mehr im

717 Stress, als im guten Sinne und ich könnte auch nicht sagen,

718 dass ich bis zu meinem 16 Lebensjahr ein einziges Erlebnis

719 mit meinen Eltern hatte, an das ich mich gerne erinnern

720 würde, oder das sich bei mir als positiv eingeprägt hat,

721 alles was aus meiner Kindheit geblieben ist, sind schlechte

722 Erinnerungen. Ich habe so was nie wieder erlebt, auch nicht

723 in meinen Beziehungen, denn irgendwann, im Laufe der Zeit

724 verblasst die schlechteste Erinnerung und man erinnert sich

725 nur noch an die schönen Erlebnisse, in vergangenen

726 Beziehungen zum Beispiel, egal wie schlimm sie am Ende war,

727 nach Jahren denkt man wohlwollend an die schönen Erlebnisse

728 zurück und nicht mehr an die schlechten.

729 Die Zeiten haben sich nicht geändert, die Backpfeifen und

730 Ohrfeigen wurden nicht weniger, aber, es war jetzt so, dass

731 ich mit 16 Jahren schon ein gutes Stück größer war, als mein

732 Vater, und der Tag an dem ich mich wehrte, der nahte

733 unerbittlich. Man kann einen Menschen nicht über eine

734 irrsinnig lange Zeit immer wieder mit der Hand ins Gesicht

735 schlagen, teilweise auch mit der Faust, ohne dass der sich

736 nicht eines Tages mal zur Wehr setzt und zurückschlägt.

737 Irgendwie war es einfach eine Verkettung unglücklicher

738 Umstände und eine reine Trotzreaktion: ich wuchs just in der

739 wirtschaftlich schwierigsten Zeit für meine Eltern innerhalb

740 eines Jahres um 23 cm... hui, das war ein Fest, wenn mir

741 nach ein paar Wochen die neuen Sachen nicht mehr gepasst

742 haben und wieder Neues her musste. Und in dieser Größe gab

743 es auch im Bekanntenkreis nichts, hihi, da staunte der Herr

744 Papa, jede Woche ab zu C&A, oder was weiß ich wohin, und was

745 passiert mir Trottel? Einkauf bei Hettlage in der

746 Fußgängerzone, eine tolle Rakete mit Rutschbahn, ich rauf,

747 die Holzrutsche mit den Händen voraus wieder runter...

748 Ringfinger der rechten Hand bleibt in der Kurve hängen und

749 ist dreifach gebrochen. Aber wohlwissend über die

750 Konsequenzen, einfach so tun als sei nichts passiert, nur

751 muss ich wohl recht blas gewesen sein und als meine Mutter

752 den völlig verdrehten Finger sah, fiel sie einfach um,

753 schlug sich den Kopf blutig und ich war wieder mal an allem

754 Schuld. Die Behandlung im Krankenhaus umfasste danach nicht
755 nur den Finger.

756 Tja und dann war da noch mein Blinddarm: Eine blödsinnige
757 Erfindung der Natur, aber er war nun mal kurz vorm
758 Durchbruch, und ich saß schmerzgekrümmt im Bad, zur denkbar
759 ungünstigsten Zeit - Sportschau am Samstag um 18 Uhr im
760 Ersten. Nun, um weiter seine Sportschau anschauen zu können,
761 wurde mein Verhalten kurzerhand als Simulation abgetan und
762 um dem Nachdruck zu verleihen, wurde ich noch in die
763 Badewanne geprügelt. In der Nacht kam dann doch der Notarzt,
764 leider noch rechtzeitig, hätte mir einiges ersparen können.

765 Ich mal wieder in der Klinik, diesmal aus eigenem
766 Verschulden und dann passierte das was kommen musste: Kaum
767 wieder zuhause erlaubte ich mir zu sagen, dass ich es nicht
768 nett fand, mich so zu behandeln, die Folge: Der letzte
769 Waschkochlöffel kam zu seinem letzten Einsatz, allerdings
770 nach den ersten Schlägen schlug ich zurück und als ich den
771 bösen Stock in den Händen hatte, zerschlug ich ihn auf
772 meinem Vater, drehte mich um, packte meine fünf Sachen in
773 eine Tasche und verließ für immer die elterliche Wohnung.

774 Nun begann der eigentliche Kampf erst richtig. Schule, und
775 nebenbei arbeiten, damit ich mir mein Zimmer in Obermenzing
776 leisten konnte, denn von zuhause gab es keine Mark, was sich
777 ja von alleine versteht. Also, was tun? Mit den Frauen und
778 zu diesem Zeitpunkt noch eher Mädchen, konnte ich es ja
779 besonders gut. Jeder Mensch hat eine Eigenschaft die ihm
780 hilft, oder auch schadet, wie sich später noch zeigen wird.
781 Jedenfalls lernte ich die Tochter einer Hotelbesitzerin
782 kennen, die zwar gegen eine Beziehung zu ihrer Tochter war,

783   aber mir zumindest den Job eines Nachtportiers zutraute.

784   Damit war die erste Hürde zu einer höheren Gesellschaft

785   genommen, denn plötzlich durfte ich als Begleitung ihrer

786   Tochter zu sämtlichen Anlässen mitgehen, wenn ich nicht

787   arbeiten musste. Ich lernte ein vollkommen anderes Leben

788   kennen, fernab von Gewalt, aber mit dem nächsten Problem

789   verbunden - Geld... für all diese Menschen schien das keine

790   Rolle zu spielen und ich mit meinen 16, 17 Jahren hatte nur

791   Probleme damit, wo ich es herbekommen sollte.

792   Nachdem ich dann meine Schule mehr schlecht als recht im

793   Griff hatte, fing mein Leben plötzlich an, eine Eigendynamik

794   zu entwickeln, plötzlich hatte ich einen Wertbegriff

795   gefunden, das Lösungsmittel aller Probleme und aller

796   Schmerzen: Geld. Und wieder mal war niemand in meiner Nähe,

797   der mir den Weg zeigen konnte, richtig mit diesem

798   Lösungsmittel umzugehen, und mal wieder war ich nicht

799   bereit, und auch nicht in der Lage, die Fallen hinter dem

800   schönen Schein zu sehen. Ich sah nur diese Menschen, alle

801   reich und glücklich. Ich wollte auch einer von Ihnen sein,

802   und zwar ohne auf die Hotelbesitzerin oder ihre Tochter

803   angewiesen zu sein, ich wollte es sein, ich wollte mir meine

804   Welt wieder selbst zurechtrücken, damit sie

805   für den mittlerweile großen Robert wieder passt.

806   In dieser Zeit hatte ich sehr viel damit zu tun, auch

807   berühmt und bekannt zu werden. Und der einfachste Weg

808   dorthin ist immer noch das Showbusiness. Schließlich kannte

809   ich durch ein sehr bekanntes Lokal in München schließlich

810   schon etliche dieser sogenannten Berühmtheiten. Also, nichts

811   wie ab in die dafür bekannten Lokale und einen

812 Musikwettbewerb nach dem anderen absolvieren. Eine richtig

813 lustige Sache, vor Publikum zu singen, praktisch die

814 Vorstufe des späteren Karaokee. Bei diesen Auftritten lernte

815 ich dann den Sohn von Ernst Maria Lang kennen, Florian,

816 irgendwie um die dreißig Jahre alt, ein guter Gitarrespieler

817 und Sänger, ansonsten erdrückt vom berühmten Namen seines

818 Vaters, und wie ich, das schwarze Schaf der Familie. Ständig

819 mit Geldproblemen beschäftigt, auch zu stolz zu seinem Vater

820 zu gehen. Nun gut, wir waren auf jeden Fall ein

821 eingespieltes Team, ich entdeckte nach und nach meine

822 Fähigkeit, Dinge zu planen und bis ins Detail zu

823 organisieren. Meine Leidenschaft Musik zu machen, zu singen

824 und etwas eigenes zu kreieren, die war in diesem Metier wohl

825 am ehesten erlebbar. Ich durfte mit dem Mercedes meiner

826 Hotelchefin fahren, nachdem ich meinen Führerschein mit

827 Bravur bestand, sorgte damit mit meinen fast zwei Metern

828 Größe für mächtig Aufsehen überall, wo ich auftauchte. Coole

829 Sache, was sich in den zwei Jahren seit meinem Abschied von

830 Zuhause alles geändert hat - leider hatte ich nicht die

831 Reife, alles im richtigen Licht zu sehen. In den Ferien

832 jobbte ich noch bei einem Wirt, der die Gaststätte des FC

833 Bayern betrieb, und lernte dabei noch den Rest der Wichtigen

834 kennen, Norbert Nachtweih, Beckenbauer, und wie sie alle da

835 waren. Und nebenbei vergaß ich nicht, meine Schule zu

836 beenden, nicht unbedingt mit einer eins, aber immerhin

837 Fachabitur im technischen Bereich, allerdings musste ich

838 dazu schon jeden Tag nach Freising fahren, denn alle anderen

839 Schulen lehnten mich schlichtweg ab. Wahrscheinlich, weil

840 mein Betragen nie besonders zu den jeweiligen Schulen

841 gepasst hat. Komisch. Dabei war ich doch immer nett und

842 freundlich. Aber mit Jogi, den ich eigentlich seit frühester

843 Kindheit her kenne, haben wir ständig nur Blödsinn im Kopf

844 gehabt und dementsprechend auch die Späße übertrieben.

845 Einmal fiel einem Lehrer die ausgehängte Türe auf den Kopf,

846 weil wir vergaßen, dass die nach außen aufging. Der Eimer

847 mit dem Wasser hing natürlich innen. Pech für uns und Herr

848 Brauner, der Rektor legte unseren Eltern, bzw. mir nahe, die

849 Schule zu wechseln. Gut das haben wir dann auch getan.

850

851 **Mittlerweile sitze ich in Freds Finca, in der Nähe von**

852 **Salinas und bin mit der Welt fast schon im Einklang. Sabine,**

853 **eine liebe Bekannte aus Rosenheimer Zeiten hat mich gestern**

854 **am Hafen abgeholt, mit ihrem Mann und wir hatten einen**

855 **schönen entspannten Nachmittag. Abends verbrachte ich mit**

856 **zwei Neußer Installateuren in der Altstadt von Ibiza,**

857 **besuchte einen guten Bekannten in seinem Lokal, da ich ihm**

858 **noch ein paar Dinge aus Deutschland vorbeibrachte, die er**

859 **für seine Frau brauchte. Anschließend ging ich mit den**

860 **beiden noch ins Pacha, von dort aus ich mich aber aufgrund**

861 **großer Müdigkeit dann um vier Uhr verabschiedete und mit dem**

862 **Taxi auf die Finca fuhr. Zum Glück bin ich immer noch so**

863 **vernünftig, dass ich ohne Auto unterwegs bin, wenn ich**

864 **trinke, denn das hat mir schon einmal den Führerschein**

865 **gekostet, wobei es sich damals um eine nette Falle der**

866 **Polizei gehandelt hat, aber dazu später mehr. Jedenfalls**

867 **hatte ich richtig viel Schlaf zum Nachholen und in den**

868 **Mittagsstunden bin ich dann auch mal aufgewacht und mit**

869 **einem ausgiebigen Frühstück hab ich den Tag langsam am Pool**

870   **beginnen lassen. Nachmittags verbrachte ich ein paar Stunden**

871   **am Bora-Bora Beach, an dem die wohl größte Ansammlung von**

872   **Verrückten zu finden ist und ließ mich einfach treiben.**

873   **Jetzt habe ich zuerst mal etwas zu Abend gegessen und werde**

874   **dann an den Punta Cana Strand fahren, wo Sabine mit Ihren**

875   **beiden Kindern und viel Verwandtschaft Geburtstag feiert.**

876   **Mal sehen, was dann der Abend bringt, wusste gar nicht, dass**

877   **heute schon Samstag ist, also irgendwie ist es schon**

878   **faszinierend, wie die Zeit verfliegt und man sich ohne**

879   **Stress auf dieses sich Treiben lassen einlässt. Nicht dass**

880   **ich jetzt arbeitsfaul wäre, aber nach dem letzten Jahr habe**

881   **ich mir ein paar Tage zum Verschnaufen wohl verdient.**

882

883   Nun, es schien ziemlich alles nach Plan zu laufen, nachdem

884   ich ja auch einen anständigen Beruf brauchte, aber irgendwie

885   keinerlei Plan hatte, diesen zu erlernen, brachte mich die

886   Hotelchefin mit ihrem Sohn als Makler ihrer eigenen Objekte

887   unter. Ab sofort jeden Tag ins Büro, keine Ahnung von

888   Immobilien oder deren Verkauf, bzw. deren Vermietung, aber

889   was soll's, das fiel ja keinem richtig auf. Ich bekam meinen

890   eigenen BMW und nachdem es für mich noch nie etwas

891   schlimmeres gegeben hatte, als Papierkram, wurde ich ganz

892   schnell der Sache leid. Wie konnte das auch funktionieren,

893   wenn man keinen Plan hat, was Werbung ist, was Nutzen-Kosten

894   Rechnung bedeutet, wie man eine Marktanalyse macht, wer wie

895   viel verdient, welche Kosten für Büro und Telefon

896   aufzubringen sind, welche Forderungen das Finanzamt stellen

897   wird, usw., es wurde einfach ein grandioser Fehlschlag. Und

898   irgendwie nahmen meine finanziellen Probleme auch von Tag zu

899 Tag eine unübersehbare Dimension an. Es kostete ja alles

900 Geld, die Klamotten, das schöne Auto, Essen gehen, abends

901 weggehen und auch ansonsten hatte ich ja zu Geld nie ein

902 besonders gutes Verhältnis, es war eben Papier und ich hatte

903 ja diese Aversion gegen Papier, sozusagen eine

904 Papierallergie. Tja, da war es dann mal wieder soweit und

905 ich bekam das Gefühl, ich muss weg, weit, weit weg,

906 irgendwohin, ab durch die Mitte und weg von den Problemen,

907 ganz von vorne anfangen und ja nicht eingeholt werden. Da

908 kam es mir doch gerade recht, dass ich den damaligen Trainer

909 des TSV 1860 München, Ekkehard Krautzun recht gut kannte und

910 der nach Amerika, genauer gesagt nach Florida, zu den Fort

911 Lauderdale Strikers wechselte. Und ich gleich mit, eine

912 einzige Entscheidung in Minutenschnelle, kein Nachdenken,

913 kein Fragen, kein Bescheid geben, einfach ein paar Dinge in

914 große Alukoffer gepackt und ab nach Amerika. Eine Zeit, die

915 mir sicherlich sehr viel gebracht hat, denn plötzlich war

916 ich auf mich alleine gestellt. Ich bekam ein Zimmer im Best

917 Western Hotel und durfte mit der Mannschaft trainieren, was

918 sicherlich eine grandiose Sache war für einen, der

919 eigentlich mehr dem Boxsport verbunden war als dem Fußball,

920 aber durch meine unglaubliche Kondition und meine

921 körperliche Statur konnte ich damit locker mithalten. Es war

922 eine unglaubliche Zeit, ein schönes amerikanisches Auto,

923 etwas Geld, keine Post, kein Telefon, aber sicher auch ohne

924 Hirn und Sinn, ohne Zukunft und auch ohne Perspektive, denn

925 erstens hatte ich weder eine Aufenthalts- noch eine

926 Arbeitsgenehmigung, so konnte ich eigentlich nur trainieren

927 und ansonsten mit der Mannschaft eben abends unterwegs sein.

928 Eines Tages, als ich mich zum Frühstücken in unser tägliches

929 Lokal begab, da blieb mir wirklich vor Staunen der Mund

930 offen, da saß doch tatsächlich mein Vater an einem der

931 Tische und goss sich gerade den süßen Sirup für die Waffeln,

932 über die Erdnussbutter, die wie eine Eiskugel geformt war.

933 Er dachte wohl, es handelt sich hierbei um Vanilleeis mit

934 Soße. Es war zwar zum Lachen, aber für das, dass ich ja seit

935 drei Jahren mit ihm kein Wort mehr gesprochen hatte, war das

936 schon eine starkes Stück, selbst wenn er zufällig im Urlaub

937 gewesen wäre, was natürlich nicht der Fall gewesen ist. Er

938 war im Auftrag meiner Mutter hier: ich sollte doch bitte

939 nach Hause kommen, ihr geht's sehr schlecht und sie möchte

940 mich noch mal sehen. Was fehlt ihr denn, war meine Frage,

941 die mir jedoch nicht beantwortet wurde. Es stellte sich dann

942 heraus, dass es sich wahrscheinlich um eine leichte Grippe

943 gehandelt haben muss, auf jeden Fall nichts wirklich

944 ernstes. Schließlich und endlich hatte ich bald begriffen,

945 dass es nur darum ging, dass ich wieder nach München kam und

946 den Saustall, den ich hinterlassen hatte, in Ordnung bringen

947 sollte. Kaum waren wir in München-Riem gelandet, wurde mir

948 das auch unmissverständlich klar gemacht, sowohl von der

949 Hotelchefin und ihrer Tochter, als auch von meinen Vater.

950 Also, mal wieder zum Narren gehalten, wobei ich dann den

951 wahren Grund schon noch erfahren sollte, und zwar war von

952 der Bundeswehr eine Nachmusterung anberaumt, und wenn ich

953 der nicht folge leisten würde, dann würden mich die Polizei

954 suchen. Toll, ich wollte da ja nicht hin, zu diesem Haufen

955 von Säufern und dort sinnlos 24 Monate verbringen. Dann

956 schon lieber zur Luftwaffe, wenn es denn schon sein muss.

957 Nun gut, ich fuhr also mit meinem Vater wieder zurück nach

958 Deutschland, stellte fest, dass es sicher keine todkranke

959 Mutter gab, war natürlich auch dementsprechend sauer,

960 brachte meine Musterung hinter mich und wurde schlichtweg

961 abgelehnt für die Luftwaffe, maximal zu den Bodentruppen,

962 also das war ja nun wirklich nichts für mich. Ich wollte

963 fliegen, den großen Vogel in der Luft halten und mich frei

964 fühlen, weit weg fliegen zu können, keine Schranken zu

965 spüren und keine Grenzen zu sehen, weder nach oben noch nach

966 vorne, nur nach unten war es begrenzt. Aber, das mit dem

967 Piloten musste dann noch warten. Tatsache war, dass es

968 sicherlich finanziell noch beschissener aussah als vor dem

969 Aufenthalt in den Staaten, denn Geld habe ich da sicher

970 keines mitbekommen. Da war dann plötzlich guter Rat teuer

971 und ich besann mich auf meinen alten Freund Florian, der mit

972 den ständigen Geldproblemen und dem bekannten Vater. Ich war

973 ja nicht so lange weg, als dass er mich schon vergessen

974 hatte und flugs waren wir wieder jeden Tag zusammen. Es war

975 eigentlich alles wieder so wie vorher, nur dass sicherlich

976 die Hotelchefin nicht mehr mit mir gesprochen hat, nachdem

977 ich ja Hals über Kopf, ohne ein Wort zu sagen, aus dem Büro

978 verschwunden war und dort ein mittleres Chaos hinterließ,

979 weil ja keiner mit den Zetteln und Ordnern etwas anfangen

980 konnte. Zudem habe ich mir auch noch eigenmächtig das Gehalt

981 vom Geschäftskonto geholt, das war wohl etwas zuviel für die

982 gute Frau und deren Ansichten von einem anständigen jungen

983 Mann, nicht mal ihre Tochter durfte ich noch beglücken, was

984 mir ja bis zu dem Abgang eigentlich regelmäßig Spaß gemacht

985 hat und mir auch die Fürsprache der Tochter bei der Chefin

986   einbrachte. Wenn sie uns hin und wieder mal gefragt hat, ob
987   wir   miteinander   etwas   hätten,   wurde   es   grundsätzlich
988   geleugnet, und kaum war sie aus der Türe, lagen wir wie die
989   Wilden auf dem Schreibtisch und hechelten uns die Seele aus
990   dem Leib. War irgendwie schon eine verrückte Sache, lustig
991   und leidenschaftlich, geheim und   hemmungslos. Aber so ist
992   das eben auch vorbei gewesen und ich hatte ja nie große
993   Probleme neue Mädchen kennen zu lernen und dann lernte ich
994   Tamara kennen, die Tochter eines sehr bekannten Fotografen
995   und Schriftstellers aus der Nähe von Bad Tölz. Jetzt waren
996   es nicht nur die Geldnöte, sondern auch noch die steigenden
997   Benzinrechnungen, denn Tamara war noch nicht 18 und ich
998   hatte ja noch mein Auto. Jeden Tag nach Geretsried und in
999   der Nacht am Anfang wieder zurück. Das konnte nie und nimmer
1000 gut gehen, finanziell. Und Menschen, die gut organisieren
1001 können, dazu noch ein Geschick im improvisieren haben,
1002 außerdem sich von niemanden die Grenzen zeigen lassen
1003 wollen, die kommen auf die abenteuerlichsten Ideen.
1004
1005 **Also, ich muss sagen, für das, dass heute Samstag ist, und**
1006 **ich ja den gestrigen Tag mehr zur Erholung benutzt habe, ist**
1007 **das schon toll, dass ich eine Wohnung gefunden habe, und das**
1008 **auch noch mit Blick auf den Hafen, Balkon und offenen Kamin.**
1009 **Und das allerbeste daran ist, ich bin mitten in Ibiza Stadt,**
1010 **und was noch besser ist, ich kann gleich morgen einziehen.**
1011 **Einfach genial. Na ja, ich vermute mal, es wird sicher**
1012 **wieder Rückschläge geben, aber im Moment kann ich mich noch**
1013 **nicht beschweren. Mit der Arbeit scheint es ja auch langsam**
1014 **zu klappen, wahrscheinlich werde ich irgendwo an der Türe**

1015 anfangen und dann mal sehen, wie es weitergeht. Morgen ist

1016 auf jeden Fall mal Umzug angesagt. Das ist ja jetzt etwas

1017 einfacher, nachdem ich ja mein Auto da habe und auch nicht

1018 soviel Gepäck mit mir rum schleppen muss, sondern es fahren

1019 kann, das erleichtert die Angelegenheit bei dieser Hitze

1020 schon enorm. Also, das Klima tut mir auf jeden Fall schon

1021 mal gut, all meine sonstigen Beschwerden, mein Fuß zum

1022 Beispiel, oder meine Atemnot, die sind hier bei weitem

1023 besser geworden.

1024

1025 Ich also wieder raus aus dem Haus, rein in das pure Leben

1026 und mich mit Florian, dem alten bekannten geldnötigen

1027 Gitarrespieler getroffen und Pläne geschmiedet. Uns fiel

1028 alles ein, nur nicht etwas vernünftiges. Ich hatte mir

1029 mittlerweile wieder mal eine Wohnung eingerichtet, diesmal

1030 in der Nymphenburgerstrasse, und von dort beobachteten wir

1031 beide   bei   einer   unserer   Besprechungen   und

1032 Lagesondierungsgesprächen, einen Geldtransporter, der die

1033 Tageseinnahmen des unter mir liegenden Supermarktes abholte.

1034 Eine   tolle   Sache,   gelangweilte   Transporteure,   lasches

1035 Sicherheitsdenken, einfach genau das was wir gesucht hatten.

1036 Die „Lösung". Dachten wir, einfach so mal schnell einen

1037 Geldtransporter   überfallen,   und   die   Welt   ist   wieder   in

1038 Ordnung.

1039 Es war zwar bis dahin alles nur in unseren Köpfen, aber

1040 dennoch nahm es konkrete Formen an, zumal ich ja endlich

1041 auch   die   Möglichkeit   hatte,   etwas   zu   planen   und   zu

1042 organisieren.   Da   ich   aus   meiner   jüngsten   Kindheit   noch

1043 einen Supermarkt kannte, für den ich immer die Reklamezettel

1044 ausgetragen habe, bzw. hätte sollen, denn die wanderten
1045 immer gleich in den Abfall, und ich aus dieser Zeit auch den
1046 Marktleiter recht gut kannte, war das passende Objekt
1047 schnell gefunden und auch die Waffen, Strumpfmasken, der
1048 Fluchtweg, alles genau geplant und minutiös durchgedacht.
1049 Sogar für die Polizei hatten wir noch einen netten
1050 Schwierigkeitsgrad eingebaut, weil wir uns beim Fluchtweg
1051 über den Mittleren Ring begeben wollten.
1052 Nun fehlte noch der Mut und die richtige Zeit. Also, die
1053 Zeit war bald gefunden, es musste ein Freitagabend sein,
1054 weil dann das meiste Geschäft zu erwarten war. Das mit dem
1055 Mut ist ja nicht so schlimm gewesen, wir tranken uns etwas
1056 Mut an, ich weiß nicht mehr wie viel, und dann machten wir
1057 uns auf den Weg.
1058 Da es irgendwann im Herbst war, denke ich, war es um sieben
1059 Uhr schon ziemlich dunkel, und wir versteckten uns beide
1060 beim Hintereingang des Supermarktes. Die Tür ging auf, der
1061 Marktleiter kam heraus und wir beide auf den losgesprungen,
1062 wollten ihn mit Gewalt die Geldtasche entreißen und dann
1063 abhauen. Aber was machte der Trottel, obwohl er eigentlich
1064 ein ganz netter Mensch war...? er hielt die Tasche eisern
1065 fest, schrie um Hilfe und musste zwangsläufig ruhiggestellt
1066 werden. Hierfür genügte ein Schlag mit dem Gasrevolver auf
1067 den Kopf und er ließ die Tasche los, hörte auf zu schreien
1068 und wir konnten mit der vermeintlich großen Beute das Weite
1069 suchen. Zuvor löste sich aus der Pistole noch mehr oder
1070 weniger unabsichtlich ein Schuss, sodass der Marktleiter
1071 erst mal am Boden liegen blieb und uns nicht verfolgen
1072 wollte. Ab durch den Hinterhof eines Hochhauses, quer zu

1073 zwei Einbahnstrassen, Mützen und Masken weggeworfen und mit

1074 dem abgestellten R5 von Florian ab durch die Mitte, rauf auf

1075 den Mittleren Ring, über die Donnersberger Brücke und durch

1076 den Tunnel, auf die Starnberger Autobahn und irgendwo wieder

1077 runter, zwischen Starnberg und Andechs in den Wald, mit

1078 einem Schraubenzieher die Geldbombe geöffnet und dann:

1079 Enttäuschung pur. Es waren nicht mal 20.000 DM in der Bombe.

1080 Wie sich später herausstellte, hatte der Marktleiter ein

1081 schlechtes Feeling an dem Tag und war zweimal tagsüber auf

1082 der Bank, um am Abend nicht mit soviel Geld zum Nachttresor

1083 gehen zu müssen. Übrigens das erste Mal in seinem Leben als

1084 Marktleiter, dass er solche Umstände machte und nicht alles

1085 auf einmal zum Tresor brachte. Manche würden es als Pech

1086 bezeichnen. Ich war richtig sauer, denn es hatte alles nach

1087 Plan gepasst, die Zeit, der Fluchtweg, einfach alles, nur.

1088 das Geld nicht, wir hatten mit dem vierfachen gerechnet, was

1089 es ja auch eigentlich gewesen wäre.

1090 Nun, nachdem alles so reibungslos lief, die dringendsten

1091 Geldprobleme, zumindest bei mir eigentlich gelöst waren,

1092 lief mein Leben wieder mal in die völlig andere Richtung.

1093 Durch einen Bekannten aus dem Hotel erfuhr ich, dass die

1094 Firma Knorr-Bremse, einer der weltweit größten Hersteller

1095 von Bremsen für LKW und Züge, für den Vertrieb und Aufbau

1096 eines Vertriebsnetzes, einen technisch begabten, mit gutem

1097 Auftreten ausgestatteten und reisefreudigen jungen

1098 Mitarbeiter suchten. Mein Idealjob. Ich also hin zu der

1099 Bremse, mich mit einem meiner feinsten, aus der Hotelzeit

1100 noch massig vorhandenen Anzüge geworfen und vorgestellt. Und

1101 man will es nicht glauben, ich bekam den Job. Ein

1102   Supergehalt, eigenes Büro mit noch einem Mitarbeiter und

1103   eigene Sekretärin, die ich nach zwei Tagen zum ersten Mal so

1104   richtig, mal wieder auf dem Schreibtisch, zum Höhepunkt

1105   brachte. Von da ab begann für mich die eigentlich schönste

1106   Zeit, wir waren immer zu zweit unterwegs, leider weiß ich

1107   den Namen von meinem damaligen Kollegen nicht mehr, aber er

1108   war ein ziemlich netter Typ. Von Hamburg über Frankfurt,

1109   nach Friedrichshafen, Hannover, Bremen, usw. ich hatte

1110   richtig Spaß, auch an der Arbeit. Es handelte sich dabei um

1111   ein wirklich sinnvolles Produkt für Busse und Lkws, und zwar

1112   um eine Wirbelstrombremse. Reibungslos und ohne Verschleiß,

1113   einfach genial, zumal ein Überhitzen der Trommelbremsen, und

1114   den daraus resultierenden Reifenbränden beim Bergabfahren,

1115   ein Ende gesetzt war. Zumal hatte es auch wirklich was mit

1116   Technik und Organisation zu tun, da wir die Bremsen bei den

1117   jeweiligen Kunden, bzw. Werkstätten einbauten, bzw. den

1118   Einbau überwachten, die neuen Kardanwellen besorgten und das

1119   nötige Know-how hatten. Insgesamt waren wir als zwei Mann

1120   Team auch ziemlich erfolgreich, gut, die Sekretärin mussten

1121   wir austauschen und bekamen eine schrecklich alte Frau vor

1122   die Nase gesetzt, aber damit konnte ich leben, war sowieso

1123   maximal einmal die Woche in der Firma, den Rest der Zeit

1124   waren wir unterwegs.

1125   Wer jetzt denkt, das wäre doch der Anfang, der hat wohl

1126   schon vergessen, ebenso wie ich, dass ja da ein Jahr zuvor

1127   der nette und wirklich überflüssige Überfall auf den

1128   Geldboten gewesen ist, an den ich ja schon lange nicht mehr

1129   dachte. Man hat ja noch das Gefühl aus der Kindheit im Kopf

1130   vom Versteckenspielen, wer nicht gefunden wird hat gewonnen

1131   und das war ja meist der Fall, wenn man bis hundert gezählt

1132   hatte. Ich habe bis hundert gezählt und war davon überzeugt,

1133   ich habe gewonnen, bis eines Tages, es war ein Sonntag und

1134   ich weiß es noch wie heute, als bei mir das Telefon

1135   klingelte und die Freundin von Florian am anderen Ende war:

1136   „Hallo Robert, hier ist Gabi, du weißt schon die Freundin

1137   von Flori". Gott, Sonntag um sieben Uhr in der Früh!!!!!

1138   Ich fragte sie, ob sie noch ganz dicht sei, um diese Uhrzeit

1139   einen rechtschaffenden Menschen an seinem freien Tag

1140   anzurufen, zumal ich ja wusste, dass Flori eine neue Flamme

1141   hatte, die Tochter von dem Sarotti- Schokoladen Hersteller.

1142   Nun, anscheinend wusste die alte Freundin das jetzt

1143   mittlerweile auch, wie ich den anschließenden Schimpftiraden

1144   am Telefon entnehmen konnte. Und dann kam der entscheidende

1145   Satz, den ich besser ernster genommen hätte: „Sag Flori er

1146   soll sofort zu mir zurück kommen, sonst informiere ich die

1147   Polizei, was ihr vor einem Jahr gemacht habt. Ich weiß

1148   alles.". Tja, bei den besseren Krimis im Fernsehen geht der

1149   Übeltäter jetzt zu den Verrätern und bringt sie zum

1150   Schweigen, in der Regel durch erwürgen, zumindest durch ein

1151   endgültiges Ende. In meinem Fall legte ich mich wieder ins

1152   Bett und begann den Sonntag mit Ausschlafen zu beenden. Am

1153   Montag, den einzigen Tag, an dem ich in der Firma war, kam

1154   die Kripo zur Knorr-Bremse und nahm mich mit zum Verhör. Ich

1155   mit Nadelstreifenanzug, Krawatte und gutem Auftreten, alles

1156   easy, alles locker, nur die Schweißflecken unter meinen

1157   Armen nahmen extreme Dimensionen an, was meine

1158   Unschuldstheorie und mein Leugnen nicht unbedingt

1159   glaubwürdig machte. Hatte diese bescheuerte Alte doch

1160 tatsächlich anonym bei der Polizei angerufen, die wussten
1161 nach einer Stunde woher der Anruf kam, verhörten sie und sie
1162 erzählte alles, auch von einer Schuhschachtel unterm Bett,
1163 in der Flori die Zeitungsartikel über den Überfall
1164 aufbewahrt hat. Eine tolle Zusammensetzung, einfach genial,
1165 blöder hätte es ja echt nicht laufen können. Jetzt musste
1166 ich warten, bei der Kripo, bis sie Florian verhaftet hatten
1167 und ihn vor meinen Augen abführten, dann durfte ich wieder
1168 gehen, nachdem mein Anwalt kam. Also, was jetzt noch alles
1169 passierte, das lief unter dem Motto „Panik". Ich ab ins
1170 Auto, und sofort nach Geretsried gefahren, die süße 17
1171 jährige war ja noch immer meine Freundin, und jetzt
1172 wichtiger den je, denn die musste mir einfach helfen. Ich
1173 also alles gebeichtet, auch ihrem Vater, der eine super
1174 soziale und therapeutische Einstellung hatte, ein Künstler
1175 eben. So saßen wir zuhause bei ihr und beratschlagten. Ihr
1176 Vater wollte mich sofort nach Costa Rica bringen, weil er
1177 dort ein Haus besaß und ich sollte dort mal abwarten was so
1178 alles passiert. Als aber die kleine Tamara einen Weinkrampf
1179 bekam, verwarfen wir den Gedanken. Sich stellen kam gar
1180 nicht in Frage, und wohin sonst auswandern, das war alles
1181 ziemlich bescheiden. Zuerst wohnte ich ab sofort bei den
1182 Meisnitzers und durfte auch nur abends aus dem Haus, damit
1183 mich niemand sah. So vergingen ein paar Tage und ich wusste
1184 mittlerweile sehr wohl, dass Florian mich hingehängt hat,
1185 dass ein Haftbefehl vorlag und dass die Polizei wusste, dass
1186 ich in Geretsried war, nur wo, das wusste sie nicht. Aber
1187 nach einer Woche war es dann doch soweit, auf dem Weg vom
1188 Supermarkt nach Hause, Tamaras kleiner Bruder im Auto, sie

1189 ist gefahren, stellten sie die Straße zu und Ruck Zuck war
1190 ich verhaftet. Das war ein Geschrei und Geheule, einfach
1191 nicht zum Aushalten. Letztendlich saß ich dann in
1192 Wolfratshausen in der Zelle, wurde am nächsten Tag nach
1193 München in die Ettstrasse verfrachtet und von dem Tag an war
1194 es sehr lange, bis ich wieder alleine und frei durch das
1195 Leben gehen konnte.

1196

1197 **Ich wusste genau, dass nicht alles gut gehen wird, und wie**
1198 **das Leben eben so ist, hatte ich es vorhergesehen: Mir wurde**
1199 **in Freds Finca doch tatsächlich mein gesamtes Geld aus dem**
1200 **Geldbeutel geklaut. Nicht nur ein bisschen, sondern alles**
1201 **was ich noch bei mir hatte, glatte 1000 Euro. Ich bin seit**
1202 **dem etwas sauer auf mich, weil ich ja nun nicht gerade wenig**
1203 **auf der Welt unterwegs war und es mir noch nirgendwo**
1204 **passiert ist, aber hier, bei Freunden in der Anlage. Wobei**
1205 **sich da auch noch die Frage stellt, ob es nicht auch der**
1206 **argentinische Freund von Sabine war, denn nur die Personen**
1207 **hatten vielleicht mal Zugang zu meinem Geldbeutel gehabt,**
1208 **kein anderer. Und vor allem, es wurde nur das Geld aus dem**
1209 **verschlossenen Fach genommen, in das man normalerweise nicht**
1210 **ständig reinschaut, und nicht der Rest in den Fächern, und**
1211 **auch nicht der gesamte Geldbeutel, also muss es jemand**
1212 **gemacht haben, der darauf bedacht war, dass ich es nicht**
1213 **gleich merke. Aber auch das muss man einfach wegstecken,**
1214 **denn es muss ja weitergehen. Gemerkt habe ich das ganze**
1215 **Spektakel erst, als ich mit dem Umzug fertig war und abends**
1216 **Enrique die Miete für die Wohnung geben wollte. Leider war**
1217 **das Fach mit den beiden 500 Euro-Scheinen leer und ich bin**

1218 seit dem fast nur damit beschäftigt, mir aus Deutschland
1219 Geld zu besorgen, was natürlich an meinem Ego kratzt, aber
1220 es nutzt ja nichts. Vielleicht schaffe ich es ja auch diese
1221 Woche mal, endlich zu arbeiten, denn sonst ist ja die Saison
1222 hier vorbei. Heute ist schließlich schon Montag und es sieht
1223 fast so aus, als hätte ich morgen einen Termin bei einer
1224 guten Diskothek. Mal sehen was daraus wird, im Moment sitze
1225 ich auf meinem Balkon und betrachte das Treiben der
1226 Vergnügungssüchtigen von oben, auch mal eine ganz
1227 interessante Perspektive. Vor allem, wenn man eigentlich
1228 ganz unten ist. Vor mir liegt gerade eine 100 Meter Yacht,
1229 unvorstellbarer Reichtum, glänzend mit kaum erkennbaren
1230 Menschen, so groß und dekadent. Wenn man sich überlegt, dass
1231 das einem reichen Ölscheich gehört, dann muss man sich
1232 eigentlich schon die Frage stellen, ob es nicht jedem
1233 Menschen auf der Welt, der jemals Benzin getankt hat, oder
1234 seine Ölheizung benutzt hat, auch ein bisschen gehört. Schon
1235 frech von denen, etwas was eigentlich der Erde und ihrer
1236 Bevölkerung gehört, für sich zu beanspruchen und der Welt
1237 dann zu zeigen: Ich bin der Größte, weil zufällig mein Kamel
1238 mal da stand, wo darunter Ölquellen sprudeln. Und wenn dann
1239 eines Tages denen die ganze Wüste zusammenfällt, weil gerade
1240 darunter die Erde nachgegeben hat, dann schreien die sicher
1241 nach Europa um Hilfe. Wenn man nur Öl raustut, muss ja ein
1242 großes Loch entstehen, oder? Na ja, aber das ist wohl etwas
1243 arg weit hergeholt. Man sollte nur nicht immer alle Dinge so
1244 hinnehmen, weil sie eben so sind, sondern auch viel mehr
1245 hinterfragen. Finde ich zumindest, der sicherlich keinen
1246 Vertrag mit Neid oder Missgunst hat.

1247

1248 Wenn man dagegen meinen ersten Tag im Untersuchungsgefängnis

1249 Ettstrasse, München betrachtet, dann ist das, was im Moment

1250 abgeht, sicherlich ein ganz anderes Kaliber. Lieber etwas

1251 weniger Luxus und dafür in Freiheit, als zuviel wollen und

1252 dann für lange Zeit diese menschenunwürdigen Verhältnisse.

1253 Ich habe vom ersten Tag an versucht, mit der Situation, so

1254 wie sie sich nun mal dargestellt hat, umzugehen. Dies gelang

1255 mir eigentlich relativ gut und ich hatte auch nie ein

1256 Problem mit dem Gefängnis an sich, nur mit der Art, mit der

1257 man behandelt wird und wie einem der Weg nach außen rigoros

1258 abgeschnitten und abgewürgt wird. Welche soziale Bindung

1259 lässt sich schon auf lange Zeit Aufrechthalten, wenn man

1260 sich im ganzen Jahr 12 Stunden, zwölf Stunden, twelve hours,

1261 diendos oras, sieht? Wenn man überlegt, dass das Jahr

1262 immerhin 365 Tage a´24 Stunden hat, also so rund gerechnet

1263 8736 Stunden, davon sieht man alle Menschen die man noch

1264 hat, immerhin knappe 1,5 % eines Jahres. 1,5 Prozent die man

1265 mit den Menschen verbringen kann die einem vielleicht nach

1266 der Entlassung wieder helfen könnten auf die Füße zu kommen,

1267 die vielleicht da sind, wenn es einem schlecht geht, aber so

1268 verbringt man 98,5% seiner Zeit mit Menschen, die einem

1269 sicher danach nicht weiterhelfen. Dafür vielleicht die

1270 Dinge, die man von ihnen lernen kann. Also, mir wurde das so

1271 richtig bewusst, als der erste Schock der Verhaftung vorüber

1272 war und ich durch den vernehmenden Kommissar darauf

1273 hingewiesen wurde, dass auf schweren Raub mindesten 5 Jahre

1274 Freiheitsstrafe stehen. Einfach genial, dachte ich, denn das

1275 hatte ich bei meinen Planungen völlig vergessen, mich um das

1276 Strafmaß zu kümmern, aber wer denkt schon an den Misserfolg,

1277 wenn er einen Raub plant. Wenigstens hätte ich mal die

1278 Statistik bemühen können, dann hätte ich ja gewusst, dass in

1279 München über 90 % aller Überfälle aufgeklärt werden. Also,

1280 da bin ich heute schon etwas schlauer, auch damals war mir

1281 sofort klar, dass es sich sicherlich nicht um ein weiteres

1282 Delikt dieser Art handeln wird, egal wann und egal wann.

1283 Raub ist nun wirklich die Alternative für Vollidioten.

1284 Wer jetzt erwartet, dass ich ihm die einzelnen Tage im

1285 Gefängnis schildere, der sieht sich enttäuscht, denn von

1286 dort gibt es im Prinzip nur einen Tag zu beschreiben und der

1287 passt auf alle anderen Tage. Sieben Uhr wecken, da geht das

1288 Licht an und die eisernen Kostklappe, eine kleine Öffnung in

1289 der Türe, durch die man dann sein Essen bekommt, wird

1290 geöffnet. Aufstehen und kalt waschen, denn Duschen ist nur

1291 einmal in der Woche angesagt. Warmes Wasser gibt es auch

1292 nicht und wenn der Zellenmitbewohner sich die Zähne putzt,

1293 sollte man nicht gleichzeitig sein großes Geschäft

1294 verrichten, denn die Toilette befindet sich direkt neben dem

1295 Waschbecken, vor dem Bett. Dann ab in die Arbeit, so

1296 sinnvoll, dass man sie nur im Knast machen kann und dann

1297 Mittagessen, zurück zur Arbeit, wo ich dann doch schon 28

1298 Pfennige in der Stunde verdiente. Und nach der Arbeit ist

1299 eine Stunde Hofgang, anschließend Verteilung vom Abendessen

1300 und dann geht die Türe zu, um acht Uhr wird für eine Stunde

1301 die Heizung eingeschaltet, und um zehn Uhr geht das Licht

1302 aus. Keine Steckdose, kein Radio und kein Fernsehen, kein

1303 Licht in der Nacht und kein Fenster zum Raussehen, einfach

1304 jeden Tag monotones wegsperren, auch ist da nichts von

1305 Gruppengesprächen, Psychologen, Aufarbeiten der Straftat. Es

1306 ist nur wegsperren und das dann möglichst lange, damit man

1307 auch genug Zeit hat, Kontakte für das Leben nach dem Knast

1308 zu knüpfen. Ich habe zwar schöne Sachen gelernt, z.b. wie

1309 man mit einer Rasierklinge und einem Draht einen Tauchsieder

1310 bastelt, allerdings nur so lange wie das Licht brennt, und

1311 wenn das Licht aus ist, wie man aus Stofffetzen und

1312 Margarine eine Kerze bastelt, die zwar rußt wie die Hölle,

1313 aber dennoch Licht gibt. Ich habe gelernt, dass man aus ganz

1314 wenig Zutaten sich auch was zum Essen machen kann und auch

1315 sonst wusste ich sehr schnell, wie man sich den Tag im Knast

1316 besser organisiert. Tolle Sache das Strafsystem in den

1317 sogenannten zivilisierten Ländern, aber es unterscheidet

1318 sich maximal mit Schweden und den nördlichen Nachbarländern,

1319 bei denen es wohl besser sein soll. Bayern ist auf jeden

1320 Fall am Ende der Skala. Bei allem was ich dann noch erlebte

1321 sollte, war es auf jeden Fall in der Untersuchungshaft noch

1322 am angenehmsten, weil man doch noch seine eigenen Sachen

1323 anziehen darf, ein paar mehr Freiheiten hat als später dann

1324 im Strafhaft.

1325 Auf jeden Fall lief es dann bei mir so, dass Flori alles auf

1326 mich schob, ich alles auf ihn, ich vier Jahre bekam und er

1327 auch, also es hat keinem etwas gebracht, außer dass wir uns

1328 bis heute nicht mehr gesehen haben und auch nicht mehr in

1329 Kontakt getreten sind, weiß auch nicht, was er heute macht.

1330 Die Verhandlung ging so ihren Gang, eine Staatsanwältin und

1331 ein eigentlich recht netter Richter, ein paar Zuschauer und

1332 nach einigen Stunden war der Zauber vorbei, ich war

1333 verurteilt und hatte noch einiges nicht ganz begriffen.

1334 Meine Zukunft war damit eigentlich besiegelt und durch die
1335 Verurteilung komplett vorbereitet. Keine Ahnung wie sich
1336 meine sozialen Beziehungen entwickeln werden, keinen Plan
1337 was danach kam, keinen Schimmer, dass sich ja die
1338 Versicherung auch an mich wenden wird, wegen der
1339 Rückzahlung. Keine Ahnung wer meine Wohnung auflöst, wo die
1340 Sachen landen, keinen Plan mit meiner Arbeit bei der Knorr-
1341 Bremse, mit meinem Konto, mit meinem Auto, mit den
1342 Rechtsanwaltkosten, einfach vollkommen ohne Plan, aber mit
1343 der Gewissheit, ich war weg, weit, weit weg und für
1344 niemanden zu erreichen, aber eben nicht da wo ich hinwollte,
1345 sondern im Knast.

1346 Tamara hat mir jeden Tag einen Brief geschrieben, von
1347 morgens bis abends alles aufgezählt, was so passiert ist,
1348 und auch von ihren Eltern bekam ich sehr oft Post. Von
1349 meinen Eltern war nicht viel zu hören, denn mein Anwalt
1350 wollte meinen Vater mit zu einem psychologischen Gutachter
1351 mitnehmen, damit auch die Hintergründe der Tat ein wenig
1352 beleuchtet werden konnten, aber das hat mein Vater
1353 schlichtweg abgelehnt. Ich denke er wusste schon warum, und
1354 seine Antwort war, er ließe sich nicht durch seinen
1355 missratenen Sohn in ein Licht bringen, er wäre ein
1356 schlechter Vater gewesen. Nein, großer Gott, er war wohl der
1357 beste Vater den ich hatte, aber leider hatte ich ja nur
1358 einen, alle anderen hätten wohl nur besser sein können.
1359 Somit war es jedenfalls von Anfang an klar, dass ich diese
1360 Zeit ohne große familiäre Probleme bestreiten konnte. Nur
1361 einmal wurde mir durch meine Schwestern und deren Männern
1362 mitgeteilt, dass sie mich bitten, nach der Entlassung doch

1363   bitte nicht zu kommen, da sie jetzt Kinder hätten und das
1364   wäre ja wohl doch etwas schlecht, wenn die einen Onkel
1365   hätten, der im Knast gesessen hat. Wohl wahr, bin ja auch
1366   wirklich mit dem Stempel auf der Stirn versehen wieder
1367   entlassen worden: Ich bin ein ehemaliger Knacki. voll doof
1368   diese Familie.

1369

1370   **Heute war wieder mal so ein guter Tag, zwar war nichts los**
1371   **was mich irgendwie besonders glücklich gemacht hätte, aber**
1372   **es ist auch nichts passiert, was mich noch tiefer nach unten**
1373   **ziehen hätte können. Einfach relaxend, schön zu Abendessen**
1374   **gekocht und mit Heike, einer ganz netten Frau aus Koblenz,**
1375   **die schon seit Jahren auf Ibiza arbeitet, gegessen und**
1376   **rumgealbert, einfach ohne Stress. Mittlerweile war ich mal**
1377   **auf der Bank um zu sehen, ob noch etwas Geld da ist, war**
1378   **nicht, und ich war zufrieden. Konnte beim Lidl in Ibiza das**
1379   **erste mal einkaufen und mich richtig in die Lage von früher**
1380   **versetzen, als ich nach drei Jahren aus dem Knast kam,**
1381   **irgendwie besteht doch das ganze Leben aus einem auf und ab,**
1382   **und es wiederholt sich alles, sowohl negatives als auch**
1383   **positives**

1384

1385

1386   Nun, nach den Jahren im Gefängnis, wo ich es ja immerhin
1387   geschafft habe, eine Lehre abzuschließen, als Kunstschmied,
1388   kam ich wieder in das Leben zurück. Die Beziehung zu Tamara
1389   war natürlich im Eimer. Was ja auch zu erwarten war, denn
1390   sie war ja auch noch sehr jung, und da kommt dann schon
1391   irgendwann die Einsicht, dass es wohl besser ein Ende mit

1392   Schrecken, als ein Schrecken ohne Ende werden soll. Ich habe
1393   sie auch bis heute nicht mehr gesehen und würde mir
1394   sicherlich heute mal die Gelegenheit gegeben sein, sie zu
1395   sehen, würde ich das ohne jeden Zweifel sofort machen. Es
1396   gibt nicht so viele Menschen, die ich gerne wiedersehen
1397   würde, aber sie zählt zu den Menschen, die es wirklich
1398   verdient hätten, dass ich mich einmal noch bedanke und auch
1399   entschuldige, für das Leid und die Tränen, die sie wegen mir
1400   und meiner Fehler erlitten und vergossen haben. Auf jeden
1401   Fall, ich wurde mit 568 DM wieder auf die Menschheit
1402   zugelassen, musste mich jeden Monat bei meinem
1403   Bewährungshelfer melden und einer geregelten Arbeit
1404   nachgehen. Ha, ein voller Lacherfolg, das ist mit einer der
1405   genialsten Ideen, die der Strafvollzug hat. Also, mit Arbeit
1406   war ja wohl nicht viel, und so schaffte ich es, dass ich zur
1407   Fachhochschule zugelassen wurde. Mein Verteidiger war damals
1408   Prof. Dr. Nehlsen, ein angesehener und anerkannter
1409   Rechtsprofessor für Rechtsgeschichte. Seine Frau gab
1410   Unterricht in Sinologie, also eine sehr gescheite Familie,
1411   nur, dass er eben mit einer Referendarin zusammenlebte und
1412   mit der auch mittlerweile verheiratet ist. Irgendwie stimmte
1413   es in allen Beziehungen die ich kannte, nicht so richtig,
1414   alle waren irgendwie schräg drauf, hatten Freundinnen,
1415   lebten in Gemeinschaften mit Frau und Geliebter, also echt
1416   schräg, aber gut. Nun, eben dieser Professor ermöglichte
1417   mir, dass ich mich an der Fachhochschule eintragen konnte
1418   und dort Bautechnik studieren konnte. Nun, irgendwie war das
1419   alles nicht so mein Ding und trockene Theorie war eben noch
1420   nie mein Ding. Zumal stellte sich ja auch die finanzielle

1421 Frage, denn ich hatte eine kleine Wohnung in Giesing

1422 gemietet, und dann noch einen Freund mit einziehen lassen,

1423 sodass wir zu zweit, mit zwei Hunden, Simmerl und Tessa,

1424 knappe 35 qm zu teilen hatten. Beide keinen müden Pfennig in

1425 der Tasche und die beiden Hunde, wobei Mayer Bernhard wohl

1426 derjenige war, der wenigsten noch Aussicht auf Geld hatte

1427 und mittlerweile auch ein richtig schönes Vermögen geerbt

1428 hat. Jedenfalls mussten wir zu dieser Zeit teilweise

1429 Pfandflaschen sammeln und von dem Erlös gab es dann

1430 Spaghetti mit Butter, und für die Hunde gab es richtig gutes

1431 Dosenfutter, oder es gab nur für die Hunde etwas zu fressen.

1432 Egal, das muss einfach sein und hat sich auch nicht geändert

1433 bei mir.

1434 Nun, wir kamen dann so auf die sonderbarsten Ideen, und

1435 hatten wirklich eine lustige Zeit, die ich, wie übrigens

1436 jeden Tag in meinem Leben, nicht missen möchte. Zuerst waren

1437 wir mal ein paar Tage in Bristol, bei Paul, ein wirklich

1438 totales Schlitzohr, lebte nur von Betrügereien, aber

1439 lustigen Dingen. So hatte er zum Beispiel ein Gerät

1440 entwickelt, das man in die Zähler der Telefone klemmte und

1441 das dann eine Einheit dazu- und dann eine Einheit wieder

1442 abzog, sodass dann alles wieder auf null stand, egal wie

1443 lange man telefonierte. Leider war das für Deutschland nicht

1444 geeignet. Oder ein Gerät, mit dem man sich in ein

1445 Firmentelefonnetz einwählen konnte, und dann durch drücken

1446 der Null eine Amtsleitung bekam und auf deren Kosten ewig

1447 telefonieren konnte.. Also, recht lustiger Typ, hatte in

1448 seinem Haus auch den Strom vom Nachbarn, die

1449 Sattelitenanlage ebenso und die Heizung hatte er einfach auf

1450 der Strasse angezapft, kein Mensch hat's gemerkt. Weiß auch

1451 nicht, ob er das noch heute so macht, aber ich denke schon.

1452 Lustig war auch, dass dieser Verrückte jede Menge Leute

1453 kannte, die ebenso wie er waren, und mit dieser Menge von

1454 Menschen hatte ich die nächsten Jahre gut zu tun. Bernhard

1455 fing damit an, aus England Oldtimer nach Deutschland zu

1456 bringen, und sie dann zu verkaufen, eigentlich ein sehr

1457 gutes Geschäft und die anfänglichen Kosten übernahm sein

1458 Vater. Eine gute Gelegenheit, mal weg zu kommen, weit, weit

1459 weg von all den Problemen. Und es interessierte da auch

1460 keinen, ob du nun eingesperrt warst oder auch nicht. Auch

1461 aus meiner Knastzeit hatte ich dann noch gute Kontakte zu

1462 Bötsch Wolfgang, einem Österreicher, über den ich ja den

1463 Mayer kennen gelernt hatte. Bötsch seine Frau Regina ging

1464 anschaffen, in einem der besseren Clubs in München und er

1465 lebte in Saus und Braus, so wie man das eben auch aus den

1466 Filmen kennt - großes Auto, tolle Wohnung in Grünwald und

1467 bald dann auch einen eigenen Club in Rosenheim. So kam ich

1468 damals mit all den Leuten aus dem Milieu in Berührung und es

1469 wurde bald eine ganz lange Zeit daraus.

1470 Aber vorher stand ja noch die Zeit, in der wir Oldtimer nach

1471 Deutschland brachten und diese hier restaurieren ließen und

1472 verkauften. Lief anfangs auch ganz gut, wir hatten eine

1473 Werkstatt gefunden, gleich mit zwanzig Garagen dazu und

1474 einem Büro. Supertoll. Und wie das eben so ist, hatten wir

1475 von Paul auch schon die nächste Idee mit nach Deutschland

1476 gebracht: Inserate. Schlicht und ergreifend, Inserate in den

1477 Tageszeitungen, in der Rubrik Stellenangebote:

1478 Folgender Text wurde nun zu einem Renner:

1479 Seriöse Agentur sucht Darsteller und Darstellerinnen,

1480 Modelle und Anfänger für seriöse Aktaufnahmen und

1481 Pornofilme. Tel.

1482

1483 Mit dieser Anzeige landeten wir einen vollen Erfolg, man

1484 glaubt ja gar nicht, wie viele Menschen das Gehirn

1485 ausschalten, wenn es um Sex geht. Wir hatten dann am Tag so

1486 um die 500 Anrufe und denen wurde dann folgendes am Telefon

1487 mitgeteilt:

1488

1489 Geben Sie uns bitte Ihre Anschrift, wir senden Ihnen dann

1490 die Unterlagen zu, leider müssen wir, weil es sehr viele

1491 Spanner und Spinner gibt, für die Bewerbungsunterlagen eine

1492 kleine Gebühr verlangen. Die Unterlagen kommen dann per

1493 Nachnahme.

1494

1495 So, das funktionierte wie am Schnürchen, mittlerweile hatten

1496 wir in der kleinen Werkstatt drei Telefonanschlüsse und zwei

1497 Mädels sitzen, die jeden Tag nichts anderes taten, als

1498 diesen Text zu erzählen, die Nachnahmezettel auszufüllen und

1499 uns jeden Tag mit einem Stapel an Briefen auf die Post

1500 schickten. Nun gab es natürlich ein kleines Problem bei dem

1501 Ganzen: Wir konnten ja keine Adresse angeben, sonst wären ja

1502 nach kurzer Zeit alle sexhungrigen und verärgerten Menschen

1503 in unserer Werkstatt gestanden, also das ging ja dann so

1504 auch nicht, womit wir nur ein Postfach angaben. Das Geld

1505 wurde immer auf die Commerzbank überwiesen. Soweit war das

1506 ja alles in Ordnung, für jede Bewerbung gab es 39. -DM und

1507 von tausend Bewerbungsunterlagen, die wir verschickten,

1508   wurden so um die zweidrittel angenommen und zurückgeschickt,

1509   machte bei 600 Stück glatte 24000 DM. Wenn man jetzt noch

1510   die Kosten abzieht und alles bezahlt, blieben noch immer

1511   gute 15000 übrig, ganz schön viel für ganz viel Spaß. Was da

1512   alles an Dingen zurück kam, das ist fast unbeschreiblich,

1513   welche kranken Phantasien die Menschen haben, also wir haben

1514   teilweise am Boden gelegen und uns richtig krumm gelacht,

1515   stundenlang, noch nie und bis heute nie mehr habe ich mich

1516   so auf den Briefträger gefreut wie zu dieser Zeit. Alleine

1517   schon den sein Gesicht war zum Schießen, wenn er wieder 50,

1518   60 Kuverts bei uns abgeben musste, also das wäre einen Film

1519   wert gewesen. Nun gut, es ging auch die ersten Wochen recht

1520   gut, wir mussten die Telefonnummer mal wechseln, weil es

1521   sich bei den Nachfragen, wann denn nun Drehtermine wären

1522   etwas ärgerliche Stimmen breit machten. Und dann kam der

1523   Clou des Ganzen: Die Bank rief an: Commerzbank, kommen sie

1524   doch mal bei uns vorbei und bringen sie bitte einen großen

1525   Korb mit.

1526   Bernhard und ich natürlich sofort da hin und siehe da, ein

1527   hochroter Kopf empfing uns an der Türe: Der Leiter der Bank.

1528   Völlig mit den Nerven am Ende und mit seiner Phantasie durch

1529   den Wind. Der Grund war ganz einfach und auch plausibel:

1530   Nachdem ja bei einer Nachnahmesendung normalerweise der

1531   Empfänger zahlt, weil er ja bestellt hat, war es natürlich

1532   bei uns nicht so, denn oft ließen die Frauen, die tagsüber

1533   die Post annahmen, die nicht von ihnen, sondern von ihren

1534   Männern bestellten Unterlagen zurückgehen. Oder es stimmten

1535   die Adressen nicht und es kam alles zurück, aber wohin?

1536   Keine Adresse!!! Also, unsere deutsche Post ist ja sehr

1537 gründlich und öffnet dann die Briefe, um zu sehen, ob sich

1538 aus dem Inhalt der Absender ersehen lässt. In diesem Falle

1539 aber auch nicht möglich, nur die Bank stand in den

1540 Unterlagen, bzw. auf den Nachnahmeanträgen. Also, was tut

1541 unsere Post? Ja genau, sie sendet die nicht angenommenen

1542 Bewerbungsunterlagen an die Bank. Also, das war ein

1543 phänomenaler Erfolg: Wie lieben Sie Sex am liebsten? Was

1544 halten sie von Sex mit Tieren? Wie stehen sie zu

1545 Klistiersex? Derer Fragen standen 30 Stück in den

1546 Unterlagen, denn für irgendwas mussten ja die 39 Mark sein,

1547 und uns fiel ja sonst kein anderer Blödsinn ein. Und diese

1548 Fragen las jetzt der Herr von der Bank und hatte so um die

1549 300 Rückläufer in seinem Büro liegen. Also, damit war unsere

1550 Kundenzeit bei der Commerzbank auch mal erledigt und nachdem

1551 auch langsam die Polizei nachfragte, ließen wir die Sache

1552 auf sich beruhen und amüsierten uns noch monatelang über die

1553 zugesandten Antworten mit Ganzkörperfoto.

1554 Leider wurde dann auch noch unser Büro ein Opfer eines

1555 komplett durchgeknallten Konkursverwalters, der das

1556 Grundstück das wir gemietet hatten, mit der Werkstatt und

1557 den Garagen, von einem Tag auf den anderen versiegelte und

1558 über zwei Jahre keines der Autos mehr freigab, obwohl die

1559 Eigentümer des Grundstücks Konkurs waren, und nicht Bernhard

1560 oder ich. Also, das war wieder so ein Stück deutscher

1561 Gründlichkeit. Die Autos standen dann zwei Jahre in einer

1562 Tiefgarage, allerdings Duplex und unten, sodass man sie

1563 getrost wegwerfen konnte und der Konkursverwalter den

1564 Schaden ersetzen musste.

1565 In dieser Zeit lernte ich in einem Lokal eine bildhübsche

1566 Russin kennen, und ich weiß auch noch genau wie, denn, ich,

1567 nichtsahnend erzählte Hugo, dem Wirt, den ich schon länger

1568 kannte, einen netten Witz über eine Frau namens Suleica.

1569 Also, Suleica ging zum Arzt, weil sie im unteren Bereich

1570 starken Juckreiz hatte. Der Arzt sah sich das mal genauer an

1571 und stellte dann der hübschen Suleica, die wenig deutsch

1572 sprach, die Diagnose: Läuse. Suleica völlig von den Socken,

1573 fragte: Was tun? Der Arzt sagte: Keine Sorge, ich gebe dir

1574 E605 und das reibst du ein, dann ist jede Laus tot. Tage

1575 später kam Suleica wieder zum Arzt, ganz in schwarz

1576 gekleidet, der Arzt fragte was denn passiert sei und Suleica

1577 antwortete: Ich nehme E605, reibe ein, Fotze rot, Läuse tot,

1578 Ali lecken, auch verrecken.

1579 Mit Ende des Witzes, der natürlich auch wegen der anwesenden

1580 Suleika ein voller Lacherfolg war, bekam ich eine richtig

1581 schallende Ohrfeige, eben von jener Suleika, die mehr

1582 Pfeffer im Arsch hatte als es auf der Welt wahrscheinlich

1583 gibt, und die sich persönlich angesprochen fühlte. Na ja,

1584 nach etlichen Drinks und meiner Versicherung, dass es nicht

1585 gegen sie gerichtet war, verließen wir gemeinsam das Lokal,

1586 um eine der schönsten Nächte zu verbringen. Und das ging von

1587 dem Tag an jeden Tag so weiter, Sex, Sex, Sex und noch mal

1588 Sex, es passte einfach alles. Der Nachteil war eben nur,

1589 dass sie sehr eifersüchtig war und das führte jedes Mal zu

1590 einem Desaster. Also, je mehr sie mich liebte und je länger

1591 wir zusammen waren, um so mehr wurde es zu einem

1592 unzumutbaren Zustand. Sie hatte auch einen kleinen Sohn, der

1593 Florian hieß, also auch eine gewisse Wiederholung und ein

1594 Zusammentreffen von verschiedenen schon da gewesenen
1595 Zuständen.   Die   ganze
1596 Affäre dauerte so ca. ein halbes Jahr, und ich war ja in
1597 dieser Zeit sehr viel in England um Autos zu holen,
1598 studieren war ja schon wieder passe´. Zwischenzeitlich bekam
1599 ich auch noch einen sehr gut bezahlten Job bei den
1600 Arabischen Emiraten, als Fahrer für die Gäste der Botschaft.
1601 Vorteil war, ich bekam einen neuen 500er Mercedes, mit allen
1602 nur erdenklichen Schikanen und durfte den auch privat
1603 nutzen. Jetzt war natürlich die Sache geritzt, ein tolles
1604 Auto, guter Verdienst, Trinkgelder dass man sich wegwarf vor
1605 lauter Freude, und ein Leben wie Alibaba und die Königin.
1606 Bevor es aber soweit war, landete ich unvermittelt wieder
1607 mal im Knast. Und warum? Wegen Suleika. Ich Trottel hatte
1608 eines Tages die Schnauze mal so richtig voll, als mir wieder
1609 mal der schwere Kristallaschenbecher nachflog und mich auch
1610 noch traf. An dem Tag hatte ich zum ersten Mal die Hand
1611 erhoben und ihr eine schallende Ohrfeige versetzt. Im
1612 Anschluss daran habe ich meine Koffer gepackt, ich wohnte ja
1613 mittlerweile bei ihr, und habe die Beziehung beendet. Ihre
1614 letzten Worte waren:
1615 „Wenn ich dich nicht haben kann, bekommt dich auch keine
1616 andere mehr, ich werde dafür sorgen". Ich dachte mir nicht
1617 viel dabei, war nur froh, dass ich diese Beziehung beendet
1618 hatte und wieder mein eigener Herr war. Ich flog noch am
1619 gleichen Tag mit Bernhard nach England und wir holten Autos.
1620 Als wir wieder in Deutschland einreisten, klickten bei mir
1621 die Handschellen, direkt an der Grenze in Aachen. Haftbefehl
1622 der

1623   Staatsanwaltschaft München wegen Vergewaltigung. Jetzt kann
1624   man dreimal raten, was passiert ist. Suleika hat sich
1625   kräftig Mut angetrunken, wie sich später herausstellte, und
1626   ist dann am Morgen zur Polizei und hat mich angezeigt, ich
1627   wäre in der Nacht zu ihr in die Wohnung eingedrungen und
1628   hätte sie vergewaltigt. Also, das war eine sehr
1629   abenteuerliche Geschichte, die ihr anfangs auch geglaubt
1630   wurde, zumal ich ja wegen Schwerverbrechen vorbestraft und
1631   noch unter Bewährung stand. Jetzt wird natürlich jeder
1632   gleich sagen, gibt's ja gar nicht, warst doch in England.
1633   Stimmt. Ich hatte die Flugtickets, die Hotelbuchung und
1634   Rechnung, Rechnungen aus den verschiedenen Lokalen, Zeugen
1635   ohne Ende, und dennoch blieb ich zuerst einmal in Haft.
1636   Allein schon, bis ich von Aachen nach München kam, bis ich
1637   vernommen wurde, denn es pressierte ja nicht sonderlich,
1638   hatte ich ja sofort einen Bewährungswiderruf am Arsch, und
1639   somit hatte die Staatsanwaltschaft alle Zeit der Welt. Nach
1640   90 Tagen wurde ich gegen Kaution wieder entlassen. Das muss
1641   man sich auf der Zunge zergehen lassen, gegen Kaution. Und
1642   dann kam der Clou der ganzen Geschichte: Suleika gab unter
1643   dem Druck der Widersprüche zu, dass sie mich nur einsperren
1644   lassen wollte, damit keine andere mich je wieder für sich
1645   bekam, wenn sie mich schon nicht mehr haben könne. Soweit
1646   alles gut, ich war rehabilitiert, aber was macht man denn
1647   jetzt mit den 90 Tagen die ich in Untersuchungshaft gesessen
1648   habe? Genau: Man verurteilte mich in einem schnell noch
1649   eröffneten Verfahren wegen Körperverletzung zu einer
1650   Geldstrafe von 90 Tagessätzen, mit der Haft abgegolten. Tja,
1651   und jetzt bitte nicht fragen, wofür... richtig, für die

1652   Ohrfeige, die ich ihr an dem Tag des Abschieds gegeben habe

1653   und die ich bei einer Vernehmung auch mal erzählt hatte, als

1654   ich den Hergang der ganzen Komödie erklärte. Also, da sage

1655   noch mal einer, unsere Justiz sei einfallslos.

1656   Nun, ich hatte auf jeden Fall mal richtig zu tun, aus diesem

1657   neuerlichen Dreck wieder Fuß zu fassen, hatte zum Glück ja

1658   noch die kleine Wohnung in Giesing und habe mich mit der

1659   auch zufrieden gegeben, und bekam dann eben das Angebot mit

1660   den Fahrern bei den Arabischen Emiraten. Wie die dazu kamen,

1661   mich zu nehmen, das weiß ich bis heute nicht, denn es war ja

1662   nicht irgendein Kameltreiber der da nach Deutschland kam und

1663   hier mit dicken Mercedes durch die Gegend kutschiert wurde,

1664   nein, es war zum Beispiel Sheik Sultan al Nayan, mit Mutter

1665   und was weiß ich noch   mit wem, auf jeden Fall war mein

1666   erster Auftrag Flughafen München Riem, hinteres Tor auf die

1667   Rollbahn fahren. Dort traf mich fast der Schlag, standen da

1668   schon dreißig Limousinen, und warteten auf das Eintreffen

1669   der königlichen Maschine, die dann auch kam. Alle wie in

1670   einem schlechten Film, in reih und Glied aufgestellt, die

1671   alten und erfahrenen Fahrer vorne, die durften die Familie

1672   persönlich fahren, die Neuen mussten das Gepäck und die

1673   Bediensteten fahren. Ich war ja der allerneueste und somit

1674   ganz am Ende der Schlange zu finden. Aus welchen Grund auch

1675   immer, ich bekam eine riesige Reisetruhe in den Kofferraum

1676   gestellt, von den Bodyguards und wurde mit dem Befehl „Hotel

1677   Mayer, Tegernsee" auf die alleinige Reise geschickt. Ich

1678   also losgefahren, über den Ring Richtung Autobahn und dann

1679   ab nach Holzkirchen, Richtung Tegernsee. Nachdem ja der

1680   Bötsch Wolfgang und dessen Frau aus der Gegend kamen, kannte

1681   ich mich dort recht leidlich aus. Kurz vor Holzkirchen hatte

1682   ich zu allem Übel eine Reifenpanne, auch das passiert bei

1683   einem Mercedes, und ich holte mir jemand zu Hilfe, der mir

1684   dabei half, diese schwere Reisekiste aus dem Auto zu hieven,

1685   damit ich an das Ersatzrad kam. Nach gut einer Stunde setzte

1686   ich meine Fahrt fort und kam im Hotel Mayer in Tegernsee an.

1687   Dort herrschte helle Aufregung und eine fürchterlich miese

1688   Stimmung, als man jedoch mich sah, den allerneuesten Fahrer,

1689   den ja auch noch keiner kannte, brach unbeschreiblicher

1690   Jubel aus und ich wurde sofort zu dem königlichen Sheik

1691   Sultan bin al Nahyan gebracht. Zwischenzeitlich hatte ich

1692   schon erfahren, dass ich die Kiste im Auto hatte, in der

1693   sich der gesamte Schmuck der mitgereisten Damen befand, ca.

1694   40 an der Zahl und das gesamte für die Dauer von drei

1695   Monaten notwendige Bargeld. Wenn man bedenkt, dass diese

1696   degenerierten Menschen für ein Mineralwasser 1000 DM

1697   zahlten, und das regelmäßig, dann weiß man, wie viel Bargeld

1698   die dabei hatten. Auch Autos, Schmuck, Häuser, alles wurde

1699   immer bar bezahlt. Und ich Idiot fuhr nicht einfach über die

1700   Grenze, versteckte die Kiste und wäre leer wieder nach

1701   Tegernsee gefahren, wenn ich es gewusst hätte. Aber ich

1702   wusste ja leider nicht was drin war und so wurde ich

1703   zumindest am gleichen Tag noch der persönliche Fahrer des

1704   Sheiks und seiner Mutter. Die war auch ganz in Ordnung, eben

1705   aus einer anderen Kultur raus und in keinster Weise in der

1706   Lage, sich den europäischen Gepflogenheiten anzupassen, denn

1707   wer sonst rotzt schon ohne Ansage als Frau auf die Strasse,

1708   uns spuckt alles aus, egal wie der Teppich den es traf,

1709   danach aussah. Auf jeden Fall, da war es wieder, das was mir

1710 gefiel, gute Klamotte an, in den besten Hotels verkehren, in

1711 den besten Lokalen essen, das schönste damalige Auto fahren,

1712 und noch dazu ein guter Verdienst. Also, irgendwie findet es

1713 immer wieder einen guten Weg, das Schicksal, mir zu zeigen,

1714 dass es sich nur um eine Laune der Natur handelt, dass es

1715 mir zwischendurch immer wieder schlecht geht. Natürlich

1716 waren es auch wieder die Reichen und Glücklichen, die ohne

1717 finanzielle Probleme, die mich faszinierten und die ich

1718 irgendwie bewunderte. Nun, natürlich ist es selbst in einer

1719 Großstadt nicht unbedingt normal, dass ein 24 jähriger mit

1720 einem der neuesten Mercedes' durch die Gegend düst und noch

1721 dazu gut gekleidet, mit einem guten Aussehen und

1722 durchtrainierten zwei Metern ganzer Mann. So kam dann auch

1723 eine Frau zur nächsten und ich konnte mich nicht beklagen.

1724 Sex spielte in meinem Leben immer eine entscheidende Rolle,

1725 denn ich bin einfach der Meinung, dass es zwar viele schöne

1726 dinge im Leben gibt, aber nichts, was umsonst ist und soviel

1727 Spaß macht, wie Sex in jeder Schattierung.

1728 Durch Wolfgang hatte ich ja schon genügend Kontakt zu der

1729 Szene und als ich nun anfing, die Araber in die guten Clubs

1730 der Stadt zu fahren, lernte ich natürlich den Rest der

1731 Gemeinde auch noch gut kennen, und war für die natürlich ein

1732 gefundener Freund, denn die Araber ließen natürlich gerne

1733 und viel Geld in den Clubs. Vor allem den Frauen gefiel das

1734 sehr gut, ich im Übrigen auch.

1735 Ich erlebte mit den Arabern wirklich die abenteuerlichsten

1736 Sachen, und teilweise war es lebensgefährlich, mit denen

1737 unterwegs zu sein, denn sie waren frech wenn sie betrunken

1738 waren und behandelten alle Menschen wie Menschen zweiter

1739 Klasse, einfach widerlich. Aber zum Ende gab es dann noch

1740 ein paar Tausender extra und eine Rolex, zumindest beim

1741 Sheik Sultan. Ansonsten ließen wir uns immer wieder die

1742 Mehrwertssteuer am Flughafen auszahlen, was ja auch

1743 teilweise richtig Geld ausmachte, denn wer so einen Mercedes

1744 für 300.000 DM bar kaufte, bekam bei Bestätigung der Ausfuhr

1745 natürlich die Mehrwertssteuer zurück, was natürlich die

1746 Araber oft nicht wussten, und es so für uns Fahrer eine gute

1747 zusätzliche Einnahmequelle war, oder für die Dolmetscher,

1748 denn das waren in der Regel auch Araber, oder Ägypter, die

1749 natürlich fließend Deutsch sprachen und folge dessen auch

1750 von dieser Regelung wussten. Es war immer ein Kampf, wer

1751 schlauer war und wer es am Ende schaffte, sich die

1752 umworbenen Papiere zu holen.

1753

1754 In dieser Zeit lernte ich auch ein nettes Mädchen kennen,

1755 Bedienung in einem damaligen In-Lokal, Ute, keine Schönheit,

1756 aber sehr sensibel und groß, blond und eine relativ gute

1757 Figur, aber im Bett eher langweilig. Und von diesem Tag an

1758 begann meine Karriere im Rotlicht. Gekannt hatte ich ja alle

1759 schon, und der Weg war auch nicht schwer zu erkennen, also,

1760 ich mit Ute ins Bett und dann nicht mehr gemeldet. Natürlich

1761 war sie sofort verliebt und das brachte mich auf die

1762 richtige Idee: Bei der Frau versuchst du es einfach mal, und

1763 es gelang besser als gedacht. Ich mal wieder unterwegs, da

1764 rief mich Ute an und fragte, warum wir uns nicht mehr sehen

1765 und ich denn nie Zeit für sie hätte. Na ja, sagte ich, wenn

1766 du etwas arbeiten würdest, wo es mehr Geld zu verdienen

1767 gibt, dann könnten wir uns ja wiedersehen, aber bis dahin

1768 muss ich wohl selber soviel arbeiten, dass es wirklich nicht

1769 ginge, obwohl ich sie natürlich auch gerne sehen würde. Sie

1770 fragte noch, wie ich mir das vorstellte und ich erklärte

1771 ihr, dass es auf dem Gesundheitsamt diese roten Scheine

1772 gibt, für Prostituierte, den sogenannten Bockschein, und sie

1773 solle mit dem Schein am Montag bei mir in der Wohnung in

1774 Giesing stehen, dann würde unser Leben sicher einen ganz

1775 anderen Verlauf nehmen. Und siehe da, am Montag stand sie

1776 mit dem Schein winkend vor meiner Tür und für sie war die

1777 Welt in Ordnung. Eigentlich wollte ich sie ja nicht, aber

1778 mit dem roten Schein war das alles gleich etwas anders und

1779 besser. Natürlich ging ich am Nachmittag mit ihr noch

1780 Klamotten kaufen, denn sie hatte bis dahin immer diese

1781 breiten und ekelhaften Baumwollunterhosen an, die mit den

1782 Blümchen drauf, einfach schrecklich. Und am Abend ging's

1783 dann mit Mayer Bernhard nach Rosenheim, wo der mittlerweile

1784 als Wirtschafter arbeitete. Und somit hatte ich die erste

1785 Frau zum Anschaffen geschickt, ging eigentlich relativ

1786 einfach. Kontakt hatte ich ja zu der ganzen Szene schon in

1787 ganz jungen Jahren. Da mein Elternhaus in der Nähe der

1788 Landsbergerstrasse war, und dort auch der damals größte

1789 Straßenstrich sich befand, fuhr ich oft mit dem Rad zu denen

1790 rüber und erledigte für die Mädels die kleinen Einkäufe:

1791 Zigaretten, Schnaps und was man eben sonst noch alles so

1792 brauchte. Ich wurde immer ganz gut entlohnt und hatte viele

1793 neue Mütter gefunden, die sich alle rührend um mich

1794 kümmerten. Bis ich eines Tages von einem dicken Mercedes vom

1795 Fahrrad gefahren wurde, ein, zwei Ohrfeigen bekam und den

1796 Hinweis, nie mehr wieder die Frauen mit Schnaps zu

1797   versorgen. Da hatte ich meine erste Lektion gelernt, Frauen

1798   machen das, was Männer sagen, und nicht anders. Anders

1799   kannte ich es ja auch von zuhause aus auch nicht, das

1800   einzige was ich dann noch dazulernen musste, dass man Frauen

1801   auch schlägt, falls sie mal nicht das taten, was man wollte,

1802   wobei das bei mir eigentlich nie der Fall war, obwohl ich

1803   schon in meiner Ohnmacht, mich mit Worten auszudrücken, oft

1804   körperliche Gewalt anwendete. Ich versteckte mich dann immer

1805   hinter so blöden Sätzen, wie „wenn Frauen frech sind wie

1806   Männer, muss man sie auch behandeln wie Männer". Also, man

1807   erkennt eigentlich schon ganz deutlich, dass die Erziehung

1808   maßgeblich an dem späteren Verhalten beteiligt ist und auch

1809   die unterbewusste Verrohung durch Gewalt in der eigenen

1810   Erziehung sich sicherlich auf das spätere Verhalten

1811   auswirkt.

1812

1813   Nun, wie immer lief auch jetzt mein Leben nicht gerade so

1814   richtig geradeaus, denn nach gut einem Jahr kam bei einer

1815   Sicherheitsüberprüfung zutage, dass ich eben vorbestraft bin

1816   und damit für den Dienst bei den Vereinigten Arabischen

1817   Emiraten nicht geeignet sei. Toll, na zum Glück ging der

1818   Fall nicht ganz nach unten, denn ich hatte ja noch Ute in

1819   Rosenheim, die sich zwar deutlich veränderte, aber zu ihrem

1820   Nachteil, aber das störte mich nicht wirklich. Sie sprach

1821   kaum noch, war in sich gekehrt und ruhiger als je zuvor.

1822   Kurz gesagt, es gibt Frauen, die sind für diese Art von

1823   Arbeit geeignet und es gibt Frauen, die sind es ganz sicher

1824   nicht, Ute war eine von den letzteren Frauen, aber im Moment

1825 konnte ich das nicht ändern, weil ich ja sonst gar keine

1826 Einnahmen mehr hätte.

1827

1828 Heute, Dienstag, 9. Juli 2002, war wieder so ein ruhiger Tag

1829 auf Ibiza. Ich saß noch bis früh in den Morgen auf meinen

1830 Balkon und schaute der Fischerflotte beim Auslaufen zu, dann

1831 ging ich unendlich müde, endlich schlafen. Nachmittag traf

1832 ich mich mit Horst vom „Mambo" und fuhr mit ihm zu

1833 verschiedenen Stellen am Strand, wegen Arbeit. Da ja mein

1834 spanisch immer noch nicht recht viel besser geworden ist,

1835 kann ich dazu aber nicht viel sagen, die beiden unterhielten

1836 sich in spanisch. Ich fuhr dann wieder nach Hause, nachdem

1837 ich mir am Strand noch schnell ein Bad im Meer gegönnt habe,

1838 und versuchte anschließend mein Glück auf der Bank, aber

1839 dort hieß es nur „non possible". Gut, ich habe vollgetankt,

1840 genug zu essen zu Hause und auch noch 140 Euro in der

1841 Tasche, dann kann nicht viel schief gehen. Sascha hat heute

1842 1000 Euro überwiesen und Micha 500 Euro, Tiffany wird am

1843 Freitag auch noch mal 1000 Euro überweisen und dann müsste

1844 von meinem Anwalt noch ein Rest von 2600 Euro kommen. Also,

1845 die nächste Zeit könnte von der finanziellen Seite her

1846 ziemlich gesichert sein.

1847 Heute abends muss ich noch ins Privileg, einer der größeren

1848 Discotheken auf der Insel, um mich wegen Arbeit zu

1849 erkundigen. Dann werde ich wohl wieder auf meinem Balkon

1850 sitzen und schreiben, den Leuten zusehen, die

1851 Hafenatmosphäre genießen, und einfach Mensch sein. Mal

1852 sehen, wie lange mir dieses Leben, das ich eigentlich immer

1853 gesucht habe, und an das ich mich jetzt erst gewöhnen muss,

1854 gefällt, ob es wirklich das Leben ist, das ich mir in meinen
1855 Phantasien und Träumen immer vorgestellt habe. Vielleicht
1856 aber kommt ja alles wieder ganz anders als ich denke und
1857 sicherlich wird es sich um ein Hoch handeln müssen, denn ein
1858 tieferes Tief als derzeit ist wohl kaum möglich.
1859 Nun gut, also der Termin heute abends zum Vorstellen wurde
1860 schon mal abgesagt, weil die genügend Leute haben und auch
1861 zu wenig los ist. Also, diese Euro und Teuro Hysterie greift
1862 auch auf den Urlaubsinseln, wobei es ja auch nicht
1863 verwunderlich ist, wenn in den großen Discos bis zu 60 Euro
1864 Eintritt verlangt wird, und ein Drink dann auch noch 16 - 20
1865 Euro kostet. Wer soll sich das denn auch noch leisten
1866 können, sicherlich kein normaler Urlauber. Somit haben sie
1867 weniger Gäste und wenn es weniger Gäste sind, wird der Preis
1868 einfach nach oben korrigiert, damit am Ende der Erlös nicht
1869 weniger ist, als die Jahre davor. Nun lebt es sich natürlich
1870 besser in einer Umgebung in der alle den Gürtel enger
1871 schnallen müssen, wobei meiner schon ziemlich eng geschnürt
1872 ist, aber das wird sich sicherlich wieder ändern.
1873
1874 Zu meinem großen Glück hatte ich auch noch in der normalen,
1875 soliden Welt ein paar Bekannte, durch die ich meine nächste
1876 große Aufgabe bekam. Ziemer Peter und ein Typ auch namens
1877 Wolfgang, hatte eine Rohrreinigung, also auch ganz solide.
1878 Diese beiden kauften sich, bzw. mieteten ein
1879 Arbeiterwohnheim einer großen Baufirma und wollten in diesem
1880 Wohnheim Asylanten unterbringen, was zu dieser Zeit ein sehr
1881 einträgliches Geschäft war. Man bekam pro Asylant einen
1882 Betrag von 75 DM pro Nacht und man durfte in den Zimmern

1883 nach einem Belegungsschlüssel die Menschen einpferchen, das

1884 war genial: 1Mensch = 8qm, und jeder weitere Mensch

1885 bedeutete zusätzlich vier Quadratmeter, irgendwie eine

1886 geniale Idee, denn so bekam man in ein 20 qm großes Zimmer

1887 immerhin 4 Personen unter, a´75DM, das machte im Monat auf

1888 jeden Fall 9000 DM für 20 qm. Ist doch nicht schlecht, oder?

1889 Derer Zimmer waren 30 Stück da, was auf jeden Fall eine gute

1890 Summe im Monat ergab. Problem an der ganzen Sache war

1891 anfangs nur, dass ja die Bauarbeiter, meist Jugoslawen und

1892 Türken, noch in der Anlage wohnten. Diese mussten nur

1893 entmietet werden. Nur. Dafür war ich zuständig, dafür bekam

1894 ich meinen Anteil an den folgenden Geschäften. Also, meine

1895 nächste Station im beruflichen Leben: Entmieter. Zuerst

1896 haben wir den netten Leuten ganz freundlich erklärt, dass

1897 sie gekündigt sind und zum Monatsende ausziehen müssen, das

1898 waren ja immerhin noch, ich glaube, zehn Tage Zeit.

1899 Natürlich wollte das so freiwillig auch keiner, der Vorteil

1900 war nur, dass die Baufirma pleite war und von denen keiner

1901 einen Mietvertrag hatte, aber die waren alle recht stämmig

1902 und auch leicht gereizt. Nun, wie das so gute Jugoslawen

1903 immer noch machen, fahren sie jedes Wochenende mit den

1904 Bussen nach Hause um dort, das bei uns verdiente Geld unter

1905 die Leute zu bringen. Auch eine der Ursachen, dass es mit

1906 unserer Wirtschaft nicht nach oben gehen konnte. Und als das

1907 Haus leer war, alle waren in ihrer Heimat, kam das große

1908 Räumkommando. Zimmer für Zimmer wurde zusammengeräumt, alles

1909 auf die Straße gestellt und dann wurde gewartet. Sicherlich

1910 kamen die ganzen Leute um elf Uhr in der Nacht, die letzten

1911 irgendwann um vier Uhr morgens, und standen nun vor

1912 verschlossenen und verriegelten Eingangstüren. Da war das

1913 Hallo aber richtig groß, zum Glück hatten wir schon im

1914 Vorfeld die Polizei verständigt, um größere Unruhen zu

1915 vermeiden, aber das blieb dann doch nicht so ganz aus.

1916 Letztendlich hatten wir dann aber alles unter Kontrolle und

1917 die Gans die goldene Eier legt konnte loslegen, ohne

1918 Hemmungen wurde Monat für Monat kassiert, immer mehr und

1919 immer enger wurden die Zimmer belegt, es störte keinen so

1920 richtig, zumal ja auch akuter Wohnraummangel für diese

1921 Problemgruppe herrschte. Es funktionierte auch ganz

1922 hervorragend mit Peter und Wolfgang, ach ja, Rudolph hieß

1923 der mit Nachnamen. Ich bekam jeden Monat mein Geld, sodass

1924 ich mit dem Geld von Ute ganz gut über die Runden kam,

1925 nebenbei wurde noch ein bisschen mit Autos gehandelt, was

1926 mir allerdings auch mal wieder eine Vorstrafe wegen

1927 Urkundenfälschung einbrachte, weil ich eine unrechtmäßige

1928 TÜV-Plakette am Auto hatte, das ich ein paar Tage zuvor im

1929 Autokino gekauft hatte. Zufälligerweise fuhr der Verkäufer

1930 nach ein paar Tagen an dem Auto vorbei und wunderte sich

1931 über den neuen TÜV. Manchmal fragt man sich, ob denn die

1932 Leute nichts zu tun haben, denn der lief sofort zur nächsten

1933 Polizeidienststelle und gab den Sachverhalt an, was

1934 natürlich die Folge hatte, dass das Auto stillgelegt wurde

1935 und ich eine Anzeige bekam. So bekommt man dann einen

1936 Eintrag in sein Strafregister, was sicherlich nicht zu

1937 erklären ist, aber es ist laut Strafgesetz

1938 Urkundenfälschung, und ich konnte ja schlecht sagen, den Tüv

1939 hat mir eine Werkstatt gemacht, und dann die auch noch

1940 reinzureißen, also nimmt man das so auf sich und zahlt die

1941 Geldstrafe, hackt   das Auto ab und freut sich auf neues

1942 Ungemach, was da so auf einen hereinbricht..

1943 Nun, mit Peter und Wolfgang hatte ich ja vereinbart, dass

1944 ich auf ein Jahr beteiligt bin, und das eine Jahr ging

1945 relativ schnell vorbei. Ich glaube, da passierte auch

1946 ausgesprochen wenig spektakuläres, außer dass die Zahlen der

1947 Bewohner ständig stieg, ach ja, und ich einen Hausmeister in

1948 der Anlage hatte, der sich um alles kümmern sollte,

1949 allerdings war das ein Alkoholiker. Eines Tages wollte ich

1950 Ute in Rosenheim abholen, und mit ihr was essen gehen, aber

1951 mein Auto war in der Werkstatt und ich hatte keins. Ich also

1952 Udo gefragt, ob er mir sein Auto denn leihen könne, ein

1953 ziemlich neuer Fiesta. Ja, kein Problem. Ich weiß noch, es

1954 war Ostersonntag. Ich also mit dem Auto ab nach Rosenheim,

1955 Ute abgeholt, und um die Stimmung etwas aufzubessern, denn

1956 sie war schlecht drauf, wollte ich mit ihr nach Kufstein zum

1957 Essen fahren, und zwar nicht auf der Autobahn, sondern auf

1958 der Landstrasse. Wir also über Neubeuern und Nussdorf ab zum

1959 Grenzübergang Windshausen, dort stellten wir fest, dass Ute

1960 keinen Ausweis dabei hatte, also drehten wir um und nach

1961 hundert Metern hatten wir einen platten Reifen. Peng, da war

1962 es wieder, mein Glück, mit dem ich nicht viel anfangen

1963 konnte, denn der freundliche Grenzer fragte ob er helfen

1964 könne, was ich aber höflich ablehnte. Nur, ich wusste nicht

1965 wie der Kofferraumdeckel aufgeht, und auch nicht, wo der

1966 Ersatzreifen denn versteckt ist. Damals war es Mode, die

1967 kleinen Ersatzreifen aus Vollgummi irgendwo zu verstecken,

1968 wo sie kein Mensch jemals finden konnte. Nun, ich mit dem

1969 platten Reifen in den nächsten Ort unterwegs, als mich auch

1970   schon ein Streifenwagen mit Blaulicht einholte und stoppte.

1971   Ich war wohl ziemlich verdächtig, also hat der nette Grenzer

1972   mal das Kennzeichen durch den Computer gejagt und siehe da:

1973   das Auto war zur Fahndung ausgeschrieben: Einfach genial,

1974   und das mir mit meinem Register an Vorstrafen, welche da ja

1975   schon etliche waren. Soweit so gut, Ostersonntag, Ute völlig

1976   von der Rolle, stand ohne eine Mark mitten in der Pampa und

1977   musste nun mit dem Taxi zurück nach Rosenheim, ich mit der

1978   grünen Minna und in Handschellen ab nach Kiefersfelden in

1979   die Polizeizelle. So, jetzt erreich mal an einem Sonntag,

1980   zudem auch noch Ostern, einen Anwalt. All meine Angaben,

1981   dass es sich um das Fahrzeug meines Hausmeisters handelt,

1982   dass ich es mir nur ausgeliehen hatte, wurde keinerlei

1983   Glauben geschenkt, der Hausmeister war auch nicht

1984   erreichbar. Also warten wir mal wieder in der Zelle auf das

1985   was passiert, es passierte nichts, denn zuerst kam ja mal

1986   der Ostermontag, und am Dienstag hat sich die Sache dann zu

1987   meinem Gunsten geklärt, ich wurde wieder auf freien Fuß

1988   gesetzt und dann kam der Oberhammer:

1989   Vergehen gegen das Zollgesetz, weil ich ein gestohlenes Auto

1990   nach Österreich einführen wollte, also ich kann nur immer

1991   wieder sagen, soviel Blödsinn wie ich erleben durfte, da

1992   muss man normalerweise bezahlen dafür.

1993   Es stellte sich dann auf jeden Fall so dar, dass mein

1994   Hausmeister eine Freundin hatte, deren Eltern in

1995   Kiefersfelden wohnten und deren Vater beim Zoll tätig war.

1996   Die beiden hatten wohl Streit miteinander und Udo hatte aber

1997   immer das Auto von ihr, wollte es wohl auch behalten. Und

1998   nachdem er von seiner Freundin wohl noch einige Dinge zu

1999   bekommen hatte, behielt er das Auto als Pfand. Seine

2000   Freundin allerdings wurde von ihrem Vater dazu gebracht, das

2001   Auto als unterschlagen bei der Polizei zu melden, was und

2002   was anderes konnte da mir passieren, als dass ich genau zu

2003   dem Grenzübergang fuhr, an dem der Vater der Besitzerin

2004   seinen Dienst verrichtet. Toll, oder? So was kann und

2005   passiert nur mir, sonst wirklich keinem Menschen, und das

2006   schöne ist ja, dass mir das ja nicht nur einmal passiert,

2007   sondern in schöner Regelmäßigkeit. Nur irgendwann denkt man

2008   nicht mehr darüber nach, fragt sich nur noch, warum immer

2009   mir, und geht wieder zur Tagesordnung über.

2010   Mittlerweile hatte ich ja auch keine richtige Beschäftigung

2011   mehr, jobbte so nebenbei mal bei Zeitarbeitsfirmen, hatte

2012   noch Ute und ein bisschen gespart, sodass alles eigentlich

2013   seinen normalen Gang lief, nur mit dem Unterschied, dass ich

2014   bald wusste, dass das mit Ute nicht mehr lange gut ging. Sie

2015   zerbrach einfach an dieser Arbeit im Club und wollte auch

2016   aufhören, was sie durch eine Selbstmordversuch mir

2017   deutlichst zu verstehen gab. Das war so ziemlich das

2018   schlimmste was mir passieren konnte, als ich eines Tages

2019   nach Fürstenried fuhr, zu ihrer Wohnung, sie hatte frei und

2020   wir wollten uns zum Essen treffen, und vor dem Haus von

2021   Polizei über Notarzt, Feuerwehr und was weiß ich noch alles,

2022   stand. Als ich dann so nach oben blickte, dorthin, wo die

2023   Drehleiter nicht reichte, denn sie wohnte im 11 Stock, sah

2024   ich die Kleine auf der Brüstung sitzen, von ihrem Balkon und

2025   mit einem Psychologen plaudern. Na gut, ich also zu den

2026   Beamten und denen erklärt, dass dies meine Freundin sei.

2027   Toll, die wussten genau wer ich war, was Ute macht und was

2028   sie nicht mehr machen wollte. Kurzum, man ließ mich nicht

2029   mit ihr reden, weil sie ja eigentlich nichts anderes getan

2030   hatte, als mich sozusagen „anzuzeigen", auch wenn das sicher

2031   nicht in ihrem Sinne war und zum Glück auch später nicht so

2032   zum Ausdruck kam. Jedenfalls sie kam vom Balkon, ab in die

2033   Klapsmühle und ich zum Verhör in die Ettstrasse. Mal wieder

2034   eine Nacht in Untersuchungshaft. Erst am nächsten Morgen

2035   durfte ich wieder raus und zwei Tage später holte ich auch

2036   Ute aus Haar ab, und wir suchten gemeinsam einen Weg, wie es

2037   für beide weitergehen konnte. Sie wollte unbedingt irgendwo

2038   einen kleinen Laden, so mit Lotto und Toto, Zeitungen und

2039   Zigaretten, Zeitschriften und Süßigkeiten. Nachdem wir ja in

2040   den letzten Monaten auch einiges angespart hatten, suchten

2041   und fanden wir für Ute einen Laden in der Lindwurmstrasse in

2042   München. Ab sofort war das jetzt ihr neuer Lebensinhalt, und

2043   ich spielte nach und nach immer weniger eine Rolle in ihrem

2044   Leben. Mir fehlte es auch nicht an Aufgaben.

2045   Eines Tages hatte ich ein gutes Angebot einer

2046   Unternehmensberatung, dachte ich, denn das war ja der

2047   reinste Nepp. Aber was soll's, ich erkannte das Prinzip erst

2048   im späteren nachdenken. Sollte man vielleicht auch mal

2049   vorher machen, aber das war ja wohl nicht und nie mein Ding,

2050   immer wenn mich etwas begeistert hat, dann wurde es auch

2051   sofort gemacht und ohne jetzt groß nach negativen Aspekten

2052   zu fragen, wurde sofort zugegriffen und ja nichts schlecht

2053   machen, könnte ja gut sein. Und gute Ratschläge waren nur

2054   solange willkommen, solange sie sich nicht negativ auf die

2055   Sache bezogen, ansonsten war ich nämlich ganz schnell

2056   beleidigt und zog mich von den Kritikern zurück, auch wenn

2057 ich dann im nachhinein feststellen musste, dass sie recht

2058 hatten.   Ich   also   bei   dieser   Personal   und

2059 Unternehmensberatung angefangen und zuerst musste man auf

2060 eigene Kosten in Venlo, Holland, einen einwöchigen Kurs

2061 machen, bevor man dann in seinem Bezirk arbeiten durfte. Der

2062 Kurs bestand darin, dass man mit einen Branchenbuch des

2063 benachbarten   Deutschland   versehen,   mit   einem

2064 vorgeschriebenen Text, versuchen musste, Termine mit den

2065 verschiedensten Firmen und Betrieben zu vereinbaren. Zu

2066 diesen Terminen, falls da mal einer zustande kam, fuhr dann

2067 ein höherer Mitarbeiter, und man selbst bekam zuerst nur

2068 einen feuchten Händedruck. Jedenfalls als die Zeit des

2069 Telefonierens vorbei war, konnte ich selbst die Termine

2070 wahrnehmen, allerdings durfte ich nur die Fakten

2071 zusammentragen und dann wurde der betreffenden Firma ein

2072 Angebot zugesandt und bei einer Zusage wurde der Betrieb von

2073 A bis Z durchgecheckt, dachten die Leute. Im Prinzip war es

2074 nur eine Abzocke und ich blieb auch nicht lange bei dieser

2075 Firma, denn das machte nicht so richtig Spaß.

2076

2077 **Vielleicht sollte ich doch noch ein wenig mich in die Massen**

2078 **stürzen und den Abend genießen, hier fängt sowieso alles ein**

2079 **bisschen später an, und wenn ich weiter so auf meinem Balkon**

2080 **sitze, lerne ich hier wohl nie jemanden kennen. Mal sehen,**

2081 **irgendwie gefällt mir die Rolle des Zusehers immer noch am**

2082 **Besten, wobei ich auch nie der große Aufreißer war,**

2083 **irgendwie wurde ich immer aufgerissen und nicht anders.**

2084 **Außerdem ist ja in good old Germany auch noch nicht alles**

2085 **geklärt, was die Damenwelt betrifft, und da erwarte ich noch**

2086   rege Probleme hier auf Ibiza, zumal vielleicht eines Tages
2087   wieder mal der Zeitplan nicht stimmt und sich wieder alle
2088   begegnen. Müsste wirklich einen eigenen Regisseur haben, der
2089   immer darauf aufpasst, dass ja keine zu früh und keine zu
2090   spät kommt. Frauen und meine Lust auf Sex, was hat das schon
2091   Probleme gegeben, die möchte ich mal später in einem eigenen
2092   Kapitel behandeln, das kann man sicher nicht so im
2093   Vorbeigehen erzählen, ich denke da könnte ich auch noch mal
2094   ein Buch darüber schreiben.
2095   Jetzt war ich noch mal auf der Meile, aber so richtig macht
2096   mir das auch keinen Spaß, wenn man sich jeden Euro zweimal
2097   überlegt, dazu noch die ganzen Menschen auf die eine oder
2098   andere Art unter Drogen stehen und sich eigentlich gar
2099   nichts um den Rest der Welt mehr kümmern können,
2100   einschließlich der Frauen. Also, hübsch sind sie ja so
2101   ziemlich alle, die meisten bestehen nur aus Busen und Arsch
2102   und flachen Bauch, wenig Hirn und Drogen, aber zum Ansehen
2103   wirklich nett. Ich denke es gibt da für jeden Geschmack
2104   etwas,   blasse   Engländerinnen,   hübsche   Spanierinnen,
2105   arrogante Deutsche, lärmende Amis und dazu noch einen Haufen
2106   von Italienerinnen, die sowieso etwas anders drauf sind.
2107   Also, für jeden nach seinem Gusto, nachdem ich keine Drogen
2108   nehme, vielleicht mal einen Joint, und da schlaf ich sicher
2109   darauf ein, kann ich auch bei den Exzessen nicht so
2110   mithalten, bzw. komme erst gar nicht soweit, dass es zu
2111   einem Exzess werden könnte. Und mit dem was ich beim Trinken
2112   vertrage kann sowieso kein Mensch mithalten, außer mein
2113   Düsseldorfer Freund Tom, aber der hat ja keine Leber oder
2114   Blase, sondern ein Gefäß zum Auswechseln. Also bleibt mir

2115 **die Rolle des Beobachters und die ist mir ja auch am**

2116 **liebsten, wobei mir langsam der Sex schon fehlt, ist ja auch**

2117 **schon eine Woche vorbei, aber ich vermute, es wird auch noch**

2118 **eine, oder zwei Wochen dauern, mal sehen.**

2119

2120 Nachdem ich mit dem Unternehmensberatungen ein Ende gemacht

2121 habe, lebte ich eine zeitlang vom Vermieten angemieteter

2122 Objekte, auch ganz einträglich, aber dennoch nicht so

2123 lukrativ wie ich dachte und auch sehr aufwendig, also, was

2124 lag näher, als sich mal wieder aus dem Weltgeschehen

2125 zurückzuziehen. Während meiner Zeit in Venlo, Holland, hatte

2126 ich einen ganz netten Sarden kennen gelernt, der mit seiner

2127 Frau in Delft eine Pizzeria betrieb, und ich hatte von ihm

2128 das Angebot, nach Holland zu kommen und mit ihm dort ein

2129 zweites Lokal aufzumachen. Der Gedanke gefiel mir eigentlich

2130 ganz gut und so fing ich langsam an, wieder mal alles

2131 aufzulösen und mich Richtung Holland zu begeben, zumal ich

2132 dort auch noch ein sehr nettes holländisches Mädchen kennen

2133 gelernt hatte, das in Amsterdam zum anschaffen ging, man

2134 musste ja auch von etwas leben. Nachdem mich nach Ute eine

2135 nette Engländerin in Deutschland heimgesucht hat, die ich ja

2136 nun absolut nicht hier haben wollte, aber wo ich mir auch

2137 schwer tat, sie einfach so wieder zurückzuschicken, kam mir

2138 der Gedanke ganz vernünftig vor, und mit 26 Jahren war man

2139 ja noch nicht zu alt für einen neuen Anfang in einem fremden

2140 Land. Ich also meinen alten 6er BMW vollgepackt, und noch

2141 mal zu Franco, auch einen Italiener, nach Ottobrunn

2142 gefahren, um mich zu verabschieden. Da stand sie nun, mit

2143 einer engen roten Jeans, schönen Brüsten und einer

2144   dunkelbraunen Lockenmähne, etwas mollig, aber mit einer

2145   super schönen Figur: Gabi. Komischerweise sprach sie mich

2146   an, ob ich mit ihr eine Runde Billard spielen würde, aber da

2147   ich arg in Zeitnot war, und immer wenn ich auf Reise ging so

2148   schnell wie möglich weg wollte, ließ ich sie nach einem sehr

2149   heftigen Abschiedskuss einfach stehen und fuhr los. Ich

2150   schaffte es bis kurz hinter die Grenze, als mich die

2151   holländische Polizei wegen zu schnell fahren, stoppen

2152   wollte, aber ich nicht halten wollte. Hätte ich nur mal

2153   gehalten, dann hätte ich mir wirklich viel Ärger erspart,

2154   aber so führte mein Verhalten zu einer heftigen Geldstrafe,

2155   oder ersatzweise Haft, was ich natürlich nicht wollte.

2156   Nachdem ich mich unsinnigerweise auch noch mit den

2157   Polizisten fast körperlich anlegte, bekam ich, obwohl erst

2158   eingereist, sofort durch einen Schnellrichter erst mal 5

2159   Jahre Einreiseverbot und zig Gulden Geldstrafe. Da war dann

2160   doch etwas viel und ich zog es vor zuerst mal in Düsseldorf

2161   zu bleiben. Dort bekam ich dann auch die ersten Anrufe von

2162   Franko, dass sich diese Gabi so unsterblich in mich verliebt

2163   hat und nun unbedingt wissen will, wo ich denn bin und was

2164   ich denn so mache. Also gab ich ihm die Telefonnummer und

2165   sie rief auch sofort an, keine Verzögerung und auch kein

2166   Herumreden. Wo bist du, ich komme. Oh Gott, das war nun

2167   selbst für mich zuviel und ich versprach ihr, dass ich die

2168   nächsten Tage mal nach München komme und sie besuchen würde.

2169   Gesagt getan, ich nach München zurück, mit meinem

2170   vollgepackten Auto bei ihr vor der Wohnung geparkt,

2171   geklingelt, die Wäsche vom Leib gerissen und ohne großartig

2172   zu reden einen super geilen Sex gehabt, einfach mit allem

2173   was man sich wünscht, vorne und hinten, oben und unten,

2174   einfach genial, und nachdem ja alles so gut lief, packte ich

2175   meine Sachen gleich zu ihr in die Wohnung und die Sache war

2176   perfekt. Natürlich stellte sich noch die Frage des

2177   Geldverdienens, aber nachdem sie als Kinderschwester im

2178   Kinderheim arbeitete hatten wir genug Einkommen und ich ja

2179   auch noch mein kleines Erspartes. Nur war mir das ja wieder

2180   mal zu langweilig und ich kam auf die großartige Idee, auf

2181   der Hauptstrasse der Autoverkäufer einen Imbissstand zu

2182   eröffnen. Eine wirklich gute Idee, leider musste ich

2183   etliches an Vorschriften erst am eigenen Leib spüren, damit

2184   ich sie verstand. So brauchte man fließend Wasser, Strom und

2185   Toiletten, war alles nicht da. Dann brauchte man einen

2186   geeigneten Raum für die Lebensmittel, am besten gefliest und

2187   mit Lebensmittelregalen, war auch nicht da, also wurde alles

2188   angeschafft und der Imbiss Wagen gekauft. Nach nicht einmal

2189   einem Tag kam dann die Gesundheitsbehörde. Ein voller

2190   Erfolg: für mich und meinen Mitarbeiter DM 1200, --

2191   Geldstrafe wegen Kochen ohne Mütze. Macht 2.400.------. Die

2192   gleiche Summe ging noch mal auf den Betreiber, in dem Fall

2193   Gabi, weil ich ja aufgrund meiner Vorstrafen charakterlich

2194   nicht dazu geeignet war, einen Imbiss zu führen. Also, wer

2195   sich diesen Schwachsinn einfallen hat lassen, der muss ja

2196   nun echt in die Klapsmühle. Vielleicht dachte sich der, dass

2197   man in das Essen spuckt, oder aus Blechnäpfen essen lässt,

2198   einfach sinnlos, aber es ist nun mal so. jedenfalls bekam

2199   Gabi die gleiche Geldstrafe auch noch aufgebrummt, was

2200   natürlich zusammen 4.800 DM ausmachte, für einen kleinen

2201   Imbiss ziemlich heftig. Nun, jetzt musste ein Lageplan durch

2202 einen Architekten erstellt werden, weil der Imbiss ja fest
2203 stationiert war und nicht mehr bewegt wurde, das kostete
2204 auch richtig Geld, das langsam nicht mehr da war und wenn
2205 man alles zusammenzählt, waren schnell die Ersparnisse
2206 aufgebraucht, aber egal, ran an die Buletten und losgelegt,
2207 lief auch alles sehr gut an, bis eines Tages, so nach einer
2208 weiteren Woche, der Mann vom Amt wieder da stand und
2209 fotografierte. Hui, wir hatten Bier in Dosen verkauft, was
2210 natürlich nicht genehmigt war, weil wir im Umkreis von 50
2211 Metern keine Toilette nachweisen konnten, wir bösen
2212 Menschen. Und, wir haben gegen die Hackfleischverordnung
2213 verstoßen, weil wir nämlich die Schaschlik selbst
2214 aufgesteckt haben, mit frischen Fleisch. Mit dem
2215 Unterschied, dass nach der deutschen Hackfleischverordnung
2216 es in dem Augenblick Hackfleisch ist, wenn man mit einem
2217 Gegenstand, in dem Fall das Holzspießchen, durch das
2218 Fleisch sticht. HIHI, HAHA, also da laufen fast zu Tode
2219 gezüchtete Schweine und Kühe, vollgepumpt mit Östrogenen und
2220 anderen Zuchthelfern, herum, aber wenn man durch das Fleisch
2221 ein Stäbchen schiebt, dann sperren sie einem den Betrieb zu,
2222 die spinnen in Deutschland wirklich komplett, keinerlei
2223 Bodenhaftung und keinerlei Augenmaß, nur Vorschriften und
2224 Gesetze, Akten und Bestimmungen. Nun, es war ja dann eine
2225 sehr kurze Ära mit dem Imbiss, aber auch eine sehr
2226 lehrreiche. Richtig Minus gemacht und mal wieder so ziemlich
2227 ohne Geld. Zum Glück hatte ich ja auch noch mit Gabi die
2228 Wohnung gewechselt, was mich ja schon damals zum Nachdenken
2229 bringen hätte sollen, aber was macht der Mann mit seinem
2230 Hirn, das im unteren Teil seines Körpers fest hängt? Genau

2231 gesagt, zogen wir nach Waldtrudering in ein

2232 Zweifamilienhaus, mit Garten und richtig Platz, aber als ich

2233 dann die Wohnung von Gabi ausräumte, da kamen überall,

2234 hinterm Bett, unterm Schrank, in Kisten und Kästen, Abfälle

2235 zum Vorschein, also richtig eklig, alleine für das Leergut

2236 das sich im Keller und in der Wohnung befand, hätte man

2237 getrost eine Woche Urlaub machen können, ohne sparen zu

2238 müssen. Nun, man schob ja alles irgendwie auf die enge

2239 Wohnung und mir war es dann auch egal, wir hatten unser

2240 neues Zuhause wirklich schön eingerichtet und damit auch

2241 einen neuen Beginn, denn jetzt ging das Geld aus und Gabi

2242 hatte ja vom ersten Tag an gewusst, was ich alles so mache,

2243 und war auch dem ganzen nicht abgeneigt, einziges Problem

2244 waren ihre Eltern, aber das war ja dann auch ganz schnell

2245 geklärt. Zwischenzeitlich hatte ich mir auch noch einen ganz

2246 jungen, dreimonatigen Mischlingshund aus dem Tierheim

2247 geholt, Rufus, der von nun an mit uns lebte, und alles was

2248 ab jetzt passierte, miterlebte. Bis zu dem Tag, an dem ich

2249 mit dem Buch angefangen habe, denn an diesem Tag starb mein

2250 Dicker nach 16 Jahren erfülltem Hundeleben, einer meiner

2251 treuesten und liebsten Freunde in meinem Leben und nicht

2252 unwichtig bei meiner Entscheidung, das Land zu verlassen,

2253 nachdem auch er mich alleine zurückgelassen hat.

2254 Nun, auf jeden Fall war es nun so, dass Gabi zum Anschaffen

2255 anfing, ihren Job bei den kirchlichen Schwestern kündigte

2256 und in einem neuen Laden an der Landsberger Strasse, bei

2257 Conny und Dieter, zu arbeiten begann. Denselbigen Dieter

2258 traf ich gestern übrigens auch hier auf Ibiza, womit sich

2259 wieder mal ein Kreis schloss in meinem Leben. Ebenso war ja

2260 auch die Landsberger Strasse schon einmal Teil meines Lebens

2261 und meiner ersten Erfahrungen, wie ich in einem vorigen

2262 Kapitel schon beschrieben hatte.

2263 Rufus natürlich vom ersten Tag an dabei und Gabi war nun

2264 wirklich für diesen Job geeignet, die hatte Spaß am Sex,

2265 kannte keine Tabus und durch ihren vorherigen Job als

2266 Erzieherin hatte sie auch die nötige psychologische

2267 Erfahrung, um mit den Freiern umzugehen. Dementsprechend war

2268 auch der Verdienst und was nicht ausblieb war der Kontakt zu

2269 Drogen. Nachdem ich auch damals schon ein voller Gegner

2270 dieses weißen Pulvers war, hatten wir anfänglich etwas

2271 Probleme, hatten dann auch mal gemeinsam etwas probiert und

2272 festgestellt, dass es uns auf jeden Fall nicht weiterhelfen

2273 konnte. Auch nicht in unserem eher ausgefallenem

2274 Sexualleben. Was blieb an Problemen war einfach ihre

2275 Unsauberkeit, um nicht zu sagen, sie war einfach mit dem

2276 Haushalt überfordert. Ansonsten hatten wir wirklich eine

2277 gute Zeit, ich hatte noch nebenbei meine Affären und andere

2278 Frauen, sie wusste oft nicht davon und ich hatte so mein

2279 Einkommen teilweise verdoppelt. Einziger Wehrmutstropfen

2280 war, dass ich mit meinem kleinen Rufus einen schweren

2281 Autounfall hatte, bei dem er sich die vorderen

2282 Schlüsselbeine brach und von da ab musste der Arme jeden Tag

2283 ein paar mal in den Garten getragen werden und dann auch

2284 noch gefüttert werden, weil er Probleme mit dem Magen bekam,

2285 durch die starken Medikamente. Aber das war das einzige Mal,

2286 dass mein Hund krank war, und dafür hatte er ja nun wirklich

2287 nichts gekonnt.

2288 Mir wurde auf jeden Fall alles zu langweilig, es konnte ja

2289 nicht sein, dass ich jetzt jeden Tag nur zuhause saß und

2290 wartete, bis Gabi von der Arbeit kam, ich brauchte mal

2291 wieder eine echte Aufgabe, und die stellte sich mir dann

2292 relativ bald. Ich bekam eine Gelegenheit, mitten in der

2293 Stadt ein Lokal zu eröffnen, wobei es sich dabei um

2294 Räumlichkeiten handelte, die bis dahin nicht als Lokal

2295 genutzt wurden.

2296 Das ganze bekam ich durch meinen damaligen und langjährigen

2297 Rechtsanwalt Dr.Klaßen, eigentlich ein netter Mann, mit dem

2298 ich auch privat sehr viel unternahm und der mir meine ganzen

2299 Sachen immer recht ordentlich machte. Der war Miteigentümer

2300 und Vorsitzender der Eigentümergemeinschaft des Anwesens und

2301 hat mir dieses Objekt dann empfohlen. Kennen gelernt hatte

2302 ich ihn, als ich mal für ein paar Monate den sogenannten

2303 Medienmanager Beierlein durch die Gegend fahren durfte, für

2304 den er auch manche Dinge erledigte, wobei eigentlich der

2305 Anwalt von Beierlein dieser bekannte Axel Mayer-Wölden war.

2306 Diese Zeit bei dem Beierlein vergesse ich eigentlich immer

2307 wieder, denn ich habe noch nie einen Menschen gekannt, der

2308 so verachtend mit Mitmenschen umging, wie dieser. Der ging

2309 sogar soweit, dass er seiner Geliebten, bzw. ich denke es

2310 war mal seine Frau, wöchentlich Schnapsflaschen in die

2311 Wohnung schicken ließ, obwohl sie eigentlich in eine

2312 Entziehungskur gehört hätte, so war sie dem Alkohol

2313 verfallen, und er hat sich auch noch lustig darüber gemacht.

2314 Da einzige was er wirklich konnte, war mit jungen Mädchen

2315 ins Bett steigen, so wie mit Frl. Nieslein, eine wirklich

2316 nette, aber karierregeile Frau. Ich weiß nicht, was die alle

2317   heute machen, ich weiß nur, durch die Arbeit bei ihm hatte

2318   ich wenigstens Einblick in die Medienwelt, in die Welt der

2319   Novelle Cuisine, denn zu der Zeit machte er gerade mit

2320   Bertelsmann einen Band, „Essen wie Gott in Deutschland", mit

2321   Paul Bocuse und den besten Köchen Deutschlands, und ich

2322   durfte da überall hinfahren, und auch teilweise essen. Na

2323   ja, dauerte nicht allzu lange, dann erfuhr er wahrscheinlich

2324   von meinen Vorstrafen und unter Androhung von schweren

2325   Strafen verbot er mir, je ein Wort über ihn und sein Leben

2326   zu verlieren, aber diese Drohungen hatten mir eigentlich

2327   nicht richtig Angst gemacht, dazu habe ich diesen Menschen

2328   zu sehr verachtet. Ein richtiger Anti-Mensch eben.

2329

2330   Nun, hierbei lernte ich auf jeden Fall Dr. Klassen kennen

2331   und schätzen und durch diese Freundschaft hatte ich dann die

2332   Gelegenheit, in der Marsstrasse, mitten im Zentrum ein Lokal

2333   zu eröffnen. Hierzu brauchte ich natürlich einen

2334   Mitstreiter, der mit der Gastronomie etwas mehr zu tun

2335   hatte, als ich. Und den fand ich mit Franco, der mit dem

2336   Lokal in Ottobrunn, wo ich meine Gabi kennen lernte. Alles

2337   recht und schön, was wir beide nicht im Überfluss hatten,

2338   war Geld, aber trotzdem fingen wir an, mit Brauereien zu

2339   verhandeln und mit den Eigentümern, und wie es so ist, war

2340   Franco auch noch mit der Tochter von Autobus Oberbayern

2341   Inhaber verheiratet und somit konnte man aus diesem Eck auch

2342   noch ein kleines Zubrot erwarten. Auf jeden Fall nahm alles

2343   so seine Formen an, und bald war das Lokal „Pavarotti" vor

2344   der Eröffnung. Noch eine Feuerschutztüre hier, und einen

2345   Notausgang da, eine Kernbohrung durch sieben Stockwerke für

2346 die Abluft, die ja über das Dach gehen musste, streng

2347 deutsch, noch einen kleinen Windfang wegen dem Lärm, sehr

2348 sinnvoll bei einer der meist befahrensten Strassen Münchens,

2349 vierspurig, und noch ein paar Auflagen hier und andere dort,

2350 eine Lüftungsanlage für das Lokal und dann die Einrichtung,

2351 alles nur vom feinsten und edel. Super, nach Monaten von

2352 Umbauarbeiten, einer Unmenge von Geld und massenhaft

2353 Handwerkern, nach Beendigung sämtlicher Behördengänge schien

2354 alles in bester Ordnung zu sein und wir begannen mit der

2355 Planung der Eröffnung.

2356

2357 **Donnerstag, 11. Juli 2002, gestern hatte ich einen Tag, ich**

2358 **weiß auch nicht, wollte nicht schreiben und bin den ganzen**

2359 **Tag auf der Insel unterwegs gewesen. Habe einen früheren**

2360 **Bekannten besucht, der einen Bootscharter in Sta. Eulalia**

2361 **hat, danach sah ich mich auf einer Ranch um, war richtig**

2362 **interessant, die wird von einem Österreicher betrieben, der**

2363 **kocht auch nebenbei noch richtig österreichische Küche, also**

2364 **alles ziemlich abgefahren. Abends saß ich dann bei Enrique**

2365 **und Horst, habe mir und allen anderen Spaghetti mit**

2366 **Bolognese gekocht, eine Unmenge Reissalat, den ich wohl**

2367 **wieder wegwerfen werde, dazu noch einen ganzen Eimer voller**

2368 **Reis, weil ich heute eigentlich Züricher Geschnetzeltes**

2369 **machen wollte, aber es kam mal wieder alles anders als**

2370 **geplant.**

2371 **Enrique rief mich nachmittags, gestern, an und sagte mir,**

2372 **dass er einen sehr guten Freund getroffen hat, der für eines**

2373 **seiner Lokale einen Geschäftsführer sucht. Na ja, und dieser**

2374 **Freund hat sich dann für den Abend mit ihm und mir** verabredet. War wieder mal so eine glänzende Vorstellung von mir, mit richtig schicker Klamotte, und keinen Wort spanisch. War nicht so tragisch, Enrique übersetzte das ganze und wir haben für heute einen Termin vereinbart, in St. Antoni, mit dem Oberboss. Ist hier ziemlich straff organisiert, und wenn man sich überlegt, dass jedes gut gehende Lokal seinen eigenen Polizisten hat, dann macht so was schon stutzig. Habe dann gleich mal mit Tom in Düsseldorf telefoniert, der sich ja mit diesen Leuten recht gut auskennt, und der hat mich beruhigt und gesagt, dass es sich dann immer um gute Läden handelt, wenn ein Mann der Guardia Civil das sagen hat und die Läden kontrolliert. Andere Länder andere Sitten, so einfach ist das. Auf jeden Fall habe ich mir gestern mit meinem letzten Geld noch eine spanische Telefonnummer geholt, denn ich warte ja eigentlich seit Tagen darauf, dass mein Telefon gesperrt wird. Den Rest hab ich dann abends im Mambo auf den Putz gehauen, glatte 40 Euro. War ganz lustig, mein erster richtiger Rausch, womit ich dann noch ins El Divino gegangen bin und mir dort die Musik von Tom Novy gab. Auch ganz nett. Um sieben noch schnell einen Kaffee con Lecce und dann mit den restlichen drei Euros noch eine Schachtel Zigaretten gekauft und ab ins Bett. Jetzt sitzt ich geduscht und rasiert, mit meinem Badetuch auf dem Balkon und warte auf den Anruf, wegen der Uhrzeit heute Abend. Mal sehen, ob das funktioniert, wäre natürlich schon eine grandiose Sache, zumal das Lokal mitten auf der Meile liegt und auch ganz gut gemacht ist. Wir werden sehen, ich lasse mich einfach überraschen. Sicherlich hat das dann Hand und Fuß und irgendwann muss ja, wie immer

2404   in meinem Leben, etwas passieren, was mich wieder nach oben

2405   spült.

2406   Ach ja, und eine nette Hamburgerin hab ich auch noch kennen

2407   gelernt, leider fliegt sie heute wieder ab und bereut es

2408   fürchterlich, nicht die letzte Nacht mit mir verbracht zu

2409   haben, ich glaub die ist auch ganz schön versaut, na, mich

2410   stört so was ja gar nicht. Und eine hübsche Wienerin, Gogo-

2411   Tänzerin im El Divino, war auch noch auf der Liste meiner

2412   Angebeteten, sowie noch die Bedienung vom Mambo, eine

2413   Spanierin, also ich denke, die nächsten Tage wird auch mein

2414   kleiner Freund mal wieder was zu tun bekommen, ich weiß gar

2415   nicht, ob der überhaupt noch reagiert. Aber ich denke das

2416   wird sich zeigen. Ich fahre jetzt auf jeden Fall mal in das

2417   Lokal und werde mich mit dem Chef gepflegt unterhalten, wenn

2418   ich dann auch noch Geld vom Automaten bekomme, scheint sich

2419   dieser Tag als geschichtsträchtig in die Analen einzutragen,

2420   auf jeden Fall werde ich ihn rot markieren. Es ist schon

2421   faszinierend, welche Ansammlung von hübschen Frauen es hier

2422   auf Ibiza gibt, alles nach meinem Geschmack, na ja, fast

2423   alles, es gibt auch dicke hier.

2424   So, soeben hat mich Horst angerufen, um sieben Uhr muss ich

2425   in St. Antonio sein, da wollen wir doch mal starten, ich bin

2426   ja mal gespannt.

2427

2428   Nun, der Termin war sehr gut, eigentlich, wobei es sich bei

2429   dem Javier um einen guten Selbstdarsteller handelt.

2430   Eigentlich nicht nach meinem Geschmack. War bis vor ein paar

2431   Jahren noch Kellner in einer Touristenschänke und hat dort

2432   dann eine Engländerin kennen gelernt, die ihn wohl

2433 **finanziell und beruflich ziemlich nach oben geschossen hat.**

2434 **Na, und ich denke mal, von Gastronomie hat der relativ wenig**

2435 **Ahnung, aber das soll ja auch nicht mein Problem sein. Auf**

2436 **jeden Fall will er mich in einem seiner Lokale unterbringen,**

2437 **und nicht als Kellner, geht ja auch nicht, kann ja immer**

2438 **noch nicht recht viel mehr spanisch als vor einer Woche. Für**

2439 **Samstag haben wir einen Termin um 14 Uhr, da wird sich dann**

2440 **wohl was ergeben.**

2441

2442 **Der Geldautomat war mir auch mal gut gesonnen und gab mir**

2443 **doch tatsächlich 500 Euro, na gut, kann ich Enrique**

2444 **wenigstens mal einen Teil seiner Miete geben, aber warte**

2445 **wohl immer noch auf über 2450 Euro, die noch nicht mal im**

2446 **Ansatz zu erkennen sind. Manche Menschen denken wirklich,**

2447 **dass sie nicht mehr zahlen müssen, wenn mal der Gläubiger**

2448 **aus dem Land ist, aber da werden sich einige noch täuschen,**

2449 **so ein Flug nach Deutschland kostet 150 Euro, und dauert ein**

2450 **einhalb Stunden, da kann man ja doch mal schnell hinfliegen**

2451 **und die Dinge klären.**

2452

2453 So, wir standen also kurz vor der Eröffnung des neuen Lokals

2454 in der Marsstrasse und auch beim Namen „Pavarotti" gab es

2455 keinerlei Probleme. Ziemlich verwunderlich, denn gerade zu

2456 der Zeit hatten die Größen des Showbusiness einen

2457 regelrechten Wahn, alles zu verhindern, was mit ihrem Namen

2458 versuchte, Geld zu verdienen. Aber nicht in unserem Fall,

2459 schließlich war Franco ein Sarde und dort gab es viele

2460 Familien mit dem Namen Pavarotti, sodass wir keine

2461 Erklärungsnot hatten. Die Eröffnung war ein voller Erfolg,

2462 mit vielen geladenen Gästen, das Essen klappte vorzüglich

2463 und mit leichter Prominenz hatten wir es auch zu tun, so war

2464 Rex Gildo da, Enrique de Paruda und noch so ein paar

2465 Lokalgrößen. Also, bei dieser guten Presse am nächsten Tag

2466 und dem Ambiente lief das Lokal wirklich gut, wir hatten nur

2467 noch ein kleines Problem, das sich aber im Laufe der Wochen

2468 zu einem recht großen Problem entwickeln sollte, nämlich die

2469 Lokalbaukommission. Wir hatten wohl die vorläufige

2470 Genehmigung der zuständigen Ordnungsbehörde bekommen, jedoch

2471 nicht die Nutzungsänderung durch die zuständige

2472 Lokalbaukommission. Tja, nun fing das Pferd an rückwärts zu

2473 laufen, denn Franco wollte und konnte nicht mehr

2474 mitarbeiten, weil sein anderes Lokal in Ottobrunn zu sehr

2475 darunter litt und ansonsten lief alles auf mich, bzw. Gabi.

2476 Als nun die ganzen Scherereien mit den Behörden anfingen,

2477 zog sich Franco gänzlich zurück und wir mussten nach sechs

2478 Monaten den Laden zusperren, weil es keine Genehmigung gab.

2479 Dies hatte einen ganz einfachen Hintergrund: Das Haus in dem

2480 wir uns befanden, war als Boardinghaus und Studentenwohnheim

2481 genehmigt und gebaut. Da die einzelnen Zimmer teilweise

2482 weniger als 12 qm hatten, musste für die Bewohner des Hauses

2483 ein Aufenthaltsraum geboten werden, und dieser

2484 Aufenthaltsraum wurde, wie sich jetzt herausstellte, genau

2485 dort ausgewiesen, wo sich unser Lokal befand. Das heißt, in

2486 dem Haus wohnten zwar nie Studenten, weil dieses

2487 Bauherrenmodell so Konkurs ging wie viele andere, und wurde

2488 sofort als Boardinghaus benutzt, das heißt, Firmen wie

2489 Siemens und MBB mieteten sich dort ein und gaben die Zimmer

2490 dann an Mitarbeiter weiter, die über mehrere Wochen oder

2491   Monate in München zur Fortbildung oder Schulung waren. Also,

2492   alles Menschen, die sich am Abend sicher nicht in einem

2493   gemeinsamen Aufenthaltsraum treffen wollten, sondern

2494   schlafen wollten. Da dieser Aufenthaltsraum aber auch nur

2495   für Studenten gedacht war, in dem ganzen Haus aber kein

2496   einziger Student wohnte, schien die Baubehörde einfach davon

2497   auszugehen, es wurde für Studenten genehmigt und dann wohnen

2498   dort auch Studenten. Basta.

2499   Tja, jetzt folgte ein monatelanger Streit mit dem Vermieter,

2500   also auch mit meinem Anwalt, Dr. Klaßen, der sich aus der

2501   Sache merkwürdig zurückhielt und sich nicht mehr mit mir so

2502   treffen wollte. Denke er wusste von Beginn an was Sache war

2503   und hatte nur einen Deppen gesucht, der es ausprobiert, und

2504   wer wäre dafür besser geeignet gewesen als ich, so eine

2505   Chance lasse ich mir ja nun gleich gar nicht entgehen, mit

2506   beiden Händen zugepackt und sofort auf die Schnauze

2507   geflogen.

2508   Also, der Prozess zog sich über Monate hin, Klage hier und

2509   Gegenklage da, Aufrechnung hier und Gegenrechnung da und

2510   hier eine Rechtsanwaltsrechnung und da wieder Lieferanten

2511   und Handwerkerrechnungen, also Gabi musste ganz schön viel

2512   Geld anschaffen, damit wir das alles zahlen konnten.

2513   Letztendlich ging es dann so hinaus, dass es einen Vergleich

2514   gab, und der ergab, dass wenn ich nicht geklagt hätte, das

2515   ganze weniger gekostet hätte. Eine sehr sinnvolle

2516   Einrichtung, das muss ich schon sagen, ist ja auch im Sinne

2517   des Klägers, außerdem soll man sich das Geld erarbeiten und

2518   nicht erstreiten, wobei ich ja nur meinen entstandenen

2519   Schaden wieder in der Tasche haben wollte, nicht mal den

2520 entgangenen Gewinn, aber das scheint ja auch keinen wirklich

2521 zu interessieren, und noch eine Instanz hätte ich finanziell

2522 gar nicht durchstehen können. Da haben sich die

2523 Versicherungen ja sofort distanziert, als sie bemerkten, wie

2524 teuer sie so eine Rechtsschutzversicherung für Betriebe

2525 kommt. Die gab es dann auf einmal nur noch bei Altverträgen

2526 und konnte nicht mehr abgeschlossen werden. Warum auch,

2527 kostet ja wirklich Geld, aber die private

2528 Rechtsschutzversicherung gibt es schon noch, da ist ja

2529 richtig verdient daran, denn wer hat schon einen

2530 Rechtsstreit als Privatmann, der einen Streitwert über zehn

2531 oder zwanzigtausend Euro hat, und da sind ja alle Gebühren

2532 noch bezahlbar. Aber davon kann man ja nur lernen, und sich

2533 solche Zustände auch für sein eigenes Leben zunutze machen,

2534 d.h. nichts machen, was einem richtig Geld kostet

2535 Nun, auf die eine oder andere Art haben wir das ganze

2536 Dilemma auch geschafft, und da beschlossen Gabi und ich,

2537 dass wer soviel geschafft hat, kann auch heiraten. Haha, das

2538 war ein voller Brüller bei allen die mich kannten, ich und

2539 heiraten, aber mit 28 Jahren sollte das ja wohl möglich sein

2540 und Rufus schien es auch nicht zu stören, der hatte soviel

2541 Spaß mit seinem neuen Hobby, Katzen jagen, dass ihm alles

2542 andere egal war. Nun gut, so beschlossen wir, im Mai 1988 zu

2543 heiraten.

2544

2545 **Ibiza scheint anscheinend eine sehr erholsame Wirkung auf**

2546 **mich zu haben, obwohl ich am Donnerstag Abend wirklich**

2547 **zeitig ins Bett ging, und dann auch gleich eingeschlafen**

2548 **bin, wurde ich um sieben Uhr durch eines der lautesten**

2549 Schiffe auf den Weltmeeren geweckt. Unglaublich welchen
2550 Radau so ein Schiff machen kann, vor allem wenn es nur
2551 dreißig Meter von einem entfernt, die Motoren über zwei
2552 Stunden laufen lässt. Also, wer jemals auf Ibiza wohnen
2553 will, und sich an solchen kleinen Dingen stört, sollte nicht
2554 in der Stadt wohnen, nicht am Hafen und nicht in der alten
2555 Stadt am Berg, das ist alles sehr laut.

2556 Nachdem das Schiff, genauer gesagt die Fähre dann mal die
2557 Anlegestelle verlassen hat, bin ich wieder eingeschlafen und
2558 nachmittags um drei aufgewacht, auch nicht schlecht.
2559 Anschließend fuhr ich ein bisschen Sonnenbaden an den Bora
2560 Bora Beach und dann habe ich zuhause für die Belegschaft vom
2561 Cafe Mambo gekocht - Züricher Geschnetzeltes mit Rösti. War
2562 ein voller Erfolg. Abschließend noch ein paar Mojito und
2563 noch kurz mit Franco in eine neue Disco, war aber ziemlich
2564 öde, außer der Brasilianerin hinter der Theke, und dann noch
2565 einen kurzen Sprung ins Blue Rose, einem Stripladen, denn
2566 irgendwie lande ich ja wohl doch immer wieder auf Spuren des
2567 roten Lichts, und dann nach Hause. Ach ja, die Tochter des
2568 Besitzers vom Blue Rose legte einen Strip auf die Bühne, so
2569 was habe ich sogar selten gesehen, und ich sah in meinem
2570 Leben ja nun wahrlich Tausende von Striptease. Man lernt
2571 nicht aus.

2572 Ach ja, Geld ist auch noch keines da, mittlerweile gewöhne
2573 ich mich aber an den Zustand, mit 10, 20 Euro über die
2574 Runden zu kommen, solange mein Kühlschrank noch was zu essen
2575 hergibt, ist das alles nicht so schlimm und zum Rauchen kann
2576 ich mir auch noch kaufen. Hätte nur gerne mal meine Miete
2577 fertig bezahlt, nachdem ich Enrique erst die Hälfte gegeben

2578 habe. Nun, habe auch wenig Hoffnung, dass sich da vor Montag
2579 was tut, wobei ich von Tiffany ziemlich enttäuscht bin, denn
2580 die wollte mir am Freitag einzahlen und anscheinend ist das
2581 nicht der Fall gewesen, sonst wäre ja Geld da, zumindest am
2582 Samstag, und nachdem ich es nach zwölf auch noch mal
2583 probiert habe, und nichts kam, hat sie es wohl auch nicht
2584 eingezahlt.

2585 Denke mal auch nicht, dass am Montag Geld auf dem Konto ist,
2586 halten sich alle ziemlich ruhig. Könnte kotzen, wenn ich
2587 mich auf Menschen nicht verlassen kann, brauchen ja nur zu
2588 sagen, ich kann nicht, oder ich will nicht, aber einfach
2589 nichts machen, wenn man es zugesagt hat das finde ich
2590 gelinde gesagt einfach Scheiße. Werde mich wohl auch nie an
2591 den Gedanken gewöhnen. Hier auf Ibiza brauchst Du sowieso
2592 niemanden zu fragen, denn die haben alle eine etwas andere
2593 Währung und jede zweite Frage die dir gestellt wird, die
2594 bezieht sich sowieso nur auf Drogen. Gut, wem seine
2595 Leidenschaft das ist, der soll sie ausleben, meine Erfahrung
2596 war, dass ich das nicht brauche, mir ist da ein kleiner
2597 Arsch und süße Titten die liebere Droge und von der will und
2598 werde ich mich wohl auch nicht mehr heilen lassen. Zumal
2599 hier massenhaft davon rumläuft, nur, ich habe wohl noch
2600 nicht die innere Ruhe und die Ausgeglichenheit, hier viel zu
2601 kommunizieren. So etwas wie eine Blockade im Kopf? Kann
2602 sein, war ja auch ein bisschen viel in letzter Zeit was so
2603 alles passiert ist und da kann man nicht von einem Tag zum
2604 Anderen plötzlich leben als wäre nie etwas passiert.
2605 Morgen habe ich dann mal wieder einen Termin mit dem
2606 Selbstdarsteller aus San Antoni, der mit den vielen Lokalen,

2607 mal sehen was da dann los ist, nachdem heute der

2608 Geschäftsführer aus dem vorgesehenen Lokal, in dem ich

2609 arbeiten soll, bei Horst war und über seine fristlose

2610 Kündigung geklagt hat. Nur trau ich dem Braten noch nicht so

2611 richtig und ehrlich gesagt, ich denke dass ich auch leicht

2612 überfordert sein werde, in einem fremden Land mit völlig

2613 anderen Sitten, ohne die Sprache zu sprechen, ein Lokal mit

2614 sieben Angestellten zu führen. Aber wir werden ja sehen, was

2615 ich bei dem Termin um 14 Uhr ergibt.

2616

2617

2618 Nun, nachdem sich das ungläubige Staunen in meinem

2619 Bekanntenkreis gelegt hat, darüber dass ich Gabi heirate,

2620 liefen die Vorbereitungen auf vollen Touren. Abgesehen von

2621 ihren Eltern, die mich wohl als notwendiges Übel sahen,

2622 weniger als den erwünschten Schwiegersohn, obwohl sie ja gar

2623 nicht wussten, was ihre Tochter beruflich so trieb, gab es

2624 ja auch noch meine Familie. Nun, nachdem Rufus eines Tages

2625 den Lieblingshasen von Gabis Eltern zu Tode geschleckt hat,

2626 der bekam tatsächlich einen Herzinfarkt, nachdem ihn Rufus

2627 im Garten in eine Ecke getrieben hat und ihn anmutig

2628 abschleckte, eigentlich mehr aus Freude über einen

2629 Spielkameraden, als aus sonstigen Gründen, war das

2630 Verhältnis zu ihren Eltern noch etwas mehr getrübt, aber

2631 darüber konnte ich gut hinwegsehen, weil mir sowieso nicht

2632 nach Familie war. Der Zwischenfall im Garten mit meinem Hund

2633 war nur dazu angetan, das Verhältnis nicht besser werden zu

2634 lassen, wobei ich natürlich mit ständig wechselnden großen

2635 Autos kam, und ihnen das alles sehr spanisch vorkam. Kurz

2636 und gut, der Abend blieb nicht aus, an dem ich um die Hand

2637 der Tochter bat, bzw. sagte, dass wir heiraten werden, nicht

2638 wollen, werden, damit die Fronten gleich geklärt waren.

2639 Danach begann eine Tournee durch fast ganz Deutschland,

2640 damit alle Verwandten und Freunde eingeladen werden konnten.

2641 Hierzu zählten auch die Großeltern von Gabi, wobei ein

2642 kleiner Leckerbissen war, dass ihr Großvater pensionierter

2643 Landgerichtspräsident vom Landgericht Frankfurt war, auch

2644 nicht unbedingt mit meinem Vorleben zu vereinbaren, aber was

2645 soll's, ich fand es lustig.

2646 Irgendwann Anfang Februar fasste ich dann den Mut und mir

2647 ein Herz, sprang über meinen Schatten und wollte dann mit

2648 meinen Eltern über mein Vorhaben, zu Heiraten, reden. Bei

2649 einem Anruf sagte mir meine Mutter, dass sie wohl keine Zeit

2650 hätten für ein Treffen, und wir verabredeten, Anfang März

2651 noch mal zu telefonieren und dann einen Termin auszumachen

2652 an dem sowohl meine Mutter als auch mein Vater Zeit hätten.

2653 Hierzu sollte es aber nicht mehr kommen, denn am 29. Februar

2654 des Jahres 1988 verstarb mein Vater plötzlich und für alle

2655 unerwartet im Alter von 53 Jahren. Herzinfarkt und

2656 Sekundentod. Tja, ich war damals ziemlich hin und

2657 hergerissen, zumal mir mein Cousar, der mich immer auf den

2658 laufenden hielt, was die familiären Bande betraf,

2659 benachrichtigte, wobei er zu der Zeit auch der einzige war,

2660 der wusste, wo ich wohnte und wie ich erreichbar war. Nun,

2661 ich sollte ja laut meiner Schwestern und meiner Mutter nicht

2662 erfahren, dass Vater tot war und irgendwie hat das sich auch

2663 alles dann so entwickelt, dass ich es wusste, alle anderen

2664 in der Familie nicht wussten dass ich es wusste und

2665   dementsprechend auch die Reaktion bei der Beerdigung. Da

2666   konnte ich mich nicht mehr so richtig unter Kontrolle

2667   halten, fuhr um sieben Uhr morgens in die Aufbahrungshalle

2668   des Münchner Westfriedhofs und verabschiedete mich mit einem

2669   mehrstündigen Monolog von meinem Vater. Ich konnte das erste

2670   Mal in meinem Leben alles sagen, ihn beschimpfen für die

2671   Verletzungen die er mir seelisch und körperlich zugefügt

2672   hat, für all die Erniedrigungen die ich von ihm in meinem

2673   Leben hinnehmen musste. Ich konnte mich von vielen Sachen

2674   befreien, die mir über Jahre, teilweise jahrzehnte viele

2675   Probleme und viel Ärger einbrachten, stundenlang stand ich

2676   vor seinem Sarg, heulte mir die Augen aus, vor Wut, vor

2677   Trauer, vor was weiß ich nicht allem und war zu Beginn der

2678   Trauerfeier gerade mit mir und mit meinem Vater im Reinen.

2679   Nicht dass ich ihm vergeben hätte, nein, ich hasse noch

2680   heute wie er mit mir umgegangen ist und was er zum Teil

2681   bewirkt hat, was aus mir geworden ist, vor allem wie ich

2682   geworden bin und wie viele Jahre ich gebraucht habe, um

2683   meine eigene Entwicklung zu begreifen, und auch

2684   gegenzulenken, zu erkennen, dass sehr viel in meinem Leben

2685   zu meiner Erziehung und nicht zu meinem Charakter gehörte.

2686   Und als ich damit fertig war, zumindest meinte ich das,

2687   nahm ich meine Großmutter in den Arm, ignorierte alle

2688   anderen und ging als erster hinter dem Sarg zum Grab. Dass

2689   mir keiner sein Beileid aussprach von den Hunderten

2690   Trauergästen, das war mir egal, denn ich wusste ja vorher,

2691   dass die meisten mir die Schuld am Tod meines Vaters gaben,

2692   ich, der undankbare Sohn, der Verbrecher und Knacki, ich der

2693   Zuhälter und Schläger, ich der allem und jedem nur Ärger

2694 brachte und letztendlich einen Menschen ins Grab brachte.

2695 Dass dieser Mensch krankhaft cholerisch war, an

2696 Bluthochdruck leidete und einen überhohen Cholesterinspiegel

2697 hatte, davon sprach keiner, das war ja nur die medizinische

2698 Diagnose, nicht die menschliche, dafür war ich zuständig.

2699 Damit konnte ich auch gut leben, denn die meisten wussten

2700 nicht, was in unserer Familie hinter dem schönen Bild der

2701 trauten Familie so abging. Die wussten nichts von den

2702 Prügeln und von den ganzen Verletzungen die ich in meiner

2703 Kindheit und Jugend erfahren durfte, die wussten nicht was

2704 es für einen kleinen Jungen bedeutet, täglich die Wutanfälle

2705 und cholerischen Attacken seines Vaters mitzuerleben und vor

2706 nichts mehr Angst zu haben, als wenn um fünf Uhr und zehn

2707 Minuten das väterliche Auto vor der Haustüre stand und man

2708 Angstzustände bekam, damals gab es das Wort Panikattacken

2709 noch nicht, aber es passt hierfür hervorragend. Selbst meine

2710 Großmutter wollte mir nicht das Recht geben, darüber zu

2711 sprechen, erst als sie selbst kurz vor ihrem Tod meine Hand

2712 nahm, damals war ich schon gut zehn Jahre älter und sorgte

2713 mich sehr rührend um die einzige Person, die mir das Gefühl

2714 gab, einer Familie anzugehören, bat sie mich fast

2715 flehentlich, das was mit mir geschehen war und ich

2716 durchgemacht habe, nicht länger mitzuschleppen. Sie wusste

2717 wohl sehr genau, dass ich mit allem Recht hatte und sie

2718 kannte wohl ihren eigenen Sohn am Besten. Eigentlich hatte

2719 ja meine Großmutter das schwerste Los von allen

2720 Familienmitgliedern gezogen, denn die musste in ihrem Leben

2721 so oft auf den Friedhof und ihre nächsten beerdigen, zwei

2722 Männer, beide in den Kriegen gefallen, ihre Mutter und ihren

2723 Vater, ihre drei Schwestern und ihren Bruder, von Onkel und
2724 Tanten ganz abgesehen, dann noch die Tochter von ihrer
2725 Tochter, also meiner Tante. Das war ein klarer Fall von
2726 Menschlichkeit, denn die Tochter meiner Tante hatte von
2727 Geburt an einen schweren Gehirnschaden und konnte auch nicht
2728 therapiert werden. Kurz gesagt, das Mädchen entwickelte sich
2729 körperlich ganz normal, war sogar ausgesprochen hübsch, aber
2730 konnte weder essen, noch schreiben, weder gehen noch sonst
2731 etwas was man durch das Gehirn erlernt. Mit vierzehn, als
2732 sich meine Großmutter vierzehn Jahre lang aufopfernd um sie
2733 gekümmert hat, und meine Tante in die Arbeit ging, beide
2734 noch immer zusammenlebten, starb die kleine Gabi dann
2735 leider. Für das dass die Ärzte sie vierzehn Jahre vorher aus
2736 dem Krankenhaus nach Hause ließen, mit den Worten, mehr als
2737 eine Woche hat die kleine Gabi nicht mehr zu leben, dann
2738 sieht man, was Liebe und Aufopferung eigentlich bewirken
2739 können. Manchen ist es eben nur etwas zuviel.
2740 Meine Großmutter wusste auch immer was ich beruflich tat und
2741 mit wem ich es zu tun hatte, welche Verfahren gerade am
2742 Laufen waren, welchen Puff ich hatte, welche Frau, egal, die
2743 wusste immer alles und hat auch alles mit der Weißheit einer
2744 alten Frau für sich geklärt.
2745 Ich denke für solche Menschen wie meine Großmutter sollte es
2746 eigentlich einen eigenen Orden geben, Menschen die über 30
2747 Jahre am Fließband von AGFA standen und Fotoapparate
2748 zusammenbauten, dafür ein minimales Gehalt bekamen, die in
2749 den Kriegsjahren zwei Kinder alleine großzogen und beim
2750 Aufbau dieses Landes halfen, mehr als jeder großkotzige
2751 Politiker es jemals gemacht hat, und dann mit der Rente

2752 nicht mal ihre eigene Miete zahlen konnten, zu stolz waren

2753 und sind, auch nur eine Mark von dem Staat zu nehmen, der

2754 diese Hilfe dann auch noch Sozialhilfe nannte. Nein, meine

2755 Oma kaufte sich Wurst nach Gramm. , zwanzig, dreißig,

2756 vierzig Gramm Wurst, einen Apfel und vielleicht mal ein

2757 viertel Brot aus der Hofpfisterei, aber das war's dann auch

2758 schon. Erst als sie kränker wurde, da konnte ich ihr

2759 finanziell etwas helfen.. Das hätte ich auch schon früher

2760 können, aber da hat sie ja jede Hilfe strikt abgelehnt.

2761 Vielleicht konnte ich die letzten Jahre dann noch ein

2762 bisschen lebenswerter machen. Ich fuhr einmal mit ihr nach

2763 Österreich, das war 1991, gerade als die Mauer umfiel und

2764 alle Ossis schrieen, „wir wollen die Welt sehen und in

2765 Urlaub fahren", da sagte meine Großmutter, dass sie in einem

2766 freien Land aufgewachsen ist, aber nie die Möglichkeit

2767 hatte, einmal über die Grenze zu fahren, weil sie nie ein

2768 Auto hatte und auch nie das Geld. Damals nahmen sie meine

2769 Tante und ich und fuhren mit ihr einmal ins Ausland, nach

2770 Österreich. Ja liebe Ossis, auch bei uns im Westen musste

2771 man für Urlaub und Reisen arbeiten, die gab es nicht vom

2772 Staat verordnet. Soviel zu meiner Oma, die sicher eines der

2773 schwersten Leben hinter sich gebracht hatte, als sie mit 93

2774 Jahren sterben durfte.

2775 Auch wenn meine Großmutter in meiner Kindheit die Strenge

2776 einer verhärmten Frau hatte, in den letzten Jahren ihres

2777 Lebens bekam sie die Liebenswürdigkeit und liebevolle

2778 Weichheit einer weisen Frau, die ich den Rest meines Lebens

2779 immer in Erinnerung behalten werde und die mir einen Teil

2780 meiner Seele wieder gab, die mir mein Vater genommen hatte.

2781

2782 Auf jeden Fall habe ich bei der Beerdigung endgültig mit dem
2783 Kapitel Familie abgeschlossen, denn als es dann noch um die
2784 Aufteilung des Erbes ging, habe ich mich schlichtweg davon
2785 losgesagt und auf alle eventuellen Dinge verzichtet, die
2786 vielleicht zu erwarten gewesen wären und so habe ich nicht
2787 mal ein paar Manschettenknöpfe meines Vaters als Andenken,
2788 wobei ich sicherlich die auch nicht gewollt hätte, denn ich
2789 wollte ja vergessen und nicht auch noch durch solche Dinge
2790 daran erinnert werden. Mit allen aus meiner Familie, die es
2791 damals sonst noch gab, habe ich bis heute auch kein Wort
2792 mehr gesprochen, wobei da auch nie ein Grund dafür da war.

2793

2794 So stand nun die Hochzeit im Mai 88 unter einem denkbar
2795 guten Stern, denn ich wusste, dass wohl nur meine Großmutter
2796 und vielleicht meine Tante kommen würden, bei meiner Mutter
2797 war ich mir nicht sicher, denn die war bei solchen Dingen
2798 immer relativ unberechenbar und machte alles was sie wollte,
2799 ohne Rücksicht auf Gefühle. Der Tag der Hochzeit kam, ich in
2800 meinem schon leicht veralteten grauen Nadelstreifenanzug und
2801 Gabi in einem sündhaft teuren weißen Brautkleid. Als ich die
2802 ganze Verwandtschaft sah, wurde mir leicht übel, Gott waren
2803 das alles spießige Leute. Und dazwischen mein ganzer
2804 Freundeskreis, Autohändler, Bordellbesitzer, Zuhälter,
2805 einfach die gesamte Unterwelt, die ich bis zu diesem Tag
2806 kannte. Meine Mutter kam natürlich auch, blieb aber nicht
2807 lange und fuhr dann mit meiner Oma wieder nach Hause. Der
2808 Großvater meiner Gabi meinte zu späterer Stunde, völlig
2809 nüchtern und wohlwissend warum, dass es beim Autohandel sehr

2810 viel Geld zu verdienen geben muss, weil doch alle mit der

2811 goldenen Rolex am Arm hier Autohändler wären, so wie ich.

2812 Tja, ich denke er wusste wohl als erster Bescheid über den

2813 Ehemann seiner Enkelin und was seine Freunde wohl so taten.

2814 Irgendwann war auch diese Feier vorbei und wir fuhren mit

2815 dreißig Leuten zum Flughafen, mit Brautkleid und allem was

2816 dazugehört, und flogen nach Sardinien, wo mein Trauzeuge

2817 Franco, alles schon für eine weitere Feier hergerichtet

2818 hatte. Leider hatte ich gleich am ersten Abend eine derartig

2819 schlimme Fischvergiftung, dass ich vom Rest nicht mehr viel

2820 mitbekam und erst mal eine Woche im Bett verbrachte.

2821 Lustig wurde es, als wir von den Flitterwochen zurückwaren,

2822 denn wie auf Knopfdruck wurde aus meiner Gabi, die zuvor

2823 sich gerne und gut um den Haushalt gekümmert hatte, ein

2824 schlampige und nachlässige Hausfrau, und auch was ihre

2825 eigene Pflege betraf, so fand die nur noch statt, bevor es

2826 in die Arbeit ging, denn mittlerweile arbeitete sie bei

2827 einem Freund von mir in dessen Club in der Zamdorfer

2828 Strasse. Tja, das sollte wohl dann der Effekt einer Ehe

2829 sein, vorher wird darauf hingearbeitet, dass sich alles um

2830 die Liebe dreht, dass alles zuhause in Ordnung ist, und dann

2831 kommt es zu dem Ergebnis, dass nach der Hochzeit wohl alles

2832 als geritzt betrachtet wird und kein Müll mehr stört, Sex

2833 nur noch zu besonderen Anlässen, am Besten während der

2834 Periode, und ansonsten nur Kopfweh und Lustlosigkeit

2835 angesagt sind. Mir wurde das nicht so richtig klar und ich

2836 bekam das von Monat zu Monat stärker mit.

2837 Der einzig große Vorteil dieser Hochzeit war, dass ich den

2838 Namen meiner Frau annehmen konnte, was zu der Zeit

2839 sicherlich nicht an der Tagesordnung war, aber somit hatte

2840 ich für die erste Zeit erst einmal Ruhe von all den

2841 Gläubigern und der Polizei, den nun hieß ich ja plötzlich

2842 Walter und nicht mehr wie zu meiner Geburtsurkunde passend,

2843 Färber. Ein gänzlich neuer Gedanke für die Menschen die mich

2844 kannten, aber die meisten wussten vorher nicht, wie ich mit

2845 Familienname hieß und die meisten auch nicht danach, also

2846 hatte nur ich den Vorteil. Und irgendwie nützte der mir doch

2847 ganz schön, denn ich bekam plötzlich ein Bankkonto, konnte

2848 durch die Grenzkontrollen, ohne Stunden durch den Computer

2849 gejagt zu werden und hatte auch sonst jede Menge Vorteile.

2850 Natürlich verlor ich kurz vor der Hochzeit alle meine

2851 Papiere und ließ mir dann mit dem neuen Familienstammbuch

2852 neue Papiere ausstellen, die dann doch tatsächlich nur noch

2853 den neuen Familiennamen hatten, leider hat sich das dann mit

2854 der Zeit auch geändert, nachdem diese neumodischen

2855 Reisepässe und ausgestellt wurden und die Menschen in

2856 Deutschland aus kristallklarem Glas zu bestehen schienen,

2857 nur hat es fast keiner gemerkt, leider. Nur bin ich sicher,

2858 dass sich das eines Tages sicher auch noch rächen wird, und

2859 Georg Orwells Roman ist dann sicher keine weltfremde und

2860 illusorische Darstellung mehr.

2861 Nachdem ich in der Zwischenzeit eine ganz illustre Runde

2862 kennen gelernt hatte, die sich jeden Nachmittag beim Fredl

2863 im Stüberl traf, dort Romme´ spielte, hatte ich natürlich

2864 nachmittags immer richtig was zu tun, Kartenspielen. Keine

2865 großen Beträge, einfach nur so zum Spaß und ehe ich mich

2866 versah, war das Zechstüberl so etwas wie meine zweite Heimat

2867 geworden. Bei den Mitspielern handelte es sich fast durch

2868 die Bank nur um Leute aus dem Milieu und so war auch der

2869 Umgangston, hart aber herzlich.

2870 Mit der etwas anderen Abteilung hatte ich bis zu dem Tag

2871 eigentlich recht wenig zu tun, diese Leute verkehrten immer

2872 in Lokalen wie „Alibi" und „Pussycat", wobei es ersteres

2873 schon längere Zeit nicht mehr gibt. Durch das, dass ich mich

2874 mehr für die ruhigere Abteilung entschieden habe, hatte ich

2875 natürlich auch nicht so den Zugang zu den „wirklichen

2876 Zuhältern", was man mir auch immer wieder zum Vorwurf

2877 machte, aber nachdem ich ja eigentlich außer viel Trinken

2878 und Frauen, nichts am Hut hatte mit anderen Dingen, wie

2879 Strafgeld, Schlägereien, Ehrenkodex, von Hamburg nach

2880 Frankfurt fahren für Kontaktpflege, usw., bekam ich

2881 natürlich auch nicht so den Zugang zu diesen Leuten, bis auf

2882 ein paar, unter anderem einer meiner ehemaligen

2883 Schulkameraden, Jogi. Mit dem hatte ich eigentlich einen

2884 sehr guten Draht und wir trafen uns auch das eine oder

2885 andere Mal zu einem Glas, oder im Zechstüberl, was ja von

2886 den anderen nicht so stark frequentiert wurde. Jogi sollte

2887 auch im Laufe meines Lebens, eigentlich bis zum heutigen Tag

2888 eine entscheidende Rolle spielen. Ebenso wie mein dicker

2889 Rufus, der ja sicherlich unwissentlich sehr viel zu meinem

2890 Wohlergehen beigetragen hat, denn ab dem Tag an dem ich ihn

2891 bei mir hatte, habe ich keine Frau mehr kennen gelernt, wo

2892 nicht mein dicker Freund schuld war. Übrigens war er nicht

2893 dick, das war einfach sein Kosename, denn er hatte ein Gemüt

2894 wie ein dicker Mensch, nichts konnte ihn aus der Ruhe

2895 bringen, nichts so richtig aufregen und schnell wurde er

2896 nur, wenn es um Katzen jagen ging, ansonsten lag er wie ein

2897 Frosch auf dem Boden und genoss Sonne, Streicheln und
2898 Fressen. Bis zu seinem letzten Tag hatte er ein wunderbares
2899 Hundeleben, alles richtete sich nach ihm, er durfte alles,
2900 verstand alles und wenn er mit seinen treuen Augen und
2901 gerunzelter Stirn einen anschaute, dann war die härteste
2902 Menschenseele gebrochen.

2903

2904 Wie sich aber im Leben bei mir die Hochs und Tiefs immer die
2905 Hand gaben, stand mal wieder ein Tief ins Haus, denn Gabi,
2906 meine Ehefrau hat sich in ihrer Arbeit wohl in einem der
2907 Gäste verschaut und sich mit dem auch privat getroffen.
2908 Eigentlich keine große Sache, bedenkt man, dass ich ja auch
2909 kein Kind von Traurigkeit war und mittlerweile Daniela
2910 kennen gelernt hatte, eine wunderschöne Frau, ging auch zum
2911 Anschaffen, liebte Rufus und vielleicht auch mich. Auf jeden
2912 Fall war ich zu dieser Zeit in den Staaten um Urlaub zu
2913 machen, holte mir in dem Flieger wohl eine Tuberkulose, oder
2914 vielleicht auch woanders, das konnte man nicht mehr so
2915 richtig feststellen. Ich hatte auf jeden Fall nach meiner
2916 Rückkehr aus den Staaten gehörig Fieber, schwitzte in der
2917 Nacht was das Zeug hielt und gab mir auch sonst nicht so
2918 wirklich Mühe, gesund zu wirken. Als ich dann noch Blut
2919 spuckte, da war's soweit, ich ab in die Klinik und die
2920 stellten als erstes fest: Lungenkrebs. Toll, eine sehr
2921 ermunternde Diagnose. Nachdem mir der Oberarzt die Diagnose
2922 gestellt hat, ließ er mich in meinem Zimmer alleine und ich
2923 konnte nicht mal weinen, war auch nicht wirklich böse.
2924 Irgendwie hatte ich nur das Gefühl, dass ich kurz davor war,
2925 dieses Leben zu verlassen, was mich irgendwie glücklich

2926 stimmte. Stunden später kam dann der nette Herr Doktor

2927 wieder in mein Zimmer, um mir zu erklären, dass er sich da

2928 wohl getäuscht hätte, es handelt sich lediglich um eine

2929 starke Tuberkulose und ich würde in eine Lungenklinik nach

2930 Gauting verlegt werden. In die Quarantäne wohlgemerkt, kein

2931 Rufus, keine Gabi, keine Daniela, kein Zechstüberl, ganz

2932 alleine in einem Krankenhaus, mal wieder. Nun, die

2933 Aussichten waren nicht gerade rosig, so eine Infektion

2934 schleppt sich über Monate hin, alle behandeln dich mit

2935 Vorsicht, jeder hält Abstand, könnte sich ja anstecken. Aber

2936 damit musste ich ja nun wohl leben. Sozusagen ein Leben am

2937 Rande der Gesellschaft und dann auch noch in Quarantäne,

2938 schon irgendwie lustlos und auch ziemlich öde. Nach Monaten,

2939 als die Ansteckungsgefahr vorbei war besuchten mich dann

2940 auch die ersten Leute wieder und ich wurde auch optisch

2941 wieder etwas mehr Mensch, wobei die Chemotherapie, die

2942 sogenannte Dreifach-Therapie schon seine sichtbaren Spuren

2943 hinterließ. Auch bei meiner Frau ging die Zeit der Abstinenz

2944 nicht ganz spurlos vorbei, denn sie wurde von Tag zu Tag

2945 dicker, und als ich sie nach mehreren Monaten mal unter

2946 meine Decke im Krankenzimmer zog, sie mich nur oral

2947 befriedigen wollte, erzählte sie mir nebenbei, dass sie

2948 schwanger sei. Bumm, das hatte gesessen, kein weiteres Wort

2949 mehr, nicht von wem, nicht warum, nichts einfach nur

2950 schwanger, bumm und weg. Toll, ich denke das war die

2951 gemeinste Art, wie man einen Menschen befriedigen kann. Man

2952 muss sich das mal vorstellen, die eigene Frau bläst einem

2953 bis zum Höhepunkt, nach Monaten der Abstinenz und schluckt

2954 runter, während sie im gleichen Atemzug nur sagt, ich bin

2955 schwanger und geht, weg, verschwunden, vorbei und bis zur

2956 Scheidung nicht mehr gesehen. Da war ich erst mal wieder

2957 ziemlich unten, nicht weil ich sie noch so unglaublich

2958 liebte, nein, das was sicher nicht mehr der Fall und ich

2959 hatte ja mit Daniela auch schon eine sehr nette Nachfolgern

2960 gefunden, aber die Demütigung, dass es auch noch ein Freier

2961 war, den sie mit nach Hause genommen hatte, die war dann

2962 doch etwas zuviel für mich.

2963 Frauen die zum Anschaffen gehen schlafen nun mal täglich mit

2964 mehreren Männern, das lässt sich aus der Natur der Sache

2965 heraus schon mal gar nicht verhindern, und früher hatten sie

2966 auch noch die unangenehme Angewohnheit, das ohne Gummi zu

2967 machen. Aber was soll das schon, jetzt ist es passiert und

2968 ich ließ sofort im Haus die Schlösser auswechseln, stellte

2969 ihre Sachen vor die Türe und das Thema war gegessen. Zumal

2970 sie zum Schluss sowieso eigenmächtig bei einem

2971 Polizeispitzel in dessen Laden arbeitete und dessen Freund

2972 wohl der Vater des Kindes war. Nun gut, da musste man die

2973 Augen zumachen und die Sache einfach auf sich beruhen

2974 lassen, denn ansonsten hätte wohl der ganze Scheiß auch noch

2975 im Knast geendet. Irgendwann bekam ich dann von ihren Eltern

2976 einen sehr erbosten Anruf, bei dem ich eigentlich nur

2977 beschimpft wurde und der mir jegliche Illusion nahm, man

2978 könnte sich mal wieder treffen. Die drohten von der Polizei

2979 über die Staatsanwaltschaft mit allem was so solide Leute

2980 eben machen, wenn sie erfahren, was die eigene Tochter so

2981 die letzten Jahre gemacht hat. Und ehrlich gesagt, lieber

2982 dann noch ein Enkelkind von einem Zuhälter als von einem

2983 Freier. Aber gut, die Sache war ausgestanden, ich packte

2984   meine sieben Sachen, sobald ich aus der Klinik kam und zog

2985   mit meinem Rufus zu Daniela.

2986

2987   Heute hatte ich einen grandiosen Termin bei meinem

2988   Selbstdarsteller in Sta. Antoni, wobei er mir anbot, für

2989   2000 Euro im Monat die Public Relation für sein Lokal zu

2990   machen. Eine tolle Sache, hab keinen blassen Schimmer was

2991   der von mir will, vor allem wie er sich das vorstellt. Ich

2992   soll ja wohl nicht durch die Straßen hüpfen und die Leute

2993   anquatschen, dass sie da doch mal gefälligst in sein Lokal

2994   gehen. Na ja, wir haben auf jeden Fall mal die ganze Sache

2995   auf Montag verschoben, er ruft mich an, da bin ich ja mal

2996   gespannt, wie sich das dann weiterentwickelt. Versteh nur

2997   immer nicht, warum mir jemand vorjammert, er findet keine

2998   Leute, dann hat er jemand wie mich und dann ist wieder alles

2999   nicht das was er will. Und was Gastronomie betrifft, da kann

3000   mir so schnell sicher keiner etwas vormachen, dafür mache

3001   ich das eigentlich schon zulange. Wie kann das nur

3002   weitergehen? Ach ja, und am Geldautomat war natürlich auch

3003   nichts, war ja auch nicht anders zu erwarten, bin schon

3004   irgendwie ein Glückskind auf dieser Welt. Sitze jetzt das

3005   ganze Wochenende wohl auf meinem Balkon und überlege mir,

3006   wie man wohl mit dreißig Euro über die Runden kommt. Habe

3007   immer noch zu essen und zu trinken, Zigaretten und ein Bett,

3008   aber wenn unter einem das Leben tobt, sich der kleine Freund

3009   beschwerte, dass alle hübschen Frauen nicht beachtet werden,

3010   dann ist das schon ganz schön eklig. Aber es gibt Menschen,

3011   die sind nicht hier, bekommen jeden Tag Post und müssen

3012   Rechnungen bezahlen, alles das was ich ja gelassen habe,
3013   und worüber ich auch sehr froh bin.

3014   Gekocht habe ich heute nur Suppe für mich alleine, mit
3015   Tortellini aus der Tüte, das war's dann, und morgen Sonntag,
3016   da gibt's erst mal Spaghetti, dann sehen wir weiter.
3017   Vielleicht gehe ich noch auf einen Barcelo Cola runter ins
3018   Mambo um mir die netten Girls mal aus der Nähe anzusehen,
3019   mal sehen.

3020   Also, irgendwie ist das heute nichts für mich, war jetzt mal
3021   kurz unten, aber das ist ja alles derartig voll und
3022   abgefahren, nüchtern nicht zu ertragen und zum Saufen fehlt
3023   mir tatsächlich das Geld. Und wenn ich dann noch die ganzen
3024   hübschen Ärsche sehe, dann bekomm ich doch irgendwie Frust
3025   und das wollen wir ja mal vermeiden.

3026

3027   Also, meine Umzüge dauerten in der Regel ja nie lange, hatte
3028   ja nie besonders viel Sachen, das meiste blieb immer in
3029   meiner kleinen Wohnung in Giesing, denn diese Wohnung hatte
3030   ich ja immer, aber wenn ich mir so überlege, wie oft ich in
3031   meinem Leben umgezogen bin, das überschreitet in der Regel
3032   das Vorstellungsvermögen eines jeden Normalbürgers. Mal ganz
3033   abgesehen von verschiedenen Frauen, bei denen ich auch noch
3034   wohnte, da kommt schon eine ganze Menge zusammen.
3035   Wenn ich mal anfange, von der Richelstrasse in Neuhausen,
3036   nach Nymphenburg, wo ich meine erste kleine möblierte
3037   Wohnung im Hause eines Professors hatte, dessen Frau mich
3038   als ihren Sohn betrachtete, den man ganz und gar unter
3039   Kontrolle halten muss. Danach zog ich in die
3040   Pettenkoferstrasse, wo ja auch das Immobilienbüro meiner

3041 Hotelchefin war, das sind zwei Umzüge, von dort zog ich nach

3042 Ft. Lauderdale und wieder zurück nach Deutschland, zog ich

3043 in die Nymphenburger Strasse, von dort in die Stadelheimer

3044 Strasse, sprich in den Knast, also noch drei, macht fünf

3045 Umzüge. Von dort raus, zog ich nach Giesing in die kleine

3046 Wohnung und von da dann zu verschiedenen Frauen, zuerst zu

3047 Ute, dann zu Gabi, dann zu Daniela, von der dann zu Claudia,

3048 von der zur Sabine und von dort nach Rosenheim, dann nach

3049 Niedermoosen, von danach Hofaustrasse, von danach

3050 Gillitzerblock und von da nach Ibiza, zwischendurch zog ich

3051 einmal nach England, Bristol, und wohnte zudem einmal in

3052 Düsseldorf und dann noch eine lange Zeit in der

3053 Untersbergstrasse. Also, wenn ich jetzt alles außer Betracht

3054 lasse, bei denen ich nur mal so für ein paar Monate gewohnt

3055 habe und meine Zahnbürste im Glas abgestellt habe, dann

3056 komme ich gut und gerne auf mindestens zwanzig Umzüge, ach

3057 ja, Suleika hatten wir ja auch noch. Ich hatte einen netten

3058 Freund, Max, der baute Küchen ein und verkaufte sie auch,

3059 der drehte mit mir bald durch, weil ich zeitweise in einem

3060 Jahr drei, vier Küchen gebraucht habe und er mir die alle

3061 einbauen musste. Alleine mit dem Geld was das alles gekostet

3062 hat, könnte man sich gut und gerne zur Ruhe setzen, aber wer

3063 will das schon mit knapp 30 Jahren. Also, im Umziehen, da

3064 hab ich echt richtig Erfahrung, vor allem hat das den

3065 Vorteil, dass man immer wieder Sachen wegwirft, die man

3066 ansonsten den ganzen großen Teil seines Lebens irgendwohin

3067 lagert und sich jedes Mal wieder ärgert, dass man soviel

3068 Platz braucht für soviel unnütze Sachen, aber man wirft

3069 einfach nichts weg. Ich meine, wenn ich heute meine Sachen

3070   so anschaue, dann habe ich sehr wenig persönliche Dinge, die

3071   ich so mein ganzes Leben mit mir rumschleppe, womit auch

3072   gesagt ist, dass ich in keinem Fall an dingen hänge, die mir

3073   einmal vom Urlaub mitgebracht wurden oder so, nur Photos,

3074   die habe ich massenhaft, aber nicht geordnet und nicht

3075   irgendwie chronologisch, einfach in einem großen Karton, und

3076   da bleiben sie auch solange, bis ich vielleicht mal Zeit

3077   habe, sie zu ordnen.

3078

3079   Also die Zeit bei Daniela war eigentlich auch eine recht

3080   amüsante Zeit, ihre Eltern wussten Bescheid was sie tat, ich

3081   war daran nicht mehr schuld, weil sie ja schon über Jahre in

3082   dem Job gearbeitet hat, und außerdem hatte ich ja meinen

3083   Herzensbrecher dabei, Rufus. Natürlich ist es mit der Zeit

3084   etwas schwieriger geworden, denn Daniela wusste ganz genau,

3085   dass sie sich da fast eine Made ins Haus geholt hatte, denn

3086   mit Arbeit schaute es schlecht aus und Geld bekam ich von

3087   Ihr nur soviel wie ich zum Leben brauchte, wobei das leben

3088   schon angenehm war. Die Wohnung war super eingerichtet, es

3089   war alles sauber, meine Wäsche hatte wohl nie mehr wieder so

3090   eine Pflege und ich hatte auch eine Frau, die sich um mein

3091   äußeres Gedanken machte und auch somit erreichte, dass ich

3092   eigentlich gar nicht mehr weg wollte von ihr. Sicherlich

3093   hatten wir auch unsere Probleme und Streitereien, aber sie

3094   war sehr treu und ich denke auch glücklich mit mir, also ich

3095   mit ihr auf jeden Fall und da denke ich auch noch oft daran.

3096   Das Schöne war, dass Mayer Bernhard, mein Freund aus der

3097   Zeit nach dem Knast, auch in der gleichen Strasse durch

3098   Daniela und mein zutun, eine nette Freundin fand, und wir

3099   mit unseren beiden Hunden oft durch die Gegend streiften.

3100   Ich denke, er ist mittlerweile auch mit der gleichen

3101   verheiratet und das zeigt dann doch, wie Geld die Konstanz

3102   in einem Leben erhöht, wenn man sich nicht jeden Tag um sein

3103   täglich aus und einkommen sorgen muss, denn Bernhard hatte

3104   mittlerweile von seinem Vater geerbt.

3105   Mit ihm hatte ich auch viel Kontakt zu Leuten, die ihr Geld

3106   nicht mit Zuhälterei verdienten, sondern mehr auf dem Sektor

3107   „legaler Betrug" arbeiteten, also eigentlich lauter kleine

3108   Pauls aus Bristol, der mit den verschiedenen

3109   Telefonarmaturen. Bevor es aber zu weiteren Entwicklungen

3110   kam, passierte das, womit ich eigentlich nicht mehr

3111   gerechnet hatte.

3112   Eines Tages, mir ging es schon tagelang vorher recht

3113   schlecht, es war so gegen Ende 89, wollte ich mit Rufus eine

3114   kleine Runde gehen, Daniela war nicht zuhause und ich quälte

3115   mich im wahrsten Sinne des Wortes durch die Strassen, damit

3116   mein Dicker sein Geschäft verrichten konnte. Der wich aber

3117   keine Sekunde von meiner Seite und spürte wohl, dass etwas

3118   nicht stimmt mit mir. Ich weiß nur noch, dass ich es wohl

3119   bis vor die Haustüre schaffte und dort ohnmächtig

3120   zusammenbrach. Zum Glück befand sich im Erdgeschoss eine

3121   kleine Kneipe, von der Rosi, und die sah, wie ich dann auf

3122   den Gehweg knallte, knallen war ja nicht ganz so möglich,

3123   hatte ja nur noch knappe achtzig Kilo, durch die

3124   Chemotherapie und die neun Monate in der Lungenklinik.

3125   Irgendwie schaffte es auch der Notarzt in ein paar Minuten

3126   zu mir zu kommen, was mir sicherlich das Leben gerettet hat,

3127   denn mir sind beide Lungenflügel regelrecht

3128 zusammengefallen und ich bekam einfach keine Luft mehr, die

3129 füllten sich auch sofort mit Blut, sodass man innerlich zu

3130 ertrinken droht. Nun, ein Luftröhrenschnitt, einen in die

3131 Lunge und dann wurde ich wieder zurück ins Leben geholt,

3132 nachdem meine Herztöne nicht mehr da waren, ich ein

3133 wunderschönes Licht sah und eigentlich immer dahin wollte.

3134 Viele erzählen, dass das Leben an ihnen vorüber zog, das

3135 hatte ich nicht, war auch wohl etwas viel was ich bis dahin

3136 schon erlebt hatte. Nun, Rufus wollte auf jeden Fall mit ins

3137 Krankenauto, durfte er natürlich nicht, und nach einer

3138 ersten Notbehandlung im Harlachinger Krankenhaus, lag ich

3139 die ersten sechs Wochen mit einer Dräger-Drenage ans Bett

3140 gefesselt in dem Scheiß verhassten Krankenhaus, mal wieder.

3141 In meinem Umfeld und bei meinen Freunden herrschte natürlich

3142 helle Aufregung, zumal ja alle erst den ganzen Dreck mit der

3143 Lungenklinik mitgemacht hatten. Daniela wich keine Sekunde

3144 von meiner Seite und umsorgte mich wirklich bis ins Letzte,

3145 also sie war auf jeden Fall eine Frau, die ich besser

3146 heiraten hätte sollen, aber mein ewiger Trieb, alles

3147 nachzuholen und immer nach etwas neuem zu streben hat mir in

3148 meinem Leben schon so oft das genommen, was ich wohl besser

3149 für immer festgehalten hätte.

3150 Letztendlich stellte sich heraus, dass ich einen Tumor am

3151 linken Lungenflügel hatte und durch diese Infektion sich die

3152 Lungebläschen auflösten, was eben diese Art des

3153 Zusammenbruchs zur Folge hatte. Das bedeutete nichts

3154 anderes, als dass ich mich einer Operation unterziehen

3155 musste. Die Nachricht überbrachten mir die Ärzte genau am

3156 29. Dezember 1989 und der OP-Termin wurde auf den 2. Januar

3157 festgelegt. Was mich am Allermeisten beunruhigte war, dass
3158 Daniela erlaubt wurde, Silvester mit Rufus ins Krankenhaus
3159 zu kommen. Der durfte zwar nur in das Schwesternzimmer und
3160 man schob mich mit dem Rollstuhl auch dazu, aber das hatte
3161 so was endgültiges an sich, etwas von Abschied und Tschüß
3162 sagen, nichts von Auf Wiedersehen, und auch nichts von wird
3163 schon wieder werden, nein, das hatte bei Gott nichts mit
3164 Hoffnung zu tun und das tat verdammt weh. Rufus schien das
3165 auch alles ziemlich zu stressen, Daniela weinte in einer
3166 Tour und der einzige der ständig versuchte die Laune zu
3167 heben und Witze machte, das war ich, obwohl ich wohl
3168 derjenige war, dem es am beschissensten ging. Aber das hatte
3169 ich ja auch mal in meinem Leben gelernt, keine Gefühle
3170 zeigen und immer alles positiv sehen, nie aufgeben und auch
3171 wenn es weh tat, es ja nicht zu zeigen, das ist ganz
3172 schlecht. Irgendwie ging dann auch dieser Abend vorbei und
3173 die Nacht vor der Operation verbrachte ich schließlich schon
3174 auf der Intensivstation und wurde dort vorbereitet. Da war
3175 dann nichts mehr mit Besuch. Aber irgendwie passte es so
3176 richtig zu meinem Leben, immer dann wenn mal wieder alles in
3177 Ordnung zu sein schien, dann kam der große Hammer gesaust
3178 und zerstörte alles gründlich und bis zur Perfektion, und
3179 das schlimmste daran war, dass ich eigentlich nie richtig
3180 etwas dafür konnte, vielleicht bis auf das eine Mal, als ich
3181 dafür auch in den Knast ging. Diesmal schien es wieder so zu
3182 sein, und man glaubt es oder nicht, ich wollte diese
3183 Operation überleben, gesund werden und wieder in mein Leben
3184 zurück, nicht sterben, was mir hin und wieder schon als
3185 Alternative durch den Kopf ging. Wäre doch alles viel

3186 einfacher, wenn man einfach einschläft und nicht mehr

3187 aufwacht. Schon als Kind hatte ich oft diese Vorstellungen,

3188 was denn eigentlich wäre, wenn ich sterben würde, wer würde

3189 an meinem Grab stehen, wer würde um mich weinen, wer würde

3190 dann plötzlich sagen, den habe ich trotzdem lieb gehabt.

3191 Solche Vorstellungen sind für Menschen in so jungen Jahren

3192 sicher nicht normal und zeugen ganz gewiss auch von einer

3193 unwahrscheinlichen Sehnsucht nach Geborgenheit und Liebe.

3194 Nur haben große Menschen wie ich, die dazu auch noch die

3195 ganze Statur eines großen Mannes haben, immer die Aufgabe,

3196 Liebe und Geborgenheit, Schutz und Sicherheit zu geben.

3197 Manchmal wird das im Leben auch zu einer regelrechten

3198 Wahnvorstellung und man liebt Menschen, damit man ihnen

3199 Schutz und Sicherheit geben kann, weil sie vielleicht klein

3200 sind, schutzbedürftig aussehen, dabei sind es oft gerade

3201 diese Menschen, die selbst am besten auf sich schauen können

3202 und es gar nicht brauchen, dass sich jemand um sie so

3203 kümmert. Aber was hilft die ganze Theorie, wenn in der

3204 Praxis feststeht, dass man mehr Liebe geben will als man

3205 bekommt. Manchmal resultiert daraus auch das Problem, dass

3206 man eine Beziehung länger führt, als eigentlich gut wäre,

3207 nur weil man nicht loslassen kann, immer mit dem Gedanken,

3208 die Partnerin braucht einem und schafft es nicht alleine. Im

3209 Grunde betrachtet ist es genau anders herum, man fällt

3210 selbst in ein tiefes Loch und bräuchte die Partnerin, die ja

3211 nie merken durfte, dass man sie braucht, schließlich ist man

3212 ja groß und stark. Gott, wie oft saß ich nach ende einer

3213 Beziehung blöd in der Ecke und hätte heulen können, vor Wut,

3214 vor Einsamkeit, vor Trauer, vor Eifersucht und vor Angst,

3215 alleine zu sein, aber es durfte ja niemand merken. Später

3216 würde ich das einmal bis zum heutigen Tage und

3217 wahrscheinlich bis an mein Lebensende schwer bereuen, dass

3218 ich es nie gelernt hatte, ehrlich mit meinen Gefühlen

3219 umzugehen, sondern immer mit einem Auge auch auf die Seite

3220 der Vorteile einer Beziehung schaute. Nicht immer war es für

3221 mich wegen der großen Liebe, nein, es war auch zu oft aus

3222 finanziellen Gründen und aus sexuellen Hintergründen,

3223 oftmals gab es keine Gelegenheit die ich ausließ, auch ohne

3224 Rücksicht auf meine Gefühle, einfach nur dem Trieb freien

3225 Lauf lassen, auch wenn es am Ende zum Katzenjammer führte,

3226 den man dann schnell auf die Partnerin übertrug und Gründe

3227 fand, dass sie sich schuldig fühlte. Aber welcher Mann kennt

3228 das noch nicht. Ich kenne es zu genüge.

3229 Oftmals erkennt man sich selbst in solchen Stunden, wie jene

3230 vor der Operation, am Besten, und wenn dann alles

3231 überstanden ist, ist alles wieder vergessen und vorbei.

3232 Einfach zum Totlachen. Ich hatte auf jeden Fall meine

3233 Operation noch vor mir und das machte mir seelisch doch mehr

3234 zu schaffen, zumal die Schmerzen die ich bis dahin hatte,

3235 eigentlich schon unerträglich waren, was wird dann erst

3236 sein, wenn die Operation vorbei ist?

3237 Es war unbeschreiblich, also ich hatte ja immer schon eine

3238 hohe Schmerzgrenze, aber was ich nach der Operation erlebte,

3239 zum Glück durfte ich es erleben, das war eigentlich

3240 unmenschlich. Irgendwo unterhalb des Herzens wird die Brust

3241 von der Wirbelsäule bis zum Brustbein aufgeschnitten, dann

3242 werden erst mal die Rippen gebrochen, die im Weg sind, und

3243 dann wird über das Rippenfell auf die Lunge zugegriffen,

3244 also das ist laienhaft ausgedrückt, was bei dieser Operation
3245 passiert. Dass dann noch die kranken Teile der Lunge
3246 entfernt werden, das ist wohl das was am wenigsten schmerzt,
3247 vor allem danach, also das kam noch richtig gut. Zuerst gab
3248 es Morphium, danach Valeron und zum Schluss genügte ein
3249 leichtes Schmerzmittel, wobei zum Schluss nach sechs Monaten
3250 war. Ich könnte es mittlerweile nicht mehr genau sagen, aber
3251 sicherlich war ich die ersten Wochen wie gelähmt, kein
3252 Husten, kein Lachen, jede Bewegung schmerzte höllisch und
3253 als ich einmal niesen musste, das fiel ich vor Schmerz
3254 einfach in Ohnmacht, gut dass ich schon lag, da brauchte ich
3255 nicht hinfallen und mir vielleicht noch weh tun. Ich hatte
3256 überall Schläuche, am Halsbereich, am Bauch, in der Lunge,
3257 überall Katheder, alles war entzündet und alles tat einfach
3258 nur weh. Ich denke, wer es nicht erlebt hat kann es nicht
3259 nachvollziehen. Nach ein paar Wochen kam dann eine
3260 bildhübsche Krankentherapeutin, die mir sowohl das Husten,
3261 das Gehen, das Atmen, einfach alles wieder von vorne lernte,
3262 auch wurde von ihr eines Tages geprüft, ob meine männlichen
3263 Teile noch alle richtig funktionierten, das taten sie sehr
3264 wohl, und schon waren alle Einsichten und Ansichten vor der
3265 Operation wieder mal vergessen, so schnell geht's, und
3266 trotzdem, ich hatte wenigstens nicht das Bedürfnis, Daniela
3267 zu verlassen, immerhin war sie ja auch meine finanzielle
3268 Stütze zu der Zeit und die brauchte ich wahrlich, denn ich
3269 konnte ja eigentlich nichts machen, mittlerweile bald über
3270 ein Jahr nur im Krankenhaus und ohne Arbeit.
3271 Zudem hatte ich auch noch eine achtwöchige Reha in Oberjoch,
3272 Allgäu hinter mich zu bringen. Das war ganz nett, zumal ich

3273   in kürzester Zeit guten Kontakt zu Claudi, einer Skilehrerin

3274   hatte, die mir nicht nur Skifahren wieder beibrachte,

3275   sondern auch noch meinen gesamten Bewegungsapparat wieder in

3276   Schwung brachte. Ich weiß noch, als sie mich eines Tages, es

3277   war mein Geburtstag, mit auf eine der zahlreichen Hütten

3278   nahm. Zudem war es auch noch Faschingsende und die gesamte

3279   Belegschaft aller Skilehrer feierte auf dieser Hütte. Ich

3280   hatte weder meine Ski, noch Skischuhe, keine Handschuhe,

3281   einfach nur das, was man zum Wandern braucht, an. Nach

3282   mehreren und übrigens den ersten Jägertees seit meiner

3283   Operation, war es draußen schon dunkel und ich ziemlich

3284   unruhig, weil ich ja eigentlich mit der Sesselbahn wieder

3285   nach unten ins Tal fahren sollte. Von wegen, Claudi hatte

3286   meine gesamte Ausrüstung nach oben gebracht und alle

3287   Skilehrer, so 50 an der Zahl stellten sich ohne dass ich es

3288   wusste, die ganze Piste bis runter mit Fackeln hin und

3289   zeigten mir den Weg. Claudi gab mir vor der Hütte einen Kuss

3290   und sagte nur, ich soll ab sofort mein Leben wieder selbst

3291   in die Hand nehmen, ich sei wieder gesund und um mir das

3292   selbst zu beweisen, solle ich einfach jetzt die Ski nehmen,

3293   meine Schuhe anziehen und den vorgegebenen Weg fahren. Was

3294   ich dann auch tat, und es war vielleicht das

3295   stimmungsvollste Erlebnis in meinem Leben, zumindest bis zu

3296   diesem Tag, und die Nacht endete natürlich mit Claudi im

3297   Bett, obwohl sie verheiratet war und ich ja immer noch mit

3298   Daniela zusammen war, aber es war einfach schön und

3299   unglaublich erotisch. Der ganze Geburtstag hatte etwas

3300   eigenartiges, denn am nächsten Tag kamen zwanzig Freunde

3301   nach Oberjoch um mich zu besuchen und mit mir Geburtstag zu

3302   feiern. Vom Zimmermann Peter die Freundin hat sich dann noch

3303   bei einem nächtlichen Ausrutscher einen Wirbel gebrochen,

3304   aber ansonsten war alles in bester Ordnung, Joe hat dem

3305   Barmann vom Hotel noch seinen ganzen Monatslohn beim Pokern

3306   abgenommen und im Anschluss hatten wir in dem 1200 Einwohner

3307   Dorf, 1200 Freunde, so unauffällig hatten wir meinen 30ten

3308   Geburtstag gefeiert.

3309   Irgendwann Anfang der 90er Jahre war ich dann wieder unter

3310   der normalen Bevölkerung, bekam dann noch eine

3311   Rippenfellentzündung und nach Wochen eine bösartige

3312   Narbenentzündung, die brannte, als würde jemand mit dem

3313   Schweißbrenner über die Narbe fahren, das war pervers. Auf

3314   jeden Fall hatten wir drei, Rufus, Daniela und ich auch

3315   diese Zeit gut überstanden, Rufus durfte meist mit Daniela

3316   in die Arbeit fahren und auf sie aufpassen, was scherzhaft

3317   gemeint ist, denn Rufus hat nie aufgepasst, höchstens ob

3318   Katzen in der Nähe waren, ansonsten hätte man wohl ohne

3319   Probleme das zeitliche segnen können, durch

3320   Gewalteinwirkung, und Rufus hätte nur zugesehen, oder

3321   geschlafen und gelangweilt mit einem Auge aufgesehen. So war

3322   eigentlich alles in bester Ordnung, ich musste natürlich mal

3323   wieder was tun und nachdem ich im Organisieren immer noch

3324   einer der Besten war, sollte ich für meine Bekannten aus der

3325   Fraktion „legale Betrüger" feststellen, wo es die billigsten

3326   und schönsten Lederjacken gab, wer sie herstellte und was

3327   sie kosteten. Ein genialer Plan steckte dahinter. Nachdem ja

3328   all dies Bekannten in dem Verkaufsbereich tätig waren,

3329   zumeist als Kaffeefahrtenbetreiber, hatten sie natürlich

3330   auch einen sehr großen Bekanntenkreis, und aus diesem Kreis

3331 stammte der Tipp, Hertie, eine große Kaufhauskette, sucht

3332 neue Lieferanten für die Lederbekleidung. Also, nach ein

3333 paar Wochen stellten wir fest, dass die schönsten und

3334 billigsten Jacken in Indien hergestellt werden, und dort

3335 auch mit jedem Label versehen werden, das man sich wünscht.

3336 Noch schnell über das Außenhandelsministerium die

3337 Einfuhrbestimmungen geklärt, Tickets nach Indien gekauft und

3338 dann ab nach Madras. Eine tierisch gute Idee für jemanden,

3339 der erst vor Wochen aus dem Krankenhaus kam und zwar laufen

3340 und sprechen konnte, aber mit knapp 70 kg doch leicht

3341 entfernt von einem Lebewesen war. Mir egal, einfach weit,

3342 weit weg und sich nicht mehr mit dem ganzen Müll der letzten

3343 Monate beschäftigen.

3344 Der Flug nach Indien war alleine schon ein Erlebnis, bis

3345 Bombay war ja alles noch ganz in Ordnung, da war es ein

3346 internationaler Flug, aber dann ging es mit den inländischen

3347 Fluggesellschaften weiter. Alleine der Wechsel vom

3348 internationalen zum nationalen Flughafen war ein derartig

3349 beeindruckendes Erlebnis, dass ich noch heute davon

3350 überzeugt bin, egal was alles passiert, mir wird es immer

3351 besser gehen als den Menschen in diesem riesigem Slum.

3352 Alleine bei der Ankunft wird man schon von derartig vielen

3353 Kindern überfallen, die einem den Koffer tragen wollen, der

3354 oft das doppelte an Gewicht hat als die kleinen Jungs.

3355 Ältere wollen natürlich auch das Geschäft machen und treten

3356 die jüngeren einfach auf die Seite. Nichts für schwache

3357 Nerven. , ich trug mit Ralph und Klaus meinen Koffer selbst

3358 und kamen dann auch einigermaßen unbeschadet zu einem

3359 Taxistand, wonach es mit dem Taxi sicherlich mehr als eine

3360   halbe Stunde nur durch ein Meer von Wellblechhütten und

3361   Kisten ging, in denen ganze Horden von Menschen lebten.

3362   Keinen Plan wie die da überlebten, aber ich war mir sicher,

3363   da bekomme ich ganz gewiss nicht heil und gesund nach Hause,

3364   gar keine Chance nicht, bei soviel Bakterien und so vielen

3365   verschiedenen Krankheiten, von Cholera über Lepra, und ich

3366   mit einem sowieso geschwächten Organismus, das musste schief

3367   gehen. Es sei vorweggenommen, ich überstand alles ohne große

3368   Probleme und es war mit der beeindruckendste Aufenthalt in

3369   einem fremden Land für mich. Zumal wir dann mit einer

3370   Linienmaschine nach Madras flogen, dem Zentrum der

3371   Lederherstellung. Also, in dem Flieger war wirklich alles

3372   drin, Hühner, Holz, Möbel, einfach quer durch das

3373   Gemüsebeet, vor dem Abflug wurde noch kräftig desinfiziert,

3374   durch die Gepäckablage, was bei Klaus eine gewisse Unruhe

3375   hervorrief, der meinte nämlich das Flugzeug brennt.

3376   In Madras hatten wir dann einen sehr schönen Aufenthalt im

3377   Sheraton Hotel, und auch mit den Klamotten lief alles

3378   bestens, wir ließen uns ein paar Muster machen, legten die

3379   Preise fest und auch die Lieferfristen, alles sehr

3380   professionell, nicht so wie das Land, sondern wirklich gut

3381   die Inder. Nach zehn Tagen hatten wir alles erlebt,

3382   inklusive einen unfreiwilligen Besuch in einem Kinderpuff,

3383   der kurz vor der Eskalation stand, weil wir alle drei völlig

3384   unfassbar den Eltern an die Gurgel wollten. Eigentlich

3385   sollte uns der Taxifahrer zu einem Ort bringen, wo wie uns

3386   vergnügen konnten, sprich Disko oder ähnliches, was es wohl

3387   aber in diesem Teil von Indien nicht gibt, und da fuhr er

3388   uns kurzerhand dorthin, wo er wohl viele europäische

3389 Geschäftsleute hinfahren musste. Der Taxifahrer wird wohl

3390 diese Fahrt zurück auch nicht so schnell vergessen. Nun, wir

3391 kamen dann wieder zurück nach Deutschland und mussten dann

3392 zu unserem Entsetzen feststellen, dass Hertie bei Erteilung

3393 des Auftrags eine Garantiesumme in gleicher Höhe des

3394 Auftrags nahm, einfach um sicherzustellen, dass die Ware

3395 auch geliefert werden kann und die fällige

3396 Konventionalstrafe bei Nichtlieferung auch bezahlt werden

3397 kann. Da ist bei uns natürlich das Licht ausgegangen und es

3398 gab kein Geschäft mit Lederjacken, nur die bestellten

3399 Muster, immerhin knappe hundert Jacken kamen nach ein paar

3400 Wochen in Deutschland an und wir verkauften diese dann an

3401 gute Freunde weiter, womit im Endeffekt die Reisekosten

3402 wieder reingebracht waren und wir aus der Sache mit einem

3403 blauen Auge davonkamen.

3404

3405 Im   er log ich dann mit einem Freund von mir

3406 nach St. Petersburg, dem früheren Leningrad, und das war

3407 schon komisch, den es war kurz vor dem Mauerfall in Berlin.

3408 Sein Sohn und seine Partnerin hatten dort einen Wettkampf,

3409 da sie Eistanz machten. Mich interessierte zwar nicht die

3410 Bohne der Eistanz, dafür hatte ich die Gelegenheit, mit den

3411 Russen einmal richtig Wodka zu trinken. Die Weingartners

3412 waren eigentlich auch recht amüsante Leute, er ein guter

3413 Fachmann für Computer und sie hatte richtig Ahnung vom Satz,

3414 also betrieben die beiden ein Satzstudio und setzten alle

3415 gängigen Fernsehzeitungen. Nachdem ich bei den beiden oft

3416 meine Logos machen ließ und auch die Entwürfe für

3417 Speisekarten vom Pavarotti, oder auch für die Labels bei den

3418   Lederjacken mit den Weingartners zusammenarbeitete, kannten

3419   wir uns recht gut und sie luden mich ein, mit nach St.

3420   Petersburg zu fahren. Just zu der Zeit fiel dann auch die

3421   Mauer, bzw. die Grenzkontrollen und die Reisefreiheit, keine

3422   Ahnung, hat mich nie so interessiert. Es war nur lustig,

3423   dass ich just zu dieser Zeit bei dem eigentlich größten

3424   Feind im Land war und dort die Bevölkerung gar nichts davon

3425   hielt, dass es jetzt keine Grenzen mehr gab. Nun, die

3426   gesamte Gruppe wurde auf jeden Fall im Pribaltiskaya Hotel

3427   untergebracht, ich glaube das hatte zweitausend Zimmer und

3428   ebenso viele Huren, die dort gearbeitet haben, ganz

3429   offiziell. Nachdem ich zuvor schon Jeans und Parfüm

3430   eingepackt hatte, konnte ich nicht wiederstehen und nahm mir

3431   für eine Nacht eine der Schönheiten mit aufs Zimmer,

3432   natürlich ohne zu zahlen, denn die Damen nahmen damals schon

3433   500 Dollar für eine Nacht. Die ich damals kennen lernte, mit

3434   der hab ich den ganzen englisch und italienisch, ich denke

3435   heute, die war sicher vom KGB, denn die durfte auch überall

3436   hinreisen, Mir war das eigentlich egal, ich hatte mit der

3437   Kleinen eine wunderschöne Nacht, sie mit mir anscheinend

3438   auch, denn am nächsten Morgen durfte ich mit ihr zu ihrer

3439   Mutter fahren und die ganze Familie kennen lernen, wo ich

3440   dann auch Borscht zum Essen bekam und solche Puppen die man

3441   ineinander steckte und die immer kleiner wurden, aus Holz

3442   und wunderschön bemalt. Die nächsten Nächte musste ich nicht

3443   alleine schlafen, sie kam jede Nacht in mein Zimmer und wir

3444   hatten wirklich eine schöne Zeit und ich am Ende ihr Geld,

3445   denn sie gab mir jede Nacht den Großteil von dem was sie

3446   verdient hatte und das war nicht schlecht, also hatte ich

3447   auch noch mehr Geld in der Tasche als ich nach Hause fuhr,

3448   als bei der Ankunft, was mir bis heute auch nicht mehr

3449   passiert ist. Am vorletzten Tag feierten wir dann noch mit

3450   einem Haufen von Afghanistankämpfern deren Abschied aus dem

3451   Krieg, weil sie einfach verwundet waren und entweder Bein,

3452   Arm oder beides verloren hatten. Aber das waren schräge

3453   Typen, hallo erst mal, so was habe ich seitdem auch nicht

3454   mehr erlebt, allesamt aber irgendwo nett, wie kleine Kinder,

3455   aber Männer, die sicherlich nicht nach Hirn, sondern nach

3456   Kraft und Mut ausgesucht wurden. Dabei lernten wir dann

3457   noch, wie man aus Gallonenflaschen Wodka trinkt, und dass

3458   man den Tisch nicht verlässt, bevor die Flasche leer ist.

3459   Also, dass man für ein einhalb Liter Wodka sowenig Zeit

3460   brauchen kann ist mir heute noch ein Rätsel und dass die

3461   Jungs dann unbedingt mit uns weitertrinken wollten auch,

3462   denn die ganzen Finnen, die auch in dem Hotel waren, waren

3463   schon alle aus dem Saal getragen worden, nur der Weingartner

3464   und ich saßen noch am Tisch und hatten Spaß.

3465   Nachdem wir wieder zurück waren, hatten wir in Berlin die

3466   große Überraschung, es gab keine Grenze mehr, also das war

3467   nun wirklich eine Überraschung. Aber die Mauer stand noch.

3468

3469   Somit hatte ich in dem Jahr meiner größten Schmerzen auch

3470   noch ein Jahr mit den schönsten Erlebnissen. Wie immer lag

3471   einfach bei mir das Leid und das Glück sehr nah beisammen

3472   und es hatte irgendwie immer so etwas tragisches an sich,

3473   wenn ich dann über solche Sachen nachzudenken anfing, weil

3474   ich es nicht verstehen konnte. Egal wo ich immer war,

3475   irgendetwas positives und irgendetwas negatives passierte

3476   immer und das meistens fast zeitgleich.

3477   Zwei kleine Beispiele meiner ersten Reiseerfahrungen, die

3478   ich auch nie vergessen werde. Das erste Mal alleine in New

3479   York, damals auf den Weg nach Ft. Lauderdale. Ich also

3480   musste New York sehen und um Big Apple auch live zu erleben

3481   ging ich mitten in der Nacht von meinem drittklassigen Hotel

3482   zur Fifth Avenue, einfach mit dem Gedanken, da kann mir

3483   nichts passieren. Ich hatte ja während meines Hotelprogramms

3484   in München auch einige Leute kennen gelernt, darunter einen

3485   Juden, der in New York sein Geschäft hatte und den wollte

3486   ich besuchen. Um am nächsten Tag den Weg zu wissen, ging ich

3487   in der Nacht schon mal zu dem Laden, der allerdings nicht

3488   mehr in der Nähe der Fifth Avenue lag, sondern mehr in den

3489   Bronx, wie ich nachher erst feststellte. Ich auf jeden Fall

3490   wandere so durch die Strassen und werde von einer hübschen

3491   Negerin angesprochen, die mich voll auf englisch zutextete.

3492   Ich versuchte ihr zu erklären, dass ich Tourist bin und mein

3493   Englisch mehr dem Schulenglisch glich, sicher nicht dazu

3494   geeignet in der Nacht mit einer Negerin Konversation zu

3495   betreiben. Bis ich mich versah, hatte sie mich in einen

3496   Sexschuppen, so einer mit Videokabinen gezogen, und mir

3497   einen Gummi übergestülpt und einen schön entspannt.

3498   Irgendwie war ich aber wohl doch ziemlich unentspannt, und

3499   als ich dann den Laden alleine verließ, fehlte mir mein

3500   Geld und meine Papiere. Juhu, und dazu kam dann auch noch

3501   die Polizei ein paar Strassen weiter, ich wusste nicht mehr

3502   wie mein Hotel hieß und ausweisen konnte ich mich ja auch

3503   nicht mehr. Und das erklär jetzt mal einem New Yorker

3504 Polizisten, der ständig damit rechnet, erschossen zu werden?

3505 Unmöglich, also ich ab in das Polizeipräsidium und erst mal

3506 schwups in eine dieser fernsehbekannten Mehrmannzellen, puh,

3507 das war eine der nettesten Erfahrungen in meinem Leben, als

3508 sich diese Türe wieder geöffnet hat und ich da raus durfte.

3509 Das ganze dauerte zwar nur ein paar Stunden, aber mein

3510 Bedarf an New York war gedeckt. Meine Papiere befanden sich

3511 in einem Abfalleimer in dem Sexladen, mein Geld leider

3512 nicht. Nachdem ich mir dann noch die Sehenswürdigkeiten von

3513 New York gegeben hatte, war ich doch froh, als ich wieder in

3514 einem Flugzeug saß und Richtung Florida unterwegs war.

3515 Der zweite, recht nette Ausflug war nach London. Ich auf den

3516 Weg nach London um das erste Mal alleine Autos zu holen.

3517 Nachdem ich ja nach Bristol musste, dort wohnte Brian, von

3518 dem wir immer die Autos bekamen, und mein Zug aber schon weg

3519 war, dachte ich mir, dass ich London auch mal ansehen könnte

3520 und landete nach ein paar Stunden zielsicher in Soho. Als

3521 ich da so durch die Straßen schlenderte, ich hatte ja keinen

3522 Stress, sah ich auf der anderen Straßenseite eine Negerin

3523 laufen, mit wunderschönen langen Haaren, natürlich in meiner

3524 Naivität war ich voll davon überzeugt, dass die echt sind

3525 und es ließ sich nicht vermeiden, dass ich einen etwa

3526 längeren Pfiff in ihre Richtung losließ. Zu meiner

3527 Verwunderung drehte sie sich um, kam zurück und fragte mich,

3528 warum ich ihr gepfiffen hätte, was ich natürlich ehrlich und

3529 deutlich damit erklärte, dass sie mir so gut gefällt. Jetzt

3530 ist es ja nicht allzu schwer, dass man einer Engländerin

3531 gefällt, denn das Inselvolk ist ja nun wirklich nicht von

3532 Schönheiten unter den Männern und Frauen verwöhnt. Sie lud

3533 mich dann zuerst zu einem Tee ein und später dann in ihr

3534 Zimmer, wobei ich ihr eben auch sagte, dass mein Zug erst am

3535 nächsten Tag ginge und ich noch ein Hotel suche. Tja, warum

3536 wir dann noch zwei Stunden beim Tee saßen, das verstand ich

3537 auch erst am nächsten Tag, wie so vieles andere. Wir also

3538 durch irgendeine Türe in ein Haus, alles dunkel und kein

3539 Licht, erst im Treppenhaus wurde von ihr Licht gemacht, den

3540 anderen Weg fand sie wohl ohne Licht. Selbiges ging mir dann

3541 am nächsten Tag auf. Also, Treppe rauf, dritter Stock und

3542 rein ins Zimmer, ich mich ausgezogen und ab ins Bett, sie

3543 stand hinter der Schranktür und zog sich wohl auch aus, als

3544 plötzlich dieses lange schöne Haar über die Schranktüre

3545 geflogen kam und vor mir eine nackte schwarze Fee stand, mit

3546 einer zuckersüßen Figur, aber leider ohne Haare, nur viele

3547 kleine zusammengeflochtene Zöpfchen, alle mit bunten Gummis

3548 zusammengehalten. Also, da war dann der Sex auch recht

3549 schwer, aber trotzdem, er war wunderschön, vielleicht auch

3550 weil er völlig unerwartet über mich kam. Nun, am nächsten

3551 Morgen stand sie auf, natürlich viel zu spät und bat mich,

3552 im Zimmer zu bleiben bis sie wieder kommt, ich könne jetzt

3553 nicht aus dem Haus gehen. Zuerst dachte ich mir, die spinnt

3554 und legte mich wieder in das Bett, schlief noch eine Weile,

3555 aber dann drückte doch die Zeit und ich wusste, der Zug

3556 wartet nicht auf mich. Was soll's, rein in die Klamotten und

3557 raus in das Treppenhaus, Treppe runter und im Erdgeschoss

3558 kam das große Staunen. Stand da in großen Lettern an die

3559 Wand gemalt:

3560 Männer nicht erlaubt, wer erwischt wird, wird erschossen.

3561 Eine tolle Grafitti, dachte ich mir, obwohl ich ja wusste,

3562   dass die Kleine Tänzerin war, nur nicht wo und als was. Das

3563   sah ich, als ich durch die einzige Türe ging: Eine Peepshow,

3564   und die Türe führte mitten auf die Drehscheibe, wo sich

3565   gerade eine andere Schönheit räkelte. Das tat ich dann auch,

3566   allerdings auf der Straße, denn dorthin hat mich ein etwas

3567   kräftiger Neger hinbefördert, nachdem die Schönheit auf dem

3568   Tablett einen Schreikrampf bekam. Von da an wusste ich, dass

3569   es besser ist, jedes Mal zu sehen, wohin man geht, denn das

3570   kann ganz schnell ins Auge gehen, und dass die Notausgänge

3571   in Deutschland schon manchmal nicht so blöd sind.

3572

3573   **Gott, mittlerweile ist es schon nach sechs Uhr morgens, im**

3574   **El Divino tobt noch das Leben, was man über das Wasser sehr**

3575   **gut hören kann, mir tun die Augen weh und mein**

3576   **Zigarettenverbrauch ist auch ganz großartig in die Höhe**

3577   **geschnellt. Wird wohl Zeit, dass ich mal in mein Bett gehe,**

3578   **von meinen Damen hat sich auch keine gemeldet, was mich**

3579   **nicht so verwundert, sind ja alle am arbeiten. Unter mir ist**

3580   **die Wache mit seiner Dogge beschäftigt, auch nicht unbedingt**

3581   **sehr leise und die ersten Schiffe verlassen die Insel in**

3582   **Richtung Formentera. Und die Sonne scheint langsam hinter**

3583   **den Bergen hervor, also Zeit zum Schlafen gehen. Sicher eine**

3584   **gute Idee, zumal ich in meinem nüchternen und drogenfreien**

3585   **Zustand auch nicht in ein Cafe gehen brauche, weil ich die**

3586   **Menschen dort sowieso nicht verstehen würde. Mal sehen,**

3587   **wahrscheinlich verschlafe ich wieder den ganzen Tag, aber es**

3588   **ist sowieso ziemlich wolkig, was darauf schließen lässt,**

3589   **dass es nicht allzu schön Wetter werden wird.**

3590

3591 Durch meine vielen Reisen in dem Jahr wurde natürlich meine
3592 Beziehung zu Daniela nicht sehr viel besser und wenn ich da
3593 war, dann zog ich mit Joe und den anderen Kumpels um die
3594 Häuser. Wahrlich keine gute Basis für eine funktionierende
3595 Beziehung, und so dauerte es auch nicht allzu lange, bis ich
3596 mal wieder einen neuen Bereich des Lebens kennen lernen
3597 durfte: Ich fuhr mit Bernhard und Ralf, Klaus und Herbert
3598 nach dem Osten, Kaffeefahrten. Man wird es nicht glauben,
3599 aber das war mit das unglaublichste was ich bis heute
3600 gemacht habe. Wir also zu Fredl, der das Zechstüberl hatte
3601 und mittlerweile eine Autovermietung besaß, mieteten uns bei
3602 ihm ein Auto mit Allrad und ab in die Pampa nach Meinungen
3603 in Thüringen, eine gemeine Gegend. Dort verbrachten wir die
3604 ersten Wochen im Hotel in einer Skigegend, ich denke Oberhof
3605 wurde das genannt. Das Hotel war komplett voll mit Menschen
3606 aus der Abteilung „legale Betrüger" und sicherlich auch
3607 etliche die wirklich offensichtlich betrügen würden, ohne
3608 auf das Gesetzbuch zu achten.
3609 Also, was alleine in dem Hotel abging, das ist fern
3610 jeglicher Beschreibung und jeglicher Vorstellungskraft. Da
3611 saßen Versicherungsfirmen, als Strukturvertrieb, die
3612 schulten in einer Woche 200 neue Versicherungsvertreter,
3613 schickten die in die Dörfer zurück und ließen sich die
3614 unterschriebenen Versicherungspolicen wieder bringen. Ich
3615 denke, da wurden Millionen von DM umgesetzt, ohne dass ein
3616 Handstrich getan wurde. Und wenn sie noch ganz viel Glück
3617 hatten, gab es auch noch gute Folgeprovisionen. Da war ja
3618 das was unsere Truppe so trieb richtig arbeit. Wir mussten
3619 Wollbetten, Topfsets, Messersets, Heiz- und Gesundheitsöfen,

3620 und was weiß ich nicht noch alles an den Mann und die Frau

3621 bringen, das war mal richtig stressig. Da wurden Säle

3622 angemietet, meist so zwischen 300 und 1000 Leute im Saal.

3623 Diese bekamen Tage vorher mit der Post, oder durch Aushang

3624 und durch die Zeitung, den Termin bekannt gegeben. Kleine

3625 Präsente gab es natürlich auch, einen Stereoradio, eine

3626 Küchenmaschine, also alles wirklich toll, und eben

3627 Pfennigartikel, aber wenn man schreibt, als Geschenk

3628 bekommen sie eine hochwertige Küchenmaschine, dann ist ein

3629 handbetriebener, aus Plastik gefertigter, Rührstab mit

3630 Handantrieb, ja schließlich eine Küchenmaschine und kein

3631 Spielzeug. Na ja, die Stereoanlage war nichts anderes als

3632 ein kleiner Radio aus Plastik, und zwei Boxen dazu, die man

3633 zwar anschließen, aber dann nichts mehr hören konnte. Aber

3634 es war eine Stereoanlage. Und der Teppich für zuhause, na,

3635 der war zwar nicht groß, es stand ja auch nirgends dass er

3636 groß ist, und es war ein Teppich, ganz sicher. Auch wenn er

3637 nur für den Tisch als Untersetzer geeignet war. Auch der

3638 Fresskorb bestand nicht aus viel mehr als aus 25gr. Kaffee,

3639 gemahlen, Hotelpackungen Marmelade, Honig und Leberwurst,

3640 sowie ein billiger Piccollo. Alles zusammen durfte pro

3641 Person nicht mehr als 3. - DM im Einkauf kosten, das

3642 verlangte die Kalkulation. Zudem gab es jedes Mal für die

3643 Besucher noch ein Getränk und ein paar Wiener Würstchen, was

3644 max. mit DM 2.--.-den Geldbeutel belasten durfte. So, bei

3645 500 Besuchern hatten wir also erst mal DM 2.500 richtig

3646 Ausgaben, dazu noch die Miete für den Saal, und Benzin, dann

3647 sind da schnell mal DM 3.000 zusammen. Jetzt kam der große

3648 Hammer, denn bei einen Schnitt von 500 Besuchern mussten die

3649 Sprecher, also wir, mindestens 50 Einheiten verkaufen, also

3650 pro 10 Besucher eine verkaufte Garnitur egal was, ob

3651 Wollbetten, Topfsets, Heizöfen, egal, ein Hauptprodukt

3652 musste weg. Und wenn man jetzt noch die Einkaufspreise pro

3653 Hauptprodukt nimmt, nicht mehr als 60 DM, und den

3654 Verkaufspreis, von 599.-DM, dann bleibt ja da ein plus von

3655 gut 500.-DM und das mal 50 bedeutet 25.000.-minus den

3656 Kosten, dann bleiben 22.000.-.-DM und davon 20% für den

3657 Verkäufer, ergibt im Schnitt pro Veranstaltung 4.000.-DM.

3658 Jetzt kam noch der Kleinverkauf dazu, dieser Erlös ging

3659 komplett an den Sprecher: Latschenöl, Kissen, Sitzkissen,

3660 einfach jeder Schrott den man sich vorstellen kann wurde da

3661 zu Preisen zwischen 5 und 10 DM verkauft. Und jeder der

3662 Besucher hatte was zu kaufen, sonst wurde er vor

3663 versammelter Dorfgemeinschaft richtig rund gemacht. Also

3664 hatten wir dann noch mal 2.500 DM durch den Kleinverkauf,

3665 abzüglich 50% an den Großhändler, ergab noch mal schnell

3666 einen guten 1000er, nur so nebenbei.

3667 Also meine erste Veranstaltung hatte ich dann in einem

3668 kleinen Dorf bei Oberhof, ich weiß den Namen nicht mehr, und

3669 als ich mit meinem Vortrag über die Betten, über die Art wie

3670 sie helfen, warum ich sie selber nehme und wer schon alles

3671 damit gerettet wurde, fertig war, heulten die Hälfte der

3672 anwesenden Omas und kauften für Ihre Enkel und für alle die

3673 sie lieb haben, weil ja sonst die bösen Milben, die hatten

3674 wir natürlich auf einer Diawand in ganz groß hinprojeziert,

3675 die kleinen Kinder fast auffressen und wer will das denn

3676 schon? Es war einfach unglaublich, wie blöd die Menschen

3677 doch sind und mit welchen einfachen Mitteln und Worten man

3678   ihnen das Geld aus der Tasche ziehen kann. In der Regel

3679   hatten wir jeden Tag eine Veranstaltung, am Wochenende

3680   fuhren wir nach Hause. Selten, dass ich einmal unter 15.000

3681   DM in der Woche nach Hause kam.

3682   Jetzt kam natürlich die andere Seite dieser ganzen Arbeit

3683   auch zum Tragen, nämlich der Größenwahn und die Arroganz,

3684   Hochmut und Angeberei. Also nicht nur, dass wir fast jede

3685   Woche ein neues Auto brauchten, weil das alte wieder mal

3686   irgendwo hängen blieb, nein, wir hatten wirklich vor nichts

3687   mehr Respekt.

3688   Einmal hatten wir Abrechnung in einem Hotel, genauer gesagt,

3689   in der dazugehörigen Diskothek und als uns die zwei noch

3690   anwesenden Ossis die ganze Zeit über die Schultern schauten,

3691   mieteten wir für den ganzen Freitagabend die Diskothek,

3692   schmissen die beiden Idioten raus und verbrachten den ganzen

3693   Abend mit ausgewählten Frauen alleine in der Ostdisco. Der

3694   Spaß hat richtig Geld gekostet, denn es gab am morgen kein

3695   Glas mehr das noch ganz war, die wenigen Platten die es gab

3696   dienten als Frisbeescheiben und auch sonst war nichts mehr

3697   zu gebrauchen, außer vielleicht die Möbel noch zum Teil.

3698   Aber wir bezahlten, hatten unser wöchentliches Highlight und

3699   fuhren am Samstag dann alle nach Hause.

3700   Die Woche darauf hatten wir die glorreiche Idee, einem Hasen

3701   hinterherzufahren, und Klaus, der ein erfahrener Jäger war,

3702   wollte ihn mit seiner Flinte aus dem fahrenden Auto erlegen,

3703   wegen dem Abendessen. Nur, erstens waren wir alle

3704   stockbesoffen, zweitens hatten wir einen Suzuki Jeep, auf

3705   Schickimicki getrimmt, mit Sidepipes und breiten Reifen und

3706   drittens war es Winter, was viertens noch gegen uns sprach,

3707 der Hase kannte sich aus, wir nicht und der Hase hatte sein

3708 Fell und wir Lackschuhe und Anzüge an. Also wir hinter dem

3709 Hasen her, über Stock und Stein, durch Gräben dass es nur so

3710 krachte, mehrere Schüsse die daneben gingen und plötzlich

3711 mit einem satten „Plot" steckte der ganze Jeep bis über die

3712 Türe im Schnee fest. Nichts ging mehr, weder vorwärts, noch

3713 rückwärts, und die Türen gingen auch nicht auf, denn der

3714 Schnee war bis zu den Fenstern herauf. Tolle Sache, wir also

3715 zu viert mit Hund in dem Auto, krochen alle durch das Dach

3716 raus, zum Glück hatte er ja ein Schiebedach, und standen nun

3717 bis zum Bauch im Schnee, Klaus hielt sein Gewehr nach oben,

3718 ich seinen Cockerspaniel, Bernhard und Herbert hatten mit

3719 sich selbst richtig zu tun. Nach Stunden, es wurde langsam

3720 hell, fanden wir endlich eine Strasse, Klaus schoss vor

3721 Frust die Straßenlaternen aus und ich musste meinen Gürtel

3722 opfern, damit der Hund nicht davonlaufen konnte. Soweit war

3723 ja alles noch im grünen Bereich, nur hatten wir kein Auto

3724 mehr und auch war das mit den Taxis damals noch nicht so

3725 ganz bekannt, also trampten wir und wurden auch tatsächlich

3726 von einem Bus mitgenommen. Die staunten nicht schlecht, als

3727 sie uns vier Gestalten und einen Hund mitnehmen durften.

3728 Meine Lackschuhe waren total im Arsch, der Anzug war zum

3729 Wegwerfen und das Auto stand, wie wir später erfuhren, in

3730 einem Panzergraben der Nationalen Volksarmee, weil wir die

3731 Schilder „Sperrgebiet" einfach übersahen, wahrscheinlich vor

3732 lauter Rausch. Jetzt wurde die Sache natürlich etwas heikel,

3733 denn das Fahrzeug musste ja abgeschleppt werden und das

3734 schnell, bevor die Militärstreife es entdeckte. Im Umkreis

3735 von 50km gab es aber keinen geeigneten Abschleppwagen, wir

3736 also zu den Russen, die auch dort irgendwo stationiert waren

3737 und haben die mit richtig Geld bestochen. Die kamen dann am

3738 nächsten Abend mit einem riesengroßen Abschleppwagen für

3739 Panzer, der einen solchen Höllenlärm machte, dass halb

3740 Thüringen auf den Beinen war. Das Staunen nahm erst richtig

3741 formen an, als dann nach einer Stunde der Kran wieder aus

3742 einem DDR Sperrgebiet kam und einen Jeep mit deutscher

3743 Nummer am Hacken hatte. Tja, das mussten wir dann nur noch

3744 Fredl erklären, wie das mit dem Schaden zu regeln ist, denn

3745 der Jeep war schon arg verbeult aus dem Wald zurückgekommen.

3746 Aber mit Geld lässt sich alles erklären und so starteten wir

3747 am Montag wieder mit einem neuen Auto Richtung Thüringen,

3748 mittlerweile hatte Ralph und Klaus mehrere Wohnwägen auf

3749 einen nahe gelegenen Campingplatz stationiert, aber mehr aus

3750 dem Grund, weil wir wegen unreiner Gangart aus dem Hotel

3751 geflogen sind, denn eines Tages hatten wir mal einen kleinen

3752 Disput in der Hotelbar, was unweigerlich eine größere

3753 Schlägerei mit den Strukturvertriebsleuten der Versicherung

3754 nach sich zog. Wir haben gewonnen und flogen aus dem Hotel,

3755 die haben verloren, Zähne, Uhren, Haare, und durften

3756 bleiben. Die Welt kann so ungerecht sein. Auf jeden Fall kam

3757 am Tag als wir die Wohnwägen bezogen auch noch die Lieferung

3758 mit den Betten, und so kam es, dass der 38 Tonner die

3759 gesamte Lieferung mangels Lagermöglichkeit mitten auf dem

3760 Campingplatz ablud. Hui, da staunten die Betreiber nicht

3761 schlecht, als ihr Campingplatz der Ruhe plötzlich ein

3762 Wolldecken-Lager geworden ist. Die Lieferung wurde dann von

3763 angeheuerten Ortsansässigen mit den Trabis zu den Käufern in

3764 die verschiedenen Orte gebracht. Man glaubt ja gar nicht,

3765 wie viel man in einen solchen Trabi an Betten rein bekam,

3766 und so chaotisch alles wirkte, es war bestens

3767 durchorganisiert. Ich glaube wir haben außer ein paar

3768 Stornos nicht einmal ein Bett nicht bezahlt bekommen. Abends

3769 herrschte auf dem Campingplatz dann regelrecht

3770 Ausnahmezustand, denn die hatten wohl auch noch nie derartig

3771 große Lagerfeuer gesehen, um die vollkommen durchgeknallte

3772 besoffene Wessis sprangen und Indianerlaute von sich gaben.

3773 Das hatten wir auch mal in dem Hotel in Oberjoch gemacht,

3774 die hatten einen richtig schönen offenen Kamin mitten im

3775 Speisesaal, so richtig fertig mit Holz und Reisig, und

3776 riesig groß, nur der brannte nie und eines Tages haben wir

3777 den einfach angezündet. Da war mal richtig Stimmung in dem

3778 Saal, denn der Kamin war nur eine Attrappe und hatte keinen

3779 Abzug. Das kam nicht so gut, denn die ganze

3780 Essensgemeinschaft verließ fluchtartig den Raum, ein

3781 beknackter Kellner löschte mit einem Pulverlöscher und somit

3782 war das Chaos perfekt. Zum Glück hatte zu der Zeit keiner

3783 gesehen, dass wir das waren, sonst hätte dies sicherlich

3784 unseren Abschied aus dem Hotel etwas beschleunigt, und den

3785 Leuten vom Strukturvertrieb hätte es einiges an Schmerzen

3786 erspart. Aber so ist nun mal das Leben, mehr oder weniger

3787 gerecht.

3788 Nach ein paar Wochen wurde es auch dem Betreiber des

3789 Campingplatzes zu bunt und er verwies uns ins weite Land der

3790 Rostbratwürste und Alkoholiker. Zudem hatten wir auch in

3791 dieser Gegend schon sehr viele Betten verkauft und der

3792 Gesundheitszustand der ostdeutschen Gesamtbevölkerung hatte

3793 sich rapide verbessert, sodass wir unsere Mission in einem

3794 anderen Teil des blühenden Landes fortsetzen konnten. Hierzu

3795 mieteten wir uns gleich in eine Ferienanlage ein, damit wir

3796 unseren Frieden hatten. Das waren so einzelne Häuser, die

3797 für die höheren Bediensteten des Stasiapparates gedacht

3798 waren und von denen auch benutzt wurden. Wir konnten dort

3799 ungestört vom Fenster aus jagen, denn es lag idyllisch am

3800 Waldrand und wir hatten oft Rehbraten, Hasen, Wildschwein.

3801 Mittlerweile hatte Klaus ja sein ganzes Waffenarsenal mit

3802 dabei und zum Glück auch für alle Waffen den Schein und die

3803 Besitzkarte. Blöd war nur die Aktion, als er eines Tages auf

3804 die an die Wand gehängte Karte von Thüringen schoss, mit

3805 einer Magnum, um die nächste Ortschaft für eine

3806 Veranstaltung auszusuchen, und die Kugel durch alle Wände

3807 ging, einschließlich der Hauswand. Das war dann für die

3808 Vermieter eindeutig zuviel und wir wurden mit Schäferhunden

3809 und einer versammelten Macht an Männern freundlich

3810 aufgefordert, die Häuser umgehend zu verlassen. Nachdem wir

3811 ja friedfertige Menschen waren, kamen wir dieser

3812 Aufforderung natürlich umgehend nach und suchten unser Glück

3813 noch weiter im Osten. Nach ein paar Monaten wurde das

3814 Geschäft dann schon sehr zäh, weil natürlich ganz

3815 Westdeutschland auf dem Weg war, dem ostdeutschen Teil zu

3816 zeigen, was man mit dem neuen Geld alles machen kann. Viele

3817 wollten einfach auch nur ihr Geld wiederhaben, das der

3818 deutsche Staat so einfach den Ossis in den Rachen schob. Wir

3819 haben uns auf jeden Fall einen großen Teil wieder geholt und

3820 auch das was wir alles erlebt haben, hat natürlich das Bild

3821 von dem Ostdeutschen wie ich ihn mir vorstellte nicht gerade

3822 verbessert und ich bin auch bis zum heutigen Tage nicht mehr

3823　in dieses Gebiet gefahren, weil ich einfach nichts daran

3824　finden kann. Ich habe, aus welchen Gründen es auch immer

3825　war, eine Unmenge an Menschen kennen gelernt, die eigentlich

3826　in eine Alkoholentziehung gehört hätten und ich habe außer

3827　bei den Russen, nie mehr ein Volk gesehen, das so

3828　gemeinschaftlich viel saufen kann, wie die Ostdeutschen. Nur

3829　mit dem Unterschied, die haben noch während der Arbeit

3830　gesoffen und nicht mal da aufgehört.

3831　Wenn ich so sehe, wie so mancher in den Osten investiert hat

3832　und heute ohne Geld dasteht, da ist doch derjenige der

3833　nichts investiert hat und sich das Geld direkt gleich

3834　mitgenommen hat der Schlauere, oder? Hätte Herr Kohl auch

3835　mal drüber nachdenken sollen, bevor er blühende Landschaften

3836　versprach und alles gute Geld in ein Sumpfgebiet

3837　investierte, in das kein Mensch will, und alle wegziehen.

3838　Diejenigen, die dort Geld investierten, die bekommen gerade

3839　mal die Hälfte ihres Einsatzes zurück, wenn überhaupt und

3840　das soll dann die Gemeinschaft fördern. Gut dass wir

3841　Politiker haben, die auch nur auf die gleichen weißen

3842　Toiletten gehen und den gleichen Scheiß ablassen, wie jeder

3843　andere Mensch auch, nur dass sie für die Scheiße auch noch

3844　richtig bezahlt werden, von denen die es eigentlich besser

3845　wüssten, dem Volk. Aber es gibt sowieso keine richtige

3846　politische Form nicht, die allen Menschen gerecht werden

3847　könnte, da liegen wir mit der Beamtendiktatur in Deutschland

3848　noch einigermaßen gut, besser wäre noch eine Demokratie,

3849　aber davon haben wir uns in den letzten zwanzig Jahren, oder

3850　wahrscheinlich von Beginn an, mehr und mehr entfernt. Wenn

3851　man alleine das ganze Geld was die Beamten verdienen, und

3852 zwar zu unrecht, nehmen würde und es einfach von der

3853 Staatsverschuldung abschreibt, dann hätten wir in fünf

3854 Jahren wohl keine Schulden mehr und könnten sicher mit der

3855 Hälfte der Steuern und Sozialabgaben leben. Aber was geht

3856 uns das an, das ist alleine Sache der Politiker, haha.

3857

3858 **Sonntag, 14. Juli 2002, ich hatte völlig recht, es ist heute**

3859 **auch kein Geld im Automaten für mich, sondern nur ein Zettel**

3860 **mit „ist nicht, morgen versuchen", Tiffany hat mir auch**

3861 **gesagt, dass sie es am Freitag nicht geschafft hat,**

3862 **einzuzahlen, aber das sofort morgen früh machen wird. Da bin**

3863 **ich ja mal gespannt.**

3864 **Soeben hat mit einem Riesen Aufwand die Stargate, eine**

3865 **vielleicht hundert Meter Yacht direkt vor meinem Fenster**

3866 **angelegt. Das hat was, während unter mir das Volk am Kai**

3867 **steht, sitze ich hier und sehr denen in die Wohnzimmer und**

3868 **auch die verschiedenen Decks. Bin mal gespannt, wem den**

3869 **dieser Dampfer gehört und wer sich da mal die Sonne des**

3870 **Reichtums auf den Bauch scheinen lässt. Sicher wieder mal**

3871 **ein Politiker auf wichtiger Auslandsreise, vielleicht unser**

3872 **Verteidigungsminister, mal nicht auf Gran Canaria, sondern**

3873 **auf Ibiza, auf einen leichten genüsslichen Tanz mit seiner**

3874 **Prinzessin im Pacha?**

3875 **Nun, ich werde mich jetzt mal nach unten begeben und mir**

3876 **dann mal was zum essen machen, die von der Yacht werden ja**

3877 **wohl nichts rüberschicken.**

3878 **Nun, die Yacht liegt immer noch da, ein paar ganz schlaue**

3879 **stellen sich vor die Yacht, die auch noch einen neuen**

3880 **Mercedes Cabrio davor stehen hat, und lässt sich**

3881 fotografieren. Ganz schön einfallslos und krank, aber so
3882 sind die Menschen eben, alles was sie sich nicht leiteten
3883 können, das ist schlecht und wird so dargestellt, dass jeder
3884 meint, es wären ihre Dinge. Dabei kann man doch gar nicht
3885 neidig sein auf solche Dinge, die wird sich im normalen
3886 Leben keiner leisten können, der nicht entweder viel Geld
3887 aus alter Familientradition hat, Ölquellen oder mit Waffen
3888 oder Drogen handelt, und ob bei letzteren beiden Sachen das
3889 Risiko zu so einem Schiff steht, ich würde es glatt
3890 verneinen, denn nichts auf der Welt kann so gut sein, dass
3891 nicht immer einer da ist, der versucht, besser zu sein und
3892 mit diesem Wissen immer zu leben finde ich nun ziemlich
3893 abgefahren und lustlos, lieber etwas weniger Geld, mehr
3894 Freiheit und auf jeden Fall mehr Ruhe.
3895 Ich saß auf jeden Fall heute nur im Mambo unten und habe mir
3896 wieder mal das bunte Treiben angesehen, was aber heute am
3897 Sonntag nicht so wirklich gut war. Aber solche Tage sind
3898 auch mal ganz angenehm, es war nicht soviel los und
3899 letztendlich hat man mal Zeit, sich mit anderen Leuten zu
3900 unterhalten, wobei ich eigentlich zur Zeit gar keine Lust
3901 habe, mich mit recht vielen Leuten zu unterhalten,
3902 wahrscheinlich habe ich das in den letzten Jahren zuviel
3903 gemacht, oft auch sehr gezwungen, dem Geschäft zuliebe. Und
3904 jetzt genieße ich einfach die ruhe und die Möglichkeit,
3905 nichts zu reden, nur mit wem ich will und nur wann ich will.
3906 So der erste Schritt zur Befreiung und Reduzierung der
3907 Anforderungen, die an mich gestellt werden. Ich denke
3908 wirklich, dass sich die Menschen über Jahre in einen solchen
3909 Rahmen pressen lassen und letztendlich nur noch

3910 funktionieren, wie ein Dieselmotor, Zündung an und laufen

3911 lassen, ohne dass sich jemals etwas wirklich in ihrem Leben

3912 ereignet, oder gar ändert. Aufstehen, Frühstück, ins Auto

3913 und ab in die Arbeit, Mittagspause, Arbeit, Feierabend, ab

3914 ins Auto und nach Hause, Abendessen, Fernsehen und ins Bett

3915 gehen. Einmal in der Woche wird dann in die Disco, in jungen

3916 Jahren, oder zum Stammtisch, in späteren Jahren, gegangen

3917 und damit ist dies der ereignisreichste Tag in der Woche. Da

3918 gibt es dann noch Highlights wie Geburtstag, Weihnachten und

3919 Urlaub, was in der Regel aber nur mit Alkohol verbunden ist,

3920 und Alkohol macht ja bekanntlich sehr vergesslich. So ein

3921 Leben muss man auch vergessen, das geht gar nicht anders.

3922 Mich verwundert nicht, dass wir in den letzten Generationen

3923 oftmals die Null-Bock Gesellschaft hatten, Punks, Hippies,

3924 Aussteiger, einfach weil sicherlich der Mensch mental auch

3925 von Erlebnissen lebt und die scheinen sich bei der Mehrzahl

3926 der Menschen nicht mehr zu ereignen. Ersatzweise gibt es

3927 dann noch Drogen und nicht von ungefähr ist der Konsum von

3928 Kokain, der ja nun einen reinen psychischen Effekt hat,

3929 ebenso wie Ectasy, derartig angestiegen, dass man eigentlich

3930 davon ausgehen kann, dass jeder halbwegs normale Mensch

3931 diese Drogen zu sich nimmt.. Vor allem stelle ich dieses

3932 Phänomen hier auf dieser Insel fest, denn da wollen die

3933 Leute was erleben, in maximal 14 Tagen, und gepresst in 14

3934 Tage Urlaub, da brauchst du sicher etwas, wovon du von der

3935 ersten Minute an in Partylaune bist. Ob das Leben nicht zu

3936 Schade ist dafür, es mit diesen Mitteln lebenswert zu

3937 machen? Für mich auf jeden Fall, aber ich habe gegenüber den

3938 großen Teil der Menschheit den Vorteil, dass ich schon

3939   soviel erlebt habe und gerade in dem Augenblick, als ich
3940   merkte, mein Leben läuft in einer Eisenbahnschiene, den
3941   Absprung gemacht habe und mir die Freiheit gönne, wieder
3942   selbst über mein Leben zu bestimmen, nicht eine Uhr, nicht
3943   ein Chef und nicht die Erwartungshaltung der Gesellschaft,
3944   die mich dazu zwingt, Anzüge zu tragen, Schmuck zu haben,
3945   auf Bälle zu gehen, die ich nicht will, pünktlich zu sein
3946   obwohl es nicht wichtig ist, jeden Monat Geld auf dem Konto
3947   zu haben um all die unnötigen Dinge wie Handy, Auto,
3948   Versicherung, Strom, Heizung, Reinigung, Essen gehen,
3949   Kaffeetrinken, Einladungen, Reisen, Reparaturen, etc,. und
3950   so weiter, bezahlen zu können. Auch seit der Euro-Einführung
3951   hat sich die wirtschaftliche Situation nicht gerade
3952   verbessert, eher verschlechtert und das ist ja letztendlich
3953   auch für die meisten Menschen sehr schwer geworden, den
3954   Rahmen in dem sie gepresst sind, zu verlassen, ganz im
3955   Gegenteil, der Druck ist jetzt sicher noch größer geworden.
3956   Ich für meinen Teil werde wohl die nächsten Jahre irgendwo
3957   hingetrieben und ich will auch gar nicht wissen wohin, es
3958   gibt nur einen Ort, der mich ganz sicher nicht mehr sehen
3959   wird und das ist der Knast, davon hab ich gänzlich genug
3960   gesehen für mein Leben und werde auch alles tun, um dort
3961   nicht mehr hin zu müssen. Alles andere ist mir völlig egal,
3962   wobei ich sicherlich immer versuchen werde, dass es mir
3963   einigermaßen gut geht und genügend zum Essen und zum Leben
3964   da ist, wobei ich ja nicht gegen die Arbeit bin, ich arbeite
3965   gerne, aber die Arbeit sollte das Leben ermöglichen und
3966   nicht das Leben die Arbeit. Ein weiser Spruch um diese Zeit.
3967   Werde jetzt mal ins Bett gehen und morgen mit Javier

3968   telefonieren, um einen Termin zu vereinbaren, damit wir dann

3969   einen Termin beim nächsten Termin vereinbaren können, wo wir

3970   uns treffen, um einen Termin zu vereinbaren. Also Javier,

3971   das ist dieser reiche Selbstdarsteller, der mich für sein

3972   Lokal als PR Manager haben will. Bin ja gänzlich ungeeignet

3973   für solche Dinge, aber was soll's, da muss man einfach mal

3974   durch, gibt ja auch gutes Geld für die Arbeit.

3975

3976   Tja, nachdem die Zeit in der ehemaligen DDR auch an mir

3977   vorbeigegangen ist, und ich dort auch wirklich viel Spaß und

3978   Freude hatte, Klaus, Herbert und Bernhard werden das gerne

3979   bestätigen, hatte mich der Ernst des Lebens wieder. Nach ein

3980   paar Wochen wurde mir so richtig langweilig, jeden Tag nur

3981   unterwegs, meist von einem Puff in den nächsten, Frauen

3982   finden, die anschaffen gingen, Freunde besuchen, Kontakte

3983   pflegen, einfach jeden Scheiß machen, nur nicht arbeiten.

3984   Zwischenzeitlich verbrachte ich eine ganze Menge Zeit in

3985   Dortmund, hatte von dort ein paar Jungs kennen gelernt und

3986   natürlich auch ein nettes Mädel. Daniela fand das zwar alles

3987   nicht so berauschend, aber man muss da auch verstehen, dass

3988   im Leben des Milieus es nicht auf das ankam, was die Frauen

3989   erzählten, sondern auf das was die Männer taten, und da kam

3990   mir meine Erziehung schon sehr zu gute, denn letztlich hatte

3991   ich zuhause ja gelernt, dass der Mann die Hosen anhat und

3992   die Frauen das zu tun hatten, was der Mann sagt. So hatte

3993   ich in Dortmund eine nette Maus, die arbeitete noch bei

3994   einem Reifendienst und abends in der Diskothek „Village",

3995   für damalige Zeiten, eine sehr gute Diskothek. Bald kannte

3996   ich die Besitzer und auch die ganzen Türsteher und es war

3997   immer ein großes Hallo, wenn ich dort auftauchte, denn dann

3998   war für den Abend sicherlich jede Menge Spaß und Alkohol

3999   angesagt und meist traf das dann auch zu. Mit Christiane

4000   hatte ich auch nach der Arbeit meinen Spaß, ich durfte sogar

4001   mit zu ihren Eltern auf die Wohnwagenabteilung, irgendwo an

4002   irgendeinem Fluss, aber auf jeden Fall richtig abgefahren.

4003   Wer denkt, dass die Serie mit den Campern eine Comedy ist,

4004   der hat sich getäuscht, bei denen geht es wirklich so zu.

4005   Mir wurde das bald zuviel und ich blieb lieber wieder in den

4006   einheimischen Gefilden, hatte mal bis zu fünf Frauen

4007   gleichzeitig, eine davon in Braunschweig, was auch eine

4008   richtig stressige Angelegenheit war, aber die war ein

4009   Geschenk meines ´Freundes Jogi, das werde ich ihm auch nie

4010   vergessen, denn das war die mit Abstand hässlichste Frau die

4011   ich jemals im Bett hatte. Also diese Abenteuer beschränkten

4012   wir dann auch auf ein Minimum. Die war zudem auch noch

4013   dämlich, was mich gänzlich aus der Ruhe brachte. Groß, dürr

4014   und dämlich, nahm dann auch noch Drogen und wurde irgendwann

4015   in die Psychiatrie eingewiesen, zum Glück hatte der

4016   Betreiber in Braunschweig ganz schnell ihre Sachen alle

4017   verbrannt, sodass nie eine Spur zu mir führen konnte, was

4018   mir ganz recht war, obwohl sicher da nichts passieren hätte

4019   können, aber man weiß ja nie wie der Teufel sich so verhält.

4020   Eine andere Frau hatte ich in Nürnberg und zudem lernte ich

4021   noch Claudia kennen, die arbeitete mit einem Freund von mir,

4022   Zimmermann Peter, auf der Ingoldstädter Landstrasse, dem

4023   heute noch bekannten Straßenstrich in München. Ich weiß

4024   nicht wann und wie, ich glaube es war auf einer

4025   Geburtstagsfeier, war Claudia auch mit dabei und wir lernten

4026 uns näher kennen. Natürlich ging das nicht lange gut, denn

4027 Daniela arbeitete ja auf der Freisinger Landstrasse und das

4028 ist maximal ein Kilometer Luftlinie entfernt, aber mit dem

4029 Getratsche der Frauen untereinander war es innerhalb

4030 kürzester Zeit so, dass Daniela davon erfuhr und da war dann

4031 die Kacke am Dampfen, ich nahm also meinen dicken Freund

4032 Rufus und meine paar Klamotten, alles in blaue Mülltüten

4033 verpackt, und zog zur Claudia. Die hatte eine Wohnung dass

4034 mir die Spucke wegblieb, aber nicht vor Schönheit, sondern

4035 vor Dreck. Die Küche alleine war schon gelinde gesagt eine

4036 Frechheit und alles andere war auch nicht gerade in einem

4037 super Zustand. Zudem hatte sie auch noch etliche

4038 Perserkatzen, und die Haare waren überall. Und Rufus, der

4039 drehte fast durch, als er die vielen Katzen sah, aber davon

4040 gibt es später noch einige Geschichten zu erzählen.

4041 Nun, wie sich schnell herausstellte hatte Claudia ein

4042 kleines Drogenproblem, wie einfach so viele im Milieu, und

4043 mit einer klaren Ansage und mit ein paar Wochen Arbeit waren

4044 all diese Problem behoben. Wobei sich bei Claudia die Sache

4045 etwas anders darstellte, denn die hatte nun wirklich Grund

4046 sich abzutöten. Zuerst war sie verheiratet und hatte richtig

4047 Pech mit ihrem Mann, der schlug sie, brannte Zigaretten auf

4048 ihren Körper aus und was weiß ich noch alles, leider traf

4049 ich diesen Arsch nie persönlich. Ihr Kind starb mit drei

4050 Jahren an einer unerklärlichen Krankheit und darauf ließ der

4051 Mann sie zum Glück alleine. Und wenn man wohl den Halt

4052 verliert, dann ist einem auch alles andere egal. Nun, wir

4053 hatten das Problem mit der Wohnung sehr bald im Griff und

4054 bis wir uns versahen, hatte Max, mein genialer

4055   Küchenmeister, eine neue Küche eingebaut, der Teppich wurde

4056   erneuert, das Auto geputzt und dann wurde alles gründlich

4057   gesäubert, die Katzen kamen zum Arzt und wurden

4058   kahlgeschoren, da sie völlig verfilzt waren, und ab dem Tag

4059   an dem alles bereinigt, gesäubert und geklärt war, lief auch

4060   alles optimal. Claudia ist heute noch meine beste Freundin,

4061   ich bin immer noch bei ihr gemeldet und sie ist heute noch

4062   immer für mich da, genauso wie ich für sie.

4063   Nun, nachdem Claudia zu der Zeit schon über zehn Jahre zum

4064   Anschaffen ging, war es auch nicht sehr schwer, dass sie

4065   verstand, wenn ich eine neue Frau hatte, die auch zum

4066   Anschaffen ging, und ihre Arbeitszeit war auch gut für mich,

4067   denn sie fing am Abend an und arbeitete bis vier, fünf Uhr

4068   in der Früh, also hatte ich genügend Freiheit und Freiraum,

4069   um mich um Nachwuchs zu kümmern. Zeitweise quatierte ich die

4070   Damen dann in meiner kleinen Wohnung in der

4071   Untersbergstrasse ein, die ich glaube ich, sogar heute noch

4072   habe, jedoch vermietet an einen Bekannten. Nun, ich wollte

4073   aber langsam auch mal selber was kontinuierliches tun und

4074   rief eines Tages so gegen Ende 91 mal bei einem Bekannten

4075   an, der mittlerweile den Puff in Rosenheim hatte, beim Hans

4076   Bodem, und fragte ihn, ob er nicht einen Job für mich hätte.

4077   Durch Erich und seine Freunde, die allesamt im Leierkasten

4078   in München als Wirtschafter arbeiteten hatte ich natürlich

4079   diesen Job im Auge, denn in der Regel war und ist das einer

4080   der ruhigsten Jobs die es in diesem Bereich gibt, denn ganz

4081   selten macht in einem kleinen Laden mal einer Ärger, und

4082   wenn, dann hat man in der Regel noch einen Kollegen, sodass

4083   der Ärger meist schnell bereinigt ist. Nun, wie oft in

4084 meinem   Leben   eröffnete   sich   plötzlich   eine   andere

4085 Möglichkeit: Hans bot mir den Laden zum Kauf an, weil er

4086 nämlich nach Spanien ging, genauer gesagt, nach Denia. Man

4087 beachte, wie sich die Leben manchmal gleichen, denn Hans war

4088 zu der Zeit so in meinem Alter und hatte die Schnauze voll,

4089 dachte eigentlich mehr an sein Bodybuilding als an was

4090 anderes und er hat sich in Denia ein Fitnessstudio

4091 eingerichtet und ging ganz runter. Einzige Bedingung war,

4092 dass er das Geld am nächsten Tag haben möchte und ich dann

4093 auch sofort zum arbeiten anfangen sollte, zumindest sollte

4094 ich dann aufsperren.

4095 Gut, jetzt kam natürlich mein lotterhaftes Leben und meine

4096 Papierallergie zum Tragen, denn ich hatte nicht soviel Geld

4097 auf einmal zur Hand und so ging ich mit dem Angebot der

4098 Partnerschaft zu Zimmermann Peter, durch den ich ja auch

4099 Claudia kennen gelernt hatte, weil ihm seine Frau, Petra,

4100 mit Claudia sehr gut befreundet war. Peter war natürlich

4101 sofort dabei und schon hatten wir neben unserer großen

4102 Leidenschaft, dem Fußball mit 1860, auch noch einen Puff

4103 zusammen, von einem Tag auf den anderen.

4104

4105

4106 **Heute ist mal wieder Montag, 15. Juli 2002, und langsam**

4107 **fange ich an, an den Erfolg meiner Umsiedlung zu zweifeln,**

4108 **nicht dass es nicht schön ist, ganz im Gegenteil, es ist**

4109 **wirklich so wie ich es mir vorgestellt habe, aber das mit**

4110 **meinem Geld macht mir doch irgendwie Sorge. Heute war mal**

4111 **wieder nichts auf der Bank, wobei mir Tiffany versichert**

4112 **hat, dass sie das Geld heute eingezahlt hat. Mal sehen, dann**

4113 müsste es ja morgen das sein. Ich komm zwar noch so über die
4114 Runden, aber richtig Spaß macht das keinen, wenn man immer
4115 mit den kleinen Münzen zum Einkaufen gehen muss, weil das
4116 Geld in Papier nicht mehr da ist. Und das sage ich, der ja
4117 eine Papierallergie hat. Gut, heute reicht es noch, hab ja
4118 immerhin schon 40 Euro vom Automaten bekommen, damit komm
4119 ich erst mal hin. Wenn jetzt morgen kein Geld auf dem Konto
4120 ist, dann wird das langsam öde.

4121 Und meinen Termin mit dem Selbstdarsteller hatte ich
4122 anscheinend auch nicht, im Ernst, er hat nicht angerufen,
4123 womit ich denke, dass die Sache wohl erst mal auf Eis gelegt
4124 ist, soweit man bei 35 Grad davon sprechen kann. Bin darüber
4125 aber auch auf keinen Fall recht böse, denn damit habe ich
4126 einfach mehr Zeit, an meinem Buch weiter zu arbeiten, was
4127 mir im Moment auch sehr wichtig ist, und wenn man sich
4128 geistig solange mit einem Thema beschäftigt, dann muss es
4129 auch irgendwann einmal zu Papier gebracht werden.

4130 Heute lag ich, nachdem ich zuerst mal mein Konto bei der
4131 spanischen Sparkasse eröffnet habe, und mich über das nicht
4132 vorhanden sein von meinem Geld geärgert habe, an den Strand
4133 nach Talamanca gelegt. War richtig überrascht, keine
4134 Touristen, wenig Leute, fast mitten in der Stadt und
4135 glasklares Wasser und keine Wellen, also ein richtiger
4136 Traumtag zum Baden. Ich sah einen Vater mit seinem Sohn beim
4137 Spielen zu und habe mir so dabei gedacht, dass mein Vater
4138 eigentlich mit mir nie gespielt hat, weder zuhause, noch
4139 Fußball oder so. Gut, auch im Urlaub war nie die Rede von
4140 gemeinsamen Spielen, was mich eigentlich als Kind schon
4141 immer gestört hat, aber irgendwann gerät ja alles zur

4142 Normalität. Nur, heute hab ich mir mal so überlegt, warum

4143 eigentlich manche Väter zu Freunden ihrer Kinder werden und

4144 manche Väter immer nur Vater bleiben. Ich denke, wer seine

4145 Kinder so erzieht, dass sie in einem immer nur den Vater

4146 sehen, wird wohl auch nie erwarten dürfen, dass die Kinder

4147 ihn eines Tages auch als Freund sehen und begegnen. Mein

4148 Vater war immer Vater und wäre es auch noch heute, wenn er

4149 noch leben würde. Ich meine, das sollten sich viele junge

4150 Väter auch mal durch den Kopf gehen lassen, die vielleicht

4151 nicht wissen, wie sie mit ihren Kindern umgehen sollen.

4152 Stück für Stück und Tag für Tag, Jahr für Jahr, immer mehr

4153 Freund als Vater werden, und wenn das funktioniert, dann hat

4154 man mit der Erziehung seiner Kinder wohl den größten Erfolg

4155 gehabt. Passieren kann immer mal etwas und ich bin sicher,

4156 bei keinem Vater der Welt ist nicht irgendwann einmal etwas

4157 passiert, in jungen Jahren, wo er auch bis zum Hals in der

4158 Scheiße gesteckt hat, und auch daran sollte man sich dann

4159 erinnern, wenn es einmal schwerfällt, Freund zu sein.

4160

4161 Meine schöne Yacht wurde mir vom Fenster weggenommen, das

4162 heißt, sie wurde an einen anderen Pier gelegt, damit die

4163 Fähren wieder anlegen können, immerhin hat das Monster ja

4164 einen ganzen Platz weggenommen, an dem die Fähren ihre

4165 Ladungen an Land lassen können. Unmengen von Autos, die in

4166 einen solchen Bauch passen, ist immer ganz lustig mit

4167 anzusehen, wenn sich die dann nach und nach entladen. Und

4168 beim Einladen gibt es oft regelrechte Dramen, wenn einer

4169 nicht mehr reinpasst, also ganz lustig diese Fähren.

4170 Heute hat mich Tom aus Düsseldorf angerufen, er hätte einen

4171 Job für mich, zwar auf Mallorca, aber das wäre ja nicht das

4172 Problem, leider genügen denen zwei Fremdsprachen nicht, da

4173 bräuchte ich noch spanisch und das ist noch sehr holprig, um

4174 ja nicht zu sagen,   nicht vorhanden. Ich studiere zwar

4175 fleißig mein Wörterbuch, aber das alleine hilft nicht recht

4176 viel, man muss es auch sprechen, und das mach in noch nicht,

4177 mit wem auch. Die Leute die ich kenne sprechen alle

4178 englisch, deutsch oder italienisch, und da kann ich mich ja

4179 ganz gut unterhalten, aber eben nicht spanisch, und das muss

4180 ich mal ganz bald ändern, möchte bis ende des Jahres

4181 einigermaßen fliesend spanisch sprechen. Heute werde ich mal

4182 noch nach Sta. Eulalia fahren, zu dem Österreicher mit der

4183 Ranch, mal sehen, vielleicht hat der eine Möglichkeit für

4184 einen Job für mich. Ansonsten werde ich heute mangels Masse

4185 nicht viel unternehmen, obwohl ich mit Heike ausgemacht

4186 habe, dass ich heute mit ihr zu Cocoon ins Amnesia und dann

4187 zu Manumission ins Privileg gehe. Na ja, werde ich wohl mal

4188 absagen, nutzt ja nichts. Schön und gut, da muss man eben

4189 jetzt durch und das Beste daraus machen, bin mal gespannt

4190 auf den morgigen Tag.

4191

4192 Nun, wie ich ja schon sagte, wollte der Hans sein Geld am

4193 gleichen Abend, ich mich also mit Zimmermann Peter

4194 zusammengetan, unser Geld in einen Topf geworfen, uns mit

4195 Hans getroffen und die Mietverträge umgeschrieben, die

4196 Schlüssel mitgenommen, nach Rosenheim gefahren, und siehe

4197 da, wir hatten ein kleines aber nettes, völlig altes Puff,

4198 in einem total alten Haus, mit Holztreppen, einem offenen

4199 Kamin und vier Zimmern, einen Clubraum, einer Küche, einer
4200 Toilette und einem Badezimmer. Die Miete war richtig günstig
4201 und was an Strom noch so zu zahlen war wussten wir nicht,
4202 aber es stellte sich heraus, dass das nicht soviel wurde.
4203 Später erfuhren wir dann, dass der Mietvertrag nur noch ein
4204 paar Monate lief, was natürlich erklärte warum der Hans so
4205 schnell verkaufen wollte und keinen für das Geld gefunden
4206 hatte, außer natürlich mich, aber als dann das Haus verkauft
4207 wurde hatte ich richtig Glück, denn es wurde von einem Max
4208 gekauft, mit dem ich mich bis heute sehr gut verstehe und
4209 der auch weiterhin das Puff in dem Haus lassen wollte.
4210 Nun, der erste Abend in unserem neuen Haus war wieder so
4211 etwas wie ein Wink des Schicksals, den ganzen Abend war
4212 nicht richtig viel los, Peter und ich erkundeten erst mal
4213 die Umgebung und die Nachbarschaft, bevor wir gegen zwei Uhr
4214 wieder in den Laden kamen. Die Freundin vom Hans arbeitete
4215 ja noch im Laden, sodass wir nicht unbedingt da sein
4216 mussten. So gegen zwei Uhr klingelte es an der Türe und es
4217 kam ein total abgefuckter Typ die Treppe hoch, der Laden ist
4218 ja im ersten Stock gewesen. Dreckiges, zerrissenes T-Shirt,
4219 Jesuslatschen und eine kurze Hose. Ich wollte ihn schon
4220 wieder wegschicken, da sagte Sandra zu mir, die Freundin von
4221 dem Hans, ich soll ihn da lassen, das ist ein richtig guter
4222 Freier. Nun, dann ließ ich ihn eben da, was soll's. Im Laufe
4223 des Abends gab dieser Horst so richtig Geld aus, eine
4224 Flasche Champagner nach der nächsten. Wir hatten den Laden
4225 ja mit Ware gekauft, sodass wir da noch genügend hatten.
4226 Dann ging er mit den Mädels aufs Zimmer und in die
4227 Badewanne, Pool gab es zu der Zeit ja noch nicht, den ließen

4228 wir erst Jahre später einbauen. Irgendwann Samstagvormittag

4229 als wirklich die letzte Flasche weg war, alle besoffen und

4230 Horst eingeschlafen, ging es mal zum Zahlen, aber nachdem

4231 der nicht mal Taschen in seiner kurzen Hose hatte, war

4232 unschwer festzustellen, dass das mit dem Zahlen wohl ein

4233 Problem werden würde. Nicht für Horst, der erklärte einfach,

4234 dass er morgen einen Scheck über knappe 15.000 DM in den

4235 Briefkasten wirft und dann ist aller geklärt. Mir blieb

4236 eigentlich gar nichts anderes übrig, als dem Glauben zu

4237 schenken, die Mädels kannten ihn zwar, aber damit war ja

4238 noch nichts gesagt, wobei ja denen ihr Geld auch noch auf

4239 den Scheck kommen sollte. Nun gut, Ausweis hatte er auch

4240 keinen, also blieb mir nichts anderes übrig als einfach das

4241 so hinzunehmen und um acht Uhr morgens wollte ich auch mal

4242 ins Bett, und ließ ihn einfach gehen. Am nächsten Tag lag

4243 der Scheck im Briefkasten, nachmittags war er eingelöst bei

4244 seiner Bank in Bad Endorf und damit hatte ich am ersten Tag

4245 einen großen Teil meines Kaufpreises wieder eingefahren.

4246 Jetzt war es mir auch egal, ob wir den Laden nur ein paar

4247 Monate hatten oder nicht, es war zumindest sicher kein

4248 Minusgeschäft mehr. Jetzt war nur die nächsten Probleme zu

4249 lösen, wir mussten uns nach Frauen umsehen, die bei uns

4250 arbeiten wollten, denn so richtig viele und hübsche Frauen

4251 hatte es in dem Laden ja nicht, und da rächte sich zum

4252 ersten Mal, dass ich mich immer von der Hardcore-Abteilung

4253 der Zuhälter fernhielt, denn die hätten die notwendigen

4254 Frauen gehabt. Ich kannte ja meist nur die Frauen vom

4255 Straßenstrich und die waren für dieses Geschäft ja nun mal

4256 gar nicht geeignet. Jetzt ging der Zirkus richtig los, denn

4257 ich musste auf jeden Fall meine eigenen Frauen zuerst mal

4258 dort arbeiten lassen und Peter auch, aber das waren ja nur

4259 zwei, wir brauchten aber mindestens fünf. Also die Freundin

4260 vom Hans blieb auch noch, Carola, eine Freundin von Peter

4261 kam auch noch und dann hatten wir noch einen Bekannten, der

4262 auch Peter hieß, dessen Freundin fing auch bei uns an.

4263 Problem gelöst, jetzt ging es darum, dem Laden wieder etwas

4264 mehr Schwung zu geben, was wir erst mal mit ein paar

4265 Umbauten schafften, eine Theke umstellten und dann auch noch

4266 neu strichen, die Decke etwas verbesserten, Holz für den

4267 Kamin besorgten und die Zimmer neu einrichteten. Damit war

4268 fürs erste das nötigste getan und nachdem ich dann auch noch

4269 anfing, in Rosenheim etwas wegzugehen, war das mit den

4270 Gästen auch bald geregelt, zuerst kamen sie zwar nur zum

4271 Trinken, wenn alle anderen Lokale zugemacht hatten, aber

4272 mehr und mehr wurden es auch Gäste für die Frauen. Vom

4273 ersten Tag an wurde in unserem Laden jeden Tag richtig Party

4274 gefeiert, es gab fast keinen Tag, an dem wir nicht mit einem

4275 Vollrausch aus dem Haus sind, kein Tag verging, an dem nicht

4276 irgendeine der Frauen ins Bett kam und keine Nacht verging

4277 ohne dass wir nicht noch zum Frühstück gemeinsam gegangen

4278 sind. Es war eigentlich vom ersten Tag an für jeden der dort

4279 gearbeitet hat, eine richtige Familie, wir verlebten

4280 Weihnachten zusammen, die Geburtstage, Neujahr und

4281 Silvester, und hatten alle riesig Spaß zusammen. So kannte

4282 man uns nach ein paar Wochen zum Beispiel in der

4283 Autobahnraststätte Holzkirchen, denn wir fuhren ja alle

4284 jeden Morgen nach Hause, soviel Blödheit ging all die Jahre

4285 gut. Nur wenn wir alle zuviel getrunken hatten, dann blieben

4286   wir in Rosenheim, was jedoch oft genug dann zu wirklich

4287   ausschweifenden Partys führte.

4288   Innerhalb der ersten Wochen hatten wir auf jeden Fall den

4289   Laden wieder unter Kontrolle und es kamen auch wieder neue

4290   Gäste, ich konnte das mit Organisieren ja recht gut und so

4291   blieb auch oft kein Auge trocken, soviel Spaß hatten wir da

4292   oben. Sicher, mit einem Puff in dem eigentlichen Sinn hatte

4293   das wenig zu tun, denn immerhin befanden wir uns ja mitten

4294   in Rosenheim und das auch noch im Zentrum. Unter dem Laden

4295   war eine Jugendkneipe, was normalerweise in Bayern ja zu den

4296   Todsünden gehört, und 50 m von uns entfernt war ein

4297   Kindergarten, hinter uns eine Kirche und der Friedhof, also

4298   da fiel es gar nicht auf, dass ringsum nur Wohnungen waren.

4299   Mir ist bis heute ein Rätsel, wie das alles genehmigt wurde,

4300   aber ich denke das war so eine schleichende Entwicklung.

4301   Zuerst war in dem Haus die Wohnung der Betreiber der Kneipe

4302   unten, danach, als die auszogen bekam die Wohnung eine Frau

4303   Schiller, die sich ihr Geld nebenbei mit Prostitution

4304   verdiente, aber nicht groß Reklame machte und auch kein

4305   großartiges Namensschild dort hängen hatte, danach hat sie

4306   die Wohnung an eine Freundin vermietet, die mit einer

4307   weiteren Freundin wohl schon als Privatwohnung in Rosenheim

4308   arbeitete, was ja auch noch möglich war, und als dann die

4309   nächsten Mieter immer ein Stück weiter gingen, dauerte es

4310   genau bis zu mir, ich beantragte dann nämlich eine

4311   gewerbliche Zimmervermietung und damit konnte in den

4312   zuständigen Behörden erst mal gar keiner was anfangen.

4313   Jedenfalls bekam ich die Gewerbeanmeldung und hatte somit

4314   den ersten erlaubten Club in Rosenheim, der natürlich auch

4315 Steuern zahlen musste, aber das störte mich jetzt nicht ganz

4316 soviel, denn die Steuer kommt so oder so, früher oder

4317 später.

4318 Mit Peter war auch richtig gut zu arbeiten, der war bei den

4319 Gästen auch gerne gesehen, hatte immer seinen Spaß mit den

4320 Bayernanhängern, wir waren ja alle für 1860, hatten demnach

4321 auch den Laden so ausstaffiert, wobei wir eben zu der Zeit

4322 noch in der dritten Liga, bzw. vierten Liga , spielten, aber

4323 das macht ja nichts, wir hatten uns die ganzen Spieler nach

4324 Rosenheim geholt, Ziemer Peter und wie sie alle hießen und

4325 ließen richtig die Sau raus. Mit Peter waren auch viele

4326 Sachen sehr einfach zu regeln, wir nahmen beide keinerlei

4327 Drogen, hatten mit Alkohol unseren Spaß und die anderen

4328 dann ihre liebe Mühe und Not, und auch geschäftlich war

4329 alles in Minuten erledigt und ausgeredet, und das -Geschäft

4330 lief für uns beide recht zufriedenstellend. Wir kauften dann

4331 für ein paar Mark einen alten roten Golf RO-CK 6, das

4332 Kennzeichen werde ich nie vergessen, noch dazu einen Diesel,

4333 und der wurde ab sofort für die Fahrten zwischen Rosenheim

4334 und München verwendet. Der hatte auch die ganze Zeit, die

4335 wir ihn hatten nie ein Problem, am Ende dann nur ca. 350.000

4336 km und keine einzige Reparatur,

4337 also ein richtiges Schnäppchen.

4338 Natürlich hatten wir aber auch das ein oder andere Problem,

4339 so zum Beispiel mit den Frauen, denn wir konnten ja unsere

4340 Frauen auch nicht immer dort arbeiten lassen, und so mussten

4341 wir uns um andere Frauen bemühen, bekamen dann auch mal

4342 großzügig irgendwelche Hühner zur Verfügung, großzügig und

4343 mit der Verpflichtung uns mal zu revanchieren, aber das war

4344 alles nicht das gelbe vom Ei. Das Problem war, dass die
4345 Frauen die kamen und gut waren, meist am Montag zum Arbeiten
4346 anfingen, und Montag war nun eben ein ruhiger Tag, auch der
4347 Dienstag und Mittwoch, Donnerstag bis Samstag waren die
4348 guten Tage. So, und die Frauen die schon länger da waren
4349 hatten an den ruhigeren Tagen ihre Stammgäste und am
4350 Wochenende die Masse. Die neuen Frauen hatten die ersten
4351 drei Tage nichts und am vierten Tag gingen sie wieder, was
4352 natürlich auch nicht im Sinne des Erfinders war, denn dann
4353 konnten wir den Gästen am Wochenende nur sagen, dass sie zu
4354 spät dran sind, die Frauen nicht mehr warte wollten.
4355 Irgendwann wollte ich dann mal das System so ändern, dass
4356 ich Frauen nur am Mittwoch anfangen lassen wollte, was aber
4357 meist daran scheiterte, dass sie da ihren freien Tag hatten
4358 und dann das Wochenende noch in dem alten Club, in dem sie
4359 bis dahin gearbeitet hatten, mitnehmen wollten. Es war
4360 gelinde gesagt, einfach blöd. Ich war in meiner freien
4361 Woche, wir wechselten uns immer wochenweise ab, auf der
4362 Spur, von einem Club zum Nächsten, etwas was zwar nicht
4363 gerne gesehen wird, und ich habe auch nie offen jemanden zum
4364 Arbeiten angesprochen, aber ich war zumindest für alle
4365 ansprechbar, falls jemand den Laden wechseln wollte. Dadurch
4366 erhöhte sich zwar die Zahl der Frauen, die für mich arbeiten
4367 wollten, und das dann auch taten, teilweise, aber nicht die
4368 Zahl unserer Frauen in Rosenheim, das war über die Jahre
4369 echt ein einziger Kampf. Zumal durfte damals ja wirklich nur
4370 alles arbeiten, was in der EG war, also nicht mal
4371 Österreicherinnen waren erlaubt, Griechinnen schon, aber
4372 woher sollten ich die nehmen. Nun, es blieb auf jeden Fall

4373   immer wieder mal eine hängen, auch mit Annoncen hatten wir

4374   teilweise Erfolg, aber auch nicht so richtig, ich meine es

4375   lag und liegt sicherlich auch an der Größe von Rosenheim,

4376   das sind nur 60.000 Einwohner und da geht eben nicht viel

4377   und man ist auch mitten auf dem Land und hat es eben auch

4378   mit einfacheren Menschen zu tun, was aber bei weitem

4379   angenehmer ist, als mit den Großstädtern, die alle meinen,

4380   sie haben für 100 Mark die Frau gekauft und können mit ihr

4381   machen was sie wollen. Zeitweise hatten wir dann auch Frauen

4382   aus dem Osten bei uns am Arbeiten, aber das war oft auch

4383   etwas schwierig, denn in dem Metier hast du so viele

4384   Einschränkungen, dass es oft sehr schwer ist, überhaupt was

4385   zu machen ohne mit dem Gesetz in Konflikt zu geraten. Zum

4386   Glück hatten wir bei der Sitte, der zuständigen

4387   Polizeiabteilung, einen Mann, der wirklich von dem ganzen

4388   Geschäft keine Ahnung hatte, aber das immer sehr geschickt

4389   versuchte zu verbergen. Unser Herr Obermayer, ein recht

4390   netter und umgänglicher Mensch, der wollte nur immer di

4391   Daten der Damen haben, und sicher sein, dass sie auch ja

4392   gemeldet sind und auch einen sogenannten Bockschein

4393   besitzen. So alle paar Monate besuchte er uns dann und

4394   kontrollierte die Scheine, was natürlich nie zu

4395   Beanstandungen führte, denn wenn man schon einen so guten

4396   Mann hat, dann muss man auch dafür sorgen, dass er einem gut

4397   gesonnen bleibt. Dies blieb uns unser Obermayer bis zum

4398   Ende. Leider wurde er dann auch mal pensioniert, aber an

4399   dieser Stelle sei ihm noch mal mein Dank für die

4400   ausgesprochen problemlose Zusammenarbeit ausgesprochen.

4401 Irgendwie waren die ersten Monate auf jeden Fall sehr gut

4402 und auch anstrengend, denn neben dem Einkauf tagsüber, war

4403 auch noch ständig was zu reparieren, einmal fiel für eine

4404 Woche die Heizung aus, sodass wir immer das warme Wasser für

4405 die Badewanne auf dem Herd machen mussten, das war ein Spaß,

4406 manchmal dauerte das Stunden und dann wollte keiner der

4407 Gäste in die Wanne, die sonst normalerweise ein Highlight

4408 war, denn die war riesengroß.

4409 Mit Claudia funktionierte auch alles bestens, und nachdem

4410 die ja schon seit frühester Jugend auf der Strasse

4411 arbeitete, hatte sie auch nie etwas gegen eine oder mehrere

4412 Beziehungen, die ich so nebenbei noch hatte, bis auf einmal.

4413 Da lernte ich im Leierkasten eine nette Kölnerin kennen,

4414 keine Kellnerin, sondern eine Kölnerin. So lernte ich die

4415 nämlich kennen, mit diesem Spruch, zwar sehr einfallslos,

4416 aber doch wirkungsvoll. Weiß nicht mehr so genau wie sie

4417 hieß, nur dass sie groß und blond war, und im Bett war es

4418 nicht gerade eine Granate, aber es war ganz in Ordnung. Sie

4419 wohnte in einem kleinen Apartment in Bogenhausen, oder

4420 Engelschalking, auf jeden Fall ziemlich weit weg von

4421 Taufkirchen, wo ich ja mittlerweile wohnte. Ich glaube sie

4422 hieß Julia, auf jeden Fall war sie ganz hin und weg mit mir

4423 und wollte alles, mich, Rufus und eine gemeinsame Wohnung,

4424 mir ging das aber alles zu schnell und wie das so ist, mit

4425 dem Geld schien das auch nicht so zu klappen, war immer ein

4426 Rumgetue bis ich es bekam und sie selbst hatte auch einen

4427 relativ gehobenen Lebensstandard, was natürlich die

4428 Einnahmen schmälerte. Eines Tages wollte sie für ein paar

4429 Tage nach Ibiza fahren, wie sich die Wege doch immer wieder

4430 kreuzen, aber nicht mit mir, sondern mit Ebby und seiner

4431 Tochter. Na ja, ich dachte mir dabei nichts, obwohl ich

4432 insgeheim eigentlich schon wusste, dass sie sicherlich mit

4433 dem was haben wird, auch wenn es nur ein Freund von ihr war,

4434 wie sie mir versicherte. Auf jeden Fall hatte sie nach ihrer

4435 Rückkehr plötzlich keine Lust mehr auf die Beziehung, bzw.,

4436 das beruhte auf Gegenseitigkeit, denn mir war die ganze

4437 Sache nicht geheuer.

4438 Wochen später erzählte mir Erich, der Wirtschafter vom

4439 Leierkasten, dass sie schwanger sei und meinte das wäre von

4440 mir. Das tat gut, war aber nicht möglich, denn wie sich dann

4441 von der Zeit her herausstellte, musste es während ihres

4442 Aufenthalts in Ibiza passiert sein, und das bedeutete, das

4443 Ebby der Vater sein musste. Für alle die nicht wissen, wer

4444 Ebby ist, denen sei gesagt, es ist wohl eine schillernde

4445 Figur aus dem Boxmanagment, und auch sonst mal durch ein

4446 paar Aktionen recht medienwirksam in Erscheinung getreten.

4447 Nun, mir war das alles ziemlich egal, ich wollte nur nicht,

4448 dass ich mir auch noch Gedanken um ein Kind machen musste,

4449 wo ich doch erstens kein Kind wollte und zweitens sicher

4450 nicht mit einer Frau, die nicht mehr mit mir zusammen war

4451 und auch während unserer Beziehung mit einem anderen im Bett

4452 war, das hatte ich ja alles schon hinter mir und wollte es

4453 kein zweites Mal erleben, obwohl es ja so war. Jedenfalls

4454 stand Ebby und steht wohl zu dem Kind, wobei mir Erich nach

4455 ein paar Jahren erzählte, als er das Kind gesehen hat, dass

4456 das auf jeden Fall von mir sein musste, vom Gesicht her und

4457 von der Größe. Aber was soll's, ist ja noch mal gut

4458 gegangen, wenn ich mal richtig alt bin, werde ich vielleicht

4459   mal versuchen rauszubekommen, ob es mein Kind ist oder
4460   nicht, denn das ist das einzige, was mir bisher erst einmal
4461   passiert ist, dass ein Kind auf die Welt kam das von mir
4462   sein konnte.

4463   So dauerte es auch nicht lange, bis Claudia hinter die Sache
4464   kam und das war dann schon etwas unangenehm, denn mehrere
4465   Frauen war in Ordnung, aber Kinder mit denen war wohl etwas
4466   viel, nachdem ich aber ohne zu lügen sagen konnte, dass es
4467   von Ebby ist, war dieser kleine Tiefpunkt auch ganz schnell
4468   vergessen. Nein, nicht vergessen, aber es wurde nicht mehr
4469   darüber gesprochen und das Thema war gegessen, jedoch wurden
4470   meine   Aufenthalte   im   Leierkasten   sehr   argwöhnisch
4471   betrachtet. Dort lernte ich auch Tiffany kennen, mit der ich
4472   noch heute sehr, sehr gut befreundet bin, die mir auch immer
4473   behilflich ist und die mir in den ganzen Jahren auch eine
4474   echte Freundin wurde. Sie liebte auch meinen dicken Freund
4475   Rufus von ganzen Herzen.

4476

4477   **So, jetzt habe ich wirklich bis um 00.10 Uhr gewartet, habe**
4478   **dann zwei Bankautomaten gequält, aber es ist immer noch**
4479   **nichts auf dem Konto, jetzt habe ich auch für morgen recht**
4480   **wenig Hoffnung. Ich hoffe nur nicht, dass mir Tiffany einen**
4481   **Schmarren   erzählt   hat,   von   wegen   sie   hat   es   bei   der**
4482   **Sparkasse eingezahlt. Wobei der Zeitpunkt der Einzahlung**
4483   **nach elf Uhr vormittags war, was bedeuten kann, dass ich es**
4484   **erst morgen Nachmittag vom Automaten abheben kann. Also**
4485   **gehen wir mal morgen Mittag hin und dann als letzte**
4486   **Möglichkeit, in der Nacht von Dienstag auf Mittwoch, wieder**
4487   **mal um 00.10 Uhr. Ich denke dann geht es mir auch wieder ein**

4488 bisschen besser, wenn mal dieser Druck weg ist, vor allem

4489 nervt mich, dass ich meine Miete noch nicht ganz bezahlt

4490 habe, und das ist etwas was ich in meinem ganzen Leben immer

4491 erledigt haben wollte, vor allem, wenn es sich um einen

4492 Freund gehandelt hat, der mir etwas gegeben hat, dann habe

4493 ich immer zu dem vereinbarten Zeitpunkt gezahlt.

4494 Dafür bleibe ich heute mal in meiner Bude und setze mich

4495 nicht zu Horst und Enrique in die Mambo-Bar. Also ein Tag,

4496 der eigentlich nicht sehr viel positives gebracht hat,

4497 Sabine hat auch nur eine Mail geschrieben, wahrscheinlich

4498 ist sie einfach zu geizig zum Telefonieren, und ich habe

4499 mein E-plus schon derartig strapaziert, dass ich gar nicht

4500 verstehe, warum das eigentlich immer noch funktioniert, wo

4501 doch die alte Rechnung nicht bezahlt wurde. Da bin ich ja

4502 mal gespannt, wie das gehen soll auf Dauer, irgendwann muss

4503 das ja auch vorbei sein.

4504 Heute ist sowieso nicht so richtig viel los unten auf der

4505 Meile, ist wohl Montag in den Köpfen der Leute, wobei sie ja

4506 hier auf Urlaub sind und es wirklich jeden Tag gute Partys

4507 gibt. Aber auch hier müssen die alle den Gürtel enger

4508 schnallen, ebenso wie ich, nachdem es ja mit der Arbeit auch

4509 nicht zu klappen scheint, was mich schon etwas zermürbt.

4510 Nun, es ist schon immer weiter gegangen und es wird auch

4511 diesmal weitergehen.

4512 Was mich am meisten stört an der ganzen Situation, das ist

4513 mein Lebensüberdruss, etwas was ich eigentlich nie von mir

4514 kannte, aber die letzten Monate, als so restlos alles den

4515 Bach runterging, immer wieder und oftmals ziemlich stark,

4516 durchkam. Nur wurde ich mit mir selbst nie einig, welchen

4517 Weg ich da gehen konnte. Eigentlich bin ich ja zu feige zu
4518 so einen Schritt, aber dennoch habe ich gerade die letzten
4519 Monate immer und immer wieder darüber nachgedacht, denn ich
4520 habe soviel erlebt, soviel überstanden, Sophielehn Menschen
4521 Glück oder auch Unglück gebracht, viele Frauen glücklich und
4522 auch unglücklich gemacht, soviel Geld verdient und wieder
4523 verloren, sooft den Gipfel erreicht und sooft wieder
4524 abgestürzt, irgendwann ist dann einfach ein Punkt, da fehlt
4525 die Kraft und auch der Antrieb, wieder und immer wieder von
4526 vorne anzufangen, mit dem Gedanken, diesmal ist es endlich
4527 gut und es bleibt alles oben, es gibt kein unten mehr. Ich
4528 versuche zwar immer diesen Gedanken von mir zu nehmen, aber
4529 an so Tagen wie heute ist es fast nicht möglich, dass ich an
4530 diese Möglichkeit nicht doch denke. Irgendwie bin ich die
4531 letzten Monate ziemlich unstabil geworden und vielleicht
4532 hätte mir auch ein Psychiater bei der Aufarbeitung meines
4533 Lebens helfen können, aber ich wollte es nicht, ich wollte
4534 nach Ibiza, weit, weit weg und hier mit mir ganz alleine
4535 alles aufarbeiten, was mein Leben so kompliziert gemacht
4536 hat, alles versuchen zu verstehen und zu hinterfragen,
4537 einfach mit mir selber reinen Tisch machen und dann mit
4538 einem klaren Blick wieder die Kraft zu haben, von vorne
4539 anzufangen.
4540
4541 Rufus, ja mein dicker Freund, der hatte so seine Auftritte,
4542 eigentlich von Beginn an, als er das Licht der Welt
4543 erblickte. Geholt habe ich den Kleinen aus dem Tierheim,
4544 dort war er mit acht Wochen eingeliefert worden, nachdem er
4545 mit seinen Brüdern und Schwestern in einer Mülltonne

4546 gefunden wurde. Nun, die ersten Wochen, bis er zwölf Wochen

4547 alt war, besuchte ich ihn jeden Tag im Tierheim und den

4548 Namen bekam er deshalb , weil ich mir just an diesem Tag als

4549 ich ihn zum ersten Mal gesehen habe, eine CD von Rufus und

4550 Shagkhan gekauft hatte. Shagkhan klang etwas zu martialisch,

4551 also wurde er Rufus genannt. Rufus, der Herr. Das ist die

4552 Übersetzung des Namens, und die passte auf ihn, vom ersten

4553 Tag an. Als er dann bei mir war, damals war ich ja noch mit

4554 Gabi zusammen, hatte er noch arge Probleme mit seinem Magen,

4555 denn durch die Zeit in der Mülltonne, als er wahrscheinlich

4556 alles gefressen hat, hatte er ein großes Problem damit. So

4557 musste ich ihn Tag für Tag mit einer Sonde ernähren, was

4558 zwar ziemlich anstrengend für uns beide war, aber es half

4559 und er war nach ein paar Wochen übern Berg und konnte von

4560 dem Tag an, bis auf den Unfall, als absolut robust und nie

4561 mehr krank gelten. Er liebte seine Tierärztin, die ihm seine

4562 notwendigen Impfungen gab, er liebte Kinder, er liebte das

4563 Leben, die Sonne und Fressen, obwohl er nie zuviel gewogen

4564 hat. Und er liebte Frauen über alles, sowohl mit zwei als

4565 auch mit vier Beinen.

4566 Vom ersten Tag an gewöhnte er sich gleich an das Leben im

4567 Milieu, er war mit Gabi von Anfang an im Club, durfte dort

4568 auch immer bleiben, ging von alleine, wenn es klingelte

4569 unter den Ecktisch, damit man ihn nicht sah und hielt sich

4570 ganz ruhig, erst wenn es im Club wieder ruhiger war, kam er

4571 hervor, oder eine der Frauen lockte ihn mit Leckereien.

4572 Egal wo wir auch hingingen, Rufus war immer dabei, es gab

4573 auch keinen Tag, an dem er alleine zuhause geblieben wäre,

4574 das blieb bei einem Versuch, da zerstörte er so ziemlich

4575 alles was es zu zerstören gab, selbst meine Plattensammlung,

4576 samt der darin versteckten Hundertmarkscheine, fiel seinem

4577 Unmut zum Opfer. Also kam er jeden Tag mit, bis zum Schluss.

4578 Er ging mit mir in den Leierkasten, hatte dort seinen

4579 eigenen Platz, verstand sich prächtig mit dem Schäferhund

4580 von Erich, verstand sich noch besser mit den Frauen darin

4581 und auch der Besitzer, der normalerweise nur Pferde als

4582 Tiere sah, begrüßte Rufus immer aufs innigste. Leider hat

4583 sich Heini, der Besitzer dann an seinem Apfelbaum

4584 aufgehängt, aber das hat Rufus nicht so gestört. In jedes

4585 Lokal in das ich mit ihm ging, da war er derjenige den die

4586 Leute zuerst begrüßten, er hatte sein Wasser und sein

4587 Fressen lange vor mir und er wurde von den hübschesten

4588 Frauen gestreichelt. Er hatte auch in Rosenheim sofort

4589 seinen Stammplatz, auf dem Bett im ersten Zimmer und da

4590 bewegte er sich nie mehr weg. Nur mit einem vorwurfsvollen

4591 Blick, wenn er mal raus musste weil das Zimmer gebraucht

4592 wurde. Das war für ihn absolute Majestätsbeleidigung. Auf

4593 dem Straßenstrich kannten ihn sowieso alle, auch Gerda, die

4594 ihn in seinen ersten Jahren immer betreute, wenn damals

4595 Daniela und ich keine Zeit hatten, Gerda hatte immer Zeit

4596 für Rufus. Da bekam er zum Fressen eine Serviette umgehängt,

4597 wurde gebürstet, obwohl er ein kurzes Haar hatte, da wurde

4598 ihm alles sauber gemacht, was es zum saubermachen gab, die

4599 Ohren, die Augen, die Krallen, also Gerda hat den Hund

4600 vergöttert. Als ich ja dann zu Claudia gezogen bin, hat es

4601 nicht lange gedauert, da hat er mit Ramona eine neue

4602 Freundin gehabt und mit deren jungen Hund Rico, einen Golden

4603 Retriever, einen Freund für sein ganzes Leben. Die beiden

4604   liebten sich und für Rico war Rufus ja wie ein Vater, und

4605   die beiden wurden zu unzertrennlichen Freunden, ebenso wie

4606   Ramona, die bis heute noch von dem Dicken schwärmt und

4607   weint, weil er ja nicht mehr da ist. Auf jeden Fall wurde er

4608   zum unangefochtenen Führer eines Hunderudels von bis zu acht

4609   Hunden, also Chef. Ramona ging mit ihren Freundinnen,

4610   allesamt Hausfrauen, jeden Tag Mittag eine Stunde mit allen

4611   Hunden spazieren und abends waren es alle Besitzerinnen und

4612   Rufus. Ich ging einmal mit, aber das war mir zu heftig,

4613   Gespräche über Kochen, Putzen, Stricken, Waschen, Bügeln und

4614   Einkaufspreise. Also ließ ich diesen Part Rufus alleine

4615   erledigen, war ja auch sein Freund, der Ricco und somit hat

4616   er auch das zu machen.

4617   Es gab auch keine durchzechte Nacht, keinen Ort auf dieser

4618   Welt, den Rufus nicht mit mir besucht hätte, jedes Cabaret,

4619   jeden Puff, egal ob edel oder nicht, jede Stadt in die ich

4620   fuhr, jedes Lokal, egal ob Nobel-Italiener oder Spelunke,

4621   Rufus war überall und immer gerne gesehen und ich dann auch.

4622   Einmal hat mich der Italiener in Grünwald, Gianni vom Eboli,

4623   wegen Rufus blöd angesprochen. Da bin ich nie wieder in

4624   meinem Leben hingegangen, das war zuviel für meine sanfte

4625   Seele, mich durfte man ja noch bemäkeln, aber nicht meinen

4626   Dicken.

4627   In dieser Zeit hatte ich sowieso auch noch einen etwas

4628   merkwürdigen Ruf, weil ich eben die eine oder andere

4629   körperliche Auseinandersetzung hatte, und viele dachten

4630   immer, das liegt an Rufus, aber Rufus hat niemals

4631   eingegriffen, angegriffen oder sich mit einem Menschen

4632   angelegt, obwohl er von der Statur her, als Boxer-Labrador-

4633 Mischling, ganz schwarz und doch stämmig, sicherlich kein
4634 Problem gehabt hätte, aber vom Gemüt her war er einfach dazu
4635 nicht in der Lage und auch nicht gewillt, sich in seiner
4636 Ruhe stören zu lassen.

4637 Zudem war der Dicke auch noch richtig schlau, denn er lernte
4638 sehr schnell, dass er nicht über die Strasse gehen durfte,
4639 dass der Bordstein die Grenze für ihn war und er dort warten
4640 musste. Das funktionierte auch recht gut, außer wenn er auf
4641 der anderen Straßenseite eine Katze entdeckte, dann half
4642 alles nichts mehr, da musste er hin. Ansonsten hatte er nie
4643 eine Leine und das Halsband diente auch nur dazu, dass er
4644 seine Steuermarke irgendwo hintun konnte.

4645 Als ich gerade die erste Zeit in Rosenheim war, ging ich
4646 eines Tages mit ihm an den Inn, es war ein Ostersonntag,
4647 alle Rosenheimer in schöner Kleidung, so wie es sich auch
4648 gehört an dem kirchlichen Feiertag. Ich also mit Rufus ab an
4649 den Inn und wie wir so alberten, und herumtollten, sah er
4650 einen Hasen und erinnerte sich wohl an den Hasen von Gabis
4651 Eltern. Rufus also weg und ich pfiff mir die Seele aus dem
4652 Leib, denn der Inn hatte zu dieser Jahreszeit meistens
4653 Hochwasser. Rufus kam und kam nicht, bis mich ein
4654 Spaziergänger darauf aufmerksam machte, dass ein paar Meter
4655 weiter ein Hund im Inn treibt und nicht mehr rauskam. Ich
4656 mit pochendem Herzen dorthin und da schwamm mein Dicker in
4657 einer kleinen Bucht, zum Glück ohne Strömung und konnte den
4658 steilen Hang nicht mehr nach oben, was blieb mir also
4659 anderes übrig, als mit all meinen Klamotten rein ins
4660 Vergnügen und den Dicken, der ja immerhin knappe 40 kg hatte
4661 zu retten. Ich also packte ihn, hob ihn hoch, bis er an dem

4662 ausgespülten Hang halt fand, er strampelte sich hoch, mich

4663 mit dem ganzen Schlamm voll und als er oben war schüttelte

4664 er sich zweimal, ohne sich weiter um mich zu kümmern,

4665 verrichtete erst mal sein Geschäft und tat so, als sei alles

4666 in bester Ordnung und er verstünde gar nicht, was ich da im

4667 Wasser tat, denn ich hatte das gleiche Problem wie er, ich

4668 kam den rutschigen, schlammigen Hang nicht hoch. Als ich

4669 dann endlich eine Wurzel erwischte und mich an der hochzog,

4670 sah ich natürlich weltbewegend aus, über und über voller

4671 Schlamm, meine Mokassins gaben bei jedem Schritt sehr

4672 sonderbare Laute von sich und meine Klamotte sah aus, wie

4673 nach dem Schlammcatchen. Und in diesem Aufzug marschierte

4674 ich mit meinem Hund, er natürlich sah frisch gebadet und

4675 gestriegelt aus, durch Rosenheim, begegnete auch noch dem

4676 Bürgermeister mit seiner Familie, was natürlich ein

4677 besonderes Highlight für einen Puffbetreiber ist, und kam

4678 etwas genervt wieder zurück. Seitdem hat mich der Dicke nie

4679 wieder in so eine Situation gebracht, er wusste wohl genau,

4680 dass ich das nicht ganz so lustig fand und dass ich auch

4681 keine Lust mehr darauf hatte, das noch mal zu erleben.

4682 Seinen nächsten Ausflug machte er dann viele Jahre später

4683 ganz alleine, das war auch so ein Highlight in seinem Leben,

4684 wie so viele andere kleine Geschichten, die einfach zu ihm

4685 passten.

4686 So wurde er einmal an einem Tisch, unter dem er immer lag

4687 und was einfach sein Platz war, von der ganzen Gemeinde die

4688 am Tisch saß, beschimpft. Warum? Nun, wahrscheinlich hatte

4689 er an dem Tag eine schlechte Verdauung und pubste richtig

4690 heftig in der Gegend rum, in dem Fall unter dem Tisch. Immer

4691   wenn eine seiner Attacken auf die Gesundheit der Menschen
4692   vorbei war, schaute er so vorwurfsvoll in die Runde, nach
4693   dem Motto, wer das denn nun wieder gewesen sei, und die
4694   ganze Runde beschimpfte ihn aufs Übelste. Irgendwann hat es
4695   ihm anscheinend gereicht, und er ist einfach gegangen. Mit
4696   einem wildfremden Gast über die Strasse, auf die andere
4697   Seite der Brücke und dort stand ein Puff, in dem er mit mir
4698   oftmals war. Dort stand er nun, der wildfremde Gast durfte
4699   rein, er nicht, also hat er vor der Türe solange gebellt,
4700   bis die Frauen nach draußen schauten und ihn erkannten. Och,
4701   Rufus, komm her und lieb und was weiß ich nicht noch alles.
4702   Auf jeden Fall, er gleich rein, hin zum Kühlschrank, so ein
4703   langer Weg macht hungrig, und dann nach den notwendigen
4704   Streicheleinheiten, ab ins Zimmer, rauf aufs Bett und
4705   schlafen. Nun waren da aber einige Damen aus Brasilien, die
4706   sich von Hunden arg fürchteten, und genau in dieses Zimmer
4707   hat sich Rufus zurückgezogen und war weder vom Wirtschafter,
4708   noch von Tiffany, die auch dort arbeitete, dazu zu bewegen,
4709   das Bett zu verlassen. Also rief man mich an, und fragte, ob
4710   ich meinen Hund vermissen würde, was ich natürlich nicht
4711   tat, denn meiner Meinung nach, lag er ja unter dem Tisch.
4712   Beim Nachsehen und anschließendem Nachfragen an dem Tisch
4713   wurde mir die Geschichte mit der Pupserei erzählt und dass
4714   er dann gegangen ist, ziemlich beleidigt. Tja, da wusste
4715   ich, Rufus ist alleine ins Puff gegangen, anscheinend wusste
4716   er genau, dass er dort seine Ruhe und etwas zum Fressen
4717   bekommen würde.

4718   Er lag auch sehr oft zum Sonnen mitten auf dem Parkplatz,
4719   und zum Glück wusste das jeder, zumindest die meisten, und

4720 fuhren schon mit Vorsicht auf den Parkplatz, denn wenn der
4721 Dicke dort in der Mitte lag, da konnte kommen was wolle, der
4722 bewegte sich keinen Millimeter von der Stelle, hob
4723 vielleicht sein linkes Augenlid, aber das war dann schon das
4724 höchste der Gefühle, von wegen aufstehen, auch nicht bei
4725 Hupen, nein, er lag da und er blieb da liegen, stundenlang
4726 brat sich der Hund in der prallen Sonne, ohne sich auch nur
4727 einmal zu bewegen, dann ab zur Wasserschüssel, wo er
4728 nebenbei eine Überschwemmung verursachte und wieder ab in
4729 die Sonne.
4730 All die Jahre die ich meinen Hund hatte, auch wenn er viel
4731 Zeit immer mit anderen Menschen verbrachte, weil die einfach
4732 mehr Zeit hatten, es war mein bester Freund und ich will
4733 auch keinen anderen Hund mehr haben, denn es würde nie
4734 wieder einer so sein wie er. Und egal, Rufus, wo du jetzt
4735 bist, wahrscheinlich irgendwo im Hundehimmel unter der
4736 Sonne, ich habe dich immer geliebt und werde dich nie
4737 vergessen. Danke für all die schönen Stunden die wir
4738 zusammen verbringen durften, nur schade, dass Du vor mir
4739 gegangen bist und mir die schwersten Stunden alleine
4740 bewältigen lässt. Du warst immer mein Freund und mein
4741 Vertrauter, du kanntest alle meine Sorgen, meine Ängste und
4742 meine Probleme, und es gab mit Sicherheit keine größere
4743 Aufmunterung als deine großen braunen Augen, die mir so oft
4744 Trost spendeten und Hoffnung gaben, die Kraft weiter zu
4745 machen, und jetzt bist du einfach weggegangen von mir. Na
4746 ja, warst ja auch alt genug und musstest nicht leiden, ich
4747 liebe dich, mein Dicker, mach's gut...
4748

4749 Gestern Abend, nachdem ich ja den Misserfolg mit dem
4750 Bankautomaten hatte, ging ich später doch noch auf ein
4751 Getränk nach unten. Da hatte sich eine ganz nette Truppe
4752 zusammengefunden, Hamburger, Schweizer, Dortmunder und
4753 Hannoveraner. Nachdem ich mich vorgestellt hatte, war der
4754 Abend schnell am Laufen, die hatten auch alle schon mächtig
4755 getrunken und damit war klar, das wird nicht bei einem Drink
4756 bleiben, obwohl, ich hatte noch genau zwanzig Euro und die
4757 muss ich mir genau einteilen, denn sonst ist Essig mit
4758 Rauchen und Essen, soweit das mit sowenig Geld überhaupt
4759 noch wirklich möglich ist. Wie sich im Laufe des Gesprächs
4760 herausstellte, war einer von Ihnen Fußballer, Christoph,
4761 wurde gerade mit der Nationalmannschaft Vizeweltmeister und
4762 das schöne daran war, fast keiner erkannte ihn, weil er ja
4763 nun doch noch recht jung ist und auch noch nicht soviel in
4764 den Medien war, aber dennoch, ein ganz netter Kerl, ohne
4765 Starallüren, ganz normal und auch nicht großkotzig. Denke
4766 mal, das ist generell die Mentalität der Nordrhein-
4767 Westfalen, ich kannte ja aus meiner Zeit in Dortmund schon
4768 einige davon und hatte immer mächtig Spaß mit denen.
4769 Auf jeden Fall gingen wir dann noch ins Pacha, ich immer
4770 noch den Rest von meinen 20 Euro in der Tasche, und wenn man
4771 bedenkt, dass dort ein kleines 0,33Bier schon 10 Euro
4772 kostet, dann macht das nicht so richtig viel Spaß. Nun, ich
4773 wurde dann von einem netten Mädchen, das ich schon im Mambo
4774 kennen gelernt hatte, auf eine Cola eingeladen, was für mich
4775 ein völlig neues Gefühl war, denn das ist mir in meinem
4776 Leben auch noch nicht passiert. Aber ablehnen wollte ich
4777 auch nicht, so hatte ich wenigstens was zum Trinken und

4778 keiner hat gemerkt, dass ich eigentlich gar kein Geld dabei

4779 habe. Gut, ich war dann so gegen halb acht zuhause und habe

4780 mich bei einer Gluthitze hingelegt, konnte aber nicht

4781 richtig schlafen, was auch kein Wunder ist. Dann klingelte

4782 noch mehrmals das Telefon und unter anderem war es Jörg, von

4783 der Ami-Werkstatt, wo mittlerweile mein Wohnmobil angekommen

4784 ist. Welch eine Aktion, dieses 4 Tonnen Fahrzeug wieder nach

4785 Deutschland zu bekommen und jetzt bekomm ich mit dem

4786 kaputten Motor vielleicht noch die Hälfte von dem was ich

4787 bezahlt habe, dazu sind noch meine ganzen Sachen in dem

4788 Wohnmobil und müssen noch nach Ibiza, und wenn ich dann noch

4789 1000 km rechne, mit dem Maut und der Straßengebühr, dem

4790 Benzin und allem anderen Schnick Schnack, dann hat mich die

4791 Idee richtig Geld gekostet, Geld das mir heute sehr gut tun

4792 würde, na ja, hätte mir ja auch mein Geld nicht klauen

4793 lassen müssen, dann ginge auch alles noch etwas einfacher.

4794 Mittlerweile hat auch Tiffany angerufen, mein Geld ist auch

4795 wieder aufgetaucht, aber es dauert natürlich noch ein, zwei

4796 Tage, bis es auf dem Konto ist, weil nämlich eine

4797 Bareinzahlung auf ein fremdes Konto nicht möglich ist. Also

4798 als wenn einer einem was schlechtes wollen würde, wenn er

4799 Geld auf das Konto bar einzahlt, aber es wird denn auch

4800 seine guten oder weniger guten Gründe haben, wahrscheinlich

4801 den, dass die Banken zwei Tage mit dem Bar eingezahlten Geld

4802 arbeiten können und Zinsen bekommen. Macht sich ja auch

4803 bezahlt bei der Riesen Menge die da so auf einen Tag

4804 zusammenkommt.

4805 Gut, dann werden wir auch diese Zeit noch überstehen, es ist

4806 auf jeden Fall gut für meine Figur, denn ich habe sicherlich

4807   schon fünf Kilo abgenommen, und wenn ich jetzt dann mal auch
4808   noch zum Trainieren anfange, dann wird so ein Körper auch
4809   wieder mal etwas figurbetonter sein.

4810

4811   Irgendwie bin ich auch ein bisschen stolz auf mich, denn ich
4812   habe mittlerweile schon ein ganz schönes Paket Papier vor
4813   mir liegen und werde auch die nächste Zeit nicht davon
4814   ablassen, und dafür sorgen, dass wirklich alles aus meinem
4815   Leben zu Papier gebracht ist, alles was mich bewegt hat,
4816   alles was ich die letzten 42 Jahre so gemacht habe und alles
4817   was ich besser nicht gemacht hätte.

4818

4819   Also auf jeden Fall hatte Claudia eindeutig die Sache mit
4820   Julia nicht für gut befunden und so einigten wir uns wie
4821   gesagt, auf Stillschweigen.

4822   Im Club lief soweit alles ganz normal, mal waren die
4823   Geschäfte gut, mal weniger gut, aber insgesamt hatten Peter
4824   und ich ein gutes Einkommen. Wie eben nur gesagt, wir hatten
4825   ein ständiges Problem mit den Frauen, nicht mit ihnen
4826   persönlich, sondern damit, welche für diesen kleinen Club
4827   zu bekommen.

4828   Peter hatte sich mittlerweile von seiner Freundin Petra
4829   getrennt, nachdem sie sich noch eine größere Wohnung
4830   angeschafft hatten, und war nun mit Carola zusammen, die
4831   allerdings auch schon ein Kind hatte, was die ganze Sache
4832   nicht unbedingt vereinfachte. Oft brachten wir das Kind dann
4833   zur Moni, die wohnte genau im Haus gegenüber und hatte
4834   selbst drei Kinder, da fiel es weiter gar nicht auf. Die
4835   Hausmeisterin vom Kindergarten putzte bei uns, und ihr Mann

4836   machte so kleinere Reparaturen. Das zeigt, welche gute

4837   Nachbarschaft wir in dieser kleinen Stadt hatten, und darauf

4838   bin ich auch heute noch stolz, auch wenn ich wohl in dieser

4839   Stadt immer der Puff-Robert bleiben werde, es ist trotzdem

4840   eine gewisse Art der Anerkennung für das was man tut.

4841

4842   Irgendwann in dieser Zeit rief mich dann unvermittelt die

4843   Firma Debena Film an, ich konnte damit zuerst überhaupt

4844   nichts anfangen, erst als mir dann gesagt wurde, dass dies

4845   die Firma von Rex Gildo ist, und er mit mir sprechen möchte,

4846   habe ich das verstanden. Ich kannte ja Rex Gildo noch aus

4847   der Zeit, als ich bei dem verehrten Herrn Beierlein meinen

4848   Dienst verrichtet habe und er war ja auch bei der Eröffnung

4849   meines ersten Lokals als Gast anwesend und hatte von daher

4850   meine Nummer.

4851   Ach ja, Autotelefon, auch so eine Story für sich. Als ich

4852   mir eines Tages einbildete, ich müsste auch so ein

4853   Autotelefon besitzen, stieß ich in der Süddeutschen Zeitung

4854   auf eine Verkaufsanzeige eines Siemens B-Netzes, also eines

4855   dieser ersten, kofferraumgroßen und irrsinnig schweren

4856   Telefone. Der Einbau alleine erforderte schon größere

4857   Umbaumaßnahmen am Auto, aber ich wollte unbedingt wichtig

4858   sein und fuhr zu diesem Verkäufer. Grünwalder Einkehr, so

4859   hieß glaube ich das Hotel, und der Besitzer des Telefons

4860   war wohl der Betreiber des Hotels, auf jeden Fall kaufte ich

4861   von ihm das Telefon ab und das auch noch zu einen

4862   unglaublich günstigen Preis von nicht mal 2000DM, für ein

4863   Gerät, das noch im EK bei gut 10.000 DM lag. Nun, jetzt

4864   hatte ich ein Telefon, eine Telefonnummer, die bekam ich von

4865   dem Vorbesitzer, und siehe da, als der Einbau fertig war
4866   stellten die Mechaniker verwundert fest, dass das Telefon
4867   noch ans Netz angeschlossen war. Bei den ersten Telefonen
4868   fürs Auto war nämlich noch ein Chip eingebaut, den man beim
4869   Abmelden von der Post ausbauen lassen musste, erst dann war
4870   das Telefon wirklich abgemeldet. So, das hatte der Verkäufer
4871   nicht getan und so konnte ich auf seine Rechnung noch über
4872   eine Jahr telefonieren, ohne auch nur einen Pfennig dafür zu
4873   bezahlen. Da war auch nichts mit sperren, dazu musste die
4874   Post den Chip haben, beziehungsweise den Quarz. Und in
4875   München war ich ja nun wohl für ein Ortungsfahrzeug schwer
4876   zu kriegen und Adresse hatte der Verkäufer keine von mir.
4877   Tolle Sache, und als ich nach einem Jahr mein Auto
4878   verkaufte, da wollte Dave das Telefon unbedingt haben. Dave
4879   war ein Berliner, der am Tegernsee wohnte und irgendwie mit
4880   Autos handelte. Nun gut, ich hatte in meinem neuen Auto
4881   sowieso das Telefon neu drin, also verkaufte ich ihm da alte
4882   für 1000 Mark und dem Hinweis, dass er aufpassen muss, wegen
4883   dem Quarz. Na da siehst mal wie Schlau die Berliner sind.
4884   Telefonierte der doch jeden Tag bevor er von sich zuhause
4885   wegbewegte im Auto mit Gott und der Welt, weil er auf seinem
4886   Hügel so einen guten Empfang hatte, und nachdem es ja nichts
4887   kostete, führte er auch abends alle Gespräche vom Auto aus.
4888   Vom Verkauf bis zur Beschlagnahmung durch die Post und die
4889   Polizei dauerte es genau drei Wochen, war ein tolles
4890   Geschäft für ihn, denn zudem er eine Anzeige bekam, musste
4891   er auch noch alle Kosten die angefallen waren bezahlen. Und
4892   dass er es von mir hatte, das hätte er wohl gerne gesagt,
4893   aber das ging in dem Fall nicht, weil dann ja jeder gewusst

4894 hätte, dass er ein Verräter ist. Manchmal ist dann dieser

4895 Ehrenkodex doch recht gut.

4896

4897 Rex Gildo wollte auf jeden Fall mit mir reden, da er ja

4898 wusste, welchen Job ich bei Beierlein gemacht habe,

4899 allerdings wusste er nicht, welchen ich jetzt machte, und er

4900 dringend für ein paar anstehende Tourneen einen Fahrer und

4901 Organisator brauchte. Da ich ja außer jede zweite Woche im

4902 Club arbeiten, keine große Aufgabe hatte, wollte ich mir das

4903 Ganze mal ansehen, kannte ja den Showbiz ein wenig schon aus

4904 den früheren Tätigkeiten und so fand ich die ganze Sache

4905 auch recht interessant.

4906 Kurzentschlossen machte ich mit ihm einen Arbeitsvertrag und

4907 fing auch gleich das Wochenende darauf bei Rex zum Arbeiten

4908 an. Also abgesehen von ein zwei Liedern konnte ich mit der

4909 Musik relativ wenig anfangen, auch alle anderen, die man so

4910 bei einer Tournee kennen lernte, Jürgen Marcus, Freddy

4911 Breck, Thomas Brink, Lena Valaitis, und und und,, hatten oft

4912 einen Titel mit dem ich was anfangen konnte, aber in der

4913 Regel stand ich doch mehr auf Rock ´n Roll und Hardrock.

4914 Als Fahrzeug hatten wir einen siebener BMW und auch das

4915 neueste Modell, Rex wohnte damals noch bei Bad Feilnbach,

4916 genauer gesagt in Au, und ich holte ihn immer zuhause ab.

4917 Das war dann doch oft etwas blöd, weil ich zu der Zeit ja

4918 nur den roten Golf Diesel hatte und das Auto von Claudia,

4919 die aber beide, sowohl der Golf als auch der von Claudia

4920 immer gebraucht wurden. Rex seine Frau, die alles bestimmte

4921 und auch die Fäden in der Hand hatte, wollte den Wagen nach

4922 der Rückkehr immer in der Garage wissen, sodass ich da doch

4923 oft jonglieren musste, um ihn abholen zu können. Oftmals

4924 musste ich auch zuerst das Auto holen, und dann ihn in der

4925 Ottostrasse in München abholen, dort, wo er sich dann eines

4926 Tages, lang nach meiner Zeit, auch aus dem Fenster fallen

4927 ließ.

4928 Die Zeit mit Rex war aber dennoch eine sehr schöne Zeit, wir

4929 verstanden uns eigentlich recht gut, bald hatte ich auch den

4930 ganzen Zirkus unter Kontrolle und wusste sehr wohl auf was

4931 es ankam, nämlich auf den Wein und das Wasser in seiner

4932 Umkleide, darauf dass genügend in der Hotelbar war und dass

4933 er rechtzeitig in sein Zimmer kam, wenn am nächsten Tag ein

4934 Fernseh- oder Liveauftritt war. Wenn man das alles mal

4935 kapiert hat, dann ist das Leben mit einem alternden Star

4936 halbwegs angenehm, gutes Essen, durchwegs nette Leute und

4937 vor allem auch sehr interessante Leute, wie Dieter Thomas

4938 Heck, oder auch Heino, der mich mit seinem Humor nachhaltig

4939 begeistert hat, auch mit seiner Art, sein Image zu pflegen.

4940 Der unangenehmste Zeitgenosse unter all diesen alternden und

4941 alten Stars, deren Zenit schon lange überschritten war, war

4942 Peter Kraus, der dann doch immer noch der Meinung war, ein

4943 großer Star zu sein. Sugar, Sugar Baby kam aber auch in den

4944 diversen Möbelhäusern in denen er mit Rex Gildo auftrat,

4945 nicht mehr so richtig an, da war das Hossa von Rex doch noch

4946 eine Nummer besser.

4947 Bald hatte ich auch herausgefunden, auch durch oft sehr

4948 lange Gespräche mit Rex, dass es eben für einen Star, der

4949 schon seit Kindheit an eigentlich überall erkannt wurde,

4950 nicht einfach ist zu erkennen, dass man eben nur noch zweite

4951 Wahl ist, aber dennoch die Auftritte in Möbelhäusern und bei

4952   der zweitklassigen Ausgabe der ZDF-Hitparade, bei dem

4953   Wanderzirkus vor Weihnachten, wo alle himmlische

4954   Weihnachtslieder singen, in mehr oder weniger großen und

4955   kleinen Hallen, irgendwo auf dem Dorf, notwendig sind, um

4956   den Lebensstandart zu halten. Was das Selbstbewusstsein

4957   betrag, so war es wohl eher negativ dafür, denn die wussten

4958   alle miteinander sehr wohl dass es sich nur noch um

4959   zweitklassige Veranstaltungen handelt, wollten aber, um sich

4960   selbst noch zu beweisen, erstklassig behandelt werden, mit

4961   eigener Garderobe, mit Maskenbildnerin, mit Sonderwünschen

4962   und mit Lampenfieber. Und um das alles irgendwo auch zu

4963   ertragen, haben sehr viele von diesen Stars ein absolutes

4964   Alkohol und Tablettenproblem. Bei Rex kam noch dazu, dass

4965   er eigentlich bis zum Schluss versuchte, seine

4966   Homosexualität zu verstecken. Und dass er das war, das ist

4967   heute wohl kein Geheimnis mehr, ich hatte in dieser

4968   Beziehung allerdings nie den geringsten Anlas mich zu

4969   beschweren, ich war für ihn eine Person, die unantastbar

4970   war, wohl auch wegen meiner Größe und auch wegen meines

4971   resoluten Auftretens. Ich kannte von ihm auch Geheimnisse,

4972   für die hätten viele Illustrierte viel Geld bezahlt, gerade

4973   die Yellow-Press, so zum Beispiel hatte Rex keine echten

4974   Haare mehr, sondern eine Perücke. Das wurde auch immer

4975   geleugnet, aber als ich eines Tages, er war mal wieder bis

4976   zur Unterlippe voll mit allem möglichen Sachen, vom

4977   Hotelchef sein Zimmer aufsperren lassen musste, weil wir

4978   sonst den Auftritt versäumt hätten, da sah ich die ganze

4979   Bescherung. Soweit ich das erkennen konnte, waren auf seinem

4980   Kopf Druckknöpfe, oder so was ähnliches, auf jeden Fall

4981 keine Haare, und als er dann sah das ich alles gesehen

4982 hatte, fing er zu weinen an und bat mich, es niemanden zu

4983 erzählen. Das habe ich auch bis heute nicht getan und ich

4984 denke, es wird wohl an seinem Bild nichts ändern oder

4985 verschlechtern, nur weil die Welt vielleicht heute weiß,

4986 dass er Perückenträger war. Passiert musste das ganze schon

4987 sehr früh in seiner Jugend sein, als er mit Conny Froebes

4988 einen Film drehte und sich der Regisseur einbildete, Rex

4989 müsste blond sein und Conny schwarz. Das war das Ende seiner

4990 Haarpracht, wahrscheinlich zu scharfe Mittel, die die

4991 Haarwurzeln vollkommen absterben ließen, und von da an sieht

4992 man Rex Gildo auf jeden Foto und jedem Plattencover immer

4993 mit den gleichen Haaren, da war nie eine Strähne anders und

4994 man sah ihn auch nie baden oder schwimmen, all das gibt es

4995 bei ihm nicht zu sehen, damit ja keiner auf den Gedanken

4996 kommt, es könne etwas mit seinen Haaren nicht stimmen.

4997 Letztendlich war es auch nur eine Frage der Zeit, bis ein

4998 Mensch unter diesem jahrzehntelangen Druck, unter diesem

4999 Versteckspiel und unter diesem verzweifelten Versuch., eine

5000 Karriere aufrechtzuhaltend die schon lange vorbei ist,

5001 zusammenbricht und einfach für immer aussteigt. Ich kann das

5002 sehr gut nachvollziehen.

5003 Nach etlichen Tourneen und zig Veranstaltungen hatten

5004 Marion, seine Frau und ich uns geeinigt, dass es wohl besser

5005 ist, wenn sich Rex einen neuen Begleiter sucht, da

5006 mittlerweile mehr oder weniger bekannt war, dass ich in

5007 Rosenheim ja auch noch ein Puff hatte. Für mich war das

5008 weiter nicht so schlimm, denn ich wusste ja von Rex selbst,

5009 dass er in Zukunft jemanden haben will, der ihm auch noch

5010 andere Dinge erledigte, und dazu war ich aber gänzlich

5011 ungeeignet, ich eignete mich nicht mal zu einem anständigen

5012 Kurier für irgendwelche Tabletten oder sonstigen Kram. Ich

5013 habe die Zeit sehr genossen, habe auch in der Welt der

5014 nationalen Stars einige nette Leute bis heute noch in meinem

5015 Telefonbuch, und mit ganz wenigen auch heute noch hin und

5016 wieder Kontakt, ich habe mit Siegfried und Roy auch zwei

5017 Weltklasse Illusionisten kennen gelernt und somit meinen

5018 Horizont durch diese Arbeit um ein ganzes Stück erweitert.

5019 Und wenn man so bedenkt, wie viele Menschen trotz der

5020 nachlassenden Popularität und Erwünschheit, keine

5021 Möglichkeit haben, diese Menschen über lange Zeit persönlich

5022 kennen zu lernen, so habe ich da schon viel erlebt. Das

5023 schönste Erlebnis aber konnte ich wohl meiner Großmutter

5024 machen, die sich nichts mehr gewünscht hat, es nur nie

5025 gesagt hat, ihre Tochter Ingrid hat mir das mal eines Tages

5026 ins Ohr geflüstert, dass sie mal Rex auf der Bühne sehen

5027 konnte. So holte ich sie eines Tages zuhause ab, schob sie

5028 mit dem Rollstuhl zum Auto von Rex Gildo, setzte sie auf den

5029 Rücksitz zu ihm und wir fuhren zu dritt zum Essen nach

5030 Tegernsee, anschließend konnte sie noch bei einem

5031 Galaauftritt in der ersten Reihe sitzen und ich glaube um

5032 elf Uhr in der Nacht habe ich eine schlafende Großmutter,

5033 glücklich lächelnd auf der Rückbank, wieder nach Hause

5034 gefahren. Das waren in meinem Leben immer die Highlights,

5035 wenn ich andere Menschen glücklich machen konnte und ich

5036 dabei sein konnte wenn diese Menschen mit ihrem Glück da

5037 saßen und die Welt in Ordnung war. Es muss nicht immer alles

5038 mit Geld zu erreichen sein, oftmals ist es eine Kleinigkeit,

5039 die vielleicht für den einen nie zu erreichen ist, der

5040 andere aber gar nicht viel dafür tun muss, weil er die

5041 Kontakte oder Beziehungen hat. Und wenn man dann beides

5042 zusammenbringt, den der was will und den der es hat, wenn es

5043 dem einen nichts kostet und den anderen aber unglaublich

5044 glücklich macht, ja warum in aller Welt, machen das dann

5045 nicht mehr Menschen? Weil eben auch die Ignoranz und der

5046 Egoismus große Bestandteile in unserer Gesellschaft geworden

5047 sind, jeder nur an sich selber denkt und alles was er hat,

5048 auch wenn er es nicht braucht, krampfhaft verteidigt und

5049 verbissen daran festhält.

5050 Wenn ich mir oft betrachte, wie Menschen sich völlig

5051 verändern, wenn sie zu Geld oder Macht kommen, dann zweifle

5052 ich schon daran, ob bei uns die Evolution eigentlich schon

5053 abgeschlossen ist. Manchmal kann man sich des Eindrucks

5054 nicht erwehren, als würde bei vielen einfach ein Schalter

5055 umgelegt und das war's dann mit der Menschlichkeit. Auch

5056 wenn man sich viele Affären von Politikern oder anderen

5057 Persönlichkeiten betrachtet, so ist doch sehr oft zu

5058 erkennen, dass der Mensch mit zweierlei Maß gemessen wird,

5059 auch bei Strafverfahren. Wer gibt denn eigentlich jemanden

5060 das Recht dazu, zu sagen, der ist schlechter als der andere,

5061 obwohl beide das gleiche getan haben. Nehmen wir nur mal den

5062 Fall von Konstantin Wecker, den ich übrigens noch zu

5063 besseren Zeiten kennen lernen durfte. Wecker hat schon immer

5064 einen Drang zum Milieu gehabt, ebenso einen zur Halbwelt. Ob

5065 er das für seine Inspiration gebraucht hat um gute Lieder zu

5066 schreiben, oder ob es seine persönliche Lieblingsart zu

5067 leben ist, das vermag nur er alleine zu beantworten. Aber

5068 wer mit über einem Kilo Kokain gehandelt, sich selbst

5069 versorgt und den Rest verschenkt hat, ist nach dem Gesetz

5070 ein Dealer und wird eigentlich richtig hart bestraft. Also

5071 da war dieser kleine Knast den er da machen musste, falls er

5072 letztendlich überhaupt drin war, ich weiß es gar nicht mehr,

5073 auf jeden Fall ist das wohl richtig geschenkt. Wenn ich das

5074 gleiche Delikt haben würde, die Staatsanwaltschaft und die

5075 Richter würden mit einem lauten Freudenschrei das Höchstmass

5076 an Strafe aussprechen und dann in der Anstalt Bescheid

5077 geben, dass der Schlüssel zu meiner Zelle beruhigt

5078 weggeworfen werden kann. So krank ist unser System. Mein

5079 Onkel sagte immer, wenn zwei das gleiche tun ist es noch

5080 lange nicht dasselbe. Und er hat so was von recht mit dieser

5081 Einstellung und ich frage mich nur, warum lassen sich die

5082 Menschen das eigentlich gefallen? Meine Antwort ist

5083 eigentlich ganz einfach: Es ist ihnen egal, denn in der

5084 Regel trifft es nicht auf sie zu, also regt man sich auch

5085 nicht darüber auf, man läßt einfach alles solange so laufen

5086 wie es läuft und erst wenn es einem selbst betrifft, dann

5087 wird plötzlich alles in Frage gestellt. In der heutigen

5088 Gesellschaft fehlt einfach das Wort „Zivilcourage". Wir

5089 leben nicht in einer Gemeinschaft sondern durchwegs mit

5090 einzelnen Individuen, maximal eine Gemeinschaft zu zweit,

5091 oder eventuell noch Kinder, wobei ja der Trend, Single zu

5092 sein nicht von ungefähr kommt, keiner hat mehr Lust,

5093 Verantwortung zu übernehmen, außer für sich selbst - purer

5094 Egoismus herrscht überall.

5095

5096 Gestern hatte ich wohl meinen ersten Rausch, Gott geht es
5097 mir heute schlecht, aber es war einfach lustig und angenehm,
5098 keine bösartigen Menschen, alles ruhig und relaxed und um
5099 zehn Uhr bin ich dann mal in meine Falle rein, hatte keinen
5100 Plan mehr. Vielleicht lag es auch daran, dass ich meinen
5101 ersten Besuch hier hatte, allerdings von jemand, den ich am
5102 Wenigsten erwartet hätte, Bertl mit Marianne. War ganz nett,
5103 und irgendwie auch etwas befreiend, da Bertl die letzten
5104 Wochen   in   Deutschland   schon   arg   unentspannt   war.
5105 Anschließend ging ich mit dem Fußballer und seinen Bekannten
5106 noch ins El Divino, war auch ganz in Ordnung, der Rausch
5107 war dann aber schon ziemlich groß und das Frühstück enthielt
5108 dann zwei Flachen Rosado, das wars dann wohl.
5109 War heute noch mit Marianne und Bertl beim Essen, was sich
5110 auf meine Figur nicht so gut ausgewirkt hat, aber mal was
5111 anständiges Essen war auch ganz in Ordnung. Abends wie jeden
5112 Tag dann bei Horst und Enrique im Mambo, aber ganz ruhig und
5113 ohne Alkohol. Muss ja nicht jeden Tag sein, vor allem ist
5114 der ganze Tag im Arsch und morgen fahre ich mit Marianne mal
5115 ins   Tierheim,   die   will   einen   Hund   mitnehmen,   nach
5116 Deutschland.   Mit   Sabine   habe   ich   auch   eine   leichte
5117 Auseinandersetzung gehabt, wegen Kleinigkeiten eigentlich,
5118 aber man ist vielleicht etwas empfindlicher wenn man weg
5119 ist. Ansonsten war heute nicht mehr viel los. Mit Arbeit
5120 schaut es auch nicht so gut aus, aber das ist mir im Moment
5121 auch nicht so wichtig, komme ganz gut ohne aus.
5122
5123 Nachdem die Zeit mit Rex vorbei war, hatte ich wieder genug
5124 zu tun, und kümmerte mich wieder um den Laden in Rosenheim.

5125 Irgendwie kam ich mal auf die Idee, ins Bad einen Whirlpool

5126 einbauen zu lassen, was ungefähr so war, als würde man einen

5127 Elefanten durch ein Nadelöhr bringen wollen. Habe ja schon

5128 viel erlebt, aber das war wirklich das non plus ultra. Also

5129 der erste Stock ist ja noch nachvollziehbar, dass es da mal

5130 recht scharf um die Ecke ging, damit konnte ich auch leben.

5131 Gut, dass der Whirlpool durch keine Türe ging, damit war

5132 auch noch zu leben, aber dass wir ihn dann über eine Garage

5133 durchs Badfenster hieven mussten, und hierbei noch das

5134 Fester ausbauen mussten, die Mauer ausbrechen und dabei ein

5135 Heizungsrohr zerlegten, was augenblicklich zu einer recht

5136 großen Überschwemmung führte, damit konnte keiner mehr

5137 leben. Und als sich Volker, der alles machte, bei dem ganzen

5138 Chaos auch noch Bauschaum ins Haar schmierte, und dann auch

5139 seine langen Haare komplett abschneiden musste, gab dem

5140 Ganzen die besondere Note. Als alles nach Wochen fertig war,

5141 fiel jedem ein Riesen Stein vom Herzen, das war mal richtig

5142 Programm, aber es hat sich gelohnt. Viele Rosenheimer kamen

5143 ja sowieso schon zu uns, jetzt kamen eigentlich alle die

5144 wichtig und finanzkräftig waren, auch mit den Frauen taten

5145 wir uns jetzt schon etwa einfacher, wobei Peter keine rechte

5146 Lust mehr hatte, soviel zu machen und so suchten wir uns im

5147 Laufe der nächsten Wochen und Monate neue Teilhaber,

5148 eigentlich wollte Peter nicht mehr selber arbeiten, nur noch

5149 stiller Teilhaber sein, was ja auch Sinn machte, Carola hat

5150 aufgehört zu arbeiten, weil sie als alleinerziehende Mutter

5151 Probleme mit dem Jugendamt bekam und Peter wollte bei ihr

5152 sein, also suchten wir für 49 % noch einen Teilhaber, die

5153 auch alles selber machen sollten. Nachdem ich ja mit Jogi

5154   sowieso einen recht guten Kontakt hatte, war er eigentlich

5155   mein Wunschkandidat und so habe ich ihn auch angerufen und

5156   ihm von unserem Vorhaben erzählt. Sicherlich hatte er

5157   Interesse, aber die Finanzierung war letztendlich doch etwas

5158   langwieriger als gedacht, letztendlich hatten wir dann ich

5159   glaube gegen Ende 93 die Sache unter Dach und Fach und Peter

5160   zog sich ganz aus dem Geschäft zurück. Den einzigen und

5161   größten Fehler in meinem Leben, den ich bis heute bereue,

5162   war, dass ich zuließ, dass Jogi seinen langjährigen Freund

5163   Walter mit in das Geschäft nahm, bei seinem Anteil und von

5164   dem Tag an hatte ich eigentlich keinen rechten Spaß mehr an

5165   der ganzen Sache,   das war alles nicht mehr so wie früher,

5166   nicht mehr so lustig und auch nicht mehr entspannt.

5167   Hierzu muss man sich noch vorstellen, dass Walter das genaue

5168   Gegenteil von mir war. Zuhälter aus Überzeugung, und auch

5169   optisch diese Spezies vertrat, lange Haare, leichtes

5170   Übergewicht, rundes Gesicht und einfach ein ekelhafter

5171   Mensch, oftmals zuviel von Allem, oftmals zuwenig Stil und

5172   immer da wenn man ihn nicht brauchen konnte. Mit einem Wort

5173   gesagt, einfach überflüssig. Sicherlich hatte er auf jeden

5174   Fall die besseren Kontakte zu allen Städten und ich lernte

5175   durch ihn auch die meisten Menschen in Deutschland und

5176   Österreich kennen, aber ob ich das für mein Leben gebraucht

5177   habe, da bin ich mir noch nicht so sicher. Geburtstagsfeiern

5178   endeten in der Regel immer mit einer Großrazzia der Polizei,

5179   weil zu seinem Geburtstagen immer aus ganz Deutschland die

5180   Leute angereist kamen, denn erkannte aus dem Milieu

5181   sicherlich alle die wichtig und gut waren, aber eben das

5182   konnte man sich ja auch sparen. Jogi war vom ersten Tag an

5183   immer der ausgleichende Prellbock zwischen Walter und mir,

5184   Peter hatte schon nach ein paar Monaten gar keinen Bock mehr

5185   mit dem was zu tun zu haben und verkaufte den Rest von

5186   seinem Anteil auch noch, womit ich plötzlich ganz neue

5187   Partner in meinem Laden hatte und auch dementsprechend den

5188   Einfluss aufgab.

5189

5190   **Nachdem ich gestern Abend ja anständig zuhause blieb, war**

5191   **ich heute relativ früh unterwegs, obwohl ich auch erst recht**

5192   **spät ins Bett kam, denn unter mir, auf der Strasse war sehr**

5193   **lange Lärm und ich nutzte die Gunst der Stunde und hab mal**

5194   **ein bisschen die Bude gesäubert, abgespült und auch sonst**

5195   **mal klar Schiff gemacht. Heute, Donnerstag, 18. Juli 2002,**

5196   **fuhr ich nachdem ich zuerst einen Sprung ins Meer gewagt**

5197   **hatte, zu Bertl ins Hotel und dann mit ihm und seiner Frau**

5198   **in ein Tierheim, denn beide wollen wieder einen Hund,**

5199   **nachdem ihr letzter vor vierzehn Tagen, nach 16 Jahren,**

5200   **eingeschläfert werden musste. Bis wir dann das Tierheim**

5201   **fanden, das war eine Odyssee über die gesamte Insel. Na ja,**

5202   **morgen treffen wir uns noch mit der Vorsitzenden vom**

5203   **Tierschutzverein, dann finden die beiden vielleicht einen**

5204   **neuen Hund. Nachdem ich ja sehr sparsam bin, führte mich der**

5205   **Rückweg über den Lidl-Supermarkt und zu ein paar Sachen fürs**

5206   **Leben, so gab es heute Schinkennudeln für die ganze**

5207   **Belegschaft und auch für mich. Obwohl ich die letzten Wochen**

5208   **sehr wenig gegessen habe, ist mein kleiner Bauch auch noch**

5209   **nicht ganz weg, vielleicht sollte ich dann doch mal mit dem**

5210   **Training anfangen und nicht immer nur davon reden, aber das**

5211   **ist bei den Temperaturen gar nicht so einfach. Mal sehen,**

5212 wird schon etwas werden, zumindest werde ich abends mal den
5213 Lumumba weglassen, ich glaub das sind bei den Mengen die ich
5214 davon trinke auch ganz schön Kalorien.

5215 Nachdem ja Bertl und Marianne jetzt dann zu Horst und
5216 Enrique kommen, werde ich wohl mal eine Dusche nehmen und
5217 mich dann nach unten begeben, obwohl ich heute eigentlich
5218 mal zuhause bleiben wollte. Ist schon irgendwie komisch,
5219 dass man nach vierzehn Tagen noch nicht mehr gesehen hat als
5220 das Mambo. Werde mich sicher die nächste Zeit mal in den
5221 anderen Orten etwas umsehen, vielleicht ist das dann etwas
5222 ergiebiger, vor allem was die Frauen betrifft, denn das ist
5223 hier und in den Discotheken schon ganz schön schwer, oder
5224 ich stell mich zur Zeit einfach blöd an, was weiß ich,
5225 jedenfalls ist meine Abstinenz ziemlich langanhaltend und
5226 das tut meinem Körper sicher nicht gut. Ich könnte ja auch
5227 mal in das „böse Haus" fahren, am Flughafen, aber da bin ich
5228 mir noch nicht so sicher, ob das denn das ist was ich
5229 brauche. Wird sich noch zeigen, jetzt ist auf jeden Fall mal
5230 Duschen angesagt und dann werden wir sehen, was der Abend
5231 noch so bringt.

5232

5233 Die Zeit in Rosenheim hatte nun auch angefangen, etwas
5234 komplizierter zu werden. Daran war ich natürlich wieder
5235 einmal selbst schuld. In Rosenheim gibt es jedes Jahr ein
5236 großes Volksfest, und bei diesem Herbstfest herrscht
5237 eigentlich immer Ausnahmezustand. Für eine 60000
5238 Einwohnerstadt ist es dann doch sehr viel, wenn auf einen
5239 Tag 100000 Besucher auf so ein Fest gehen und das dann 16
5240 Tage lang. Glücklicherweise lag der Laden gleich am Eingang

5241   zum Herbstfest und das brachte natürlich dementsprechend

5242   viele Gäste, aber auch dementsprechend viel Ärger mit den

5243   Nachbarn. Um den Lärm vor der Türe und auf der Strasse so

5244   gering wie möglich zu halten, hatten wir vom Club und das

5245   Jugendlokal unter uns, die Auflage, Türsteher während dieser

5246   Zeit zu beschäftigen, die auch gleichzeitig für Ruhe auf der

5247   Strasse zu sorgen hatten. Also ich habe dann die Türe selber

5248   gemacht, was natürlich mit zunehmenden Alkohol auch für

5249   zunehmend Ärger gesorgt hat. Zwei ganz herausragende

5250   Ereignisse sind mir da noch in Erinnerung, das eine weil es

5251   für mich relativ glimpflich abging und das zweite, weil ich

5252   da mal wieder richtig in die Scheiße gegriffen habe.

5253   Beim Ersten hat sich ein Gast, der allerdings auch ziemlich

5254   stark betrunken war, auf dem Zimmer recht rüde benommen, was

5255   bis zu diesem Zeitpunkt eigentlich nie vorgekommen ist und

5256   danach auch nicht mehr. Ich war also, wie so oft am frühen

5257   Abend im Nachtcafe, einer ganz netten Kneipe ein paar Meter

5258   entfernt. Plötzlich rief mich eines der Mädchen an, sie

5259   haben einen Gast, der droht damit eines der Mädchen

5260   umzubringen. Toll, und das um ein Uhr nachts und an einem

5261   ruhigen Montag. Na ja, ich also im Eiltempo rauf in den

5262   Club, da saß der Gast schon an der Bar und schimpfte auf die

5263   Mädchen ein. Ich fragte ihn, was er für ein Problem hat und

5264   er erzählte mir ganz ruhig, dass er eine der Schlampen jetzt

5265   dann umbringen wird, einfach so. Gut, ich die Gläser von der

5266   Bar genommen, wegen der Verletzungsgefahr und habe ihn erst

5267   einmal aufgefordert den Laden zu verlassen, was er strikt

5268   ablehnte. Wir hatten zu der Zeit die Bar noch an der

5269   Stirnseite des Barraums stehen und direkt dahinter war der

5270 offene Kamin, schön mit schwerem Holz umrandet. Bevor ich

5271 noch recht lang diskutierte, gab ich ihm eine schöne Gerade,

5272 damals hatte ich das Pech, immer genau die Nase zu treffen.

5273 Den hob es von seinem Barhocker runter, schwups, mit dem

5274 Hinterkopf gegen den Kamin. Ich um die Bar rum, den Typen

5275 aufgehoben und dann wollte ich ihn raustragen, keine Chance,

5276 der hat sich gewehrt, überall festgehalten, am Türrahmen, am

5277 Treppengeländer, einfach keine Chance. Ich also mit einer

5278 Hand von hinten festgehalten, mit der anderen Hand versucht,

5279 seinen Griff am Türrahmen zu lockern. Keine Chance, erst als

5280 ich einen Finger brach, da ließ er los, Türe auf und wie

5281 blöd, fiel er die Treppe runter und nachdem die ja einen

5282 Knick machte, nach links, er aber geradeaus weiterwollte,

5283 knallte sein Kopf zum zweiten Mal gegen ein Hindernis,

5284 diesmal war's die Mauer. Das platschte wie wenn eine Melone

5285 zerplatzt, und dann lag er ruhig da, alles voller Blut. Na,

5286 da wurde mir auch etwas anders, aber was sollte ich machen,

5287 der hätte ja wirklich alles dabei haben können und bevor mit

5288 der ausgetickt wäre, war das die bessere Lösung des

5289 Problems. Jetzt hatten wir nur das Problem, dass er vor dem

5290 Club lag und blutete wie ein Schwein. Christian, ein

5291 Sanitäter, war auch da und wollte nach ein paar Minuten nach

5292 dem Idioten schauen und den Notarzt anrufen, was wir dann

5293 auch machten. Als wir dann wieder vor die Türe schauten, war

5294 der Typ verschwunden, einfach weg. Tja, dann eben nicht.

5295 Nachdem ja Rosenheim ein Dorf ist, erzählten uns später die

5296 Sanitäter, dass sie einen Mann zwei Strassen weiter

5297 aufgefunden hätten, mit massiven Kopfproblemen und einem

5298 gebrochenen Finger, und einer gebrochenen Armelle. Tja, das

5299 war aber nun mal Glück. Wir fanden dann noch am Boden vor

5300 der Bar seine Schuhe und haben die auch noch ein paar Wochen

5301 aufgehoben. Fast zwei Jahre später hat mich in der

5302 Fußgängerzone ein Mann angesprochen, gut gekleidet und auch

5303 sonst eine gepflegte Erscheinung. Er wolle sich bei mir für

5304 die Unannehmlichkeiten noch entschuldigen. Durch das

5305 Gespräch erfuhr ich dann, dass es sich um den besagten Typen

5306 aus dem Club gehandelt hatte. Er war damals in Behandlung in

5307 Gabersee, eine Reparaturanstalt für geistige Verfehlungen,

5308 und habe einen Tag Ausgang gehabt, allerdings mit der

5309 Auflage nichts zu trinken und die Tabletten, Psychopharmaka,

5310 weiter einzunehmen. ER tat beides, er trank und nahm die

5311 Tabletten, das Ergebnis war sein Aussetzer. Er wusste dann

5312 nur noch, dass er irgendwie von dem Clubeingang weg wollte,

5313 damit seine Frau nicht mitbekam, dass er da oben war und

5314 erzählte den Arzt, dass er gestürzt sei und von daher seine

5315 Verletzungen stammen. Das glaubte ihm zwar keiner, aber war

5316 egal, solange er nichts anderes sagte. Und gegangen sei er

5317 nicht, weil er seine Schuhe noch mitnehmen wollte, die er

5318 bei meiner Geraden leider am Boden liegen ließ. Also eine

5319 ganz schön verstrickte Sache, für die ich zwar nicht viel

5320 konnte, aber die auf jeden Fall, wäre es da zu einer Anzeige

5321 gekommen, richtig Ärger eingebracht hätte.

5322 Den bekam ich dann mit meinem zweiten gravierenden Erlebnis

5323 während dem Herbstfest. Letzter Tag, Sonntag, wir mit der

5324 ganzen Belegschaft auf dem Herbstfest und feierten richtig.

5325 Jogi lernte Dionne näher kennen, die bei uns arbeitete und

5326 Walter war eingesperrt, richtig cool der Abend. So gegen

5327 zehn Uhr gingen wir alle reichlich mit Alkohol versehen in

5328 den Club zurück und da standen drei Typen da, die an der

5329 Türe manipulierten. Auf meine Frage, was das soll antwortete

5330 der eine nur mit einem süffisanten Lächeln zu seinem

5331 Bekannten, ob er gehört hätte, was der Wichser von ihnen

5332 wolle. Bei dem Wort kann ich mich nicht so richtig

5333 entspannen und forderte die drei Idioten auf, das Grundstück

5334 zu verlassen, als der andere diesmal in der dritten Person

5335 zu seinem Freund sagte, er wisse gar nicht was dieser

5336 Wichser ständig von ihnen will und das war dann mein

5337 Zeichen: alle drei erfuhren jetzt, dass es nicht so gut und

5338 gar nicht lustig ist, mich mehrmals als wichser zu

5339 bezeichnen. Ich mag das nicht. Nach zehn Minuten hatten wir

5340 vor der Arche, dem Lokal unter uns, drei mittelschwer

5341 getroffene zeternde und nach der Polizei schreiende

5342 Halbstarke, plus zwei Farbige, die sich eingemischt hatten.

5343 Alle drei hatten unter dem linken Auge eine drei Zentimeter

5344 lange Risswunde und sahen wirklich nicht gut aus. Zwei Meter

5345 und 110 kg haben eben doch eine gewisse Dominanz. Nun, ich

5346 stieg zu Jogi ins Auto und wir fuhren Richtung München, als

5347 uns am Irschenberg der erste Anruf erreichte, die ganze

5348 Strasse sei gesperrt, alles voller Polizei und alle ziemlich

5349 aufgeregt, und einer der Farbigen hätte auch meinen Namen

5350 gesagt. Nun, das war alles noch nicht so tragisch, erst als

5351 ich erfuhr, dass es sich um drei Polizisten gehandelt hat,

5352 die zwar nicht im Dienst waren, aber eben Polizisten, da

5353 wusste ich, das gibt mächtig Ärger. Den gab es dann auch und

5354 meine Liste der Vorstrafen erhielt eine Erneuerung,

5355 Körperverletzung in drei Fällen, obendrein schwere

5356 Körperverletzung, weil ja alle drei verletzt waren, aber und

5357   da habe ich zum ersten Mal so etwas wie den Glauben in die

5358   Justiz gesehen, acht Monate auf Bewährung, und eine kleine

5359   Geldstrafe, weil nämlich der Richter meinen Ausführungen

5360   glauben schenkte und mir auf den Weg gab, dass er mich zwar

5361   verstehen könne, aber eben auch in Deutschland keine

5362   Selbstjustiz erlaubt sei. Nun, gut, damit konnte ich leben.

5363   Was allerdings bei weitem schlimmer war, das war die

5364   Amtsverfolgung, die ich seit diesem Tag erleben durfte, und

5365   das genau acht lange Jahre, Tag für Tag, verfolgte mich die

5366   Polizei wie einen räudigen Hund, das nahm bis zum Ende schon

5367   richtig schlimme Formen an, aber davon später mehr. Alles

5368   was jetzt dann mit Polizei zu tun hatte, das war alles aus

5369   dem Grund dieses Vorfalls. Man muss sich das jetzt nur

5370   verinnerlichen, dann wundert man sich im weiteren Verlauf

5371   nicht mehr über diverse Vorfälle und Ereignisse.

5372   Alles was sich in meinem Leben so ereignet hat, stieß

5373   eigentlich immer auf zwei verschiedene Meinungen. Egal was

5374   auch passierte und ich auch anstellte, auf der einen Seite

5375   waren die, die mich nicht ausstehen konnten, zum Glück immer

5376   in der Minderheit, zum Pech immer in Positionen wo sie mir

5377   ziemlichen Schaden zufügen konnten, und auf der anderen

5378   Seite war die Mehrheit immer die, die mich sympathisch und

5379   angenehm empfand, meine Reaktionen zwar nicht für gut

5380   befand, aber andererseits verstand, dass man sich im Laufe

5381   der Jahre so entwickelt. Ich hatte eigentlich ja auch nie

5382   richtig Ärger, oder anders ausgedrückt, ich war nie

5383   bösartig, ich habe meist mich oder andere verteidigt, in der

5384   Regel aber uneigennützig und sicherlich nie aus Gründen von

5385   Rachsucht, Verärgerung oder Aggressivität. Wobei ich

5386   letzteres sicherlich ein paar Jahre an den Tag legte, aber

5387   in einer Zeit, wo es jeder auch erwartet hat, denn wer im

5388   Milieu ist, der ist eben mal nicht nett und lieb, ich war es

5389   aber trotzdem immer. Sicher hätte ich sonst nicht so viele

5390   Menschen in meinem Leben kennen gelernt, die noch heute mit

5391   mir sehr gut befreundet sind, wenn ich nicht im Grunde

5392   meines Herzens gerne ein anderes Image gehabt hätte, aber

5393   manche Dinge sind im Leben einfach nicht zu ändern und da

5394   musst du das beste daraus machen, ob es dir gefällt oder

5395   nicht. Zumal es mir sicherlich all die Jahre finanziell nie

5396   besonders schlecht gegangen ist, ganz im Gegenteil, ich

5397   konnte mir so ziemlich alles leisten und hatte auch was die

5398   Frauen betraf, sicherlich immer eine gute Wahl getroffen. In

5399   der Zwischenzeit hatte ich ja auch, durch Claudia, die ja

5400   auf der Ingoldstädter arbeitete, und vorher schon durch

5401   Daniela, sowie durch die Partnerschaft mit Jogi und Walter,

5402   auch genügend Akzeptanz in der Münchner Szene, obwohl ich

5403   nach wie vor nicht wirklich dazugehörte, dazu habe ich mich

5404   auch viel zu sehr ferngehalten, was im Nachhinein auch

5405   sicher kein Fehler war, aber ich hatte meine Ruhe, bis auf

5406   einen Vorfall, der sich auch erst Jahre später als Irrtum

5407   herausstellte und mich dann erst rehabilitierte. Das brachte

5408   mir unvermittelt eine gebrochene Nase, richtig Ärger und

5409   eine Sauwut, aber ich muss sagen, auch Niederlagen und

5410   Treffer machen einen Menschen nicht zum Weichei, oder

5411   Schwächling, ich hatte einfach angeblich einen Fehler

5412   gemacht, den ich abgestritten habe und auch heute noch

5413   abstreite, wobei er sich ja heute sowieso aufgeklärt hat.

5414   Ich war schon lange mit Claudia zusammen, als mich eines

5415 Tages Daniela anrief und mir sagte, sie hätte noch eine
5416 Mappe mit Unterlagen in der Wohnung gefunden, was sie denn
5417 damit machen soll. Ich bot ihr dann an, schnell
5418 vorbeizukommen und sie abzuholen, sie könne ja runterkommen.
5419 Als ich vorm Haus stand, kam sie und gab mir die Mappe,
5420 wobei die Unterlagen völlig unwichtig waren. Ich wusste
5421 auch, dass sie einen neuen Freund hatte, einen den ich nie
5422 ausstehen konnte, so ein Typ „Walter in noch dicker und
5423 schmieriger". Ich sagte nur noch zu ihr, ob das stimmt, dass
5424 sie mit dem zusammen ist, und erzählte ihr, dass ich mich
5425 mit Erich zum Essen treffe, Erich war der Wirtschafter vom
5426 Leierkasten, und ob sie Lust hat mitzugehen, nachmittags
5427 wohlgemerkt und in einen Biergarten. Das war's. Mir wurde
5428 dann durch diesen Typen, der das Gespräch hinterm
5429 Badefenster verfolgte, obwohl ich mir nicht sicher bin wie
5430 er da rein passte, vorgeworfen und zwar hintenherum, ich
5431 hätte Daniela angemacht. Also anmachen ist was anderes und
5432 wenn man mit einem Menschen viele Jahre verbracht hat, kann
5433 man ohne Probleme jederzeit miteinander zum Essen gehen, ist
5434 meine Meinung und ich hatte auch nie ein Problem damit, wenn
5435 meine Freundinnen sich mit ihren Exfreunden mal trafen,
5436 solange es nicht über Nacht war, konnte ich gut damit leben
5437 und sah das nicht als Anmache. Jedenfalls gab es wieder Pro
5438 und Contra, die einen glaubten mir, die anderen dem Jürgen,
5439 der natürlich den größeren Freundeskreis zu dieser Zeit
5440 hatte. Auf jeden Fall kam es dann so, dass sich der nicht
5441 traute, mit mir das auszusprechen und sich einer seiner
5442 jungen und gut trainierten Freunde dazu berufen fühlte, das
5443 Thema zu erledigen und mir im Lokal, bzw. auf der Strasse,

5444   ohne Vorwarnung das Nasenbein brach. Nun, wer das schon

5445   erlebt hat weiß, dass man sich da die ersten Minuten mal gar

5446   nicht mehr richtig bewegen kann vor Schmerzen, und bei mir

5447   war es ja auch durch das Boxen schon mehrfach gebrochen

5448   worden. Nun, das gab dann mal richtig Zirkus, und

5449   letztendlich führte es nach vielen Jahren dazu, dass sich

5450   der Junge bei mir entschuldigte, mittlerweile ist er selber

5451   schon seit Jahren mit der Daniela zusammen und es hat sich

5452   dann herausgestellt, dass ich doch alles genau so gesagt

5453   habe, wie es sich zugetragen hat. Aber das war mir einfach

5454   auch eine Lehre für die nächsten Jahre, dass ich mich

5455   einfach aus dieser Abteilung des Milieus heraushalten sollte

5456   und ich war wieder mit den Leuten zusammen, mit denen ich

5457   immer zusammen gewesen bin. Dies war sicherlich die bessere

5458   Alternative, denn dabei handelte es sich ausschließlich um

5459   Geschäftsleute, die nicht den Drang hatten, die Arbeit von

5460   Ratten zu machen, sondern Geld, was die sicherlich auch zur

5461   Genüge taten. Leider ist denen ihr Traum auch nach vielen

5462   Jahren an der Steuer gescheitert und einer sitzt heute noch

5463   wegen Steuerhinterziehung, einer sitzt in Amerika und kann

5464   nicht mehr einreisen und einer ist in Österreich und fährt

5465   auch nicht mehr nach Deutschland. Also im Großen und Ganzen

5466   betrachtet, hat es eigentlich keinem meiner Bekannten und

5467   Freunde richtig Glück gebracht, das Geschäft mit dem roten

5468   Licht. Ich habe viele gekannt, die heute schon lange tot

5469   sind, sich selbst umgebracht haben, sich zu Tode gekokst

5470   haben oder umgebracht wurden. Reiner, einer meiner Freunde

5471   aus Dortmund zum Beispiel, der nahm sein ganzes Geld, seine

5472   Familie und ging nach Jamaika, eröffnete dort das LTU-Pub

5473 und war voller Zuversicht. Ich besuchte ihn einmal in
5474 Jamaika, ich weiß aber nicht mehr mit welcher Frau ich dort
5475 war. Ich mochte das Land auf jeden Fall vom ersten Tag an
5476 nicht, an jeder Ecke Ganja, die dortige Hanfpflanze und die
5477 Neger derartig aufdringlich und frech, dass man sich oft
5478 fragte, ob man eigentlich im richtigen Film ist. Ich kann
5479 nur jeder Frau die jetzt nicht gerade auf Neger steht, davon
5480 abraten, dorthin zu fahren, das ist Urlaubsstress pur. Ich
5481 hatte noch das Glück, dass wir einen reichen Ägypter
5482 kennerlernten, der uns in seinem All-Inclusive-Club einlud,
5483 was für meine Begleitung und auch für mich sicherlich das
5484 beste war, denn sonst hätte ich wohl mit den Schwarzen bald
5485 richtig Ärger gehabt, und wer glaubt, dass die schmächtig
5486 oder dürr sind, der täuscht sich, das sind gemein gut
5487 gebaute und durchtrainierte Jungs.
5488 Jedenfalls wurde dem vor den Augen seiner Tochter eine Kugel
5489 in den Kopf gejagt, auch von einem beauftragten Neger, den
5490 man leider nie fand, wie auch, wenn die Aussage seiner
5491 kleinen Tochter nur war, schwarzer Mann. Aber für alle war
5492 klar, dass es eben eine Streiterei aus dem Milieu war, die
5493 sich für ihn dann zu dem Ende auswirkte. Das ist es ja nun
5494 auch nicht wirklich. Ricco hat sich selbst eine Kugel in den
5495 Kopf gejagt, weil er zuvor versucht hat, seine Freundin zu
5496 erschießen und dann gibt es eine lange Liste von Toten, die
5497 durch Autounfälle, Messerstiche, Kugeln und einfach auch mal
5498 so, sich von dieser Welt verabschiedet haben. Erich ist
5499 glaube ich der einzige Mann, der so viele Messerstiche und
5500 Schusswunden überlebt hat, dass es schon an ein Wunder
5501 grenzt. Mittlerweile hat auch er mehrere Bypässe und auch

5502 einen künstlichen Ausgang, weil einfach zuviel schon kaputt

5503 gegangen ist, allerdings ist er heute auch schon bald

5504 sechzig, oder noch älter. Er war mir eigentlich von allen

5505 immer der Liebste, weil er mit seiner Altersweißheit und

5506 seiner direkten und geraden Art immer Recht hatte.

5507 Mit Erich bin ich auch gerne immer nach Hamburg gefahren,

5508 den wir waren beide dem gleichen Verein verbunden und hatten

5509 auch sonst beide es am liebsten, wenn wir unseren Frieden

5510 hatten. Erich kannte in Hamburg sehr viele von den alten

5511 Leuten aus Zeiten, wo Hamburg noch den Hamburgern gehörte

5512 und nicht den Albanern oder Türken. Aber das ist eben der

5513 Wandel der Zeit und auch ein Teil der Zusammenführung von

5514 Europa. Jetzt kommen zur Zeit die Russen und so geht das

5515 eben alles seinen Weg. Wir hatten auf jeden Fall mit den

5516 alten Hamburgern richtig Spaß, mit Hanni von der Ritze,

5517 einer alten Barbesitzerin und noch vielen anderen. Ganz

5518 lustig war mal die Geschichte mit einem Arbeitskollegen von

5519 Erich, Raimund. Wir in Hamburg angekommen, sofort auf die

5520 Reeperbahn, sofort zwei Mädels klar gemacht und sofort mit

5521 denen mit ins „böse Haus". Erster Stock und rein in die

5522 Zimmer. Ich hatte ein Zimmer neben Raimund und dessen Zimmer

5523 lag neben dem Wirtschafterraum, in dem gerade eine

5524 Geburtstagsfeier war. Die Wände aus Rigips sind ja nun auch

5525 nicht so richtig lärmfest, als ich hörte wie Raimund sich

5526 selbst nach oben koberte. Also erst hat das Mädchen bei 100

5527 Mark angefangen und Raimund hat sich dann, nachdem er aus

5528 seinen Stiefeln nicht herauskam, selbst nach oben gekobert,

5529 150, 200, 250, und zum Schluss 300 Mark, und das alles ohne

5530 zu poppen, denn er konnte nicht mit Stiefeln, bekam seine

5531 Cowboystiefel nicht runter, fluchte ständig und bat bei
5532 jeder Erhöhung darum, das Mädel möge bitte nichts erzählen
5533 von seinem Reinfall. Tja das brauchte sie auch nicht, denn
5534 mittlerweile hörte der gesamte Wirtschafterraum zu, ich ,
5535 und alle die es hören wollten, und seitdem ist Raimund in
5536 Hamburg sehr gerne gesehen, solange er Stiefel anhat aus
5537 denen er nicht raus kann.

5538 Also die ganze Zeit war eigentlich schon mit die schönste
5539 Zeit was die Erlebnisse so betrafen, so war ich mit Claudia
5540 in Amerika, wir waren in Mexiko, Italien und Spanien,
5541 besuchten England und Guernsey, aber es wurde natürlich auch
5542 Geld verdient und die andere Zeit viel gearbeitet. Ich war
5543 mittlerweile in Rosenheim fast das ganze Monat, Walter war
5544 ja sowieso eingesperrt und Jogi war nicht so richtig für die
5545 Arbeit hinter der Bar geeignet. Ich hatte mittlerweile so
5546 ziemlich alle als Gäste, die gerne feierten und manchmal
5547 wurde es schon ziemlich heftig, aber das gehörte einfach
5548 dazu.

5549

5550 **So, heute bin ich tatsächlich mal früher in meine Bude**
5551 **gegangen, war auch nicht sonderlich viel los auf der Meile.**
5552 **Langsam muss ich mal auch schauen, dass ich woanders**
5553 **hinkomme, sonst bin ich bald auf der Inventarliste vom**
5554 **Mambo, das muss ja dann wohl auch nicht sein. Aber ich**
5555 **treffe dort auch mit die entspanntesten Menschen an, egal ob**
5556 **Gianni, ein Schweizer, der seinen Jahresurlaub hier**
5557 **verbringt und nebenbei gut Musik macht und in einem**
5558 **Plattenladen arbeitet. Eigentlich ist er ja in einem**
5559 **Pharmaunternehmen und arbeitet an Medikamenten gegen**

5560 Knochenkrebs. Oder Paul Lomex, der wohnt hier und macht auch
5561 Musik, oder Franco, der ist hier mit einer Spanierin
5562 verheiratet und hat früher auch mal Gastronomie gemacht,
5563 heute ist er wohl die gute Seele von Ibiza für alle die was
5564 brauchen. Man blickt ja da nicht immer so ganz durch und das
5565 ist auch ganz gut so. Mittlerweile kenne ich ja auch schon
5566 eine ganze Menge Leute, die hier leben und arbeiten, was
5567 sicherlich für die Zukunft ganz gut ist, wenn ich endlich
5568 mal arbeiten kann. Momentan ist die Insel ja auch dem
5569 Teurowahn verfallen und die Preise sind derartig hoch, dass
5570 sich die Menschen fast nichts mehr leisten können. Das wirkt
5571 sich an allen Ecken und Enden auf die Wirtschaft aus, aber
5572 da sind die Insulaner selbst schuld, die Preise bestimmen
5573 das Konsumverhalten und wenn ich heute in einer Diskothek 50
5574 Euro für den Eintritt bezahlen muss und dann auch noch für
5575 einen einzigen Drink 18 Euro, dann ist die Urlaubskasse ganz
5576 schnell leer und nichts geht mehr.
5577 Man wird sehen, wie sich die Insel und die wirtschaftliche
5578 Lage in den nächsten beiden Jahren entwickeln wird, aber
5579 sicher ist, dass dieses Jahr einige den Teuro nicht
5580 überstehen werden und es im nächsten Jahr etliche Lokale
5581 günstig geben wird, mal sehen was ich dann mache, vielleicht
5582 habe ich ja wieder Lust auf Gastronomie. Mal darüber
5583 nachdenken und dann entscheiden, viel liegt auch daran, was
5584 sich da so in dem alten Deutschland für mich tut, positiv
5585 und negativ betrachtet.

5586

5587 Ich hatte eines Tages das Gefühl, dass ich nach soviel
5588 erlebtem, vor allem auch gesundheitlich, endlich mal etwas

5589 für mich tun sollte, etwas, was ich mir seit meiner Jugend
5590 schon gewünscht hatte, nämlich zu fliegen, selber zu
5591 bestimmen, wohin und wann immer, so hoch zu fliegen, dass
5592 man blauen Himmel und Sonne hat, egal wie schlecht das
5593 Wetter auf der Erde ist, oben scheint immer die Sonne - das
5594 zählt im Übrigen auch für den gesellschaftlichen Bereich
5595 unseres Lebens - oben scheint immer die Sonne.
5596 Ich hatte mich also entschlossen, meinen Flugschein in
5597 Amerika zu machen, etwas was alle verwunderte, aber ich
5598 hatte ja schon in der Kindheit den Traum, Pilot zu werden
5599 und nachdem es damals nicht klappte, wollte ich mir ein
5600 Stück Traum erfüllen, vielleicht auch etwas so wie sich
5601 normaler fühlen und der normalen Gesellschaft dadurch ein
5602 Stück näher zu kommen.
5603 Also flog ich im April, bei uns herrschte ein Scheiß-Wetter,
5604 wie eigentlich immer, nach Sarasota, Venice, in Florida, und
5605 fing bei der dortigen Flugschule mit dem Theorieunterricht
5606 an, durfte am ersten Abend gleich mit einer Einmotorigen
5607 mitfliegen und da war meine Motivation nicht mehr zu
5608 stoppen. Es war übrigens die gleiche Flugschule, die auch
5609 die Attentäter auf das World Trade Center besucht haben.
5610 Fliegen ist im Grunde wie Autofahren, nur muss man es eben
5611 auch lernen und ich hatte nie Angst vor Höhen, oder vor dem
5612 Fliegen, sodass ich eigentlich recht gut zurecht kam und
5613 nach acht Wochen, 200 Starts und Landungen, immer mit meinem
5614 Fluglehrer Jonathan, gar kein typischer Amerikaner, aber
5615 unglaublich nett, wir sind heute noch sehr gut befreundet.
5616 Jonathan flog immer mit, und eines Tages ließ er mich nach
5617 einer Landung auf den Venice Airport anhalten und stieg aus:

5618 Ich musste die nächsten Starts und Landungen ganz alleine

5619 machen. Das war eines der einschneidenstem Erlebnisse in

5620 meinem Leben, das erste Mal hatte ich selbst die

5621 Verantwortung für mein Tun und Lassen, direkt und ohne die

5622 Chance etwas geradezubiegen, ein Fehler und es ist

5623 unausweichlich alles vorbei...ich machte den Fehler bis

5624 heute nicht und habe mittlerweile weit über 400 Flugstunden.

5625 Für einen Hobbyflieger ohne eigenes Flugzeug nicht schlecht.

5626 Trotzdem schlotterten meine Knie nach der Landung, die so

5627 leidlich glückte und dann kam das altvertraute

5628 Selbstbewusstsein zurück und ab der zweiten, dritten Landung

5629 kam dann die Gelassenheit und Gewohnheit. Schließlich war es

5630 bis zu diesem Zeitpunkt nicht recht viel anders als Start -

5631 auf 800 Fuß Platzhöhe steigen - links kurven - parallel zur

5632 Startbahn fliegen - links kurven - Höhe verringern - links

5633 kurven - Landeanflug mit vorgeschriebenen Geschwindigkeiten

5634 und Höhen - Landen - durchstarten - starten. Und das oft

5635 mehrere Stunden am Tag, aber es war wunderschön. Jede

5636 Landung ist anders, mal kommt der Wind seitlich, mal von

5637 vorne, generell eigentlich nicht von hinten, und mal ist es

5638 hell, mal ist es Nacht, abends sind die Turbulenzen größer

5639 als am frühen Vormittag, egal was, man hat immer direkt sich

5640 selbst in der Hand und bestimmt sein weiteres Leben selbst,

5641 gute Landung- weiterleben, missratene Landung - nicht mehr

5642 leben. Schlicht und einfach. Gleichzeitig hatten wir auch

5643 noch Theorie, natürlich in Englisch, was mir noch nie große

5644 Probleme bereitet hat und dann kam mein erster Überland-

5645 Alleinflug auf mich zu. Ganz alleine, ohne Fluglehrer,

5646 mindestens 800 Meilen fliegen. Coole Sache war das, als

5647   erstes musste ich einen Flugplan ausarbeiten, mit genauen

5648   Daten, es war ja ein Dreiecksflug, also mit zwei Landungen

5649   dazwischen. Da werden dann die Wetterdaten eingetragen, die

5650   Flughöhe, die Richtung, eine ungefähre Zeitangabe, der

5651   Spritverbrauch und vieles mehr. Das klappte auch

5652   hervorragend, der Start in der Früh auch und die

5653   Landeerlaubnis für Okosh auch, nur sah ich den Flughafen

5654   nicht, und flog und flog und flog, und irgendwann hatte mir

5655   dann der Tower mitgeteilt, dass ich lange den Flughafen

5656   schon überflogen habe, und er mir, sollte ich ihn noch

5657   finden, wieder eine neue Landeerlaubnis erteilen würde.

5658   Gott, das war oberpeinlich aber nun mal passiert und ich

5659   musste dort landen, egal wie, und das möglichst schnell,

5660   denn sonst gab es eine Suchaktion durch Jonathan. Nun, es

5661   war deshalb so schwer zu finden, weil er mitten in einem

5662   Tagebergbau-Gebiet lag und alles gleich aussah, und das auf

5663   eine Fläche von mehreren hundert Quadratkilometern, und wenn

5664   man da nur ein bisschen vom Kurs abkommt, dann ist die Sache

5665   gelaufen, es gab da keine markanten Stellen, wie

5666   Stromleitungen, Eisenbahnschienen, etc. nichts, nur eine

5667   Tagebergbaustätte neben der anderen. Gut, ich flog also so

5668   lange in eine vage Richtung, bis dort ein weiterer Flughafen

5669   auftauchte, allerdings nicht meiner. Ich trotzdem runter und

5670   ab zum Telefon, Jonathan Bescheid gesagt, dass ich gelandet

5671   bin, allerdings sagte ich nicht wo ich gelandet bin, und

5672   somit hatte ich etwas Zeit gewonnen und ein Frühstück

5673   verloren, denn ich erklärte ihm, dass ich noch Frühstücken

5674   werde und dann weiterfliege. Das konnte ich mir erst mal

5675   abschminken, denn ich musste ja noch landen, und mir die

5676   Landung ins Logbuch eintragen lassen, mit Stempel. So, von

5677   dem neuen Fixpunkt aus hatte ich es dann recht schnell

5678   gefunden, die Landebahn und den Tower. Runter, Stempel

5679   geholt und wieder weiter, den nächsten Flughafen fand ich

5680   dann ohne Probleme und dann kam der Rückweg. Ich wollte

5681   eigentlich von Anfang an zurück nach Venice, aber Jonathan

5682   sagte mir, dass er das Flugzeug in Sarasota bräuchte und ich

5683   dort landen, das Flugzeug abstellen solle und dann von dort

5684   mit einem anderen Flugschüler nach Venice fliegen solle.

5685   Gut, Sarasota ist ein internationaler Flughafen und da

5686   herrschen andere und strengere Gesetze als auf dem kleinen

5687   Flugplatz in Venice. Fluglotsen, Anweisungen über den Anflug

5688   und die Flughöhe, und was ganz besonders gefährlich werden

5689   kann, Düsenmaschinen jeglicher Größe, denen man tunlichst

5690   ganz aus dem Weg geht und zwar weit, denn die Turbulenzen

5691   die ein Düsenflieger verursacht schmeißen eine kleine Cessna

5692   ohne Probleme vom Himmel, ganz ohne Feindberührung und man

5693   kann es nicht verhindern, egal was man dann noch tut, es ist

5694   zu spät. Von daher war die Landung schon anstrengend, zumal

5695   auch der Funkverkehr in einem amerikanischen Englisch

5696   gesprochen wird, zusätzlich zum Lärm einer Einmotorigen und

5697   der Nervosität und es gibt keine Wiederholungen, man muss

5698   sich auch strikt an die Anweisungen halten, sonst gibt es

5699   keine Landeerlaubnis. Nun, das klappte meiner Meinung nach

5700   ja auch ganz gut, und wenn man gelandet ist, übernimmt dann

5701   die Groundcontrol, also die Bodenkontrolle, die Fluglotsen

5702   für den Verkehr am Boden. Die wiesen mir die Abfahrtswege zu

5703   und in einem strengen amerikanisch wurde ich dann über Funk

5704   aufgefordert, unverzüglich die Maschine abzustellen und zum

5705 Tower zu kommen, nicht mehr nicht weniger. Dazu muss man
5706 wissen, dass man nie in den Tower kommt, schon gar nicht als
5707 Privatflieger auf einem Großflughafen. Mir schossen alle
5708 Gedanken durch den Kopf, Polizei, Flugverbot, was weiß ich
5709 noch alles, denn ich hatte ja den Flugschein in den Staaten
5710 gemacht, weil dort kein Führungszeugnis notwendig war, im
5711 Gegensatz zu Deutschland. Na, auf jeden Fall bin ich dann
5712 aus den Flieger raus, alles gecheckt, abgesperrt und dann
5713 einen elendig langen Weg bis zum Tower zu Fuß gegangen. Mit
5714 dem Aufzug rauf und was war: Jonathan hatte mir als
5715 Belohnung und Überraschung den Besuch im Herzen eines
5716 Flughafens ermöglicht und vom Leiter des Towers bekam ich
5717 eine Urkunde überreicht, die mir die Landung auf einem
5718 internationalen Flughafen bestätigte und die Erlaubnis,
5719 jeder Zeit wieder in Sarasota landen zu dürfen. Da war ich
5720 den Tränen ziemlich nah, die ganze Anspannung des Tages, den
5721 verpassten Flughafen und dann noch die Angst vor dem
5722 Ungewissen im Tower, und die Erleichterung alles geschafft
5723 zu haben. Ein toller Tag in meinem Leben.
5724 Dieser Tag wurde nur noch getopt durch die Prüfung durch die
5725 FAA, der amerikanischen Flugbehörde. Mein Prüfer war ein 70
5726 jähriger Navy-Flieger a.D., durch und durch amerikanischer
5727 Soldat und Topfit, und kritisch, Mann, war der penibel, aber
5728 das nützte alles nichts, von der Notlandung bis zum
5729 Steigflug, ich war nie außerhalb der Toleranzen und bestand
5730 mit einer glatten Eins, ebenso die Theorieprüfung und die
5731 mündliche Prüfung. Abends gab es dann eine super Party mit
5732 allen Piloten und am nächsten Tag flog ich alleine nach Key
5733 West, über die Everglades und abends machte ich das, was

5734   ich mir immer gewünscht hatte, ich startet die Maschine,

5735   flog von Venice aus so hoch ich konnte, auf über 8000 Fuß,

5736   wäre noch höher gegangen aber ich wollte ja nur hoch und

5737   weit hinaus, aufs offene Meer, immer der Sonne entgegen, die

5738   sich durch meine Höhe und meine Geschwindigkeit nie

5739   untergehen zu trauen schien, hinter mir alles schon dunkel

5740   und vor mir die Sonne, es war wunderschön und beeindruckend

5741   und alles hatte ich alleine geschafft, gut, die Finanzierung

5742   mussten meine Frauen mittragen, aber das war nicht das

5743   wichtige, es war das Fliegen. Als ich zurück war, setzte ich

5744   mich neben das Flugzeug und sah mir stundenlang den Vollmond

5745   an, tankte die Maschine noch mal voll und flog dem Mond

5746   entgegen, unter mir die beleuchteten Städte, im Hintergrund

5747   das helle Licht von Miami, die Highways und die blinkenden

5748   Masten der Stromleitungen, weit, weit unter mir. Ein Tag wie

5749   aus dem Lehrbuch für glückliche Menschen und ich habe mir

5750   diesen Tag selbst bereitet, ganz alleine und ganz weit weg,

5751   ewig weit weg von all den Problemen und einer Gesellschaft,

5752   die mich eigentlich gar nicht wollte. Aber es nützte nichts,

5753   nach fast drei Monaten musste ich wieder zurück, auch die

5754   Frauen waren unruhig geworden und mein Partner auch, denn da

5755   zeigte sich mal sehr deutlich an den Umsatzzahlen, dass es

5756   nicht am Laden liegt, sondern an dem der dort arbeitet,

5757   welche Umsätze gemacht werden. Und wenn ich nicht selbst da

5758   war kamen auch viele Gäste nur schnell auf ein Pils und eben

5759   nicht auf eine Flasche Champagner oder einen

5760   Dienstleistungsantrag bei einer der hübschen Mädchen die wir

5761   mittlerweile dort hatten. Alles im Allem lief also alles

5762   ziemlich gut, aber wie schon so oft in meinem Leben hat sich

5763　dann auch wieder Entscheidendes geändert, denn es gab es

5764　wirklich noch, dass es sowohl privat, als auch geschäftlich

5765　gut lief und reibungslos. Entweder hatte ich geschäftlich

5766　Erfolg, dann habe ich in meiner Beziehung die großen

5767　Probleme bekommen, und auch im Gegenteil. Sicherlich hatte

5768　ich ja schon lange an mir selbst festgestellt, dass ich für

5769　eine Frau nicht geboren bin, einfach nicht möglich, ich war

5770　dann nie zufrieden und wollte wieder etwas Neues

5771　ausprobieren. Sicherlich wird man das auch als

5772　Beziehungsunfähigkeit auslegen können, aber ich denke das

5773　ist nicht alleine der entscheidende Grund. Vielmehr sah ich

5774　mich durch die Arbeit meiner verschiedenen Frauen immer

5775　irgendwo auch zu Frauen hingezogen, die nur mir alleine

5776　„gehörten", wobei sich das eben darauf bezog, dass ich

5777　alleine das Recht und die Erlaubnis hatte, sie zu berühren,

5778　zärtlich zu sein, und sicher auch entscheidend, Sex mit

5779　ihnen zu haben. Jetzt kommt noch ein ganz wichtiger Punkt

5780　hinzu, der mich auch schon als Fehler mein ganzes Leben

5781　verfolgt: Ich kann nicht schonungslos ehrlich sein und damit

5782　einen anderen Menschen verletzen und Leid zufügen. Mit

5783　anderen Worten ausgedrückt, ich lernte jemand kennen, man

5784　fand gegenseitig Gefallen aneinander und es entwickelte sich

5785　eine leichte Beziehung zueinander, man ging zusammen Essen,

5786　ins Kino und ins Bett. So, und wenn man dieses Spiel mit

5787　Gefühlen und den Frauen beherrscht, und als Zuhälter sollte

5788　man das ja tunlichst beherrschen, dann ist es oft eine Frage

5789　von Tagen, bis es zum ersten Mal heißt, ich liebe Dich. Und

5790　jetzt gehen die Probleme nämlich los, ich selbst wollte

5791　eigentlich einen Flirt und Sex und plötzlich ist da ein

5792   Mensch der mich liebt, dieses Gefühl, das ich wohl durch
5793   meine Kindheit, nie genug haben konnte. So, jetzt nur nichts
5794   von diesem schönen Gefühl kaputt machen, immer versuchen es
5795   aufrecht zu erhalten, ja nicht ehrlich sagen, du ich wollte
5796   nur mit dir ins Bett, nein, ich will es hören, ich will es
5797   spüren, ich will es bis in die Haarspitzen erleben, geliebt
5798   zu werden, am liebsten von der ganzen Welt. Das geht aber
5799   nicht, ich weiß das, aber ich konnte doch dann nicht jemand
5800   das Gleiche antun, was mir angetan wurde und ihn enttäuschen
5801   und sagen, ja, aber ich habe nur gespielt mit Dir, ich liebe
5802   dich nicht. Nein, das ging nicht, und so hatte ich oft neben
5803   meinen Beziehungen noch andere Frauen, mit denen ich wie
5804   selbstverständlich,   zusammenlebte,   bzw.   ein
5805   gemeinschaftliches Leben führte. Und selbst dann, wenn ich
5806   eigentlich schon verloren hatte, weil es mal wieder einer
5807   meiner Freundinnen zuviel wurde, konnte ich es nie,
5808   loszulassen, nein, ich musste immer wieder versuchen zu
5809   hören, dass sie mich noch lieben. Also, ich war und bin bis
5810   zu dem heutigen Tag auch ein ganzes Stück selbst schuld an
5811   dem was mit Frauen passiert ist, aber Sex und Liebe, das
5812   sind sicher die zwei Dinge, die ich in meinem Leben nie
5813   vermissen möchte, schöne Frauen sind für mich die Luft zum
5814   Atmen, und jung müssen sie sein, ich hatte noch nie eine
5815   Freundin, die in meinem Alter war, sie waren und bleiben
5816   immer jünger, denn ich bin in einer Beziehung so dominant,
5817   dass ich es wohl schwer ertragen könnte, einen Widersacher
5818   zu haben, was Frauen ab einem gewissen Alter in der Regel
5819   werden.

5820 Bub dachte ich nur, als ich dann Sabine sah, das wird

5821 gefährlich, sie sah blendend aus, ist auch heute noch eine

5822 wunderschöne Frau, hatte eine Figur zum Reinbeißen und ein

5823 wunderbares, fröhliches Lachen. Sabine kam aus Böblingen,

5824 bei Stuttgart, und war mit 24 Jahren noch in meiner

5825 Altersstruktur, sie hatte eine lange Beziehung mit einem

5826 Fußballprofi von Bayern München hinter sich, was mich

5827 zusätzlich noch ansportnte, sie kennen zu lernen. Tja, damals

5828 hatte ich für meine freien Tage einen älteren, aber guten

5829 Mann an der Bar in Rosenheim beschäftigt. Das war einer

5830 ihrer längsten Freunde seit sie in München lebte und durch

5831 den haben wir uns kennen gelernt, in dem Lokal in Grünwald,

5832 in dem sie nach der Trennung von ihrem Fußballer anfing zu

5833 arbeiten.

5834 Durch ihre offene und fröhliche Art hatte sie innerhalb von

5835 Minuten mein Herz erobert, und ich ihres auch, allerdings

5836 schon früher, wie sich dann später herausstellte. Sie sah

5837 mich nämlich mit Claudia beim Italiener essen und drängte

5838 Udo und Stefan, der Sohn von unserem Kaiser Franz, mit denen

5839 ich öfters was unternahm, mich doch mal mitzubringen in das

5840 Lokal in dem sie arbeitete. Und Udo hat das natürlich toll

5841 hinbekommen. Jetzt fingen die Probleme wieder an, von denen

5842 ich vorher sprach. Wir also aus dem Lokal raus, in Udo sein

5843 Zimmer im gleichen Haus und ab in die Kiste, ich werde diese

5844 Nacht auch nicht vergessen, zumal wir neben einem

5845 wunderschönen Sex auch noch hemmungslos und willenlos

5846 miteinander umgingen und damit war das Drama am Anfang

5847 angekommen. Dass wir vor lauter Durst noch Udos einzige

5848 Flasche Wein getrunken haben, die wir in einem Regal fanden,

5849 ist wohl auch ein Erlebnis, das nur mir passieren kann, denn

5850 Udo war ca. 50 Jahre alt und der Wein auch, denn den bekam

5851 er zu seinem 50 Geburtstag geschenkt, einen Weißwein mit dem

5852 gleichen Jahrgang wie er. Also eine Flasche die man nie

5853 aufmachen kann, weil es sie nie wieder gibt und weil der

5854 Wein sowieso schlecht ist, was er auch wirklich war, und

5855 ausgesprochen warm war er auch noch. Jedenfalls war Udo

5856 davon gar nicht begeistert und wir haben die nächsten Jahre

5857 noch oft über diese Geschichte gelacht. Also Sabine und ich

5858 auf jeden Fall, Udo glaub ich weniger.

5859 Also die ersten Wochen haben wir das noch mehr geheimnisvoll

5860 gemacht, ich weiß aber nicht mehr warum, denn Claudia war

5861 abends sowieso beim Arbeiten, aber egal, ich kam zu ihr raus

5862 in die Arbeit, wartete bis sie fertig war und dann saßen wir

5863 stundenlang im Auto, oder fuhren dann zu ihr nach Hause. Zu

5864 meinem „Glück" funktionierte die Beziehung mit Claudia

5865 sowieso nicht mehr so richtig, oder ich redete mir das auch

5866 so ein, damit mein eigenes Gewissen nicht belastet wurde.

5867 Einmal waren wir wieder, Claudia und ich, beim Essen bei dem

5868 Italiener, wo mich Sabine zum ersten Mal gesehen hatte, und

5869 Sabine kam, wie eigentlich normal, auch rein und ging in den

5870 Keller auf die Toilette und ich, genau, ich hinter ihr her,

5871 völlig unauffällig, und wir küssten uns leidenschaftlich.

5872 Nun, Sabine wusste ja was ich tat, Udo arbeitete ja bei mir,

5873 und sie wusste auch, dass Claudia einen erheblichen Teil zum

5874 Leben mit beisteuerte. Es war dann also nicht verwunderlich,

5875 dass Claudia Verdacht schöpfte und mir dann die Frage

5876 stellte, vor der ich immer Angst hatte und heute noch habe,

5877 und komisch, es ist immer die gleiche Frage, egal welche

5878 Frau, egal welche Sprache, egal welche Religion, die Frage

5879 lautet immer gleich:

5880 „Ich möchte jetzt wissen, was da zwischen Euch läuft". Eh

5881 klar, die Antwort kann nur lauten; „Nichts", anstatt dann

5882 die Katze aus dem Sack zu lassen, nein, jetzt nur nicht

5883 jemanden den man liebt, oder immer noch sehr gern hat, weh

5884 tun und verlieren, ja nicht das „ich liebe Dich" nie wieder

5885 zu hören bekommen, ja nicht Schmerzen zufügen und schon gar

5886 nicht jemanden anderen weh tun und das gleiche tun, wie mir

5887 angetan wurde: Liebesentzug. Das konnte nicht gut gehen, und

5888 nicht dass ich nicht die Skrupellosigkeit und

5889 Kaltschnäuzigkeit gehabt hätte, sicher nicht, denn man kann

5890 doch nicht auf der einen Seite zulassen, dass jeden Abend

5891 zig Männer die eigene Frau besteigen, betatschen und

5892 belabern und auf der anderen Seite nicht den Mut haben zu

5893 sagen, dass es aus ist. Nein, das war es nicht, es war nicht

5894 Feigheit, es ist und war immer nur die Angst, jemanden zu

5895 verlieren der einem sehr viel bedeutet und der einem auch

5896 die Liebe gibt, die man braucht, und ich brauche wohl sehr

5897 viel davon. Wenn man so bedenkt, wie die Kindheit gelaufen

5898 ist, wie dann das Gefängnis kam, dann war ich ja bald 24

5899 Jahre als ich die erste ernsthafte Beziehung hatte und auch

5900 immer mit dem Gefühl nach kurzer Zeit, es muss noch etwas

5901 mehr sein.

5902 Jedenfalls ging das Ganze nicht mehr lange gut und Claudia

5903 und ich trennten uns. Als Grund nahm ich dann, dass sie mich

5904 im Interesse ihrer Freundin einmal ziemlich arg belogen hat,

5905 obwohl sie nichts davon hatte, sie wollte nur ihre Freundin

5906 schützen, weil die einen anderen kennen gelernt hatte, und

5907 ich mit ihrem Freund recht gut befreundet war. Na ja, ich
5908 musste also mal wieder alles aufgeben und zog mit meinen
5909 Klamotten zu Sabine nach Westend, einem Stadtteil von
5910 München, in dem ich auch schon zur Schule gehen durfte.
5911 Natürlich mit Rufus, der sofort die neue Situation erkannte
5912 und sich mit Sabine auch ganz prächtig verstand, also von
5913 daher hatte es keine Probleme, das neue Leben mit der neuen
5914 Frau. Nur war es natürlich auch nicht möglich, dass ich als
5915 Clubbesitzer mit einer soliden Frau zusammen bin. Auch so
5916 eine blödsinnige Ideologie des Milieus, die ich nicht
5917 verstehen werde, aber eben zu der Zeit als gegeben annahm
5918 und mich auch nach den vorgeschriebenen Regeln verhielt. Da
5919 musste natürlich etwas geschehen und daran habe ich auch vom
5920 ersten Tag an gearbeitet, letztendlich wusste ich ja, dass
5921 ich mit dieser Frau zusammenbleiben wollte.

5922

5923 **Heute ist schon Dienstag, der 23. Juli 02, ich habe die**
5924 **letzten Tage wohl etwas schleifen lassen, aber das war auch**
5925 **wirklich wieder etwas stressig hier. Dachte mir ja, ich**
5926 **könnte hier mal in Ruhe etwas zu mir finden, aber das ist**
5927 **sehr schwer, da müsste ich wohl nach Südamerika irgendwo in**
5928 **den Dschungel gehen. Wobei, wohl selbst da wird sich noch**
5929 **einer finden, den ich helfen kann. Na gut, Bertl und**
5930 **Marianne suchten mit mir ein Tierheim, wegen dem armen Hund**
5931 **den sie mitnehmen wollten. Nun, es ist gar nicht so einfach,**
5932 **wenn man die Sprache nicht so gut kann, oder gar nicht, und**
5933 **dann auch noch einen armen Hund aus dem Tierheim retten**
5934 **will. Aber letztendlich hat es geklappt, sie haben jetzt**
5935 **zwei Hunde dabei, einen jungen Wilden und einen alten**

5936 Ruhigen. Von Freitag auf Samstag musste ich ja zwangsläufig

5937 weggehen, weil ich um 9.00 Uhr Michaela vom Flughafen

5938 abholen musste, sie kam für vier Tage zu mir. Toll, jetzt

5939 war ja Bertl auch da und Marianne ist die beste Freundin von

5940 Sabine, die natürlich nicht weiß, dass Micha hierher kommt.

5941 Tolle Sache, Robert, du schaffst es immer wieder dir selber

5942 Probleme zu bereiten. Nun, das Problem war, dass Micha ja

5943 bei mir wohnte und ich über dem Mambo wohne, und Bertl jeden

5944 Abend bei Horst im Mambo sitzt, weil sie sich ja auch schon

5945 gut 15 Jahre kennen. Mein Glück war, dass Bertl spätestens

5946 um 23.30 Uhr die Segel strich und in sein Hotel wollte. So,

5947 dann konnte Micha auch auftauchen, na ja, und die wollte

5948 natürlich von der Insel was sehen, was erleben, baden gehen,

5949 natürlich dann auch noch etwas mehr Sex als normal, waren ja

5950 auch drei Wochen ohne Sex, und dann auch noch trinken und

5951 dann in der Früh wieder raus, oder gleich wach bleiben,

5952 warten bis Micha schlief und wieder zu Bertl und zu den

5953 Tierheimen, Hunden und Tierschützern. Abends Micha schnell

5954 zum Tätowierer gebracht, natürlich erst gegen neun Uhr,

5955 damit ich genug Zeit für den letzten Abend von Bertl wieder

5956 hatte, der sicherlich nicht solange bleiben würde,

5957 schließlich flog er ja dann nach Hause am nächsten Tag.

5958 Dann wieder mit Micha in die Diskothek, denn die musste sie

5959 ja auch noch sehen und dann wieder heim, wieder mehr Sex als

5960 normal und gleich wach bleiben, weil der Flug von Micha ja

5961 auch Mittags ging. Noch schnell Kaffee trinken, raus zum

5962 Flughafen, ehrlich gesagt auch wieder der Trennungsschmerz,

5963 der mir bei Bertl völlig fehlte und dann zurück in die

5964 Wohnung, Wäsche gepackt, ab in den Waschsalon und gewaschen

5965 und getrocknet was so in drei Wochen angefallen war,

5966 anschließend noch zum Supermarkt, hungrig eingekauft, was

5967 immer schlecht ist und dann ließ mich dieser Arsch am Hafen

5968 nicht reinfahren mit dem Auto: „Pakete nur bis sechs Uhr

5969 liefern, nicht mehr reinfahren". Ein Arschloch, man war ich

5970 angefressen, denn jetzt musste ich gut einen Kilometer

5971 entfernt parken und dann alle Sachen zu Fuß durch die Stadt

5972 zur Wohnung bringen, sprich zweimal laufen, Gott war ich

5973 angefressen. Und wahrscheinlich hätte ich in Deutschland

5974 nicht lange gewartet und den Affenarsch beschimpft, aufs

5975 Übelste, aber ich musste mich einfach in der Gewalt haben

5976 und habe das auch schwitzend und fluchend geschafft. Dass

5977 ich mir dann noch den Beckenknochen blutig geschlagen habe,

5978 am Handlauf der Treppe, den Zehen am Kühlschrankgitter

5979 anschlug und den gekauften Kräuterquark nicht mehr fand, das

5980 hat den Tag abgerundet und zu guter Letzt habe ich dann den

5981 Tag heute oben verbracht und mich still und leise verhalten,

5982 nach den anstrengenden Tagen und den noch anstrengenderen

5983 Nächten.

5984 Mit Arbeit hat sich auch noch nichts getan, dafür habe ich

5985 heute erfahren, dass ich die nächsten Tage eine größere

5986 Summe auf mein Konto bekomme, weil nämlich mein

5987 Küchenausstatter die Geräte verkauft hat. Das ist ja schon

5988 mal nicht schlecht, und vor allem, kann ich auch wirklich

5989 gut gebrauchen, der Bankautomat ist noch nicht mein bester

5990 Freund und ich muss ja schließlich auch meine Miete am

5991 ersten des Monats bezahlen. Wird schon werden, wenn nicht

5992 geht die Welt auch nicht gleich unter, mir geht's zur Zeit

5993 auch ziemlich gut, zumindest habe ich keine großen Gedanken

5994 mehr an Suizid, wobei ich das Thema immer im Kopf habe und

5995 mir auch schon überlegt habe, dass ich mir wohl

5996 Schlaftabletten besorgen werde, so als Notlösung, wenn ich

5997 wirklich mal nicht mehr will. Aber wie hat schon Hemingway

5998 gemeint, bevor er sich das Leben nahm? „Es gibt kein Problem

5999 auf der Welt, das man nicht mit einem guten Whiskey lösen

6000 könnte", sprachs und brachte sich um. Also hat es wohl auch

6001 noch andere Sachen als nur Probleme, die einen Menschen zu

6002 solchen Schritten treiben können. Viele Familien, in denen

6003 sich aus heiteren Himmel solche Ereignisse abspielen, stehen

6004 oft fassungslos da und fragen sich nach dem „Warum" und

6005 finden keine Antwort. Eine sehr alte Frau, die in meinem

6006 Elternhaus im dritten Stock wohnte, gab mir mit 8 oder auch

6007 9 Jahren einen guten Rat: „Frage nicht bei allen Dingen nach

6008 dem Warum, es gibt im Leben Sachen, die man nicht erklären

6009 kann". Ich hatte ihren Sohn im Keller gefunden, er hat sich

6010 aufgehängt, der war vielleicht damals 30 Jahre alt, nicht

6011 krank, hatte keine Sorgen und keine Probleme, hatte eine

6012 gute Arbeit, da passte einfach alles, und trotzdem wollte er

6013 nicht mehr leben. Ich fand ihn damals in dem Kellerabteil,

6014 das genau neben dem unseren lag. Ich habe dieses Bild auch

6015 noch oft vor Augen, als wäre es gestern gewesen: Aufgehängt

6016 und bewegungslos, ich war zwar schockiert, aber irgendwo

6017 verstand ich ihn und hatte damals schon die Einstellung,

6018 dass jeder Mensch mit seinem Leben machen kann was er will,

6019 solange er keinen anderen Menschen damit schädigt.

6020 Sicherlich, wenn man Trauer als Schaden bezeichnen will,

6021 dann wäre auch das freiwillige Ausscheiden nicht hinnehmbar,

6022 aber Trauer sehe ich nicht so als großen Schaden an, eher

6023　als eine Art des Menschen und der Lebewesen, eine

6024　unangenehme Sache zu verarbeiten. Na ja, nachdem ich ja ab

6025　meinem 6. Lebensjahr jeden Tag die Kohleneimer aus dem

6026　Keller holen musste und in den 5. Stock tragen durfte, hatte

6027　ich jeden Tag die Erinnerung an den Toten, und wenn man dann

6028　die ganzen Jahre nimmt, habe ich seit meiner Kindheit jeden

6029　Tag, auch im Sommer weil wir das warme Wasser auch mit dem

6030　Ofen machen mussten, an den Weigl Christian gedacht und wie

6031　er da so hing. An manchen Tagen wäre ich ihm am liebsten

6032　nachgefolgt, an anderen habe ich ihm von meinen Erlebnissen

6033　erzählt, mich mit ihm unterhalten und ihn gefragt, wie es da

6034　oben denn jetzt so ist, aber eine Antwort habe ich leider

6035　nie bekommen. Durch solche Erlebnisse werden Kinder geprägt,

6036　schon komisch wenn man sich 35 Jahre später darüber immer

6037　noch den Kopf zerbricht und nach dem Warum frägt.

6038

6039　Sabine wusste auch ganz genau, dass es eine Beziehung, in

6040　der ich ein Bordell habe und sie in einer Kneipe bedient,

6041　sicher nicht geben kann und hat sich auch so ihre Gedanken

6042　gemacht. Es mag jetzt weinerlich klingen, aber als sie sich

6043　dann dazu entschieden hat, anschaffen zu gehen, hat es mir

6044　fast das Herz zerrissen und ich wollte alles rückgängig

6045　machen, ich wollte nicht, dass dieser Mensch, der so

6046　fröhlich lachen konnte, der eine so liebevolle Art an den

6047　Tag legte und den ich wirklich liebte, von Freiern betatscht

6048　wird und sein Geld im Bordell verdient. Nun, schizophren ist

6049　vielleicht der richtige Ausdruck, aber damals dachte ich

6050　noch nicht soviel über meine Gefühle nach, ich erlebte sie

6051　ständig. Es war natürlich auf der anderen Seite ein großer

6052   Prestigegewinn für mich, in der Szene vom Milieu, dass

6053   Sabine zum Anschaffen ging, und auch Claudia konnte damit

6054   besser leben und umgehen, aber im Nachhinein betrachtet, war

6055   es der Anfang vom Ende, auch wenn dazwischen noch ein paar

6056   Jahre liegen sollten, die wirklich sehr schön und auch nicht

6057   weniger ereignisreich waren. Was ja immer sehr gut war, wenn

6058   man eine Frau zum ersten Mal mit den Gepflogenheiten und

6059   Gesetzen des Milieus konfrontiert, dass man sich das

6060   zukünftige Leben gleich vom ersten Tag so einrichten kann,

6061   wie man es sich vorstellt. So habe ich vom ersten Tag an

6062   gleich klargestellt, dass es sicherlich noch die eine oder

6063   andere Frau geben wird, natürlich immer nur rein

6064   geschäftlich und nur wegen dem Geld, und auch, dass ich

6065   sicher des öfteren auch mal unterwegs sein werde und in der

6066   Nacht nicht zuhause bin. Dass die Wohnung sauber sein muss

6067   und auch die Wäsche gepflegt wird, sowie Rufus versorgt sein

6068   sollte, wenn er mal nicht dabei ist. Das und vieles mehr

6069   kann man dann gleich von Anfang an konfigurieren, wie ein

6070   Software-Programm, Einstellungen nach Vorstellung und Wunsch

6071   - persönlich zugeschnitten und mit den nötigen Plug-Inns und

6072   Features. Meine große Leidenschaft, neben dem Fliegen, war

6073   schon von Beginn an das Internet und Computer. Mit dem

6074   Internet hatte ich schon Kontakt, das hat sich noch nicht

6075   einer damit ausgekannt, da hatte ich schon die erste

6076   Datenbank gebastelt, natürlich über das Nachtleben und die

6077   Möglichkeiten. Toll, ich habe erst vor kurzem die ganzen

6078   Unterlagen mit den Vorschlägen angesehen, nur hat zu der

6079   Zeit noch gar keiner eine Vorstellung davon gehabt, was man

6080   alles machen kann und wenn ich dann mit meinem, damals

6081 sicherlich sehr schweren Laptop kam, hatten alle richtig

6082 Spaß, denn es dauerte oft Ewigkeiten, bis da mal eine Seite

6083 geladen war. Die Leistung der Modems war noch am unteren

6084 Ende der Skala, so bei 9600, und somit hatte ich mir einen

6085 Folder machen lassen, in dem die Seiten ausgedruckt waren,

6086 je nachdem, wie sie aufgerufen wurden. Es war kein

6087 Verkaufserfolg. Heute wäre das sicherlich anders, ich war

6088 damals nur meiner Zeit voraus und das ist sicherlich nicht

6089 immer gut. Nun, die Firma die wir dann zusammen gründeten,

6090 Rainer und ich, Rainer hatte einen Copyshop gegenüber vom

6091 Club in Rosenheim, lief wahrlich nicht so richtig gut, aber

6092 es war wieder einmal ein Versuch von mir, dem Leben im

6093 Milieu zu entkommen, zumindest zeitweise.

6094 Sabine arbeitete die ersten Monate im Herz ASS in München,

6095 einem der besseren Läden und zugleich auch der Laden von

6096 einem Freund von mir, mit dem ich schon früher im Verein

6097 geboxt hatte. Es war ihr erster Arbeitstag, da ließ ich mir

6098 vom Volksfest eine fast zwei Meter große Maus, die aus der

6099 Sendung mit der Maus, als Plüschtier mitbringen und holte

6100 mir ein Taxi in den Club. Bei der Taxizentrale war ich

6101 natürlich jedem bekannt, wie generell mittlerweile in

6102 Rosenheim es wohl keinen gab, zwischen 18 und 50, der mich

6103 nicht kannte, und auch wenn es nur vom Namen her war. Die

6104 von der Taxizentrale hatten auch regelmäßig ihren Spaß mit

6105 mir, ich hatte immer mehr Freiheiten als alle anderen,

6106 durfte mir Sachen erlauben, die sonst niemand durfte und

6107 bekam immer ein Taxi, egal wie es in der Stadt zuging. Auf

6108 jeden Fall, ich ließ das Taxi kommen, gab ihm die Maus mit,

6109 wobei mich der Fahrer jetzt für komplett verrückt hielt, und

6110   ließ die Maus mit einem wunderschönen Rosenstrauß nach

6111   München fahren, direkt in den Laden in dem Sabine arbeitete.

6112   Und, es war ein voller Treffer, Sabine hatte ihr erstes Geld

6113   verdient, war etwas konfus und dann kam die Maus, mit den

6114   Rosen und ab diesem Tag lief alles so seinen Gang. Jacky,

6115   eine sehr liebe, aber leider auch schon alte und ausgediente

6116   Hure, half Sabine am Anfang sehr viel, denn sie war mit Jogi

6117   zusammen und das war ja auch wiederum mein Partner. Dionne,

6118   Jogis Frau, arbeitete ja in Rosenheim. Leider wurde Jacky

6119   Jahre später von ihrem damaligen Freund erschossen, kein

6120   Mensch weiß warum, aber wahrscheinlich war es der Alkohol.

6121   Einer dieser sinnlosen Toten, aber ich denke, es war wohl

6122   das bessere Ende als das, was sonst auf Jacky noch

6123   zugekommen wäre, denn der Absturz nach unten ist oft bei den

6124   „ausgemusterten Huren" nicht mehr zu stoppen, die haben

6125   nichts, sind nichts, kennen nur den Job und sind dann zu alt

6126   um damit Geld zu verdienen. Die Zuhälter suchen sich Jüngere

6127   und die Alten werden einfach liegengelassen. Das war etwas,

6128   was ich mir fest vorgenommen hatte und bis dahin auch mit

6129   Ute und den anderen immer praktiziert habe, was mir nicht

6130   passieren wird und jede der Frauen immer danach gut

6131   untergebracht sind, ein eigenes Geschäft bekommen oder sonst

6132   irgendwie abgesichert sind. Auch bei Claudia habe ich auf

6133   alles verzichtet, die Wohnung, das Auto, egal was,

6134   allerdings nur unter der Voraussetzung, dass sie sich keinen

6135   Freund mehr aus dem Milieu sucht, denn sonst ist das alles

6136   weg und das wollte ich sicher nicht. Claudia hat mich dann

6137   eines Tages mitgenommen zu einem Autohändler, bei dem sie

6138   immer ihr Fahrzeug zur Inspektion hatte und hat mir einen

6139 gezeigt, der mit ihr nicht sprechen wollte, weil sie ja

6140 meine Freundin sei. Ich bin zu dem Werkstattmeister

6141 gegangen, um den handelte es sich nämlich, habe ihn gefragt,

6142 ob er nicht mal Lust habe, mit Claudia zum Essen zu gehen

6143 und seitdem sind sie noch bis heute ein Paar, er arbeitet

6144 noch immer bei dem Autohändler und Claudia ist nur noch

6145 zeitweise am Arbeiten, hin und wieder besuchten sie mich

6146 auch beide in Rosenheim. Das war genau das, was mir wieder

6147 gut tat, die Menschen nicht benutzen und wegwerfen, sondern

6148 gemeinsam was erreichen und wenn es nicht mehr klappte dem

6149 anderen zu helfen, das erreichte zu behalten. Wie ich ja

6150 schon am Anfang erwähnte, ist Claudia bis heute mit eine

6151 meiner besten Freunde und meine Vertraute, meine Hilfe und

6152 meine Unterstützung. Ein ganz toller Mensch den ich nie

6153 missen möchte in meinem Leben und der mir sehr viel auch

6154 seelisch geholfen hat, viele Situationen zu überstehen.

6155

6156

6157 **Manchmal bin ich mir nicht sicher, ob es nicht doch einen**

6158 **Gott gibt, denn man muss sich folgende Situation vorstellen:**

6159 **In mein Auto wurde vor ein paar Tagen eingebrochen, obwohl**

6160 **ich die Türen extra deshalb offen gelassen habe, aber gut,**

6161 **das Schloß im Eimer und aus dem Auto fehlte lediglich eine**

6162 **kleine Digitalkamera, allerdings nichts wertvolles, sondern**

6163 **so eine für den Schlüsselanhänger, mit der man mal schnell**

6164 **einen Schaden fotografieren kann und dann über das**

6165 **Computerprogramm die Bilder ansehen kann. Nun gut, die gibt**

6166 **es vielleicht auch in Spanien zu kaufen, aber sicherlich**

6167 **nicht wirklich für eine Junkie. Den sah ich heute Mittag,**

6168   als ich vom Kaffeetrinken kam, an einer Ecke stehen,

6169   komplett breit und zugeknallt, mit meiner Kamera an seinem

6170   Gürtel baumelnd. Jetzt war das eine Ecke in der Stadt, in

6171   der sich die ganzen marokkanischen Dealer und Zigeuner

6172   aufhalten, um den Touristen schlechtes Koks und noch

6173   schlechteren Shit anzudrehen. Meine erste Überlegung war,

6174   ich nehme sie ihm einfach weg und wenn er sich wehrt, knall

6175   ich ihm eine. Das wäre sicherlich kein Problem gewesen, aber

6176   dann fing ich zu überlegen an: Die Polizei kommt,

6177   Riesenaufruhr, ich mitten in den Zigeunern und Dealern,

6178   schlage mich mit einem Junkie? Kein gutes Bild. Und dann?

6179   Vielleicht hat er sie ja auch gekauft, es war seine und

6180   nicht meine, ich habe keine Quittung und den Diebstahl auch

6181   nicht angezeigt, weil es mir zu lästig gewesen ist. Also,

6182   nehmen wir mal an, es wäre seine, dann hätte ich das Problem

6183   wieder am Hals und das alles wegen einer billigen kleinen

6184   Kamera? Nein, darauf wollte ich mich dann doch nicht

6185   einlassen, das sparte ich mir, vielleicht treffe ich den ja

6186   mal abends, wenn keine Leute unterwegs sind und dann nehme

6187   ich mir meine Kamera, denn das ist sicherlich meine. Aber

6188   irgendwie soll ich doch immer wieder auf die Probe gestellt

6189   werden, von wem auch immer, vom Leben? Ich weiß es nicht,

6190   ich weiß nur, dass heute Mittwoch, 24. Juli 2002 ist und ich

6191   mit dem Anruf von Tom rechne, der heute eigentlich aus

6192   Düsseldorf kommen müsste. Vielleicht tut sich da dann mal

6193   was mit Arbeit, wir werden sehen, wobei ich gestern noch

6194   Frank meine Nummer gab, der lebt hier schon seit neun Jahren

6195   und hat eine Bar in einer der Discotheken. Und mit dem Boss

6196   von den Hell Angels habe ich mich die Tage auch mal

6197 unterhalten, den muss ich mal in seinem Lokal besuchen, der

6198 kann mir sicher auch weiter helfen, wenn er will. Ansonsten

6199 ist es ganz angenehm heute, es hat gerade das wenige

6200 geregnet, was der Boden so braucht, also fünf Minuten, und

6201 jetzt scheint wieder die Sonne wie verrückt. Also das Wetter

6202 ist hier schon eine einzige Wohltat, auch wenn man sich

6203 sicherlich nach ein paar Monaten mal nach Regen und etwas

6204 weniger Sonne sehnen wird, so ist es im Moment einfach

6205 angenehm. Werde mir heute mal was kochen, weiß nur noch

6206 nicht was genau, aber das wird sich zeigen. Für den Fall

6207 dass mein Geldautomat freundlich mit mir ist, gibt's

6208 Fleisch, falls nicht, gibt's Wurstbrot und kalte Küche, da

6209 habe ich ja gestern alles zur Genüge eingekauft. In der

6210 Hoffnung, dass heute mein Geld da ist. Haha, ich glaube

6211 immer noch alles was man mir erzählt, das ist schon komisch

6212 und wirklich nicht normal, aber vielleicht ist es ja am

6213 Nachmittag drauf, mal sehen.

6214 Schön, heute habe ich schon zwei Anrufe aus meiner alten

6215 Wirkungsstätte bekommen, einen von meinem ehemaligen

6216 Vermieter, der braucht seine Schlüssel vom Lokal, was ich

6217 auch irgendwie verstehe, dann einen von Coca-Cola, die

6218 wollen wissen, ob ich für das letzte Lokal einen Nachmieter

6219 habe, also das ist jetzt das letzte um was ich mich sorgen

6220 würde, und gerade hat mich Hacke noch angerufen, mein

6221 Computerexperte und der Freund von Bettina, Cafe Central.

6222 Also ganz vergessen bin ich wohl noch nicht, zumal mir jeder

6223 immer sagt, dass ich ihnen fehle, aber das waren sowieso die

6224 Menschen, mit denen ich die letzten Jahre immer sehr gut

6225 ausgekommen bin und wir auch viel Spaß zusammen hatten.

6226 Jetzt werde ich mal in den Computerladen schauen, es ist gar

6227 nicht so einfach hier, wenn man nicht alles dabei hat ist

6228 es wohl sehr schwer, auf Ibiza etwas zu bekommen, was mit

6229 Arbeit zu tun hat. Besser gesagt, hier ist das

6230 Internetzeitalter noch nicht soweit fortgeschritten, dass

6231 wirklich jeder einen Computer hat und damit auch arbeitet.

6232 Vielleicht ist das auch gar nicht so schlecht, und es trägt

6233 seinen Teil dazu bei, dass die Menschen noch nicht so in

6234 Hast und Eile sind, ständig gehetzt und von einem Termin zum

6235 nächsten rasen.

6236 Viel wird sich heute wohl nicht mehr tun auf dieser Insel,

6237 mir scheint das so, als wären alle etwas lethargisch, so

6238 ohne Motivation und ganz ohne Lust zum Arbeiten. Vielleicht

6239 liegt das ja auch an der Uhrzeit, denn normalerweise bin ich

6240 um diese Zeit noch nicht aus dem Haus und meistens noch am

6241 Strand oder noch im Bett.

6242

6243 Durch das Geld was Sabine in dem Club verdiente, konnte ich

6244 mir auch mal wieder ein neues Auto kaufen, nicht ladenneu,

6245 aber immerhin einen Mercedes 600 SLC, 12 Zylinder und damals

6246 einen Neupreis von 248.000.-DM. Mein Steuerberater ist fast

6247 zusammengebrochen, aber ich wollte den unbedingt haben und

6248 so habe ich ihn auch gekauft, mit einem unauffälligen

6249 Kennzeichen, M-UU 333, also alles standesgemäß. Nun, nachdem

6250 ich zwischenzeitlich mit Sabine aus dem Westend nach Pasing

6251 gezogen bin, in eine schöne Terrassenwohnung, hatte mein

6252 Budget mächtig gelitten und ich weiß auch nicht, wie ich das

6253 alles so hingekriegt habe, aber es ging immer irgendwie,

6254 auch wenn vieles ziemlich sinnlos war, zum Beispiel dieses

6255 große Auto. Aber das war eben auch so ein Teil von mir,

6256 immer einen leichten Hang zum Übermut und auch ein guter

6257 Teil Größenwahn vielleicht, auf jeden Fall vieles unüberlegt

6258 und was ich auch nie konnte, für die Zukunft sorgen, dieses

6259 Wort ist bei mir relativ negativ belastet, denn es kam noch

6260 nie so, wie ich mir es vielleicht gewünscht oder vorgestellt

6261 habe, also was ist Zukunft? Knast? Kinder? Heirat? Krebs?

6262 Tod? Sicherlich ist Zukunft nicht nur finanzielle Vorsorge,

6263 dazu ist mein Leben vom ersten Tag an nicht bestimmt gewesen

6264 und wird es die letzten Tage auch nicht sein. Zukunft ist

6265 ein Begriff für Banker und Versicherungsmakler, aber nicht

6266 für Menschen, die ihr Leben leben, ich glaube, es steht

6267 nicht einmal in der Bibel ein einziges Mal das Wort Zukunft,

6268 oder? Mag sein dass ich mich täusche, aber selbst wenn, es

6269 gibt nicht viele große Religionen, die von der Zukunft

6270 reden. Vielleicht im Hinduismus, oder Buddhismus, ja, da mag

6271 es sein, dass man das nächste Leben als Zukunft bezeichnet,

6272 aber ansonsten gibt es dieses Wort nicht.

6273 Was für eine Zeit die ich auch gesundheitlich zu erleben

6274 hatte! Kaum waren wir nach Pasing gezogen hatte ich mal

6275 wieder einen Termin bei meinem Lungenarzt und der ließ mich

6276 nicht mal mehr nach Hause fahren, sondern rief gleich von

6277 der Praxis aus in Gauting in der Lungenklinik für ein Bett

6278 an. Toll, jahrelang hatte ich Frieden und jetzt waren auf

6279 der gesunden Seite der Lunge auch noch Flecken, kreisrund,

6280 zu sehen. Ich weiß nicht, was ich verbrochen habe, aber ehe

6281 ich mich versah lag ich schon in Gauting und hatte wieder

6282 mal eine dieser ekelhaften Endoskopien durch die Luftröhre,

6283 einfach widerlich und sofort kamen alle Erinnerungen an die

6284 erste Operation wieder hoch, die Schmerzen, die Qualen und

6285 all diese Scheiße, es hat sich nur die Frau geändert, die

6286 all das miterleben durfte, Sabine. Nachdem man in Gauting

6287 etwas vorsichtig war und ich auch nicht dort bleiben wollte,

6288 mir ist diese Klinik einfach unsympathisch, wurde ich nach

6289 Heidelberg in die dortige Universitätsklinik für

6290 Lungenkrankheiten verlegt und vom Professor persönlich

6291 untersucht. Als er auch keine sichere Diagnose abgeben

6292 konnte, bekam ich einen Operationstermin. Das war's, genau

6293 das habe ich erwartet, wieder der ganze Dreck von Anfang an

6294 und ich war machtlos, eine Situation die ich besonders

6295 ekelig empfand, wenn ich nichts tun konnte. Zum Glück wurde

6296 diesmal nicht alles aufgeschnitten, da hätte sich mein

6297 Tätowierer gefreut aber nicht ich, sondern es wurde durch

6298 die Seite ein kleines Loch gemacht und dadurch das kranke

6299 Gewebe aus der Lunge entfernt. Und so kleine Narben sehe ich

6300 schon gar nicht mehr auf meinen Körper. Jedenfalls ist das

6301 so, wie wenn man genau weiß der Motor ist im Arsch, aber man

6302 wechselt immer nur gerade soviel, dass er weiter läuft,

6303 wohlwissend, es kommt sicher die nächste Reparatur. Aber was

6304 soll's, nach sechs Wochen im Krankenhaus war ich wieder

6305 zurück bei Sabine und Rufus und unserer Wohnung in Pasing.

6306 Auch die Probleme haben in der Zeit nicht abgenommen, denn

6307 Sabine war am Beginn ihrer Arbeit, und auch noch ziemlich

6308 naiv. Ganz toll waren so Nächte, in denen mich Sabine anrief

6309 und mir sagte, dass einer ihrer alten Bekannten aus der Zeit

6310 beim FC Bayern wieder aufgetaucht ist, einmal war es ihr Ex-

6311 Freund und einmal war sie sogar auf dem Zimmer mit einem

6312 Münchner aus der Halbwelt, der früher auch viel mit dem FC

6313 Bayern zu tun hatte. Da bin ich richtig ausgeflippt, ich

6314 glaube ich habe bis nach München-Feldmoching von Rosenheim

6315 aus, keine 25 Minuten gebraucht und das Ende war dann eine

6316 blutende Nase und ein richtig großer Streit. Beschissen ist

6317 gar kein Ausdruck, so fühlte ich mich dann immer, wenn es zu

6318 handgreiflichen Auseinandersetzungen kam, und das passierte

6319 zu der Zeit ziemlich oft. Warum? Sicherlich konnte ich es

6320 sowieso schon nicht ertragen, dass Sabine zum Anschaffen

6321 ging und wenn dann die gesichtslosen Freier auch noch ein

6322 Gesicht bekamen, in Form von Bekannten oder Freunden, dann

6323 war bei mir die Sicherung komplett durch, da hätte ich jeden

6324 umbringen können. Pervers und unverständlich, aber ich

6325 konnte es nicht ändern. Das wurde auch immer schlimmer mit

6326 mir und ich musste mir echt überlegen, wie das weitergehen

6327 sollte, so auf jeden Fall nicht.

6328 Nach dem ersten Oktoberfest, wo es normalerweise richtig

6329 Geld gibt, fuhr ich mit Sabine nach Amerika, natürlich nach

6330 Florida, wo wir vier Wochen Urlaub machten, mit allem drum

6331 und dran, eine so Art Entschuldigung für die von mir

6332 verbrachten Schandtaten. Aber es blieb eben immer ein fader

6333 Beigeschmack dabei, man kann eben nichts mehr mit Geld oder

6334 schönen Urlauben, Geschenken oder Erlebnissen gut machen,

6335 was man vorher zerstört hat, man kann es höchstens lindern,

6336 aber sicher nicht heilen.

6337 Es war aber dennoch sehr schön, denn ich kannte ja nun

6338 Florida schon in und auswendig, konnte Sabine wirklich alles

6339 zeigen, und nachdem ich bis zu dem Tag mit allen Frauen

6340 schon in Florida war, mit Gabi, mit Claudia, auch Susanne

6341 durfte einmal kommen als ich meinen Flugschein machte, war

6342 ich natürlich über alle Möglichkeiten bestens informiert.

6343 Ich charterte auch ein Flugzeug für die vier Wochen und wir

6344 sahen alles von oben an, wobei Sabine regelmäßig einschlief,

6345 sobald wir in der Luft waren. Schon komisch, aber es war so.

6346 Wir flogen nach Key West, wo ich mit das beste und urigste

6347 Lokal kannte, zudem auch noch das älteste Lokal das es auf

6348 den Key´s gibt. Dann flogen wir ein paar Tage nach New

6349 Orleans, das war auch so ein Erlebnis für sich, denn Sabine

6350 wollte unbedingt zu den alten Villen, wo vom Winde verweht

6351 gedreht wurde und es war eine Weltreise bis wir dort waren.

6352 Leider wurde Sabine krank und konnte die Tage in New Orleans

6353 nicht so richtig genießen, nur im Bett. Dafür war die

6354 Spannung im Hotel auch nicht schlecht, das lag nämlich

6355 mitten in einem berüchtigten Verbrecherviertel von New

6356 Orleans, und dementsprechend oft fuhren auch die

6357 Polizeiautos am Hotel vorbei. Miami besuchten wir auch noch

6358 mit dem Flugzeug, was bei der Landung zu etwas Hektik

6359 führte, weil der hinter uns fliegende Airbus zu schnell war

6360 und die Fluglotsen das unterschätzten, was unser Flugzeug

6361 für eine Anfluggeschwindigkeit hatte. Aber es ging alles gut

6362 und wir verlebten wirklich wunderschöne Wochen in Florida,

6363 auch fast ohne Streit, auch wenn es hin und wieder zu

6364 kleinen Scharmützeln kam, weil ich, natürlich ungerechter

6365 Weise, jeden Tag einen glücklichen Menschen um mich haben

6366 wollte, was aber nicht möglich war, zuviel war auch im Leben

6367 von Sabine geschehen, als dass man in vier Wochen Urlaub

6368 alles wieder vergessen machen könnte. Im Urlaub entschlossen

6369 wir uns dann, dass Sabine zukünftig in Rosenheim arbeiten

6370 sollte, damit wir mehr Zeit füreinander haben und das war

6371 auch dringend notwendig. Auf dem Rückweg verbrachten wir
6372 noch ein paar Tage in New York, einer Stadt, die mich immer
6373 noch fasziniert, auch wenn sie schon in den letzten 15
6374 Jahren viel von ihrem Reiz verloren hat.
6375 Nach unserer Rückkehr verlief alles planmäßig, ich denke wir
6376 waren da schon bald ein Jahr zusammen, ich ging jeden Tag
6377 mit Manni, dem das Herz Ass gehörte, zum Boxtraining, denn
6378 er hatte sich im Keller des Clubs ein großes Gym
6379 eingerichtet, mit Sauna und allem was dazugehört. Da ich in
6380 Rosenheim ja schon längere Zeit Wing Chung lernte und
6381 trainierte, hatten wir da jede Menge gute Kämpfe im Keller,
6382 anschließend noch ein Wasser im Büro und ich fuhr wieder
6383 nach Hause. In Rosenheim hatten wir, nachdem ich selber
6384 keine rechte Lust mehr auf die Bar hatte, einen neuen
6385 Wirtschafter eingestellt, Kaine, ein kugeliger, mächtiger
6386 Kerl, mit einem Humor, dass sich die Balken bogen. Das war
6387 ja genau das was die Leute in Rosenheim wollten, Spaß und
6388 jede Menge Gaudi. Dafür war Kaine garantiert der Richtige.
6389 Dass er nebenbei auch noch ein begnadeter und
6390 leidenschaftlicher Koch war, der uns immer mit allen guten
6391 Dingen der Küche versorgte, ist ein zusätzlicher Pluspunkt
6392 für ihn gewesen. Negativ war für meine Partner, bzw.
6393 ausschließlich für Walter nur, dass er sehr gerne feierte,
6394 auch nach Dienstende und mit mir, und natürlich auch mit den
6395 Mädels. Zu der Zeit hatten wir auf jeden Fall eine prima
6396 Truppe im Laden, die sich fast bis zum Ende hielt. Jogis
6397 Freundin Dionne, die von sich selbst behauptete dass sie
6398 einen Mann heiraten müsse, der Hirn heißt, denn dann würde
6399 sie, die ohne Hirn heißen, denn sie war wirklich nicht sehr

6400 hell, aber eigentlich nett. Walters Freundin, Katja, ein
6401 Fall für sich, lange Blonde Haare und ansonsten nicht viel
6402 mehr dahinter, dafür ziemlich arrogant, aber zum Arbeiten
6403 war sie gut. Dann hatten wir noch Michelle, eine ungarische
6404 Italienerin mit einem Kölner Freund, der mittlerweile aber
6405 auch schon auf ungeklärte Weise das zeitliche gesegnet hat,
6406 dann zwei Mädels aus dem Osten, wenig schlau aber viele
6407 Ansprüche, na ja, dann war noch von mir ein Mädchen da, aus
6408 Paderborn, da wäre ich nicht gern geboren, die war ganz in
6409 Ordnung, aber nichts erwähnenswertes. Mit Sabine hatte ich
6410 es so vereinbart, dass sie nach dem Winter in Rosenheim
6411 anfangen soll, wegen der Fahrerei jeden Tag von München nach
6412 Rosenheim, sie hatte mittlerweile ein schönes Renault Cabrio
6413 bekommen und war auch ganz zufrieden damit.
6414 Zwischenzeitlich hat mich mal ein türkischer Asylant
6415 angezeigt, weil ich ihm auf der Autobahn, auf den Weg nach
6416 Rosenheim, den Stinkefinger gezeigt habe, was mich aber
6417 nicht weiter aufregte. Der fuhr mit einem Affenzahn auf mich
6418 auf und blinkte und hupte, mit seinem 300er Mercedes. Ich
6419 bin nicht unbedingt ein Freund von Asylanten, und schon gar
6420 nicht, wenn sie dann auch noch mit dicken Autos rumfahren
6421 und vom Staat das Geld kassieren. Sprach kein Wort Deutsch
6422 bei der Verhandlung, kam dann aus Frankfurt, angeblich, und
6423 machte dort eine Umschulung, toll, ohne ein Wort Deutsch zu
6424 können, und erzählte nur Schwachsinn, oder der Dolmetscher
6425 hat es falsch übersetzt, auf jeden Fall bekam ich wegen
6426 Beleidigung eine Geldstrafe. Das freute mein
6427 Führungszeugnis, endlich ein neuer Eintrag, das dachte wohl
6428 schon, dass es nie mehr geändert wird, aber da hat es sich

6429 getäuscht, sicher wird es geändert und das nicht zum letzten
6430 Mal.

6431

6432 Manchmal bleibt aber auch nichts aus, nicht nur, dass ich
6433 heute noch abends eingeschlafen bin, nein, auch mein
6434 Computer hat mir eine ganze Menge an Daten geklaut, so um
6435 die 15 Seiten, und das ist eine ganze Menge, das finde ich
6436 Scheiße. Jetzt habe ich erst mal Stunden damit verbracht,
6437 die verlorenen Daten wieder zu finden, aber leider war das
6438 nicht mehr möglich. Gut, dann schreibe ich eben dieses
6439 Kapitel noch mal, das Schöne ist, ich habe ja Zeit, jede
6440 Menge Zeit, und während ich jetzt wieder schreibe, ist es
6441 sogar auf der Strasse schon ruhig geworden, ist ja auch
6442 schon vier Uhr in der Früh. Um zehn Uhr kommt Tom am
6443 Flughafen an, den werde ich wohl mal abholen, damit er sein
6444 ganzes Gepäck unter bekommt. Ist ja wieder volles Programm.
6445 Dann werde ich jetzt mal schlafen gehen und hoffen, dass ich
6446 morgen die Dateien wieder finde. Bin trotzdem sauer, macht
6447 nämlich richtig viel Arbeit und mir brummt der Schädel,
6448 manchmal hasse ich Computer, vor allem weiß ich, dass es
6449 noch irgendwo sein muss, aber wo?????

6450

6451 Nun gut, heute habe ich mir einen sehr gemütlichen,
6452 erholsamen Tag gemacht. Musste schon um 8.00 Uhr aufstehen,
6453 weil Tom ja am Flughafen mit einer Unmenge Gepäck wartete.
6454 Danach habe ich ihn in die Stadt gefahren und bin dann
6455 anschließend zum Baden, aber nur bis um 15.00 Uhr, denn es
6456 war so brütend heiß, dass ich die ganze Zeit im Wasser lag
6457 und irgendwann völlig aufgeweicht war. Nachmittags habe ich

6458 mir die hier übliche Siesta gegönnt, dann ein paar

6459 unangenehme Anrufe mit der Ex-Heimat getätigt und danach

6460 kochte ich mir eine gute Suppe und, natürlich, Nudeln.

6461 Zumindest ist mein Geldautomat konstant konsequent zu mir,

6462 wie das Wetter, immer freundlich, aber ablehnend. Das

6463 veranlasste mich dazu, mal bei meinen Schuldnern etwas Druck

6464 zu machen, die ja alle schon letzten Freitag überwiesen

6465 haben, aber komischerweise alle zusammen die falsche

6466 Kontonummer, die falsche Bankleitzahl, die falsche Bank,

6467 Falschgeld und was weiß ich noch, was ich alles an Ausreden

6468 bekommen habe. Gut dass das Geld von der Versicherung da

6469 ist, das kommt morgen mit Western Union, dann bin ich ab

6470 Nachmittag wenigstens wieder flüssig. Der Vorteil für mich,

6471 diese Situationen gleich am Anfang zu erleben, ist, dass ich

6472 nicht übermütig werde und mit dem Geld um mich werfe,

6473 sondern jetzt gleich das wirkliche sparsame Leben kennen

6474 lerne, das ich mir eigentlich auch vorgestellt habe. Tom war

6475 am frühen Abend noch schnell bei mir zuhause und hat mir ein

6476 paar nette Geschichten aus dem Leben in Düsseldorf erzählt,

6477 der hat's auch nicht einfach zur Zeit.

6478

6479 Als ich heute am Flughafen war, traf ich einen alten

6480 Bekannten zufälligerweise gerade aus München kommend, und

6481 ich musste mich schlagartig daran erinnern, was ich mit dem

6482 für Geschichten erlebt hatte, nicht nur Gute. Der Houzer,

6483 ein Sohn von Beruf und der Abramowski, auch Sohn, von denen

6484 hatten wir zur damaligen Zeit das Objekt bekommen, indem wir

6485 die Asylanten untergebracht haben. Zwei Betrüger vor dem

6486 Herrn, also mehr auf der illegalen Seite. Die haben immer

6487 alte Abbruchgrundstücke angemietet und für die Zeit bis zum
6488 Abriss, was manchmal Jahre dauern konnte, die Objekte
6489 vermietet. Mit dem kleinen Unterschied, dass die den Mietern
6490 nicht sagten, dass sie nur für eine unbestimmte Dauer darin
6491 wohnen und arbeiten konnten. Irgendwann standen dann die
6492 Bagger vor der Tür, der Strom war abgestellt, das Wasser weg
6493 und wenn die Abrissbirne zum ersten Mal in die Wand
6494 einschlug, dann wusste der letzte Trottel, dass er
6495 hereingelegt wurde. Tja, und die beiden hatten hin und
6496 wieder einen Auftrag für mich, entweder entmieten, Mieten
6497 eintreiben, Rückstände eintreiben. Einmal musste ich für die
6498 Beiden die Marianne Sägebrecht aus ihrer Wohnung bitten,
6499 bzw. nachweisen dass sie Geld zum Zahlen hatte, was nicht so
6500 schwer war nachdem sie einen großen Erfolg mit dem Film „Out
6501 of Rosenheim" hatte. Auf jeden Fall gab es mit der
6502 Honorarzahlung immer recht große Probleme, welche ich dann
6503 jedoch meist sehr rustikal mit den beiden löste. Bei der
6504 letzten Abrechnung gab's dann einen ungedeckten Scheck und
6505 daraufhin gab es ein paar hinter die Ohren für die beiden
6506 Betrüger. Irgendwann hatte ich dann erfahren, dass beide
6507 mehrfach verurteilt wurden, aber das war mir eigentlich egal
6508 Auf jeden Fall hatte er es heute sichtlich eilig als er mich
6509 sah, und ein ungläubiges Staunen, dass ich ihn sofort
6510 erkannte. Was soll man tun, ich habe eben ein sehr großes
6511 Personen und Namensgedächtnis.

6512

6513 Auch alle meine Vorstrafen kann ich mir sehr gut merken,
6514 denn jede einzelne der Vorstrafen hat einen so unglaublichen
6515 Hintergrund, dass ich es eigentlich gar nicht erzählen will,

6516 weil es mir sowieso niemanden glauben kann, damit will ich

6517 nicht sagen, dass ich immer ein Opfer der Justiz war, nein

6518 sicher nicht, aber jedenfalls polarisiere ich wohl die

6519 Menschen, und bei Richtern und Staatsanwälten wohl immer

6520 ins Negative.

6521

6522 Ich meine, wer denn schon einen Asylanten, was man ja vorher

6523 auch nicht weiß, den Stinkefinger zeigt, nachdem die

6524 vermummte Beifahrerin die Zunge rausgestreckt hat, das ist

6525 schwer zu bestrafen. Eigentlich dürfte sich ein Gericht gar

6526 nicht mit so was beschäftigen. Ich habe sicherlich nicht die

6527 Einstellung, dass es bei zivilisierten Ländern die

6528 Selbstjustiz geben sollte, oder dass jeder mit der Waffe

6529 rumläuft und wie im wilden Westen seine Probleme selber

6530 löst, aber viele Dinge, die einfach zu einem Lebensablauf

6531 gehören, die sollten nicht im Strafgesetzbuch stehen.

6532 Beleidigung? Ich meine, eine Beleidigung kommt ja nicht von

6533 irgendwie, sondern hat ja einen Anlass. Also, wer ist jetzt

6534 der welcher Schuld hat? Der, der den anderen dazu bringt,

6535 beleidigend zu werden, ihn provoziert und ärgert, oder der

6536 sich dagegen wehrt und verbal sich verteidigt? Man könnte

6537 den ganzen Tag die Justiz auf Trab halten, ja womöglich lahm

6538 legen, wenn man durch die Stadt fährt, abrupt bremst, nicht

6539 blinkt, egal was, nur den Hintermann provozieren, bis der

6540 sich durch Gesten oder beleidigende Worte wehrt. Dann sofort

6541 die Nummer aufschreiben und ab zur Polizei, sofort einen

6542 Anwalte nehmen und Anzeige erstatten, jeden Tag schafft man

6543 so locker 10 Anzeigen. Sind im Jahr, mit Sonntag, 3650

6544 Anzeigen, 3650 Verhandlungen und 3650 Auszahlungen wegen

6545 Zeugengeld, vielleicht 30 Euro, ergibt einen Jahresverdienst
6546 von 19 950 Euro, ist doch nicht schlecht, wenn das in einer
6547 Stadt nur 10 Leute machen, Arbeitslose haben wir ja genug,
6548 dann ergibt das 36500 Anzeigen, die alle bearbeitet werden
6549 müssen. 36500 Vernehmungen und Papier, Porto, Akten,
6550 Verwaltung und was weiß ich wie viele Vorgänge in den
6551 diversen Ämtern. Cool, die Idee ist ausbaufähig, weniger
6552 wegen dem Geld, einfach nur um die Justiz lahmzulegen, die
6553 kommt dieser Flut an Anzeigen im Leben nicht nach, gar keine
6554 Chance. Vielleicht überlegt dann der Gesetzgeber mal, diese
6555 Paragraphen abzuschaffen und durch eine höhere Bewertung des
6556 Begriffs Beleidigung viele Anzeigen nicht mehr zuzulassen,
6557 nur noch in schweren Fällen, so mit Bedrohung und Bespucken,
6558 dann kann man sich ja auf ein Strafmass einigen, aber wegen
6559 „Saupreiß", oder „Stinkefinger", das kann nicht angehen, da
6560 macht sich die Justiz lächerlich.

6561

6562 Wenn ich mir so überlege, wie meine Vorstrafen oft zustande
6563 kamen, da muss ich immer an die Eine denken, die ich absolut
6564 zu Unrecht bekam, die aber zeigt, wie leicht es eigentlich
6565 ist, einen Menschen in Misskredit und Probleme zu stürzen.
6566 Ich hatte kurz nach meiner Entlassung aus dem Knast ja sehr
6567 viel mit meinem damaligen Freund und Rechtsanwalt, Dr.
6568 Klaßen zu tun. Durch den lernte ich auch einen gewissen
6569 Eckerle kennen, seines Zeichens ein Versicherungsmakler mit
6570 Büro, damals, in der Schellingstrasse in München. Da ich ja
6571 für meinen Anwalt das ein oder andere zu recherchieren
6572 hatte, brauchte ich ja auch eine Büroadresse, damit meine
6573 Aufwendungen den Klienten in Rechnung gestellt werden

6574   konnten. Die Adresse bekam ich bei dem besagten Eckerle, und

6575   ein kleines Zimmer dazu, wo ich mein Faxgerät und ein paar

6576   andere Dinge unterbrachte. Durch die Büronähe lernten wir

6577   uns auch etwas besser kennen und wie das im Leben so spielt,

6578   hatte ich ein paar Freunde, vor allem auch Mädchen, die noch

6579   Versicherungen brauchten. Die habe ich ihm vermittelt und er

6580   gab mir dafür von der Provision einen Teil ab, ich glaube es

6581   war vielleicht die Hälfte. Nun, wie das mit Versicherungen

6582   eben so ist, in dem Augenblick in dem man sie unterschreibt

6583   weiß man, dass man sie eigentlich gar nicht braucht und es

6584   aufs Jahr gesehen, auch viel zu viel Geld ist. Dann kommt es

6585   schon mal vor, dass man nach ein paar Monaten einfach die

6586   Zahlung einstellt, die Versicherung kündigt und das Thema

6587   ist erledigt. Aber nicht für den Vermittler, der durch die

6588   Kündigung die Provision zurückzahlen muss, wenn die

6589   Versicherung nicht länger als ein Jahr läuft. Und genau das

6590   ist mit einem Teil der durch mich vermittelten Verträge auch

6591   passiert und so kam dieser Eckerle nach einem Jahr, wir

6592   hatten schon keinen Kontakt mehr, zu mir und forderte die

6593   mir von ihm ausgezahlte Provision zurück. Denkste, da gab's

6594   Wasser, nada, nichts, bin ja nicht total dämlich, denn für

6595   die gut gehenden Verträge zahlte er mir ja auch nichts von

6596   seinen Folgeprämien, also, ich lehnte strikt ab, stritt mit

6597   ihm ein paar Mal rum und vergaß diese Episode in meinem

6598   bewegten Leben recht schnell, zumal auch der Eckerle sich

6599   aus München zurückzog und wieder nach Niederbayern ging.

6600   Einmal kam dann ein Mahnbescheid, was mich aber auch nicht

6601   sonderlich interessierte und ich sowieso schon den

6602   Offenbarungseid hinter mir hatte. Also, alles paletti,

6603   könnte man meinen, aber wie es eben manchmal so ist, sieht

6604   man sich immer zweimal. Ich sah den Eckerle dann bei meiner

6605   Verhandlung wieder, drei Jahre oder vier Jahre später.

6606   Welche Verhandlung? Das fragte ich mich auch, als eines

6607   Tages vom Amtsgericht Deggendorf eine Anklageschrift

6608   hereingeflattert kam , wegen Bedrohung und Beleidigung. Ich

6609   hätte den Eckerle telefonisch bedroht und beleidigt, obwohl

6610   ich weder Kontakt zu ihm hatte, noch seinen Wohnort kannte,

6611   geschweige denn seine Telefonnummer. Also alles sehr

6612   mysteriös, ich blickte da nicht durch, mein Anwalt auch

6613   nicht, also fuhren wir zur Verhandlung nach Deggendorf. Und

6614   was passiert da? Da steht der Eckerle mit dem

6615   Gerichtsvollzieher und macht bei mir eine Taschenpfändung,

6616   das war genial. Der konnte meinen Wohnort nicht ausfindig

6617   machen, ließ sich eine nette Geschichte einfallen, nahm

6618   seine Frau als Zeugin, obwohl die mich gar nicht kannte und

6619   auch nie mit mir vorher gesprochen hatte, erkannte sie meine

6620   Stimme am Telefon und sagte das auch noch unter Eid aus. Ist

6621   ja auch nie nachweisbar, dass sie gelogen hat, ich werde

6622   vorgeladen zur Verhandlung und er steht mit dem

6623   Gerichtsvollzieher da. Zu allem Überfluss brachte er die

6624   Geschichte so gut rüber, er hätte so Angst vor mir und

6625   meinen Drohungen, seine Kinder hätten Schlafstörungen

6626   bekommen, er habe den Waffenschein beantragt, sein Haus

6627   gesichert, usw., dass ich trotz aller Beteuerungen und

6628   logischer Hinweise auf meine Unwissenheit über seinen

6629   Wohnsitz und seine Telefonnummer, abgesehen davon, dass mir

6630   ja auch der Grund und das Motiv gefehlt haben, ich

6631   verurteilt wurde und somit meinen ersten Eintrag im

6632 Führungszeugnis wegen Beleidigung und Bedrohung hatte. Ich

6633 könnte diesen Eckerle heute noch durch Sonne und Mond

6634 schlagen, so eine Stinkwut hatte ich auf den, vor allem

6635 konnte ich mich nicht wehren, war völlig hilflos ausgesetzt,

6636 dem Vorurteil eines Vorbestraften ausgesetzt, der

6637 Vorverurteilung und diese Hilflosigkeit kann eigentlich

6638 jeden treffen.

6639 Also für die Zukunft ganz einfach merken: Feinde nicht aus

6640 den Augen lassen. Jeder kann einen anderen Menschen völlig

6641 unschuldig zu einem Schuldigen machen, ganz einfach, die

6642 Geschichte muss stimmig sein, nicht nachprüfbar und der

6643 Gegner darf bis zum Schluss nicht wissen, was eigentlich mit

6644 ihm passiert. Nehmen wir zum Beispiel an, man hat einen

6645 Arbeitskollegen und mit dem hat man Stress. Einfach

6646 anzeigen, er hätte einem beleidigt, am Telefon und natürlich

6647 nicht vergessen, auch bedroht. Nun am nächsten Tag zum Arzt,

6648 über Panikattacken klagen, zum Chef, Krankmeldung abgeben

6649 und das war's. Die Anzeige ist mit Sicherheit erfolgreich,

6650 vielleicht noch die Ehefrau, Freundin oder Freund, der den

6651 Anruf „entgegengenommen" hat, und das war's auch schon.

6652 Arbeitskollege wird sicher gekündigt, verurteilt und ist

6653 erst mal bis auf weiteres gesellschaftlich vernichtet.

6654 Einfach, oder? Darüber sollte man sich mal wirklich Gedanken

6655 machen, denn von dieser Sorte gibt es noch zig andere

6656 Möglichkeiten, jemand durch falsche Aussagen und

6657 unüberprüfbare Angaben zu vernichten. In meinem Fall hat das

6658 ja nun hervorragend geklappt und wenn man sich dann die

6659 nächsten Jahre ansieht, dann erkennt man sehr schnell, dass

6660 durch solch einen Eintrag ins Führungszeugnis, der weitere

6661 Verlauf bei Verhandlungen arg gehandicapt ist, denn die
6662 Richter und Staatsanwälte haben nämlich nicht die Zeit, die
6663 Akten zu lesen, sondern erhalten lediglich einen Auszug aus
6664 dem Führungszeugnis mit der Verurteilung und da steht dann
6665 nichts mehr über die Umstände. Ich kann ja auch nicht bei
6666 jeder Verhandlung, und davon gibt es im Verlaufe der
6667 nächsten Jahre noch einige, zu jeder Verurteilung ein
6668 stundenlanges Referat halten, zumal es ja dann auch für den
6669 Richter nicht nachvollziehbar ist, ob ich da die Wahrheit
6670 erzähle. Also kann ich mir das von vorneherein sparen und
6671 einfach nur aufpassen, dass es nicht mehr zu solchen
6672 Vorfällen kommt. Nur, es gibt sehr viele Eckerle, die sich
6673 auf diese Art an einem rächen wollen oder einem schaden
6674 wollen, vor allem wenn man weiß, dass jemand vorbestraft
6675 ist, denn dann hat man zu den eigenen Aussagen auch noch das
6676 Vorurteil und das schlechte Bild auf seiner Seite. Traurig
6677 aber wahr.

6678

6679 **Die letzten Tage sind mal wieder etwas an mir**
6680 **vorbeigelaufen, es wird sicher Zeit, dass ich was zum**
6681 **Arbeiten finde, denn sonst komm ich hier sicherlich nicht**
6682 **recht lange zurecht. Nicht wegen den Finanzen, das zwar**
6683 **auch, aber vorwiegend ist es die Ziellosigkeit die einem**
6684 **richtig zu schaffen macht. Es ist schon in Ordnung, mal ein**
6685 **paar Wochen auszuspannen, aber heute ist Sonntag, 28. Juli**
6686 **2002, und ich bin nahezu vier Wochen weg von Rosenheim.**
6687 **Sicher, ich gehe gerne an den Strand zum Sonnen, sitze**
6688 **abends auch gerne im Mambo, aber im Gesamten betrachtet wird**
6689 **das auf die Dauer auch nicht der Sinn und Zweck sein. Gut,**

6690   das Buch macht mir auch viel Arbeit, vor allem muss ich
6691   wirklich viel über mein Leben nachdenken, das wollte ich ja
6692   auch so, aber wenn man jeden Tag nur darüber nachdenkt,
6693   erkennt man sehr deutlich, wie sinnlos eigentlich viele
6694   Dinge sind, wie achtlos man in seinem Leben mit wichtigen
6695   Dingen umgegangen ist und wie seltsam sich manchmal das
6696   Leben entwickeln kann.

6697   Tom ist auch noch da, was mich ein wenig ablenkt, aber
6698   natürlich auch etwas behindert, denn wir fahren fast jeden
6699   Tag einkaufen und Besorgungen machen, was ich gerne tue,
6700   aber meist ist dann der Tag im Eimer, abends gehe ich dann
6701   wieder weg, komme in der Früh nachhause und schlafe bis
6702   Mittag, dann ist es zu heiß zum Arbeiten und ich gehe in die
6703   Stadt, treffe mich mit Tom, fahre mit ihm und seiner Frau
6704   samt Sohn, zum Einkaufen. Heute habe ich mir die restlichen
6705   zwei Wohnungen von Tom angesehen, sind wirklich sehr schön,
6706   vielleicht kann ich ihm bei der Vermietung etwas behilflich
6707   sein, ist dieses Jahr auch nicht so einfach.

6708   Gestern habe ich mich noch mit einem Teil der Zigeuner
6709   „angefreundet", na ja, sind ganz nett, aber mir ist so ein
6710   Kontakt zu denen etwas zu viel, erstens findest du keinen
6711   der dir hilft, wenn es Ärger gibt und zweitens machen die
6712   alle nur mit Drogen und Diebstählen ihr Geld, was mich schon
6713   sehr stört. Und so richtig vertrauenserweckend sind die ja
6714   alle nicht, von oben bis unten tätowiert, drogenabhängig und
6715   absolut gewaltbereit. Na gut, wir werden das mal alles mit
6716   Vorsicht betrachten und Distanz halten. Habe gestern auch
6717   noch eine sehr guten Anwalt durch Tom kennengelernt, Fabio,
6718   wirklich angenehm sich mal mit jemanden zu unterhalten, der

6719 hier lebt, arbeitet und auch noch Hirn hat, denn ansonsten
6720 sind alle doch etwas eingeschränkt, was den Horizont
6721 betrifft. Die Urlauber sowieso, die haben nichts anderes im
6722 Kopf als Party und Drogen, nicht mal Sex, und die hier ihre
6723 Geschäfte haben, vor allem Gastronomie, haben von sonst
6724 wenig bis gar keine Ahnung, arbeiten ihre 5 Monate und der
6725 Rest ist Urlaub. Gut, wenn's denn so geht, aber ich denke
6726 das wird sich wohl auch etwas verändern, denn von dem Umsatz
6727 in diesem Jahr wird wohl fast keiner das restliche Jahr
6728 leben können.
6729 Gestern haben wir bei Tom ein kleines Barbeque veranstaltet,
6730 ich durfte kochen, und heute gehe ich wieder zu ihm und
6731 Reste essen ist angesagt. Bin eh schon ziemlich weit unter
6732 der 100 kg Marke angekommen. Morgen fahre ich abends mit Tom
6733 nach Mallorca, ein paar Freunde von ihm besuchen und einfach
6734 andere Sachen sehen, wird sicherlich lustig, um acht mit der
6735 Fähre abends hin und am nächsten Tag um sieben Uhr früh, mit
6736 der Fähre zurück, was bedeutet: kein Schlaf, viel Alkohol
6737 und hoffentlich was zum Poppen, bin damit schon arg im
6738 Hintertreffen. Ich glaube die leben hier alle sexlos, also
6739 das ist mir ein Rätsel, oder ich bin wirklich schon zu alt
6740 für die. Gestern hatte ich noch die Bekanntschaft mit einer
6741 älteren, aber noch gut aussehenden Frau gemacht, 53 Jahre,
6742 also das kannte ich auch noch nicht. Die fuhr mich in der
6743 Nacht schnell zu einem Lokal wo ich mich vorstellen wollte,
6744 und erzählte mir, dass sie das Auto von ihren Eltern
6745 geschenkt bekam. Ich konnte mir nicht verkneifen zu fragen,
6746 ob die denn noch leben. Kam nicht so gut, aber ich konnte
6747 vor Lachen über meine eigene Unverschämtheit kaum noch

6748 reden. Sie fands dann auch recht amüsant. Na ja, mal sehen,

6749 wird sich schon was ergeben, noch habe ich ja auch so meinen

6750 Spaß und hin und wieder ins „böse Haus", das ist einfach und

6751 ohne Komplikationen, kostet nicht die Welt und nimmt den

6752 Druck aus dem Kopf.

6753 So, nachdem ich jetzt mit dem Grillen fertig bin, verschwand

6754 ich ohne Umwege gleich nach oben und sitze auf dem Balkon,

6755 sehe auf die Strasse, die Menschenmassen und stelle fest,

6756 dass sich der Blickwinkel nach vier Wochen schon sehr

6757 verändert hat. Gut, ich wollte eigentlich sowieso nicht in

6758 der Stadt, sondern auf dem Land leben, aber wenn man die

6759 ganzen Geschichten so erzählt bekommt, was die Zigeuner hier

6760 alles so anstellen, dann ist man einfach etwas depremiert

6761 und es macht die Stadt nicht lebenswerter. Also, zuerst

6762 Arbeit finden und dann raus aufs Land und die Ruhe und

6763 Abgeschiedenheit geniesen. Ich möchte einfach den Winter,

6764 bzw. den Herbst hier noch erleben. Wenn es mit der Arbeit

6765 nichts wird, dann ist so oder so bald Schluss mit lustig,

6766 denn mein Geld wird wohl nicht ewig reichen. Schon blöd,

6767 aber wird schon werden, hoffe ich zumindest, ich will nicht

6768 mehr zurück. Bei dem Lokal wo ich heute war, ist auch nichts

6769 mit arbeiten, der braucht wohl doch niemanden. Mal Franco

6770 fragen, wie er das gemeint hat, dass der jemanden sucht. Wie

6771 ich auch sehr lebhaft feststelle, ist das Interesse der

6772 „Freunde" und der Menschen aus Deutschland auch schon

6773 ziemlich ruhig geworden, fast keine Anrufe mehr, keine Mail

6774 und auch mit den E-Mails habe ich keine große Flut zu

6775 bewältigen. Und das schönste an der ganzen Sache ist, ich

6776 bekomme immer noch keine Post, wird wohl auch so bleiben.

6777   **Oftmals ist es schon schwer, wenn ich an die Zukunft denke,**

6778   **Zukunft heißt, die nächsten Wochen und Monate, wenn man**

6779   **nicht weiß wo und wie das alles weitergeht. Darüber sollte**

6780   **sich jeder, der den Schritt in eine andere Welt vorhat, im**

6781   **Klaren sein, es ist zwar alles happy und hipp-hopp pretty**

6782   **party people, aber ganz sicher nicht einfach. Aber, wir**

6783   **werden es schaffen. Sicher.**

6784

6785   Geschafft hat mich auch die Sache mit dem Eckerle, aber nun

6786   hatte ich eben auch diesen Sektor in meinem Führungszeugnis

6787   stehen, was nützt es, damit ist jetzt erst mal zu leben.

6788   Meine Beziehung mit Sabine lief eigentlich wieder oder immer

6789   noch ganz gut, sicherlich hatten wir das ein oder andere

6790   Problem zusammen. Mittlerweile arbeitete Sabine ja in

6791   Rosenheim und von daher war alles etwas leichter für uns. Es

6792   wurde Ostern 97, und da schlug die Polizei zum ersten Mal

6793   selbst zurück. Seit der Schlägerei mit den Polizisten war es

6794   natürlich nicht mehr so einfach für mich, aber das störte

6795   mich ja nicht ganz so viel, denn ich hatte zumindest nach

6796   aussenhin nichts, was man mir anhaben könnte. Sicherlich,

6797   die eine oder andere Verwarnung, die ich aussprach, an

6798   Menschen die frech oder böse waren, die eine oder andere

6799   Ohrfeige, die mir meist nur ein Gespräch am nächsten Tag

6800   einbrachten, wo sich die Betroffenen entschuldigten,

6801   komischerweise, und ansonsten war mir nie etwas anzuhaben.

6802   Eines Tages, eben an jenem Ostertag, ließ ich mein Auto,

6803   diesen Riesenmercedes, vorm Nachtcafe stehen, denn der

6804   Betreiber dort feierte Geburtstag und es wurde doch sehr

6805   viel und schnell getrunken. Als ich dann ins Geschäft ging,

6806   das ja nur ein paar Schritte entfernt war, ließ ich mein

6807   Auto gleich vor dem Lokal stehen, denn vorm Geschäft würde

6808   ich sowieso keinen Parkplatz finden. Ich also in den Laden,

6809   und natürlich, dort weitergefeiert, anschließend mit allen

6810   Mädchen ab in die Diskothek, abfeiern und vielleicht noch

6811   ein paar Gäste finden. Das tat sich dann auch, Sabine hat,

6812   soweit ich das noch mitbekommen habe, mit einem Ausländer

6813   unterhalten, oder auch Brasilianer, und das passte mir

6814   schon gar nicht. Ich also mal wieder eine Riesenszene

6815   gemacht, vollkommen zu Unrecht, aber das war mir zu dem

6816   Zeitpunkt sowieso nicht klar. Irgendwie schubste ich dann

6817   Sabine weg von mir und sie fiel mit dem Kopf gegen eine

6818   Wand, blutete wie ein Schwein und der Abend war gelaufen.

6819   Die anderen Mädchen sind schon lange wieder in den Club

6820   gegangen, mit lustigen Gästen, ich gab mir noch eine Flasche

6821   Wodka und Bernd, der Eigentümer der Disco, fuhr mit Sabine

6822   ins Krankenhaus. Toll. Das war wieder mal ein typischer

6823   Aussetzer für mich, obwohl ich für die Kopfwunde nichts

6824   konnte, aber das mit dem Brasilianer war unnötig. Nur, mir

6825   etwas zu erklären wenn ich betrunken war, das ist schier

6826   unmöglich, da könnte man auch einer Kuh schneller Schreiben

6827   lernen. Gut, dachte ich, gehst auch wieder in den Club, was

6828   ich auch tat, unter weiteren Flaschen Wodka. Dort erreichte

6829   mich dann ein Anruf von einem Kollegen, der mich bat, mein

6830   Auto doch wegzufahren, vor dem Nachtcafe, wo es ja noch

6831   immer seit der Geburtstagsfeier stand. Der Grund war ganz

6832   einfach, sie wollten in dieser Nacht, es war ja Ostern, ein

6833   neues Apartment, wo eine Private arbeitete, zerstören, denn

6834   das war zu der Zeit immer die größte Konkurrenz für die

6835 Clubs. Das sagte er mir aber am Telefon nicht, sondern eben
6836 nur, ich soll doch bitte mein Auto wegfahren. Nun, das
6837 machte ich sicher nicht, weil ich mittlerweile mit Bernd vom
6838 Cäsars an der Bar saß und weiter Wodka trank. Sabine war
6839 verarztet und schmollte in ihrem Zimmer, und ich
6840 sturzbesoffen. Irgendwann um acht oder neun Uhr, war auch
6841 Bernd verschwunden, die anderen waren auch alle auf den
6842 Zimmern und ich erinnerte mich an den Anruf und ging eben zu
6843 meinem Auto. Ostersonntag, neun Uhr, 400 m zu fahren, was
6844 soll da schon schief gehen, wobei ich gar nicht soweit
6845 dachte. Einfach das Auto holen und in den Hof stellen,
6846 wieder rauf und entweder noch was trinken, oder ab ins Bett.
6847 Gut, dazu kam ich aber nicht mehr, weder das eine noch das
6848 andere. Was ich nicht bedachte, ich hatte von der Kopfwunde
6849 von Sabine ein Sweatshirt an, gelb, mit vielen roten
6850 Flecken. Ich ging zu meinem Auto, stieg ein und fuhr die
6851 paar Meter zu meinem Club, stellte das Auto ab und ging nach
6852 oben. Dort setzte ich mich mit Bernd dann wieder an die Bar
6853 und keine zehn Minuten später klingelte es an der Türe. Ich
6854 Trottel, musste natürlich aufmachen. Wer sollte denn
6855 eigentlich um diese Uhrzeit noch kommen? Kein normaler
6856 Mensch, Ostersonntag, vormittag, nein, warum ich das machte
6857 weiß ich bis heute nicht. Jedenfalls standen natürlich die
6858 Herren von der Trachtenabteilung vor mir, in Grün gekleidet,
6859 mit einer Frau, die ich nicht kannte. Spasseshalber erklärte
6860 ich der Dame noch, dass sie keinen Zutritt hätte, aber der
6861 Spaß kam nicht so gut an. Die Frau, muss wohl im Auto das
6862 hinter meinem geparkt war, gesessen sein, ihr Mann rief die
6863 Polizei und die war innerhalb von zehn Minuten da. Toll,

6864 normaler Werdegang, Blutprobe, Arzt, Vernehmung, und Tschüß.

6865 Am nächsten Tag, als ich wieder normal denken konnte, erfuhr

6866 ich die ganzen Details: Das Apartment hatte ein Polizist aus

6867 der Gegend von Ulm angemietet. Mein Auto stand davor als es

6868 zerstört wurde, komplett zerstört allerdings. Die Frau die

6869 mich beim Wegfahren beobachtete, war mit ihrem Mann da, der

6870 zufälligerweise aus der Gegend von Ulm kam und, welch neuer

6871 Zufall, der Mann war Polizist, welch ein häufiger Beruf. Wie

6872 ich mich erinnerte, war der der das Apartment angemietet

6873 hatte auch Polizist, und, welch sonderbare Sache, kam der

6874 nicht auch aus der Gegend von Ulm? Nun, die Frau sagte bei

6875 der Vernehmung, sie seien zufällig in Rosenheim, weil sie

6876 Zahnschmerzen hatte und ihr Mann aus der Apotheke, die sich

6877 direkt in der Strasse befand, wo mein Auto geparkt war, ein

6878 Schmerzmittel holen wollte. Tolle Sache, oder? Tja, dass die

6879 Polizei so schnell bei mir war, auch rein zufällig, denn die

6880 waren mit dem einzigen Streifenwagen gerade um die Ecke,

6881 normalerweise fahren die um die Uhrzeit am Sonntag gar nicht

6882 auf Streife. Aber dass dann der Polizist, der Herr Moritz,

6883 zufälligerweise auch noch ein guter Freund des Polizisten

6884 aus Ulm war, das war dann doch zuviel der Zufälle. Aber was

6885 sollte ich machen, ich war betrunken gefahren, die haben

6886 mich erwischt, also musste ich, wie auch immer, die

6887 Konsequenzen tragen. Hätte ich mein Auto stehen lassen, oder

6888 wäre nüchtern gewesen, alles kein Problem, aber betrunken

6889 fahren ist eben scheißblöd und ich wars, Ende. Ich hatte

6890 also keinen Schein mehr, Sabine war am Kopf verletzt und auf

6891 mich sauer, die Welt schien sich mal wieder gegen mich zu

6892 verbünden.

6893   Aber was soll's, nachdem mir eine Woche vor diesem Vorfall

6894   beim Mercedes das Getriebe kaputt ging, mit 110000 km, und

6895   damit außer der Garantie lag, die Reparatur gute 15.000 DM

6896   gekostet hat, war es doch gut, dass ich keinen Schein mehr

6897   hatte. Auch die Taxizentrale hatte ihren Spaß, denn jetzt

6898   durfte sie sich noch öfter mit mir rumärgern. Sabine freute

6899   sich, denn die hatte jetzt den Mercedes zum Fahren und im

6900   Club freuten sie sich auch, weil ich jetzt noch öfter im

6901   Laden war. Mein Anwalt freute sich, weil er Arbeit bekam,

6902   mein Hund und Freund Rufus freute sich, weil er jetzt viel

6903   gehen durfte, das Mileu freute sich, weil es immer

6904   schadenfroh ist, nur ich freute mich nicht, denn das ist,

6905   als wenn sie dir den Schwanz abschneiden. U-Bahn, S-Bahn,

6906   Zug, Taxi, kein Motorrad, kein Urlaub mit Mietauto, gelinde

6907   gesagt, einfach eine mordsblöde und unangenehme, lästige und

6908   behindernde Angelegenheit. Aber jammern nützte nichts, ich

6909   musste mir was einfallen lassen und hatte bald die Idee,

6910   ganz nach Rosenheim zu ziehen, was sich auch heute als

6911   Fehler erwies. Sabine fand den Gedanken nicht so gut, weil

6912   wir ja erst die Wohnung in Pasing bezogen hatten und uns

6913   dort ganz gut einlebten. Aber es half ja nichts, also zog

6914   ich zuerst ins Haus gegenüber vom Club, was wir in weiser

6915   Voraussicht noch angemietet hatten, bevor dort jemand

6916   einzog, der uns mit dem Club richtig Ärger bereiten konnte,

6917   womöglich jemand mit Kindern, oder so. bis zu dem Zeitpunkt

6918   hatten unsere Wirtschafter dort ihre Zimmer und der erste

6919   Stock war vermietet. Also war eigentlich alles bestens. Ich

6920   zog also erst mal dort ein, Sabine blieb noch in der Wohnung

6921   in München, es waren also plötzlich die Dinge verdreht,

6922 Sabine fuhr nach der Arbeit oft nach Hause und ich blieb in

6923 Rosenheim.

6924 Gut so, denn durch meine ständige Anwesenheit in der Stadt,

6925 konnte wir uns den Barmann sparen, ich verdiente wieder

6926 etwas mehr Geld und war immer vor Ort, für Gott und die

6927 Welt, immer wurde bei mir geklingelt, und wenn nur die

6928 Toilette verstopft war, sie kamen zu mir, egal welche

6929 Uhrzeit, sie kamen zu mir, ich wollte das alles nicht so

6930 haben, aber es war jetzt so.

6931 Durch die Zeit die ich jetzt natürlich hatte, besuchte ich

6932 natürlich auch meine Kollegen und Freunde, wobei nicht jeder

6933 Kollege auch ein Freund war, das galt insbesondere für

6934 Bruno, den ich schon lange Zeit kannte, und der im HerzAss

6935 in Rosenheim tätig war. Das Haus gehörte dem, bei dem meine

6936 Ehefrau damals arbeitete und durch dessen Bekannten sie

6937 schwanger wurde. Und Bruno war ein kleiner mieser

6938 Drogenhändler, der zudem die Frauen in dem Club mit Kokain

6939 versorgte. Aber sie hatten einen österreichischen

6940 Wirtschafter, Herbert, und mit dem kam ich schon lange Zeit

6941 wunderbar aus. Ich also abends in das HerzAss und dann

6942 passierte es, was wohl jedem Menschen im Leben einmal

6943 passiert, und was man sonst nur aus Filmen kennt: Da saß sie

6944 und schaute genauso wie ich, einfach ungläubig, dass so was

6945 passieren kann: Marion, ein Traum von Frau, klein, ewig

6946 lange blonde gelockte Haare, ein Gesicht wie eine Puppe und

6947 eine zierliche Figur, eben alles so, wie man es sich immer

6948 wünscht und wenn man seine Traumfrau beschreiben müsste, sie

6949 würde so aussehen, und jetzt saß sie da und es ging ihr

6950 genauso. Gott, das war ein Gefühl, ich hätte in der Luft

6951   Saltos schlagen können ohne von der Wolke zu müssen, die
6952   plötzlich unter mir war und alles was passierte, war einfach
6953   wunderschön. Es stimmte von der ersten Minute an, es funkte
6954   und sprühte, es blitzte und donnerte, ich denke es dauerte
6955   keine Stunde bis wir uns küssten, etwas was Huren niemals im
6956   Leben machen, aber für mich war das alles anders. Es war und
6957   bleibt bis heute Liebe auf den ersten Blick. Gut, das war
6958   der Tag und die Stunde Eins, es kam aber noch der nächste
6959   Punkt, Marion nahm Kokain, natürlich wurde ihr das von Bruno
6960   verkauft, ihr Freund war Türke und saß im Knast, natürlich
6961   wegen Drogen, und das alles erfuhr ich am Tag Zwei, als wir
6962   uns zum Essen trafen. Na da war guter Rat teuer, im wahrsten
6963   Sinne des Wortes, denn auch wenn der Freund von ihr Türke
6964   war und eingesperrt, dann ist es eine ungeschriebene Regel,
6965   darf man mit der Frau nichts anfangen. Marion versicherte
6966   mir aber, dass sie schon vor Monaten mit ihm Schluss gemacht
6967   hat, und ihn nur noch besucht, weil er sonst niemand hat,
6968   und sie ihm versprochen hat, für die Zeit in der er sitzt,
6969   finanzielle   Unterstützung   zu   leisten.   Resümee:
6970   Drogenabhängig, türkischer dealender Freund der im Knast
6971   sitzt und ein Betreiber der ihr Stoff verkaufte und, was sie
6972   mir auch gleich erzählte, im zugekoksten Zustand immer ins
6973   Bett zog und mit ihr Sex hatte. Resümee: stocksauer, ich
6974   natürlich, und mir dennoch sicher, dass dies meine Frau ist.
6975   Gut, das Problem mit dem Bruno, dem Betreiber war gleich
6976   geklärt, dem erklärte ich erst mal, dass er ganz gewiss
6977   nichts mehr an sie verkauft, sonst gibt's richtigen Ärger.
6978   Das zweite Problem hatte ich im Moment noch auf Eis gelegt,
6979   das war ihr türkischer Ex-Freund, Ali, denn der saß noch im

6980 Knast und wenn das sowieso schon beendet war, dann ging mich

6981 das auch gar nichts an. Nächstes Gesprächsthema war

6982 natürlich Sabine, denn das musste ich der Kleinen auf jeden

6983 Fall sagen, was ich auch tat, aber das war ihr egal, sie

6984 wollte nur bei mir sein und mir ging es ganz genauso. Wir

6985 hatten die ersten wundervollen Tage zusammen, einfach ein

6986 Traum, ich nach der Arbeit heimlich in den Puff zu ihr

6987 gefahren, wir hatten den schönsten Sex den ich je erlebte,

6988 sie war die liebevollste und zärtlichste Frau die ich bis

6989 dahin kannte und, sie war Österreicherin, und von ihrer

6990 ganzen Art her eine Frau, die einen Mann noch als Mann sah,

6991 und wir hatten keine Geheimnisse voreinander, vom ersten Tag

6992 an nicht. Sie erzählte mir von der Zeit als Tänzerin, als

6993 sie mit einer Frau zusammenlebte, die sie sehr geliebt hat,

6994 ich erzählte ihr alles über mich, über alle Frauen, einfach

6995 alles supertoll, bis nach vierzehn Tagen der Tag kam, an dem

6996 sie mir erzählte, dass ihr Bruno wieder was verkaufen wollte

6997 und ihr mächtig Ärger wegen mir macht. Ich raus in den

6998 Laden, durch die Vordertüre rein, ihre ganzen Sachen aus dem

6999 Laden ins Taxi geräumt, in blauen Müllsäcken, das kannte ich

7000 ja noch von meinen Umzügen, und ab ins Hotel. Gut, ihre

7001 Sachen hatten wir im Haus neben dem Club untergebracht und

7002 bei mir wollte sie nicht schlafen, weil sie nicht im

7003 gleichen Bett schlafen wollte, in dem Sabine auch schlief.

7004 Verstand ich ja auch, deshalb sind wir ins Hotel und ich

7005 verschaffte ihr einen neuen Platz in München. Das hatte für

7006 mich zwar den Vorteil, dass sie dort in der Wohnung in

7007 Giesing wohnen konnte, aber auch den Nachteil, dass ich

7008 jeden Tag mit dem Zug nach München fahren musste. Nun gut,

7009   das war egal, Sabine habe ich das vom ersten Tag an gesagt,

7010   sie sah Marion als Partie an, also als ein Frau die man als

7011   Zuhälter hat um Geld zu verdienen. Zu meinen besten Zeiten

7012   hatte ich ja teilweise vier und fünf Frauen, aber eben alle

7013   in verschiedenen Städten. Von dieser Seite aus hatte ich

7014   eigentlich alles im Griff. Der Laden in dem sie zuerst

7015   arbeitete war glaube ich der Leierkasten, oder auch im

7016   Herzass, ich weiß es nicht mehr sicher. Jedenfalls war die

7017   Wohnung bewohnt, Marion war von den Drogen weg und wir

7018   hatten wirklich viel, viel Zeit füreinander und für unsere

7019   Gefühle, für unser Leben und unsere Pläne. Ich war wirklich

7020   mehr als verliebt in dieses Mädchen, sie war eben meine

7021   Prinzessin und ich denke, das wird sich auch nie wieder

7022   ändern, auch wenn dann später nicht mehr alles so lief wie

7023   gedacht. Eigentlich begann mit der Beziehung zu Marion mein

7024   Seelenleben völlig aus dem Gleichgewicht zu geraten, denn

7025   jetzt hatte ich mit Sabine und Marion zwei Frauen, die ich

7026   liebte, wobei ich bei Marion zu der Zeit sicher die

7027   stärkeren Gefühle hatte, aber mit Sabine eben die

7028   Sicherheit, die war einfach immer da und wir hatten wenig

7029   Probleme zusammen, auch wenn ich den ein oder anderen

7030   Aussetzer hatte, was eigentlich die ersten Anzeichen meiner

7031   gequälten Seele waren, die ich aber damals noch nicht so

7032   deutete. Ich war einfach überfordert mit der ganzen

7033   Situation. Wenn man heute eine Partie hat, die wird in eine

7034   andere Stadt zum Arbeiten geschickt und dann fährt man alle

7035   zwei Wochen hin, verbringt eine Nacht mit ihr, nimmt das

7036   Geld und fährt wieder nach Hause, telefoniert vielleicht

7037   alle zwei, drei Tage miteinander und denkt nicht weiter

7038 darüber nach. Damit kann auch die eigene Frau gut leben,

7039 denn mit ihr verbringt man ja jeden Tag und fast jede Nacht.

7040 Jetzt hatte ich also zwei Frauen, und meine Empfindungen und

7041 Zweifel an der Richtigkeit meines Tun´s wurden auch

7042 verdoppelt, ich konnte es gleich gar nicht haben, wenn

7043 Marion mit Männern sprach, das war nicht eifersüchtig,

7044 sondern schizophren, ich musste jetzt auch diese Frau wieder

7045 mit vielen, vielen anderen Männern teilen, durfte mir nie

7046 etwas anmerken lassen und wurde bis heute nicht damit

7047 fertig. Ich wollte doch das liebste was ich hatte für mich

7048 alleine, nicht besitzen, aber dennoch nur für mich, nicht

7049 teilen, keine anderen Männer, keiner der meine Marion

7050 anrührte, keiner der ihren elfenartigen Körper für Geld

7051 besitzen durfte, keiner der sie berühren durfte, und doch

7052 ließ ich es zu, damit ich nicht mein Gesicht verliere und

7053 immer den harten und ehrlichen Zuhälter spielen konnte, den

7054 alle von einem zwei Meter Mann mit 110 kg und massenhaft

7055 Vorstrafen erwarteten. Und in diesem Zustand lebte ich nun

7056 schon seit Jahren, seit ich mit diesem beschissenen Leben

7057 angefangen habe, weil ich keine andere Chance bekam, keine

7058 mehr hatte und meine Chancen die ich früher hatte,

7059 leichtfertig verspielte, aber egal, das war jetzt eben so

7060 und nicht anders und das musste ich durchziehen. Eigentlich

7061 wollte ich mit Marion weit, weit weg und nie wieder zurück,

7062 das war mir einfach die schönste Lösung, und vielleicht

7063 hätte ich es auch machen sollen, nicht die sichere Lösung

7064 mit Sabine suchen, sondern die ehrliche Lösung mit Marion,

7065 aber ich weiß auch nicht warum, ich hatte immer das Gefühl,

7066 viel zu viel zu verlieren, Sabine, das Geschäft, die

7067 Freunde, einfach viele Dinge, die mir zu der Zeit noch
7068 wichtig erschienen, es ging einfach nicht und so musste ich
7069 ein Doppelleben führen. Sicher hatte ich den Vorteil, ich
7070 musste Sabine nichts vorspielen, ich glaube sie wusste sehr
7071 wohl was mit mir los war, aber sie wusste auch, dass ich
7072 wohl ganz schnell weg wäre, wenn sie mir die Wahl stellen
7073 würde, also ließ sie mich in meinem seelischen Sumpf tümpeln
7074 und ich strampelte mich immer weiter hinein, ohne dass ich
7075 es je mitbekommen hätte, nur wenn ich mal zuviel getrunken
7076 habe, was zu der Zeit leider sehr oft vorkam, dann brach
7077 alles aus mir raus, aber nicht dass ich dann ehrlich wurde
7078 zu mir, nein, ich machte alle anderen verantwortlich, auf
7079 der einen Seite sicherlich zurecht, auf der anderen Seite
7080 ist es ja auch mein eigenes Leben und mein eigener Wunsch
7081 gewesen, mein Leben so zu führen. Ich hätte ja auch
7082 zufrieden sein können mit dem Club, mit Sabine als eine
7083 Superfrau, mit dem Einkommen das wir zusammen hatten, aber
7084 da war es wieder, stärker denn je zuvor, das Gefühl, dass es
7085 für mich noch etwas geben muss das einfach anders ist als
7086 das was ich bisher erlebt habe. Und Marion war genau das was
7087 ich mir dabei vorstellte. Nur, warum kann man dann nicht
7088 einfach auf den Knopf drücken und sagen: „Okay, Sabine, das
7089 war's, ich liebe Marion über alles und will mit ihr leben,
7090 Kinder haben und glücklich sein. Die Zeit mit dir war
7091 wunderschön, aber ist jetzt vorbei und wir bleiben Freunde."
7092 Nein, ich wollte doch niemand verlieren der mich liebt, der
7093 mir das sagt und über den ich, klingt zwar hart aber ist so,
7094 die Gewalt hatte. Diese seelische und gefühlsmäßige
7095 Abhängigkeit war etwas, was ich heute selbst mit Erschrecken

7096 zugeben muss, ich habe wirklich Menschen immer abhängig von

7097 mir gemacht, unbewusst, nicht mit Vorsatz, einfach durch

7098 meine Art, mein Auftreten, mein dominantes Wesen, einfach

7099 durch alles was ich tat, wie ich es tat, ich weiß es nicht,

7100 es ist einfach so. Und erst wenn ich merkte, dass eine Frau

7101 wirklich alles für mich tat, und nicht widersprach, dann war

7102 ich zufrieden und ließ die Finger davon, dann war's

7103 langweilig. Gut, oftmals war's egal, denn viele waren in

7104 anderen Städten und ich holte nur das Geld, und wehe eine

7105 Frau machte mit mir Schluss, dann brach mein ganzes System

7106 zusammen, denn diese Codierung hatte ich nicht vorgesehen.

7107 Das gab es nicht, wenn ich einmal eine Frau erobert hatte,

7108 mit ihr zusammen war, dann wollte auch ich bestimmen, wann

7109 es vorbei ist, und eigentlich sollte es ja nie vorbei sein,

7110 denn dann hätte ich ja einen Menschen weniger, der mich

7111 liebt und damit kam ich schon gar nicht klar.

7112 Vielleicht hatte ich es immer zu einfach mit den Frauen,

7113 vielleicht habe ich aber auch nie gelernt, mit meinen

7114 Gefühlen umzugehen, sie richtig einzuschätzen und auch

7115 loszulassen. Loslassen ist einfach ein großes Problem, das

7116 hat viel mit Stolz, mit verletzter Eitelkeit zu tun, viel

7117 mit Ehrlichkeit sich selbst gegenüber. Man weiß oft ganz

7118 genau, eine Beziehung kann nicht mehr funktionieren, und

7119 trotzdem lässt man nicht los, quält den Partner mit

7120 Liebesschwüren, mit Rosen, mit Anrufen, mit Besuchen, mit

7121 Zärtlichkeiten, und, manchmal bekommt man somit die zweite

7122 Chance, und was passiert, es ist nicht mehr so wie vorher,

7123 man hat auch keine richtige Lust mehr und alles fängt wieder

7124 von vorne an, bis man von sich aus die Beziehung beendet und

7125 dann das „gute" Gefühl hat, man hat gewonnen, man hat das

7126 Ende bestimmt und auch herbeigeführt. Und wehe, wenn sich

7127 dann die betreffende Frau erdreistet, ihrerseits um die

7128 Beziehung zu kämpfen, dann wird sie ganz schnell als

7129 Klammeraffe dargestellt, als lästiges Anhängsel, na ja, mit

7130 der ist man eben jetzt noch zusammen, weil sie alleine nicht

7131 zurecht kommt. Also, ich weiß auch nicht, ob das bei allen

7132 Menschen so ist, aber ich habe sehr viele kennen gelernt,

7133 bei denen es sich so verhält, aber sehr wenige, die wirklich

7134 mit ihren Gefühlen und Taten behutsam umgehen, auch mit

7135 denen ihrer Partner und immer eine gute und einvernehmliche

7136 Lösung finden. Die sich ohne großes Tamtam trennen, beste

7137 Freunde bleiben und sich noch über Jahre in die Augen zu

7138 schauen, ohne gleich miteinander wieder ins Bett zu gehen.

7139 Ganz selten. Aber all das bringt mir ja nichts, ich musste

7140 mit meinem Verhalten klar kommen und Wege finden, wie ich

7141 dieses Doppelleben auf Dauer aushalten konnte. Marion litt

7142 unter der Beziehung, weil sie das mit Sabine auch wusste,

7143 Sabine litt unter der Beziehung weil sie das mit Marion

7144 wusste und ich litt unter beiden Beziehungen, weil ich gar

7145 nicht mehr wusste, wie es weitergehen sollte. Sicher, seit

7146 Marion in München arbeitete und wohnte, war alles einfacher,

7147 aber nicht für mich, den ich fuhr am frühen Vormittag nach

7148 München, schlief bei Marion weiter, dann gingen wir Essen,

7149 oder unternahmen sonst was, anschließend fuhr ich wieder

7150 zurück, arbeitete, ging nach Hause, schlief mit Sabine,

7151 stand auf, Taxi, Bahnhof und wieder nach München. Das konnte

7152 nicht gut gehen. Wenn Marion frei hatte, dann blieb ich ganz

7153 in München, zwei Tage oder so, und wenn nicht, dann hatte

7154 Sabine frei und ich blieb in Rosenheim. Mittlerweile musste

7155 ich ja auch noch die neue Wohnung einrichten und von München

7156 nach Rosenheim ziehen, alles so, dass es Marion am besten

7157 nicht mitbekam, denn dann wäre ja ihre Hoffnung, eines Tages

7158 mit mir alleine zu leben, gleich bei Null gewesen, was ich

7159 auf jeden Fall vermeiden wollte. Irgendwie schaffte ich das

7160 auch ganz gut, ich zog mit Sabine in eine Traumwohnung,

7161 wieder so eine Wiedergutmachung, die Wohnung hatte 250 qm

7162 auf zwei Stockwerke, mit offenen Kamin, großer Terrasse,

7163 einem Riesenwohnzimmer und wir richteten sie vom

7164 allerfeinsten ein, einfach dämlich, aber es passte so. Alles

7165 tun, um von den eigentlichen Problemen abzulenken, das

7166 konnte ich schon immer sehr gut, auch vor mir selbst. Und da

7167 die Wohnung auch noch richtig Geld kostete, hatte ich ja

7168 gleichzeitig wieder den Freifahrtsschein für meine ganzen

7169 anderen Frauengeschichten. Wobei, das muss ich sagen,

7170 während der Zeit mit Marion hatte ich wirklich nur Marion,

7171 die ich vergötterte, und Sabine. Keine anderen Frauen,

7172 nichts, nur die Beiden, jede auf ihre Art einmalig, auch

7173 wenn mich an Sabine plötzlich Dinge störten, die ich vorher

7174 gar nicht bemerkt hatte. Aber es ging einigermaßen gut und

7175 so nahm mein Leben die nächste tragische Runde in Angriff,

7176 und ich war immer noch nicht ausgeknockt. Ziemlich

7177 standhaft.

7178 Der nächste Angriff erfolgte durch einen Transvestiten, oder

7179 besser gesagt, ein Typ, der sich zur Frau umbauen ließ, Ira

7180 Hoffmann, ein absolutes Mannweib. Die hatte ich durch Rainer

7181 kennen gelernt. Rainer war der von gegenüber mit dem

7182 Copyshop, mit dem ich Jahre vorher schon mal die Geschichte

7183 mit dem Internet versucht hatte. Der hatte mittlerweile ein

7184 Firma   namens   Bitpoint   gegründet   und   gestaltete

7185 Internetseiten und machte auch sonst alles was mit Computer

7186 und Internet zusammenhing. Ira wollte eine Internetseite

7187 haben, mit e-commerce, also eine Seite, auf der man von ihr

7188 Bilder und Filme betrachten konnte, aber auch dafür zahlen

7189 musste. Rainer hatte sich es so vorgestellt, dass wir das

7190 zusammen machen könnten, er hätte zu wenig Zeit und wenn wir

7191 die Firma gemeinsam machen, hätte jeder was davon. Gut,

7192 erstens hatte ich sowieso Zeit, und zweitens war es wirklich

7193 viel Arbeit. Ira brachte so an die 1000 Fotos angeschleppt,

7194 alleine diese hässliche Alte schon anzusehen war eine

7195 Strafe, aber dann auch noch Akt- und Pornofotos von ihr, das

7196 war echt heftig. Jetzt mussten diese ganzen Fotos auch noch

7197 eingescannt und bearbeitet werden, also echt kotzig diese

7198 Arbeit. Jedenfalls hat das alles soweit geklappt, alle Fotos

7199 waren gescannt, die Seite funktionierte, war aber noch nicht

7200 freigegeben, denn es fehlte noch die bezahlte Rechnung. Na

7201 gut, hat gerade kein Geld und muss noch auf einen Scheck

7202 warten, kein Problem, wir haben Zeit. Zwischenzeitlich

7203 wollte sie dann das Haus neben dem Club mieten, es war alles

7204 fertig, die Mietverträge, ich zog mit meinen Sachen aus,

7205 hatte ja sowieso die Wohnung in Niedermoosen, mit Sabine.

7206 Und, was dann wirklich die Krönung war, wollte sie auch noch

7207 einen Pornofilm im Club drehen. Auch kein Problem tagsüber,

7208 der Produzent zahlte auch die vereinbarte Summe, die

7209 hässlichsten Darsteller die ich je gesehen hatte, waren auch

7210 da und so hatte alles irgendwie Hand und Fuß, nur, die

7211 Rechnung war immer noch nicht bezahlt und die Miete für das

7212 Nachbarhaus auch nicht. Und wie das so ist, plötzlich hörte
7213 man nichts mehr von der Dame, oder den Herrn, egal wie,
7214 schweigen in der Dunkelheit. Sämtliche Versuche sie zu
7215 erreichen scheiterten, das Haus blieb leer, das Konto auch
7216 und ich erreichte langsam den Siedepunkt, denn ich hatte
7217 richtig Aufwand mit der Kuh. Ich hatte das Haus
7218 hergerichtet, den Strom abgemeldet, von dem Aufwand mit
7219 ihren Fotos gar nicht erst sprechen, also viel Lärm und
7220 nichts passierte. Eines Tages erreichte ich sie telefonisch
7221 zuhause und bekam eine fürchterliche Geschichte aufgetischt.
7222 Ja, sie will das Haus nicht mehr, ich hätte nachträglich an
7223 dem Mietvertrag was geändert, und die Rechnung für die
7224 Internetseiten sei viel zu hoch, das war nicht so
7225 ausgemacht, und überhaupt, sie will nichts mehr von all dem
7226 Wissen, nur noch ihre Ruhe und ja nicht mehr damit behelligt
7227 werden. Das war der Punkt X, auf den hat sie anscheinend
7228 zielstrebig hingearbeitet, denn ich flippte nun völlig aus,
7229 beschimpfte diese Transvestitenkuh aufs Übelste und ließ ihr
7230 alles am nächsten Tag über den Anwalt schicken. Denkste, ich
7231 wurde Tage später vorgeladen, von der Polizei: Anzeige wegen
7232 Beleidigung, Bedrohung und versuchten Betrug!! Da blieb mir
7233 wieder mal die Spucke weg, gut die Beleidigung das war in
7234 Ordnung, die Bedrohung war meine Ankündigung, dass ich ihr
7235 den Anwalt auf den Hals schicke, was ich dann ja auch getan
7236 habe. Am genialsten war die Sache mit dem Betrug, ich sollte
7237 angeblich an dem Mietvertrag, auf dessen Einhaltung ich
7238 pochte, was geändert haben. Das habe ich auch, und zwar mit
7239 ihr zusammen, denn ich hatte nicht mehr genau gewusst, ob es
7240 jetzt zwei oder drei Monatsmieten Kaution waren und hatte,

7241 nachdem der Mietvertrag unterschrieben war, in ihrem
7242 Beisein, aus der 2 eine 3 gemacht. Das war der versuchte
7243 Betrug, die Urkundenfälschung und wenn's nach dem Gericht
7244 gegangen wäre, auch noch ein versuchter Raubmord. Also,
7245 einfach lächerlich. Ich hatte einen vollstreckbaren Titel
7246 bis zur Verhandlung erwirkt, wegen dem Geld für die
7247 Internetseite, und auch einen wegen der Nichteinhaltung des
7248 Mietvertrages. Jetzt war ich ja noch nie ein Mensch, der
7249 ständig mit den Zivilgerichten zu tun haben wollte und
7250 versuchte lieber vorher immer die Dinge noch zu regeln, denn
7251 wenn man mal zu prozessieren anfängt, nimmt das in der Regel
7252 sehr viel Zeit und auch ebensoviel Geld in Anspruch. Zudem
7253 waren ja meine Argumente sowieso viel schlagkräftiger als
7254 jede Aussage vor Gericht. Nun gut, egal wie, es kam wieder
7255 mal zu einer Strafverhandlung, also das war ein Schauspiel.
7256 Glücklicherweise hatte ich diese Verhandlung in München, wo
7257 man nicht so über mich Bescheid wusste und nicht bei den
7258 Dorfrichtern von Rosenheim. Die ganze Sache wurde um neun
7259 Uhr verhandelt, also musste ich zwangsläufig schon am Abend
7260 vorher nach München fahren. Marion war nicht da, also
7261 besuchte ich zuerst ein paar alte Bekannte in ihren Kneipen
7262 und fuhr dann in den Leierkasten, wo ja Tiffany noch
7263 arbeitete. Es war wohl mein größter Champagnerrausch den ich
7264 in meinem Leben je hatte, denn neben einer Geburtstagsfeier
7265 war auch noch ein ganzer Haufen Schweizer da, mit denen wir
7266 richtig gefeiert haben. Nun, das ging bis weit nach acht
7267 Uhr, und ich musste sehen, dass ich irgendwie noch zu
7268 Gericht komme. Das war gar nicht so einfach, mit dem Rausch,
7269 aber ich schaffte es gerade noch so. Also, ich fröhlich in

7270 den Gerichtssaal und als erstes bekam ich meinen Haftbefehl

7271 vorgelesen: die haben einfach den Tatbestand der versuchten

7272 Erpressung noch dazugedichtet und ich wurde im Gerichtssaal

7273 erst mal gleich verhaftet. Da war ich aber ganz schnell

7274 nüchtern. Ich verbrachte dann mal ein paar Stunden in der

7275 Gerichtszelle, bis sich die Anwälte, Richter und

7276 Staatsanwälte mal über ein vernünftiges Vorgehen geeinigt

7277 hätten. Den ich hätte wohl zu der Transe gesagt, dass wenn

7278 sie nicht ihre Rechnungen bezahlt, die Fotos, die ja

7279 wirklich abgotthässlich waren und die ich heute noch

7280 besitze, an sämtliche Schundblätter zu verschicken. Das war

7281 Erpressung. Das muss man aber auch vorher wissen, ich dachte

7282 da mal wieder zuwenig nach, gut, auf jeden Fall war das

7283 alles dann soweit verhandelt und aufgeklärt, dass um fünf

7284 Uhr nachmittags, 17.00 Uhr, acht Stunden später, das Urteil

7285 gefällt wurde: 400 Mark Geldbuße gegen Einstellung des

7286 Verfahrens in allen Punkten. Puh, das war knapp und gar

7287 nicht lustig, obwohl ich zum größten Teil wohl im Recht war,

7288 aber es bleibt wieder mal bei dem was ich ja schon mal

7289 erwähnte: Selbstjustiz ist einfach nicht zulässig, auch wenn

7290 sie manchmal sehr wirkungsvoll wäre, wirkungsvoller als ein

7291 so dämlicher Prozess. Also, mein Geld habe ich bis heute

7292 nicht und das wird wohl auch so bleiben und von der Ira habe

7293 ich zum Glück nie wieder etwas gehört, was sicherlich auch

7294 gut so ist, denn ich wäre doch etwas ungehalten über sie.

7295 Nun, somit hatte ich die nächste Runde auch einigermaßen

7296 heil überstanden und war mir sicher, die nächste Runde wird

7297 nicht lange auf sich warten lassen. Mein Leben entwickelte

7298 sich seit meiner Geburt immer mehr und mehr zu einem Kampf

7299   wie beim Boxen, nur ging der Kampf nicht über Runden,

7300   sondern über Jahre und ich weiß nicht, wie es nach Punkten

7301   stand. Auch hatte ich eigentlich keine Ahnung, wer mein

7302   Gegner war, die Justiz, oder die Menschen, ich selbst oder

7303   die Frauen, ich weiß es nicht, vielleicht kämpfte ich auch

7304   nur ständig gegen die Vergangenheit an, gegen die

7305   Ungerechtigkeit und gegen moralische Grundsätze, gegen die

7306   Regeln in der Gesellschaft und gegen die Lügen und Intrigen

7307   in meinem Umfeld. Ich weiß es nicht, ich bin auch zu müde um

7308   mir darüber noch immer den Kopf zu zerbrechen, ich weiß nur,

7309   dass ich entweder irgendwann gewinne und alles überstanden

7310   ist, oder ich verliere, dann ist auch alles überstanden, für

7311   immer allerdings.

7312

7313   **Heute, Montag, 29. Juli 2002, ich habe wirklich lange**

7314   **geschlafen, bis 15.00 Uhr, eigentlich nicht normal für mich,**

7315   **obwohl ich gestern nicht mehr weg gewesen bin. Sicherlich**

7316   **habe ich bis in den frühen Morgen an meinen Computer**

7317   **gesessen, aber das lag dann doch wohl an der Flasche**

7318   **Rotwein, die ich noch in meinen Vorräten gefunden habe. Mein**

7319   **erster Weg heute war zu meinem Freund, den Geldautomaten,**

7320   **der mir wie immer mitteilte, dass ich kein Geld brauche.**

7321   **Nach einem Anruf bei der Bank wusste ich auch, dass von**

7322   **sieben erwarteten Zahlungen keine einzige auf dem Konto ist.**

7323   **Das hieß, sieben Telefonate. Also, was so alles passieren**

7324   **kann, Stefan hat gleich dreimal das Geld wieder auf seinem**

7325   **Konto gehabt, weil es nicht abgebucht werden konnte. Das war**

7326   **die blödste Ausrede die ich bisher gehört habe. Bei Erich**

7327   **streikten am Freitag die Banken, deshalb ist nichts**

7328 bearbeitet, Hangel hat wohl die Überweisung rausgeschickt,

7329 ist aber noch nicht bearbeitet, Chris hat das Geld noch

7330 nicht bekommen für den Eiscrasher, und Richard ging gleich

7331 gar nicht an sein Telefon. Also, alles ziemlich fad. Ich

7332 denke ich werde heute mal Tom fragen müssen, ob er mir für

7333 ein paar Tage ein paar Euro leihen kann. Zum Glück habe ich

7334 diesmal wenigstens noch soviel Geld zur Verfügung, dass ich

7335 mir kaufen kann was ich brauche und auch nicht Angst haben

7336 muss, ohne Zigaretten dazustehen. Weggehen ist zur Zeit halt

7337 nicht, aber das muss ja auch nicht jeden Tag sein, habe ich

7338 ja in Deutschland auch nicht gemacht. Zudem habe ich ja mit

7339 meinen Memoiren so viel zu tun, dass ich froh bin, wenn ich

7340 damit klar komme. Wird sowieso noch recht nett werden, wenn

7341 ich mal fertig bin, denn ich habe keinen blassen Schimmer,

7342 wie das dann weitergeht. Vielleicht lasse ich es selbst

7343 drucken und vertreibe es selbst, was weiß ich, da habe ich

7344 noch keinen rechten Plan.

7345 Heute fahre ich um acht Uhr mit Tom nach Mallorca, mal sehen

7346 was sich da dann so tut, vielleicht schaffe ich es ja auch

7347 mal, dass ich Arbeit finde. Irgendwie kommt bei mir langsam

7348 die Einsicht, dass ich wohl schon ziemlich alt bin für

7349 solche Abenteuer, und irgendwie muss ich wohl mal schauen,

7350 dass ich das alles besser organisiere, denn ich muss mich

7351 wohl mit dem Gedanken vertraut machen, dass ich so schnell

7352 keine Arbeit finden werde und dann wird es mächtig düster

7353 werden auf der Insel, denn von irgendwas muss ich ja leben

7354 und wenn die Zahlungen weiter so schleppend eintreffen, dann

7355 macht mir das nicht allzu viel Hoffnung. Gut, ich bekomme

7356 noch 6000 Euro von der Harley und vielleicht noch 5000 Euro

7357 für die Einrichtung aus der Wohnung, dann noch 2000 Euro für

7358 die Kaution und das war's dann. Das macht gerade mal 13.000

7359 Euro aus, das reicht gerade mal für ein Jahr zum Leben, wenn

7360 man ganz wenig braucht. Und ich brauche nicht wenig. Wenn

7361 man jedoch etwas zum Arbeiten hat, dann ist das schon

7362 einfacher, weil man dann das Geld sparen könnte und nicht

7363 jeden Tag die Reserven angreifen muss. Vielleicht kann ich

7364 über den Winter in die Schweiz zum Arbeiten gehen, das sieht

7365 recht vielversprechend aus, mal sehen. Wird schon werden,

7366 jetzt werde ich mich mal fertig machen für Mallorca, mein

7367 erster Landausflug auf diese Insel, die ich ja bisher nur

7368 von meinem ersten Tag her kannte, als die Fähre dort stoppte

7369 und ich umsteigen musste.

7370 Ganz fasziniert bin ich von e-plus, denen gilt auf jeden

7371 Fall mein uneingeschränktes Lob. Die letzte Rechnung über

7372 mehr als 500 Euro wurde nicht bezahlt und jetzt ist das

7373 nächste Monat auch schon fast vorbei und die deutsche Nummer

7374 geht immer noch, das ist faszinierend, oder gewollt.

7375 Vielleicht wird auch von höherer Stelle dafür gesorgt, dass

7376 das Telefon nicht stillgelegt wird und ich damit überwachbar

7377 bleibe. Möglich ist alles. Wenn man in seinem Leben schon in

7378 Hunderten von Akten steht, verdeckte Ermittlungen,

7379 Telefonüberwachung, einfach das komplette Programm, dann

7380 rechnet man wirklich mit allem was so passieren kann, das

7381 hat nichts mit Verfolgungswahn zu tun, sondern entspricht

7382 der Realität. Viele normale Menschen können sich das immer

7383 nicht so recht vorstellen, aber im Prinzip ist das ganz

7384 einfach: Das gesamte Umfeld nach über 25 Jahren im Abseits

7385 der Gesellschaft besteht zum größten Teil aus Leuten, die

7386 auch in diesem Bereich leben. Jeder von denen hat ein- oder

7387 mehrmals mit der Polizei zu tun, und jeder wird ein- oder

7388 mehrmals überwacht, telefonisch oder durch verdeckte

7389 Ermittler. Jetzt ist natürlich bei so einem großen Freundes-

7390 und Bekanntenkreis auch immer wieder mal einer dabei, der

7391 verhaftet wird, der Hausdurchsuchung hat, der auf sonst

7392 irgendeine Weise dazu gebracht wird, die persönlichen

7393 Kontakte offenzulegend, sei es durch ein Notizbuch, durch

7394 die Geisel der Menschen, dem Telefon, oder ein Adressbuch.

7395 Jedenfalls taucht dann immer wieder mal der eigene Name auf

7396 und bei der Überprüfung stellen die Ermittler dann fest, wer

7397 hinter den Namen und Telefonnummern steckt. Und wenn ich mir

7398 dann so vorstelle, wie oft ich es sicher weiß, dass ich

7399 abgehört wurde, oder jemanden angerufen habe, der abgehört

7400 wurde, dann kann ich mir ungefähr ausmalen, wie hoch die

7401 Dunkelziffer ist, wo ich es nicht erfahre und nicht

7402 mitbekommen habe.

7403

7404 Gestern war ich ja noch in Mallorca, die Fahrt mit der Fähre

7405 und mit Tom war wirklich sehr schön, wir hatten eine Menge

7406 Spaß mit alten Geschichten und Erlebnissen und wir hatten

7407 auch Zeit, uns mal ausgiebig alleine zu unterhalten. Tom ist

7408 ja ein sehr zurückhaltender Mensch, der noch nie sehr viel

7409 über sich und seine privaten und beruflichen Probleme

7410 erzählt hat, aber nachdem wir uns mittlerweile doch schon

7411 ein paar Jahre kennen und viel gemeinsam erlebt haben, ist

7412 unser Kontakt auch intensiver. Auf Mallorca erlebte ich dann

7413 so viele verschiedene Eindrücke, dass ich erst ein paar

7414 Stunden brauchte, alles einzuordnen. So lernte ich zum

7415 Beispiel Hans kennen, Hans ist ein Österreicher, gelernter
7416 Koch und heute 55 Jahre alt. Der kam mit 17 Jahren nach
7417 Düsseldorf und blieb dort viele Jahre, hatte die
7418 bestgehendsten Lokale dort und Tom hat bei ihm dann ersten
7419 Job bekommen. Hans fuhr zur See, blieb in vielen Ländern
7420 hängen, fuhr dann später immer für ein paar Monate nach
7421 Indien, verlor vor 13 Jahren seine ganzen Geschäfte und
7422 prozessiert seitdem, hat den Prozess übrigens jetzt
7423 gewonnen, bekam dann ein Wunschkind vor zehn Jahren, ging
7424 dann mit dem Kind nach Indien für drei Jahre und lebt jetzt
7425 auf Mallorca. Also, den seine Lebensgeschichte ist auch
7426 etwas einzigartiges, allerdings mehr geprägt durch
7427 Erlebnisse der schönen Art, aber auch durch Drogen,
7428 Gefängnis, Mittellosigkeit und Armut. War für mich sehr
7429 erschreckend, wenn man soweit am Boden ist, aber wegen dem
7430 Kind keine Möglichkeit hat, sich auf die eine oder andere
7431 Art aus dem Leben zurückzuziehen. Auf der anderen Seite gab
7432 es mir auch die Hoffnung, dass ich noch nicht soweit bin.
7433 Anschließend trafen wir uns mit dem genauen Gegenteil,
7434 mehreren sehr reichen Geschäftsleuten, die sich ein
7435 Privatvergnügen erfüllten und einen wunderschönen
7436 Tabledance-Laden aufgemacht haben. Gut, dort könnte ich
7437 arbeiten, aber Mallorca, vor allem Palma, das ist wie
7438 München, Düsseldorf oder Frankfurt, da hätte ich gleich in
7439 Deutschland bleiben können. Mal sehen, was das wird. In der
7440 Früh sind wir heute, Dienstag, den 30.07.2002, wieder
7441 zurückgekommen und ich habe erst mal geschlafen. Dann habe
7442 ich mir mein Geld bei Western Union abgeholt und bin abends
7443 bei Tom beim Kochen und Essen gewesen. Ein kurzer Drink im

7444 **Mambo, ein kurzer Plausch mit Paul, dem DJ, wegen der**

7445 **Schweiz über den Winter zum Arbeiten, und dann ab ins Bett.**

7446

7447 Nachdem die Sache mit Ira ja halbwegs glimpflich abgelaufen

7448 war, ich mit Sabine und Marion einigermaßen zurechtkam,

7449 folgten bald die nächsten Monate, in denen ich richtig zu

7450 tun hatte. Als erstes musste ich das Problem mit Marion

7451 lösen, die so überhaupt nicht zurechtkam. Also rief ich bei

7452 Tom im Laden in Düsseldorf an und fragte ihn, ob er noch ein

7453 nettes Mädchen unterbringen kann, denn zu der Zeit war es

7454 sehr schwer, in seinem Laden unterzukommen. Aber es klappte

7455 ganz gut und ich ließ Marion ihre Sachen aus der gemeinsamen

7456 Wohnung mit dem Türken, in Regensburg, abholen, und mit Sack

7457 und Pack nach Düsseldorf fahren, von einem Freund von mir.

7458 Dort hatte ich von Tom eine Wohnung in der Gruppelostrasse

7459 gemietet und für Marion und mich eingerichtet. Nachdem ich

7460 ja sowieso keinen Führerschein hatte, war es völlig egal,

7461 denn ich musste sowieso immer nach Düsseldorf fliegen und

7462 das ging recht gut so. Wir verbrachten auch sehr viel Zeit

7463 miteinander, natürlich litt die Beziehung zu Sabine arg

7464 darunter, aber im Grunde meines Herzens hatte ich ja sowieso

7465 nur Marion im Kopf, das war einfach so, und das war auch gut

7466 so, denn ich liebte sie wirklich über alles. Leider übersah

7467 ich völlig, dass das Mädchen unter der Belastung, mich nicht

7468 alleine zu haben und immer mit Sabine teilen zu müssen,

7469 vollkommen zusammengebrochen ist, und ich stand da wie ein

7470 Trottel, tat nicht, kam zu „Besuch", wie bei einer normalen

7471 Partie, aber das Mädchen, meine Prinzessin hatte das ganz

7472 sicher nicht verdient und wurde von mir auch nie so

7473   behandelt. Sie war mein Sonnenschein und mein Ein und Alles,

7474   nur machte ich nicht den letzten Schritt dazu und machte mit

7475   Sabine Schluss, ich denke dann wäre ich vielleicht heute

7476   noch mit ihr zusammen. Jedenfalls ging es mir eigentlich

7477   ganz gut, finanziell sowieso, die Belastung durch das Auto

7478   fiel weg und beide Frauen verdienten sehr gut. Manchmal war

7479   ich eben auch Hans im Glück, der aus Gold einen Schleifstein

7480   machte und am Ende mit Nichts dastand.

7481   Nachdem ja alles so gut lief, verbrachte ich auch viel Zeit

7482   in Düsseldorf, erlebte die Altstadt, bzw. die Altstadt

7483   erlebte mich. Wir hatten sehr viele angenehme und auch

7484   unangenehme Erlebnisse, die aber alle keinerlei Konsequenzen

7485   nach sich gezogen hatte, ob das jetzt im La Bamba war, oder

7486   auch im Derndorfer Keller, ein Frühlokal, das war alles

7487   immer im Rahmen des Erlaubten, auch wenn es schon mal

7488   Ohrfeigen gab, aber dann wurde ich von Tom gemaßregelt, der

7489   immer sehr viel Gentleman war, und die nächsten Ausflüge

7490   waren wieder nur lustig, ohne Ärger. Irgendwie schaute alles

7491   so aus, als würde es vollkommen normal werden in meinem

7492   Leben, bis Weihnachten 1997. Es war ein paar Tage vor

7493   Weihnachten und die Truppe von Tom hatte ihre

7494   Weihnachtsfeier, alle Frauen und Angestellten. Eine

7495   Voraussetzung für die Arbeit in Düsseldorf war, dass Marion

7496   keine Drogen bekommt, auch nicht durch Arbeitskolleginnen.

7497   Gut, man kann einen Menschen nicht 24 Stunden unter

7498   Kontrolle halten, schon gar nicht, wenn er eine eigene

7499   Wohnung hat, aber zumindest auf die Anzeichen achten. Das

7500   hat Tom getan und festgestellt, dass sie bei der

7501   Weihnachtsfeier häufig auf die Toilette verschwand. Wer

7502 solange in dem Geschäft arbeitet und mit der Scheiße ständig
7503 konfrontiert ist, kennt die Anzeichen und die Symptome und
7504 wie schon erwartet, erwischte er Marion und noch eine Frau
7505 beim Ziehen von Kokain. Weihnachtsfeier abgebrochen, mich in
7506 Rosenheim angerufen und dann fing mal wieder an, alles unter
7507 mir wegzubrechen. Nachdem ich ja immer noch im Laden
7508 arbeitete, erreichte mich Tom in der Arbeit und dort war wie
7509 immer Party, aber dann nicht mehr, dann war sofort alles
7510 vorbei. Ich glaube ich habe so ziemlich den gesamten Gläser
7511 und Flaschenbestand an die Wand und aus dem Fenster
7512 gedonnert, habe mir eine Flasche Havana Club in den Hals
7513 geschüttet und bin dann mit der ersten Maschine nach
7514 Düsseldorf geflogen. Jetzt ist das natürlich nicht gerade
7515 ein guter Auftritt gewesen, auch nicht im Geschäft, denn
7516 dort arbeitete ja auch Sabine, die natürlich meinen
7517 Wutausbruch mitbekommen hat, und auch der Auftritt in
7518 Düsseldorf war nicht so wirklich gut. Aber was sollte ich
7519 mit meinen ganzen Gefühlen, den verletzten Stolz, der
7520 Einsicht dass ich selbst Schuld habe an dem Ganzen, was
7521 sollte ich denn damit machen? Ich kannte ja nichts, keine
7522 Verhaltensweisen wie man sich in so einer Situation verhält,
7523 in der man alles was man sich so gefühlsmäßig aufgebaut hat,
7524 wie ein Kartenhaus zusammenstürzen sieht. Ich wusste nicht,
7525 wie ich mit meiner Liebe umgehen sollte, dem Schmerz, dass
7526 meine Prinzessin in ihrer Verzweiflung und Einsamkeit, weg
7527 von zuhause, von der Familie, von mir, zu solchen Mitteln
7528 greift. Zumal es immer gefährlich ist, wenn jemand einmal
7529 gekokst hat, dass er dann, wenn es ihm schlecht geht, nicht
7530 auf dieses „Wundermittel" zurückgreift und Gelegenheit macht

7531   einfach Dummheiten. Aber irgendwie hatte ich es auch als
7532   unglaubliche Ohrfeige für mich empfunden, weil ich ja in
7533   meinen Augen alles getan hatte, um Marion von dem Zeug
7534   wegzubringen.

7535   Als ich in Düsseldorf ankam, holte mich Tom am Flughafen ab,
7536   wir fuhren in ein kleines Kaffee und ich stellte beide
7537   Frauen zur Rede und, was mir den Rest gab, ich habe meiner
7538   Prinzessin die erste Ohrfeige gegeben, vollkommen zu
7539   Unrecht, aber ich wusste nicht, wie ich mir helfen sollte,
7540   ich wusste nicht, wie ich meine Hilflosigkeit anders
7541   verstecken sollte, und, ich musste auch irgendwie den Arsch
7542   von Zuhälter raushängen lassen, zudem, aber das ist keine
7543   Entschuldigung, hatte ich auch noch einen granatenmäßigen
7544   Alkoholspiegel, der jedoch mit zunehmenden Ärger nicht mehr
7545   erkennbar war, aber dennoch vorhanden. Ich nahm Tage später
7546   dann Marion mit nach Rosenheim und ließen uns dann bis
7547   Kufstein fahren, wo ich dann mit meinem eigenen Wagen
7548   weiterfuhr nach Innsbruck, zu ihren Eltern, um ein paar Tage
7549   Abstand zu finden. Als wir dann die Berge erreichten fing
7550   Marion vor Freude und Erleichterung zu weinen an wie ein
7551   kleines Kind und ich war wieder so elendig hilflos, wie
7552   immer wenn jemand weint, aber noch viel mehr, wenn es meine
7553   Prinzessin war. In diesem Augenblick wusste ich, dass ich
7554   etwas ändern musste, an unser beider Leben und ich wollte
7555   das auch so schnell wie möglich tun.

7556   Wir vereinbarten, dass ich so schnell wie möglich einen
7557   neuen Laden in München suche, in dem meine Prinzessin
7558   arbeiten konnte und dass sie bis dahin noch in Düsseldorf
7559   bleiben sollte. Das war fast einer meiner größten Fehler in

7560 meinem Leben, denn ich erlebte kurze Zeit später. Marion

7561 hatte mich am Abend noch angerufen und ein Fax geschickt,

7562 in dem sie mich fragte, wie denn die Zukunft für uns beide

7563 aussehen wird, ob ich mit ihr Kinder haben möchte, ob ich

7564 sie heiraten würde, und ich habe nicht wirklich reagiert

7565 darauf. Wie sollte ich denn auch, sollte ich ihr sagen,

7566 Nein, ich lebe doch mit Sabine zusammen, ich habe mit ihr

7567 eine gemeinsame Wohnung und ich werde sie nicht verlassen?

7568 Sollte ich ihr sagen, dass ich zu feig war, mit Sabine

7569 Schluss zu machen, oder dass ich mich nicht entscheiden

7570 will? Das sich wieder alles wie immer so abspielte, dass ich

7571 niemanden verletzen wollte, niemanden kränken der mir soviel

7572 geholfen und zu mir gestanden hat? Dass ich niemanden

7573 verlieren konnte, der mich liebte, auch wenn es zu der Zeit

7574 mit meiner Liebe nicht soweit her war? Was sollte ich

7575 machen, ich wollte auch nicht Ja sagen, weil ich genau

7576 wusste, dass kommt dann ganz schnell zu der Frage der

7577 Entscheidung: Sie oder ich! . All das wollte ich nicht, und

7578 ich bin mir heute sicher, ich hätte es besser getan, dann

7579 hätte sich wieder mal vieles sicherlich anders entwickelt.

7580 In dieser Nacht sprang Marion von der Rheinbrücke in den

7581 mehr als kalten Rhein und wollte sich das Leben nehmen. Der

7582 nächste Schock, ich kannte das alles ja schon zur Genüge von

7583 Ute, und ich erlebte dieses Trauma diesmal mit einem von mir

7584 über alles geliebten Menschen. Selbst Sabine sagte von sich

7585 aus, ich soll mit Marion zusammenziehen und sie trennt sich

7586 von mir, aber das wollte ich ja auch nicht. Ich wollte wohl

7587 alles.

7588 Zum Glück wurde sie von dem Taxifahrer, der sie zur Brücke

7589 fuhr noch beobachtet und der verständigte sofort die

7590 Rettung, sodass sie diesen Versuch noch gerade so überlebt

7591 hat. Ich also wieder nach Düsseldorf geflogen, total am

7592 Ende, deprimiert, ratlos und ich wusste, das war das Ende

7593 der Zeit in Düsseldorf. Ich wollte, dass Marion sofort nach

7594 Hause kommt, aber sie fragte mich, wo denn ihr zuhause sei?

7595 In Giesing, alleine in der Wohnung? In Düsseldorf alleine?

7596 Ich konnte ihr auch diese Frage nicht beantworten, ich

7597 Arschloch, hätte ich sie nur beantwortet, nein, ich hielt

7598 sie wieder hin und versprach ihr viel mehr Zeit.

7599 Auf jeden Fall konnten wir die Wohnung recht schnell an

7600 einen Interessenten weitervermitteln, und zogen mit allen

7601 Sachen wieder nach München. Dort konnte sie in einem der

7602 schönsten Läden der Stadt, der ganz neu in der Nähe des

7603 Flughafens aufgemacht hatte, anfangen zu arbeiten. Damit war

7604 es auf jeden Fall schon mal ein Stück näher an Innsbruck und

7605 den Bergen und ein Stück näher vielleicht zu der Zeit noch

7606 bei mir.

7607 Für mich hatten die nächsten Monate auch noch einiges

7608 weitere parat, die nächsten Runden meines „Boxkampfes"

7609 wurden eingeläutet. Die Verhandlung wegen dem Führerschein

7610 brachte mir, wie erwartet, die höchste Verurteilung, die es

7611 bis dahin in Rosenheim je gegeben hat, für 1,78 Promille,

7612 ohne beim Fahren gestoppt worden zu sein, ohne Unfall und

7613 ohne sonst irgendeinen Schaden: 18 Monate plus die Monate

7614 bis zur Verhandlung, also bald drei Jahre. Toll. Und eine

7615 Geldstrafe, dass ich im Gerichtssaal noch knapp einem

7616 Ohnmachtsanfall entging, DM 12.000. --. Das hat gesessen,

7617 Widerspruch war zwecklos, da musste ich durch. Und was noch

7618 passierte, der Türke von Marion stand plötzlich auf der

7619 Matte, und das war etwas unangenehmer als ich das gerne

7620 gehabt hätte. Gut, es gibt Regeln und Gesetze an die man

7621 sich im Milieu zu halten hat und es gibt auch Modalitäten,

7622 die es regeln, wenn man es nicht getan hat. Ich hatte auf

7623 jeden Fall kein schlechtes Gewissen und auch der Rest meiner

7624 Freunde haben mein Verhalten unter den Umständen und den mir

7625 von Marion erzählten Tatsachen als korrekt bezeichnet. Ali

7626 sah das allerdings ganz anders. Er meinte, ich sei der Grund

7627 gewesen weshalb Marion mit ihm Schluss gemacht hätte.

7628 Aufgrund zweier sehr brenzliger Treffen mit ihm in einer

7629 fremden Stadt, mit seinen ganzen türkischen Drogenhändlern

7630 neben sich, und ich alleine, hatten wir nicht viel zu reden.

7631 Einziger Punkt war, dass ihm Marion versprochen hatte, dass

7632 er jedes Monat 800 Mark bekommt und die hatte er die letzten

7633 Monate nicht bekommen. Das waren insgesamt um die 10.000. --

7634 . Das war ich bereit, ihm zu geben, allerdings unter der

7635 Voraussetzung, dass er Marion in Frieden lässt. Für den

7636 Fall, dass er das nicht täte, wäre sofort ein Strafgeld in

7637 doppelter Höhe fällig. Gut, er hat zwar ein paar Briefe

7638 geschrieben, aber ansonsten war er ruhig, denke ich

7639 zumindest, vielleicht hat es mir Marion auch nur nicht

7640 gesagt, damit die ganze Situation nicht noch mehr eskaliert.

7641 Zwischenzeitlich hatte ich noch eine weitere Anzeige wegen

7642 Körperverletzung am Hals, weil ich einen Idioten vom Stuhl

7643 geschubst habe und er sich den Kopf anstieß. Also brauchte

7644 ich alles andere, nur nicht noch mehr Ärger. Ich blickte

7645 mittlerweile sowieso schon in meinem Leben nicht mehr

7646   richtig durch, hetzte nur von einer Verhandlung zur
7647   nächsten, hatte an allen Ecken und Enden Ärger, keinen
7648   Führerschein, richtig Ausgabe mit dem Führerscheinprozess,
7649   dem Umzug, dann noch der Ali, dann zahlte ich dem Idioten
7650   noch ein paar Mark, damit er die Anzeige zurückzog, Anwalt,
7651   und und und, es war einfach die Zeit gekommen, mal wieder
7652   ganz weit weg, weit, weit weg zu gehen, wenn auch nur in den
7653   Urlaub.
7654   Also flog ich mit Tom nach Amerika, er war bis zu dem
7655   Zeitpunkt noch nicht dort und ich konnte ihm wirklich alles
7656   zeigen, zuerst waren wir in Florida und danach in Las Vegas,
7657   Los Angeles, auf den Bahamas und in unendlichen vielen
7658   Einkaufszentren.
7659   Also, Florida war ja noch relativ easy going, da hatten wir
7660   in der Nähe von Miami ein Superhaus von einem Bekannten von
7661   ihm, dazu einen Superpool und mehr als Ruhe und Frieden. Tom
7662   hatte eine Freundin mit dabei und ich war alleine, denn
7663   weder Sabine noch Marion konnten in den Geschäften Urlaub
7664   machen, was ja auch im Frühjahr etwas blöd war, außerdem
7665   sahen beide die Notwendigkeit, dass ich mich etwas erholen
7666   musste. Mit Tom ist das in der Regel kein großes Problem, es
7667   muss nur genug zu Essen und etwas zu Trinken da sein, dann
7668   ist das alles nicht sehr schwierig.
7669   Mit Jonathan, meinem Fluglehrer den ich immer mitnahm zu
7670   meinen Ausflügen, oder fast immer, flogen wir natürlich zu
7671   „Pepe´s“ nach Key West, meinem Lieblingslokal, weltweit, und
7672   zum Austernessen. Auch die Everglades durften nicht fehlen,
7673   und natürlich einen kurzen Trip nach den Bahamas. Dort
7674   mussten wir natürlich, wie überall auf der Welt, ein Puff

7675 finden, was gar nicht so einfach war. Nicht, weil wir was

7676 zum poppen brauchten, nein, Tom will einfach überall wo er

7677 ist sehen, wie die Puffs dort aussehen und außerdem sind

7678 dort auch immer die normalsten Menschen, zumindest was die

7679 Betreiber solcher Establisments betrifft. Das war dann doch

7680 etwas heftig, was wir dort erlebten, denn erst mussten wir

7681 einen Taxifahrer finden, ich denke der hat uns zuerst über

7682 die gesamten Bahamas gefahren, und dann war da noch ein

7683 automatisches Eisentor, Kameras und Flutlicht, danach

7684 Taschenkontrolle und erst dann öffnete sich für uns eine

7685 Tür: Dahinter war es nur noch schwarz, mit Schwarzlicht

7686 ausgeleuchtet und alles was ich sah, dass wir die beiden

7687 einzigen weissen Menschen waren, ansonsten konnte man die

7688 Anwesenheit der anderen Menschen lediglich an den zwei

7689 weißen Punkten, das waren die Augen, und den weissen Strich,

7690 das waren die Zähne, feststellen, und das waren eine ganze

7691 Menge. Die anwesenden Frauen, soweit nicht zu übersehen, da

7692 unglaublich dick und rund, und der Barkeeper hatte mehr

7693 Augen für meine Rolex und wahrscheinlich den restlichen

7694 Schmuck. Nun, irgendwie ging wieder alles glatt in diesem

7695 Laden, wir wurden vom Betreiber noch zu mehreren Rum´s

7696 eingeladen und konnten mit Beginn des Sonnenaufgangs das

7697 nette Establisment wohlbehalten wieder verlassen. Wobei das

7698 Problem daran lag, dass es in dieser Slumgegend kein

7699 einziges Taxi gab und wir mehrere Versuche unternahmen,

7700 irgendwie in unser Hotel zu kommen. Schließlich schafften

7701 wir auch das und ich war heilfroh, dass dieses Abenteuer mal

7702 wieder gut an mir vorübergegangen ist.

7703 Nach den drei Wochen mit Tom flog ich nach Los Angeles
7704 zurück, wo ich mich mit Sabine und einem befreundeten Paar
7705 aus Österreich traf. Joe und seine Freundin waren ebenfalls
7706 aus dem Milieu, nur war Joe schon über 50 Jahre alt, seine
7707 Freundin so alt wie Sabine. Die beiden hatten auch die
7708 letzten Jahre während des Oktoberfestes in München immer
7709 zusammengearbeitet, sodass wir ein eingespieltes Team waren.
7710 Wir hatten ein Wohnmobil gemietet, welches von Hermi
7711 gefahren wurde, einer über 60 Jahre alten tollen Frau aus
7712 dem Rotlicht in Linz. Also eine illustre Runde. Zu den
7713 Wohnmobilen hatten wir noch vier Harleys gemietet und mit
7714 denen düsten wir nun quer durch Kalifornien, entlang des
7715 Colorado Rivers nach Arizona und weiter bis nach Las Vegas.
7716 Die Route 66 und alles was wir dort erlebten, Ghosttowns und
7717 Bikertreffen, Freundschaften und Partys, Grillabende und
7718 offenes Lagerfeuer bei Vollmond inmitten der Wüste, all das
7719 wird sich in meinem Kopf nicht mehr entfernen lassen, dazu
7720 war es einfach einmalig.
7721 Zum Abschluss hatte ich, wie auch nicht anders zu erwarten,
7722 noch eine mächtige Auseinandersetzung mit der kalifornischen
7723 Polizei. Der Grund war ein Nachbar im Motel in Santa Monica,
7724 in dem wir die letzten beiden Tage bis zum Rückflug
7725 verbrachten. Ich hatte mit Sabine eine kleine verbale
7726 Auseinandersetzung, weil sie mit dem Urlaub, meiner Meinung
7727 nach, sehr unzufrieden war, und das alles nur, weil sie mit
7728 dem Motorrad mehrfach umgefallen ist und wir richtig
7729 Probleme hatten, die Gas- und Kupplungsgriffe immer wieder
7730 zu erneuern. Sie hatte erst kurz vorher den Führerschein für
7731 das Motorrad gemacht und somit noch wenig Erfahrung mit

7732 Motorrädern. Und immer wenn es auf sandigen und kiesigen
7733 Untergrund zu einer Kurve kam, bremste sie mit der
7734 Vorderradbremse und schon lag das Ding wieder im Sand. Gut,
7735 dass wir auch noch fast 7000 km gefahren sind das muss man
7736 auch erwähnen, denn wir saßen den ganzen Tag nur auf den
7737 Böcken und ließen uns den Wind um die Ohren blasen. Für Joe
7738 und mich kein Problem, das wollten wir ja auch, aber für die
7739 Mädels war es schon etwas deftig.

7740 Nun, auf jeden Fall schimpfte sie am letzten Tag dann über
7741 die Scheiß Motorräder und über die Hitze und was weiß Gott
7742 nicht alles, und ich fühlte mich irgendwie beschissen, weil
7743 ich eigentlich, wie immer, alles gut gemeint habe und ihr
7744 ein unvergessliches Erlebnis verschaffen wollte, und als
7745 Dank wird dann nicht „Danke" gesagt, oder „toll, war ein
7746 super Urlaub", nein, am Ende wird dann geschimpft und
7747 gemotzt und das verletzte mich dann doch ziemlich stark. Und
7748 nachdem ich immer noch nicht gelernt habe, solchen
7749 Situationen mit Gleichmut und Ruhe zu begegnen, wurde es
7750 eben sehr laut in unserem Zimmer und der Nachbar rief die
7751 Polizei. Die dachte wohl auch, dass ich Sabine geschlagen,
7752 misshandelt und getreten habe und stürmte gleich mit vier
7753 Mann in das Zimmer. Hola, da staunte ich nicht schlecht, als
7754 ich mit unerwarteter Geschwindigkeit auf dem Boden lag,
7755 einen schwarzen Stiefel in meinem Genick hatte und nicht so
7756 recht wusste, was los ist. Erst als sich nach geraumer Zeit
7757 und etlichen Vernehmungen der Sachverhalt klärte, Sabine
7758 auch keinerlei Verletzungen oder Spuren von Misshandlungen
7759 hatte, verschwand der Stiefel aus meinem Genick und ich war
7760 nicht gerade freundlich zu den netten Polizisten, die das

7761 aber auch gleich wieder persönlich nahmen. Verkehrte Welt in

7762 Kalifornien, auf jeden Fall war bei meiner nächsten Einreise

7763 in die Staaten sofort zu merken, dass ich einen kleinen

7764 netten Eintrag im Computer habe.

7765

7766 Jedenfalls war ich froh, als ich nach fast acht Wochen

7767 wieder in der Heimat war und auch meine Prinzessin wieder

7768 bei mir hatte. Wir hatten die ganze Zeit über telefonisch

7769 Kontakt und meine Telefonrechnung entsprach der Anzahl der

7770 Gespräche. Ich denke ich wurde zum Golden Award der

7771 Vieltelefonierer vorgeschlagen, aber es nützte ja nichts,

7772 ich liebte sie einfach so sehr, dass kein Tag verging, ohne

7773 mit ihr wenigstens gesprochen zu haben. Als wir dann wieder

7774 zurück waren, hatte ich erst mal richtig zu tun, dass meine

7775 Prinzessin wieder bessere Laune bekam, denn dass ich mit Tom

7776 wegfuhr, bei dem sie ja gearbeitet hat, das verstand sie ja

7777 auch, aber dass ich dann mit Sabine noch Urlaub machte, das

7778 hat ihr dann doch nicht so gefallen, aber ich habe es immer

7779 noch nicht kapiert, dass ich den Fehler bald nicht mehr

7780 gutmachen konnte.

7781 Marion arbeitete ja mittlerweile in München und wohnte auch

7782 wieder in der kleinen Wohnung in Giesing, die wir auch ganz

7783 nett hergerichtet hatten, und eigentlich war die Welt fast

7784 in Ordnung. Wir fuhren dann mit dem Auto eine Woche nach

7785 Elba, wo ich als Kind schon mal mit meinen Eltern war und

7786 hatten wirklich eine wunderschöne Zeit, gestört hat nur die

7787 Beziehung zu Sabine. Ich werde wohl nie verstehen, warum man

7788 sein Leben selbst so komplizieren kann, einfach, weil man

7789 nicht den Mut oder die Kraft hat, klare Linien zu schaffen.

7790   Sicher, zu meiner damaligen Zeit hatte ich es ja einfach,

7791   denn es gehört einfach zum Leben im Milieu dazu, dass man

7792   mehrere Frauen hat, aber ich war ja schon zu dieser Zeit

7793   immer auf der Suche nach einem Weg aus dem Milieu, zumindest

7794   was meine Gefühle betraf und auch meine Arbeit. Aber das ist

7795   nicht so einfach wie es sich anhört, denn wenn sich das

7796   komplette Leben, der Freundeskreis und auch die Einkünfte

7797   nur aus diesem Bereich rekrutieren, dann muss man sich schon

7798   ins Ausland absetzen,   mit einem falschen Pass und neuer

7799   Identität um einen Neuanfang zu schaffen, und selbst dort

7800   wird man wohl immer mit den Menschen aus dem Milieu Kontakt

7801   haben, weil man einfach ihre Sprache spricht und auch alle

7802   Gesten und Worte versteht. Wer einmal aus dem Blechnapf fraß

7803   und noch dazu ein Bordell besaß..., das wird sich wohl in

7804   meinem Leben nicht mehr ändern lassen, obwohl ich beständig

7805   daran arbeite.

7806   Auch beruflich hatte ich mal wieder etwas unternommen um

7807   diesen Moloch zu entkommen. Mit Yogi zusammen hatte ich über

7808   einen Bekannten in München die Gelegenheit, Spiegel aller

7809   Art günstig einzukaufen. Wir hatten ja in dem Nachbarhaus

7810   noch den kleinen Laden im Erdgeschoss, und den benutzen wir

7811   als Verkaufs- und Ausstellungslager. Zudem hatten wir noch

7812   Schmuck, richtig wertvollen Gold und Diamantschmuck von

7813   diesem Freund, den wir auch zu sehr günstigen Preisen

7814   verkauften. Alleine die Beschaffung und der Transport des

7815   notwendigen Tresors hat eine eigene Comedysendung verdient,

7816   denn selten ist ein 2,9 Tonnen schwerer Tresor mit soviel

7817   Spaß geliefert und montiert worden wie der. Schon bei der

7818   Beschaffung in München habe ich mich halbtot gelacht, denn

7819 der Typ der die Tresore verkaufte, allesamt gebrauchte und
7820 restaurierte, war so um die 70 Jahre alt, aber immer noch
7821 äußerst agil und kräftig. Er erzählte uns stundenlang die
7822 wildesten Geschichten aus seiner beruflichen Karriere, die,
7823 wie auch anders zu erwarten, nicht als Kaufmann begann,
7824 sondern als Tresorknacker. Das ging soweit, dass sie ihn mal
7825 aus dem Gefängnis holten um einen Tresor im Polizeipräsidium
7826 zu öffnen, an dem sich wohl der Code verstellt hatte und
7827 selbst der Hersteller nur unter Anwendung von gröberen
7828 Mitteln, wie Sprengstoff und Schweißgeräte, zum Öffnen in
7829 der Lage war. Nachdem er gerade eine Haftstrafe absaß, eben
7830 welchen selbigen Tresor, den er in einem Privathaus geknackt
7831 hatte, holte man ihn zum Öffnen. Irgendwann zahlt es sich
7832 immer aus, wenn man eine solide Ausbildung genossen hat. Als
7833 er dann den ersten Tresor lieferte, von München nach
7834 Rosenheim, stellten wir schnell fest, dass der nicht durch
7835 die Türe passte, was für allgemeine Heiterkeit sorgte, denn
7836 er hatte die genauen Maße ja gehabt, aber in seiner
7837 Schusseligkeit einfach den falschen Tresor eingeladen. Eine
7838 Woche später kam der Richtige, ein richtiges Monster, und
7839 nachdem die Türe abmontiert war, die alleine schon über eine
7840 halbe Tonne wog, passte er auch durch die Türe. Nachdem dann
7841 der zweite Hubwagen den Geist aufgab und schließlich alles
7842 perfekt dort stand wo es hin sollte, kam die zweite
7843 Überraschung: Die Zahlenkombination. Da dachte ich jetzt ist
7844 wirklich alles verrückt. Also, mich kannte der Typ von
7845 einmal sehen und hatte weder einen Namen von mir noch sonst
7846 irgendwelche persönlichen Angaben. Also: dreimal links
7847 drehen bis zur 8, dann zweimal rechts drehen bis zur 2, und

7848 dann wieder einmal links bis zur 60. Das ist dann der Code:

7849 8.2.60. Und das ist mein Geburtsdatum. Also, irgendwie

7850 wahnsinnig zufällig alles. Für jemanden der an überirdische

7851 Dinge glaubt, sicher ein Hammer. Ich erinnere mich da an

7852 eine Begegnung der dritten Art die wohl jeder schon mal in

7853 seinem Leben hatte. Ich war wohl so sechs Jahre alt und

7854 meine Schwestern hatten so ein Spielzeug das man mit einem

7855 silberfarbenen Schlüssel der aussah wie eine Flügelmutter,

7856 aufziehen musste. Nun, es gab nur einen dieser Schlüssel und

7857 ich sollte den verschlampt haben, was sichere Prügel

7858 bedeutete, denn meine Schwestern liefen immer sofort zu

7859 unserem Vater wenn etwas nicht nach inrem Kopf ging. Nun,

7860 der Schlüssel war unauffindbar und wie vorhersehbar, Vater

7861 kam, Schwestern liefen und mir schwante wieder mal Übles.

7862 Aber, und das war wirklich ein Rätsel für mich, plötzlich

7863 lag der Schlüssel genau dort wo er sonst immer lag und zuvor

7864 alle gesucht hatten, und, auf dem Esstisch lag genau in der

7865 Mitte der gleiche Schlüssel, und, in dem Spielzeug steckte

7866 auch noch ein Schlüssel. An diesem Tag wusste ich, dass es

7867 auch überirdische Dinge im Leben geben muss, denn wir hatten

7868 immer nur einen Schlüssel, auch nur ein Spielzeug das damit

7869 zum Aufziehen war, woher kamen die anderen Beiden? Ich weiß

7870 es nicht, ich weiß nur, dass nichts passieren hätte können,

7871 denn auch wenn es meine Schwestern böse gemeint hatten mit

7872 mir, und davon gehe ich mal aus, hätten sie sich nur

7873 blamiert, denn es wären selbst der zweite Schlüssel schon

7874 eine Sensation gewesen, und dann noch der Dritte, mit dem

7875 hätte dann wirklich keiner gerechnet. Und nachdem unser

7876 Esstisch Familientreffpunkt war, mangels Wohnzimmer, und

7877 dort auch noch einer lag, konnte nichts schief gehen und

7878 diese eine Mal entkam ich den Ohrfeigen meines Vaters.

7879

7880 **Heute ist schon Montag, der 5. August, die letzten Tage**

7881 **hatte ich wahrlich richtigen Stress, denn Tom aus Düsseldorf**

7882 **war hier und hat jeden Tag Ideen gehabt. Meist einkaufen,**

7883 **das war schon in den Staaten seine größte Leidenschaft, von**

7884 **einer Mall zur nächsten und zurück. Aber es gibt Dinge, die**

7885 **mache ich sehr gerne und stelle dafür auch andere Sachen**

7886 **zurück, zum Beispiel jemanden behilflich sein, der mir auch**

7887 **immer behilflich war und wahrscheinlich schon mehr geholfen**

7888 **hat, als ich ihm wohl je helfen kann. Vor allem gehört er zu**

7889 **den Menschen, denen man nichts geben kann, weil sie nichts**

7890 **annehmen würden. Nun, auf jeden Fall kam Tom mit seinem**

7891 **sechsmonatigen Sohn am 26. August an und ab diesem Tag hatte**

7892 **ich wenig Zeit für meine Arbeit. Ach ja, apropos Arbeit, die**

7893 **habe ich immer noch nicht und mittlerweile habe ich die**

7894 **Hoffnung auch aufgegeben. Ebenso mit meinem persönlichen**

7895 **Geldautomat, der spricht schon gar nicht mehr mit mir, ich**

7896 **glaube wenn der mich kommen sieht, dann schaltet er**

7897 **automatisch auf „Defekt" um, anders kann ich mir das nicht**

7898 **erklären. Aber was soll's, bin ja nicht reich auf die Welt**

7899 **gekommen, also muss ich auch nichts mitnehmen. Nur zum Leben**

7900 **sollte es ja nun doch noch reichen. Auf alle Fälle fuhren**

7901 **wir mehrmals zum Einkaufen, Essen, Möbel und einen**

7902 **Kindersitz für den Kleinen, dann abends kochen, den Tom**

7903 **liebt meine Kochkünste, dann waren wir ja das eine Mal noch**

7904 **in Mallorca und dann wieder Abreise, Flughafen und zurück,**

7905 **denn seine Freundin und die Mutter des Kleinen blieb noch**

7906   da. Am Flughafen nahm ich dann gleich die Schwester von ihr

7907   und eine Freundin noch mit in die Stadt und seitdem ist mein

7908   Auto zum Kindertransporter umfunktioniert worden. Das heißt

7909   ich habe eigentlich zur Zeit kein Auto, weil die vier damit

7910   immer zum Strand fahren. Ist auch okay so, brauche ich nicht

7911   tanken und nicht Parkplatz suchen. Am Samstag war ich dann

7912   mit Heike auf meiner ersten Privatparty auf einer Finca in

7913   Salinas eingeladen, das heißt, Heike hat mich einfach

7914   mitgenommen. Und wenn man sich dann überlegt, dass es fünf

7915   in der Früh ist wenn du da auf eine Party gehst, dann ist

7916   das schon etwas anderes Leben als in Deutschland. Die hatten

7917   da so richtig aufgebaut, mit DJ-Pult und einem coolen DJ aus

7918   dem Space, also richtig kultig, auch die Leute alle

7919   superentspannt, wenn auch mächtig zugekifft. Aber wenn stört

7920   das schon wenn es draußen 28 Grad hat, Halbmond ist und

7921   Grillen zirpen. Mich nicht mehr. Anschließend sind wir noch

7922   in unseren Croissant Shop gegangen, ein Glas Rosato, wie

7923   üblich und dann um zehn Uhr ins Bett, Sonntag. Um zwei

7924   nachmittags standen dann die vier Quälgeister vor meinem

7925   Haus und pfiffen, wir hatten ausgemacht zur größten Paella

7926   zu fahren, und die wird immer nur am Sonntag in Santa

7927   Gertrudis gemacht. Pünktlich waren wir dort um dann zu

7928   erfahren, dass es die Paella nur gibt, wenn man reserviert

7929   hat. Das war ich dann auch als ich das erfahren hatte, denn

7930   ich hatte einen dicken Kopf vom Vortag, bzw. Vormittag, und

7931   dann die Hitze, da war ich platt. Und keine Paella. Sauerei.

7932   Gut, aber das konnte ich nicht ändern.

7933   Zwischenzeitlich habe ich noch eine ganze Besatzung,

7934   vorwiegend die Weibliche, einer der Luxusyachten kennen

gelernt, die hier alle im Hafen liegen. Und durch eine
Österreicherin bekam ich den Tipp, wenn ich denn so gut
kochen kann, mich doch einfach in Antibes zu bewerben, bei
einer Vermittlungsagentur für Yachtcrews. Das habe ich die
letzten Tage auch sehr ausführlich gemacht und siehe da,
heute hatte ich schon den ersten Kontakt mit einem Mr.
Fisher, der mich auch direkt vermitteln könnte, wenn ich
denn die Bewerbungsunterlagen fertig hätte. Nun, Günther
Wallraff lebte als Türke für den Stern im Ghetto und hatte
sich eine neue Identität verschafft, jeder Agent muss das
von Berufswegen tun, also werde ich das auch einfach machen.
Ist ja nun nicht mehr so schwer, für diesen Fall sind
sicherlich die Scanner entwickelt worden. Wobei es ja
eigentlich auch wieder ein sandiger Untergrund ist, auf den
ich da Aufbauarbeit leiste, aber was soll ich machen? Mit 42
Jahren werde ich so keinen Job finden und mit dem was ich im
Knast gelernt habe noch viel sicherer nicht, zumal ich das
auch noch nie ausgeübt habe. Also, selbstständig geht nicht,
so gibt es nur Jobs als Drogenhändler oder Geldwäscher, also
kochen wir eben, und das merkt keiner, dass ich das nicht
wirklich gelernt habe, aber seit zig Jahren ausübe. Also,
wenn da die Personalienüberprüfung nicht so streng ist und
ich da durchkomme, kann das ganz interessant werden. Und
wenn nicht? Ich denke die Schweiz ist sicher, zumindest was
den Job betrifft. Außerdem könnte ich mich ja immer noch bei
der amerikanischen Armee bewerben, für den Irak-Krieg, da
brauchen sie wohl 250 000 Soldaten und rechnen mit 40 000
Mann Verlust, eine gute Chance. Aber ich glaube, nicht mal
für den Job wollen sie mich haben, eigentlich will mich gar

7964 niemand. Na ja, am Donnerstag bekomme ich wieder Besuch aus

7965 der alten Stadt, Evi, eine komplizierte Sache, die ich

7966 später mal erzählen werde.

7967 Auf jeden Fall ist es mittlerweile in der Stadt richtig voll

7968 geworden, und es gibt so viele Völker, aber wohl am meisten

7969 Italiener, die sind hier so in der Überzahl, als ob es bei

7970 denen nicht genauso schön wäre. Italienisch ist absolute

7971 Pflicht als Sprache, kann ich zum Glück besser als Spanisch.

7972 Die Stimmung bei den Wirten ist auch etwas besser geworden,

7973 wenn der Rubel rollt und ich bleibe jetzt meist in meiner

7974 Bude bis zum späten Abend, weil es mir zu voll ist und ich

7975 seit den Jahren im Gefängnis eine panische Angst vor

7976 Menschenmassen habe. Kann auch nicht mehr in geschlossenen

7977 Räumen schlafen, das macht mich fertig, da muss entweder die

7978 Türe oder die Terrasse offen sein, damit ich immer raus kann

7979 wenn ich will.

7980 So, jetzt werde ich aber mal eine Dusche nehmen und dann ab

7981 in das Getümmel, schnell zwei Apfelschorlen und dann ab ins

7982 Bett, vielleicht ist das Wetter morgen zum Baden angetan,

7983 dann werde ich mal wieder die Seele baumeln lassen und

7984 meinen abgemagerten, von 110 auf 100 kg, Körper in die Sonne

7985 schmeißen.

7986

7987 Heute ist Dienstag, der 6.August, und ich habe tatsächlich

7988 es mal wieder geschafft, mit dem Boot nach Talamanca zu

7989 fahren, dort ist so der einzige Strand, der nicht überlaufen

7990 ist. Und meine Schätzung mit den 100 kg war gar nicht so

7991 schlecht, 99,9 kg, also unter 100 kg, jetzt noch 5 kg weg

7992 und dann habe ich für mich mein Idealgewicht.

7993 **Als ich heute so am Strand lag, waren rechts und links von**
7994 **mir zwei bildhübsche Mädchen, also keine Discomiezen,**
7995 **sondern ganz natürliche und wirklich schöne Frauen.** Da lag
7996 ich dann so und mir ging plötzlich durch den Kopf, dass ich
7997 eigentlich gar nicht wüsste, wie ich die eine oder andere
7998 ansprechen könnte. Ich wurde mir darüber klar, dass ich im
7999 Grunde noch nie eine Frau von mir aus angesprochen habe,
8000 also jetzt um sie sozusagen anzubaggern. Eigentlich müsste
8001 das verwundern, aber wenn ich mir so meine ganzen
8002 Beziehungen durch den Kopf gehen lasse, dann stimmt das
8003 tatsächlich, immer wurde ich von den Frauen angesprochen und
8004 dann wurde es auch meist eine Beziehung. Egal bei welcher
8005 Frau, sie haben immer den ersten Schritt gemacht und dann
8006 war es natürlich durch das Milieu auch so, dass man von Haus
8007 aus auf Frauen fixiert war, die entweder schon anschaffen
8008 gingen, oder die dafür in Frage gekommen wären. So, heute
8009 ist das ja beides nicht mehr interessant für mich, und
8010 trotzdem, wenn ich welche kennen lerne, dann entweder aus
8011 dem Puff oder aus dem Tabledance. Alles Frauen die es
8012 gewohnt sind und von Berufs wegen auch notwendig haben,
8013 Männer anzusprechen. Ganz schön sonderbar, denn ich weiß
8014 wirklich nicht, wie ich mit diesem Manko jemals eine Frau
8015 die normal ist, kennen lernen soll und ich will mich ja
8016 nicht betrinken, damit ich vielleicht von mir aus mal den
8017 Mund aufkriege, wobei das auch noch nie zu einem
8018 befriedigendem Ergebnis geführt hat. Also, manchmal verfolgt
8019 mich meine Vergangenheit tiefer in mein Innenleben als ich
8020 das gedacht hätte. Ich mein, dass ich keinen anständigen
8021 Lebenslauf zustande bringe, nicht schriftlich, sondern von

8022   den Tatsachen her, damit habe ich mich ja schon abgefunden,

8023   aber dass auch mein Intimleben darunter leiden könnte, das

8024   habe ich nicht so erwartet. Ich dachte immer, wenn ich

8025   niemanden erzähle aus meiner Vergangenheit, dann merkt das

8026   auch keiner, aber sonderbarerweise muss das wohl auf der

8027   **Stirn stehen, denn wenn mich Frauen nach meinem Beruf fragen**

8028   **und ich dann sage, „rate mal", dann kommt zu 80% irgendeine**

8029   **Antwort   mit   Rotlicht,   oder   wenigstens   Nachtlokal.**

8030   **Wahrscheinlich prägt das auch äußerlich, obwohl ich finde,**

8031   **dass   ich   einfach   normal   aussehe,   kurze   Haare,   keine**

8032   **sichtbaren Tattoos, kein Ohrring und kein Goldschmuck, also**

8033   **heute nicht mehr. Nur meine Tattoos sind etwas was früher**

8034   **vielleicht einen Rückschluss zugelassen hätte, aber nicht**

8035   **mehr heute. Heute ist ja jeder Bankdirektor schon irgendwo**

8036   **gepierct oder tätowiert. Meine Tattoos sind aus der Not**

8037   **entstanden, denn nachdem mir bei der Operation an der Lunge**

8038   **eine etwas längere Narbe geblieben ist, so um die 30 cm**

8039   **lang, quer vom Rücken bis zum Brustbein, und mich im Sommer**

8040   **beim Baden ungefähr Millionen Menschen blöd angeguckt haben,**

8041   **oder gar nach der Ursache dieser immensen Narbe fragten,**

8042   **entschloss ich mich, diese mit einem Tattoo zu verdecken.**

8043   **Das wurde ein mächtig großes Tattoo, ein Drachen der über**

8044   **den ganzen Rücken geht und sein Kopf liegt auf meiner Brust.**

8045   **Auf der anderen Seite habe ich dann einen Samurai tätowieren**

8046   **lassen, damit die Sache nicht so linkslastig ist. Auf meinem**

8047   **rechten Oberarm habe ich noch eine Schlange, die habe ich**

8048   **mir in Florida stechen lassen, mit Sabine, unserem ersten**

8049   **Urlaub   in   Armerika.   Und   Sabine   hat   sich   ein**

8050   **Bauchnabelpiercing machen lassen. Tolle Sache, wir hatten**

8051 beide schon ganz schön was getrunken, und am nächsten Tag
8052 ist uns dann aufgefallen, dass ich nicht in die Sonne und
8053 Sabine nicht ins Wasser gehen kann, zumindest für die erste
8054 Woche. Na ja, da haben wir dann eben unsere Ausflüge
8055 gemacht. Gott das war auch so ein Erlebnisurlaub, mit
8056 Hochreiter Rudi, dem Knödelkönig aus Rosenheim und
8057 Eigentümer von Call a Pizza in Europa. Das war in dem Jahr
8058 als Gianni Versace erschossen wurde, auf jeden Fall habe ich
8059 dann mit dem verrückten Rudi und seinen ganzen Freunden nach
8060 durchzechter Nacht Blumen vor das Haus gelegt, vor dem er
8061 erschossen wurde. Mann, das war eine Nacht, die teuersten
8062 Wohnungen von Miami habe ich gesehen, Fisher Island und dazu
8063 auf den teuersten Booten, alles nur mit Rolls Royce gefahren
8064 und in der Nacht in den besten Clubs und Restaurants. Ich
8065 glaube, von all denen die ich da kennen gelernt habe oder
8066 vorher schon gekannt hatte, hat heute fast keiner mehr Geld,
8067 also Rudi sicher nicht. Exzessives Leben kostet eben eine
8068 Unmenge an Geld und damit ist meist auch das größte Vermögen
8069 bald aufgebraucht. Auch der Typ, der mit der Tochter von
8070 Burda kurz verheiratet war und in Deutschland mit einem
8071 Aktiencrash Schlagzeilen machte, ich weiß seinen Namen nicht
8072 mehr, war mit dabei. Der hat dann in den Staaten einen
8073 Prozess wegen Vergewaltigung hinnehmen müssen. Also, so
8074 gesehen, geht's mir ja heute richtig gut und auch wenn es
8075 finanziell nicht ganz so rosig im Moment aussieht, habe ich
8076 wenigstens noch geringe Zukunftsaussichten.
8077 Apropos Finanzen, also es ist schon sehr traurig, wie die in
8078 Deutschland weilenden Schuldner sich verhalten. Ja, ich habe
8079 das Geld überwiesen, ach, es ist wieder zurückgekommen, oder

8080 nein, die Bank findet die Überweisung nicht mehr, ich zahle

8081 es gleich morgen ein. Ich bin völlig platt, was diesen

8082 Idioten alles einfällt. Bei mir hat die Bank seit 42 Jahren

8083 nichts vergessen, zurückgeschickt oder nicht abgebucht, bei

8084 denen passiert das unabhängig voneinander täglich. Der

8085 andere meinte ich soll auf meine Kontoauszüge schauen, was

8086 ich natürlich nicht kann, aber als ich ihn dann noch mal

8087 anrief und sagte, dass nichts draufsteht, da war dann

8088 plötzlich auch der Überweisungsbeleg verschwunden. Die

8089 andere Firma braucht gleich vier Wochen um eine große Summe

8090 endlich anzuweisen und hat es verschludert, wie sie sagten,

8091 also echt, armes Deutschland, die haben alle einen Charakter

8092 dass mir übel wird, denn da kann ich doch sagen, ich kann im

8093 Moment nicht zahlen, oder ich hab nichts, das ist weniger

8094 anstrengend und beleidigend als diese andauernden Lügen.

8095 Mein Anwalt scheißt sich an wegen den hohen Telefonkosten

8096 und ruft gleich gar nicht an bei mir und Sabine jammert auch

8097 nur rum, dass alles so teuer ist und sie soviel zu zahlen

8098 hat. Na ja, der habe ich heute auch gesagt, dass ich

8099 vielleicht auf ein Schiff gehe zum Arbeiten, da meinte sie,

8100 dass ich dann ja ganz weg sei. Ich antwortete ihr nur, dass

8101 dies wohl vollkommen egal ist, denn entgegen ihres

8102 Versprechens, bald zu kommen, ist vor September gar nicht

8103 damit zu rechnen. Juni, Juli, August, September, na ja, vier

8104 Monate einmal sehen und sonst nur sms schreiben, vielleicht

8105 einmal in der Woche ein kurzes Gespräch, natürlich nicht

8106 ohne den Hinweis wie hoch die Telefonrechnung wohl werden

8107 wird, damit kann sicher eine Beziehung nicht lange

8108 aufrechtgehalten werden, denke ich zumindest. Ich meine,

8109 damit wäre ich ja wieder da, was ich vorher geschrieben

8110 habe, nämlich mit meinem Problem jemand anzusprechen. Also

8111 in der Disco zappeln alle nur rum, sind auf Droge und da

8112 müsstest du mit dem Megaphon durchlaufen um jemand auf einen

8113 Drink einzuladen, falls sich das überhaupts jemand leisten

8114 kann bei 18 Euro für einen Longdrink, da gehe ich lieber zum

8115 Essen. Na ja, der Strand ist eine Möglichkeit, aber da

8116 liegen alle völlig platt in der Gegend rum um schlafen die

8117 restlichen Drogen aus ihrem Körper. Und abends auf der Meile

8118 sind sie gestylt und warten auf den Prinzen mit dem weißen

8119 Pferd, zumindest mit einer Yacht und einem Haus,

8120 gutaussehend und mit richtig viel Geld. Also für so Otto

8121 Normalis wie mich und alle anderen ist da mit Sex und

8122 Beziehung nicht viel drin, bleibt eben nur die Fantasie. Die

8123 lebe ich zur Zeit auch nicht so aus, weil ich einfach

8124 festgestellt habe, dass ich mit 42 Jahren und so wie ich zur

8125 Zeit lebe auch nicht unbedingt das Gelbe vom Ei bin und

8126 sicher auch nicht in der Lage bin, eine vernünftige

8127 Beziehung zu einer Frau aufzubauen. Von daher warte ich auch

8128 auf die Prinzessin mit der Yacht die mich sieht und mitnimmt

8129 in ihren Palast, die für mich sorgt und mir vom Auto bis zum

8130 Urlaub alles finanziert. Gut, ich warte. Wahrscheinlich

8131 ziemlich lange.

8132

8133

8134 Ziemlich lange gewartet haben Yogi und ich auch in unserem

8135 Schmuckladen, darauf dass wir ein Geschäft machen, aber da

8136 würden wir wohl noch heute warten und warten und warten.

8137 Also, das mit den Spiegeln, das hat anfangs ganz gut

8138 funktioniert, die fanden aufgrund des günstigen Preises

8139 richtig guten Absatz, aber das mit dem Schmuck und unserem

8140 bildschönen Tresor, das hat nun mal gar nicht funktioniert,

8141 also ich glaube wir haben nicht ein Schmuckstück verkauft,

8142 wahrscheinlich dachten alle, dass der Schmuck gestohlen,

8143 falsch oder was weiß ich was ist, denn der war wirklich

8144 günstig. Im Sommer hatte es dann in dem kleinen Laden

8145 ungefähr 50 Grad und auf dieser Strasse ging keine alte Sau

8146 spazieren oder zum Einkaufen, die war einfach tot, wie die

8147 ganze Stadt irgendwie nicht so richtig lebt. Ich glaube nach

8148 sechs Monaten haben wir das ganze abgeblasen und den Laden

8149 wieder zugesperrt.

8150 Gut, es hat uns im Endeffekt nicht so viel gekostet, weil

8151 wir ja das Haus sowieso gemietet hatten und somit den Laden

8152 nur zusätzlich nutzten und die paar Mark Strom und

8153 Versicherung waren jetzt auch nicht die Welt. Ansonsten wäre

8154 das in einer anderen Gegend sicherlich etwas besser gewesen.

8155 Lustig war nur, dass der ortsansässige Glaser sofort als er

8156 uns entdeckte und seine Pfründe gefährdet sah, durch unsere

8157 sensationellen Preise, einen Laden mitten in der

8158 Fußgängerzone eröffnete, mit den gleichen Spiegeln aus

8159 Italien und mit noch billigeren Preisen, damit wir ja nicht

8160 meinten, dass wir so einfach in seine Geschäfte platzen

8161 können. Wollten wir ja gar nicht, wir hatten nur vor, uns

8162 neben dem Puff noch ein zweites Standbein zu schaffen. Na

8163 ja, war vielleicht auch nicht gerade für den Ruf gut, dass

8164 nachmittags der Laden immer mit den ganzen Mädels aus dem

8165 Club voll war und die meist mit Minirock und hohen Schuhen

8166 vor dem Laden rumstolzierten.

8167   Wir hatten schnell aus der Sache gelernt, aber leider nicht

8168   genug, vor allem damals noch nicht, dass es für eine

8169   Gesellschaft sehr wohl tragbar ist, ein Bordell in der Stadt

8170   zu haben. Dass es für eine Gesellschaft sehr wohl tragbar

8171   ist, sich mit den Betreibern auch fotografieren zu lassen

8172   und sich mit deren Bekanntschaft zu brüsten, das es sehr

8173   wohl tragbar ist auch in das Establishment zu gehen,

8174   natürlich nur auf ein Pils weil alles andere zu hat, und

8175   dass es sehr wohl tragbar ist, sich mit den Betreibern beim

8176   Essen sehen zu lassen und sie auch auf private Feiern

8177   einzuladen, aber es ist untragbar, dass genau diese

8178   Betreiber versuchen in dem normalen Leben Fuß zu fassen,

8179   also das geht nicht, auf gar keinen Fall. Sicher, die sollen

8180   verdienen und sich ruhig halten, auch mit den Steuern nimmt

8181   man das solange nicht so genau bis die anfangen, unangenehm

8182   zu werden, dann kann man ja mal schnell nachprüfen und

8183   nachfordern und immer was finden.   Eine sehr dumme

8184   Gesellschaft wie ich finde. Da sind mir Menschen wie Willi,

8185   ein potenter Rosenheimer Geschäftsmann, am allerliebsten,

8186   der hat sich meiner Bekanntschaft nie geschämt und auch nie

8187   gebrüstet, der hat auch später immer mit mir Kontakt

8188   gehalten und bis heute den Kontakt nie abbrechen lassen. Dem

8189   war es egal ob ich ein Puff, einen Spiegelladen oder später

8190   Kneipen hatte, der war immer da und immer ein

8191   Ansprechpartner, auch für private Dinge.

8192   Nun, meine Beziehungen liefen eigentlich soweit wieder ganz

8193   normal, Sabine arbeitete und wohnte in Rosenheim, Rufus,

8194   mein dicker Freund hatte es nicht so mit der neuen Wohnung,

8195   und die kleine Prinzessin arbeitete in München in dem guten

8196 Club und wohnte auch dort und war so mehr oder weniger

8197 zufrieden mit der ganzen Situation. Auf jeden Fall hatte ich

8198 immer noch keinen Führerschein und auch die anfängliche

8199 Bereitschaft von Freunden, mich zu fahren hat im Laufe der

8200 Monate so nachgelassen, dass sie am Ende gegen Null ging.

8201 Damit war mein täglich Brot der Zug nach München, die S-Bahn

8202 bis zum Marienplatz und die U-Bahn bis Giesing, oder vom

8203 Bahnhof aus gleich die Straßenbahn oder das Taxi.. In dieser

8204 Zeit hatte ich das nächste Problem bekommen, nämlich

8205 Sambuca, dieser Anislikör aus Italien. Der hatte bei mir

8206 immer zur Folge, dass ich nach einer gewissen Menge über

8207 mein Leben nachzudenken anfing und immer unglücklich darüber

8208 war, jedoch nicht mir die Schuld gab, sondern immer meinen

8209 Frauen. So warf ich ihnen oftmals alles an den Kopf was es

8210 so an Ungerechtigkeiten gab, kurz gesagt, ich wurde einfach

8211 damals schon nicht mehr mit der Situation fertig, dass die

8212 Frauen die ich liebte jeder Idiot mit Geld anfassen durfte

8213 und mit ihnen ins Bett ging. Eine sonderbare Situation, die

8214 ich mit Alkohol zu vernichten versuchte und letztendlich

8215 alles nur noch schlimmer machte. Einmal flog Sabine gegen

8216 die Waschmaschine, als ich wieder mal ausflippte und schlug

8217 sich eine hässliche Narbe in die Stirn, ein anderes Mal

8218 hatte ich das gleiche Problem mit Marion, als wir in

8219 Innsbruck bei ihren Eltern waren und dort den Geburtstag von

8220 ihr feierten. Also ich muss mich heute noch wundern, dass

8221 die beiden das solange mitgemacht haben. Natürlich hatte ich

8222 am nächsten Tag wieder den großen Katzenjammer und versuchte

8223 alles wieder gut zu machen, aber richtig gelungen ist mir

8224 das verständlicherweise nicht. Ich mein, ich kannte auch

8225 Zuhälter, die ihre Frauen jeden Tag schlugen und nie
8226 versuchten etwas gut zu machen und trotzdem blieben die
8227 Frauen bei ihnen, aber das war ja nicht mein Wille, ich
8228 wollte es ja eigentlich nicht und konnte aber in diesen
8229 Situationen nicht aus meiner Haut. Ich erkannte damals zum
8230 ersten Mal recht deutlich, dass ich mit diesem Leben sehr
8231 bald Schluss machen musste und versuchen musste, ein
8232 normales Leben und ganz normale Beziehungen zu führen, damit
8233 ich nicht eines Tages das böse Erwachen habe und ich wieder
8234 im Knast lande. Das wollte ich auf keinen Fall soweit kommen
8235 lassen, denn eines ist mir in meinem bisherigen Leben ganz
8236 sicher klar und auch ganz sicher festgeschrieben, einsperren
8237 lasse ich mich nicht mehr, auf gar keinen Fall, egal wie es
8238 steht, ich gehe nicht mehr in das Gefängnis zurück. So sehr
8239 die Zeit auch geprägt hat, letztendlich habe ich dadurch,
8240 dass ich noch so jung war, alles relativ gut überstanden,
8241 aber wenn ich mir vorstelle, dass ich zu diesem Zeitpunkt,
8242 mit knapp 38 Ja**hren, oder auch heute fünf Jahre später, noch
8243 mal hinter schwedische Gardinen muss, dann kann ich mir an
8244 den fünf Fingern ablesen, dass das das Ende meiner Träume
8245 sein würde, auch aller privaten und beruflichen,
8246 persönlichen und gesellschaftlichen.**

8247

8248 **Heute, Mittwoch, 07.08.02, habe ich vielleicht einen nicht
8249 so lustigen Tag hinter mir. Ich hatte ja schon die letzten
8250 Tage so richtig Schmerzen, wieder die Speiseröhre und auch
8251 im Lungenbereich. Die Diagnose die mir der deutsche Arzt
8252 heute stellte ist auch nicht so überraschend, auf meiner
8253 Lunge rechts und auf im Bereich der Speiseröhre haben sich**

8254   wieder dunkle Flecken gebildet. Das bedeutet an sich noch

8255   nichts schlimmes, aber wenn ich dann das Blutbild sehe, dann

8256   wird mir schon sehr deutlich, dass ich mich mit meinem Buch

8257   vielleicht etwas beeilen sollte und vielleicht auch nicht an

8258   eine Fortsetzung denken darf. Zum Glück bin ich, was

8259   Krankheiten betrifft, schon mehrfach chemisch gereinigt und

8260   ich sehe auch nicht ein, deshalb in Angst oder Wut zu

8261   verfallen. Dazu habe ich schon zuviel erlebt und auch zuviel

8262   überlebt, als dass ich mich davon noch erschrecken lasse.

8263   Ich weiß noch, als ich mit 17 Jahren einmal in einen

8264   Konflikt zwischen Türken und Deutschen geriet, allerdings

8265   unbeabsichtigt. Die hatten sich im Stachus-Untergeschoss

8266   einen Schlacht geliefert und ich kam gerade aus der S-Bahn

8267   von Obermenzing kommend, wo ich damals ja wohnte, Richtung

8268   Sendlinger Tor Platz zu meiner Arbeit im Hotel unterwegs,

8269   als ich von einem vorbeilaufenden Türken ein Messer in den

8270   Hals gestochen bekam, einfach so. Seither ist mein Hals mit

8271   einer wunderschönen Narbe verziert und ich müsste eigentlich

8272   zweimal Geburtstag feiern, denn wenn nicht sofort ein

8273   Notarzt zur Stelle gewesen wäre, dann hätte ich wohl

8274   jämmerlich ersticken müssen: Luftröhre verletzt und Blut in

8275   der Lunge, das wärs dann gewesen, zum Glück hat er die

8276   Halsschlagader um Millimeter verfehlt, denn das wäre dann

8277   das endgültige „Adios" gewesen. Das stelle man sich mal vor,

8278   was mir dann alles nicht passiert wäre...nein, das war mir

8279   nicht vergönnt, das musste ich überleben um so richtig das

8280   „Geschenk" meines Daseins zu „genießen". Insgesamt, wenn ich

8281   dann noch die diversen anderen Verletzungen und Krankheiten

8282   mit in meine Betrachtungen einbeziehe, habe ich doch sieben

8283   Leben wie eine Katze, aber bis heute keines, das ich mir

8284   selber wünschen würde.

8285   Ich sitze jetzt, wie die letzten Tage fast immer an meiner

8286   Mole, natürlich auf der Seite wo das rote Leuchtfeuer ist,

8287   und sehe den vielen Schiffen zu, die von ihren

8288   Tagesausflügen zurück in den Hafen kommen, betrachte das

8289   tiefblaue Meer und habe einfach das Gefühl, dass es genau

8290   das ist, was ich mir immer gewünscht habe. Keine Post, keine

8291   Anrufe, keine Streitereien, keine Exzesse, keine

8292   Beziehungsdramen, keine Verantwortung, einfach nur leben und

8293   die Dinge genießen, die nichts kosten: Freiheit und Natur,

8294   beides Dinge, die der Mensch so gerne gegen Geld eintauscht.

8295   Geld ist für mich im Moment nur wirklich zum Überleben da,

8296   damit ich mir Essen leisten kann, etwas zu Trinken und meine

8297   heißgeliebten Zigaretten. Auf die sollte ich schon seit

8298   meiner ersten Lungenoperation verzichten, aber ich liebe sie

8299   einfach, nach meiner zweiten Operation, in Heidelberg an der

8300   Universitätsklinik für Lungenkrankheiten, erhielt ich

8301   striktes Verbot und das hat mich auch nicht davon

8302   abgehalten. Ich meine der Mensch braucht einfach gewisse

8303   Sachen in seinem Leben die konstant bleiben-bei mir sind es

8304   die Zigaretten. Eine wunderschöne Sucht, nach dem Essen, bei

8305   einem Glas Cuba, meinem derzeitigen Lieblingsgetränk oder

8306   nach dem Sex, wobei die zur Zeit völlig eingespart wird,

8307   mangels Sex. Auf irgendetwas muss man auch verzichten

8308   können. Gerade kommt wieder ein großes Schiff in den Hafen,

8309   eines dieser gigantischen Schnellboote zwischen Mallorca und

8310   Ibiza, die mir jeden Morgen den Schlaf rauben. Aber dennoch

8311   immer wieder faszinierend, diese Monsterschiffe. Das

8312 begeistert mich auch immer aufs Neue, die Frage von

8313 Menschen, warum soviel Stahl nicht untergeht, sondern

8314 schwimmt, und soviel Stahl nicht auf den Boden knallt,

8315 sondern fliegt. Einfache Antworten, aber verstehen Tun´s die

8316 wenigsten Menschen. Ebenso wie Nebel entsteht, oder warum

8317 das Meer blau ist, wo doch das Wasser im Glas betrachtet,

8318 glasklar ist. Wie ein Regenbogen entsteht und warum Pferde

8319 im Stehen schlafen. Komisch, die Menschen wissen, dass ein

8320 Auto Sprit braucht und ihr Konto Geld, aber die einfachsten

8321 natürlichen Dinge auf diesen Planeten kann fast keiner

8322 seinen Kindern erklären, aber die sollen dann in der Schule

8323 nur die besten Noten haben, später Karriere machen und der

8324 Welt zeigen, welch tolle Hechte sie sind. Die Welt ist

8325 verrückt, aber komplett. Wenn man sich da Ureinwohner in

8326 Kenia oder Australien ansieht, die erziehen ihre Kinder nur

8327 nach den Gesichtspunkten der Natur, dem eigentlich wichtigem

8328 in unserem Leben. Bei allen zivilisierten Völkern, insofern

8329 es sich dabei wirklich um Zivilisation handeln sollte, zählt

8330 nur Geld, Macht, Wohlstand, das Haus im Grünen, Erfolg und

8331 Wohlstand. Ich bin mir sicher, ich bin in der falschen Welt

8332 zuhause, wie ein Transvestit, der im falschen Körper leben

8333 muss, bin ich ein Mensch, der in der falschen Zeit leben

8334 muss, oder am falschen Platz. Von daher habe ich hier sicher

8335 meine Erfüllung gefunden und wenn es denn so sein sollte,

8336 dass ich hier meine letzten Monate oder Jahre verbringe,

8337 dann ist das auch ein kleines Geschenk, das ich mir und

8338 meinem geschundenen Leben noch machen konnte, darauf bin ich

8339 stolz.

8340

8341 Um meine Fehler in meinen beiden wichtigen Beziehungen mal

8342 wieder etwas zu beschönigen, fuhr ich mit meiner Prinzessin

8343 in den Urlaub. Das war gar nicht so einfach, denn sie wollte

8344 nirgends hin, wo ich zuvor schon mit Sabine oder einer

8345 anderen Frau war und es durfte kein Telefon geben. Ich

8346 musste ihr versprechen, dass ich die ganzen vierzehn Tage

8347 nicht mit Sabine telefonieren würde und auch sonst nur für

8348 sie da bin. Also, musste es auch ein Land sein, wo mich

8349 keiner kannte und auch sonst keine Gefahr bestand, dass ich

8350 jemand treffen würde. Nach langem Suchen wurde ich fündig

8351 und wir flogen auf die Kapverden, einer Inselgruppe vor

8352 Westafrika, etwa eine Flugstunde weiter als Teneriffa, kein

8353 Tourismus, nur ein ehemaliges russisches Hotel von der

8354 Aeroflot, ansonsten nur kilometerlanger, weißer,

8355 menschenleerer Sandstrand. Es war ein traumhafter Urlaub,

8356 wir hatten soviel Spaß und genossen die Einsamkeit in den

8357 kleinen Fischerlokalen, aßen Thunfisch, der dort frisch

8358 gefangen wird und machten stundenlange Spaziergänge an den

8359 ewigen Stränden, erkundeten das Landesinnere und badeten in

8360 einsamen Buchten. Dort hätte ich mit Marion bleiben sollen,

8361 das war genau das was wir beide gesucht hatten, aber wie so

8362 oft, hatte ich natürlich mein Versprechen gebrochen und doch

8363 mit Sabine telefoniert, weil ich, im Anschluss an die

8364 Kapverden und als Entschädigung, versprochen hatte, mit ihr

8365 in die Karibik nach Barbados zu fahren. Und der Abflug war

8366 einen Tag nach meiner Rückkehr, sodass ich gleich in München

8367 bleiben wollte und Sabine meine Sachen mitbringt. Marion

8368 sollte von all dem nichts wissen, was natürlich nicht gut

8369 ging. Sie bekam das Gespräch mit und ab dem Tag war unsere

8370 Beziehung praktisch am Nullpunkt angekommen. Ich fuhr dann

8371 wie vereinbart, mit Sabine in die Karibik und nach meiner

8372 Rückkehr musste ich feststellen, dass es sehr schlecht um

8373 meine Beziehung mit meiner Prinzessin stand. Ich denke, sie

8374 hat sich schon vorher mit der Situation nicht mehr

8375 abgefunden und mittlerweile auch in dem Club wo sie

8376 arbeitete, Rückenstärkung durch die anderen Frauen bekommen,

8377 auf jeden Fall war sie von einem Tag auf den nächsten Tag

8378 verschwunden, einfach weg, spurlos und ich habe bis heute

8379 nichts mehr von ihr gehört. Das ist eines der schlimmsten

8380 Sachen, die ich wohl in meinem Privatleben mitgemacht habe,

8381 denn durch diese beschissene Art zu leben habe ich das

8382 weggeworfen, was mir am meisten bedeutet hat und mir soviel

8383 Liebe und Kraft, Zärtlichkeit und Zuwendung gegegeben hat,

8384 wie nie ein Mensch zuvor und auch nie mehr danach, und was

8385 wohl auch kein Mensch mehr schaffen wird. Die Wochen nach

8386 dem Verschwinden von Marion war ich erst mal mit den Nerven

8387 am Ende und hatte auch an nichts anderem Interesse, außer

8388 sie zu finden. Einmal rief sie mich an und erzählte mir, das

8389 sie in Italien sei und dort als Friseuse arbeitet, dann

8390 erfuhr ich, dass sie wohl mit einem Freier zusammenleben

8391 würde und zum Schluss erfuhr ich irgendwann einmal, dass sie

8392 wohl verheiratet sei und ein Kind hätte, eben von diesem

8393 Freier und irgendwo in der Gegend von Bad Tölz leben sollte.

8394 Durch meine guten Beziehungen zu verschiedenen Ämtern hatte

8395 ich auch bald die Adresse ausfindig gemacht, aber nie den

8396 Mut besessen, zu klingeln. Irgendwie hätte ich ja sowieso

8397 nichts mehr ändern können und wenn sie glücklich ist, dann

8398 ist das ja auch ein Grund, das nicht zu stören, unglücklich

8399 war sie mit mir lange genug, obwohl sie mich wirklich
8400 geliebt hat. Ich hatte ja schon seit Jahren meine eigene
8401 Harley und am Schluss noch eine Rennmaschine, und mein
8402 liebster Weg war immer von Rosenheim nach Sindelsdorf, einem
8403 kleinen Ort bei Bad Tölz, dorthin wo sie wohnen sollte. Da
8404 stand ich dann eine Ecke weiter, rauchte meine
8405 obligatorische Zigarette und verdrückte die ein oder andere
8406 Träne, aber gesehen habe ich sie nicht, ebenso wenig in
8407 Innsbruck, wo ich sehr oft Halt machte und extra hinfuhr,
8408 zum Haus ihrer Eltern, aber auch das hat nicht so viel
8409 gebracht, vielleicht lebten die auch schon gar nicht mehr
8410 dort. Nach Wien fuhr ich zu ihrer Schwester, die fand ich
8411 dort allerdings auch nicht, aber letztendlich suchte ich
8412 wohl nur umsonst. Sie war einfach weg und wenn ich mir etwas
8413 wünschen könnte, was ich in meinem Leben rückgängig machen
8414 könnte, so wäre das eines der ersten Dinge die ich ohne zu
8415 zögern sofort machen würde: alles andere beenden und Marion
8416 heiraten, Kinder bekommen und meinetwegen bei der Müllabfuhr
8417 arbeiten. Hirngespinste, sicher, aber meine ehrliche
8418 Meinung. Und Überzeugung. Auf jeden Fall begann hiermit der
8419 Anfang vom Ende. Seit dem Tag an dem Marion verschwunden war
8420 hatte ich alles verloren, was wichtig war, alles wurde
8421 nebensächlich und ich war mir klar darüber, dass ich ab
8422 diesem Tag mein Leben sehr gravierend ändern musste, schon
8423 alleine für mich, um wieder klar zu kommen.
8424 In meinem eigenen Puff hatte ich mittlerweile von einem der
8425 Partner die Auflage bekommen, nur noch zu den Abrechnungen
8426 dort zu erscheinen, denn erstens waren es wohl zu viele
8427 Partys die gefeiert wurden und zum zweiten hatte ich noch

8428   immer eine Aversion gegen Drogen, im Gegensatz zu ihm, der

8429   sie in vollen Zügen nahm, im wahrsten Sinne des Wortes. Also

8430   hatte ich eigentlich nicht mehr recht viel zu tun und war

8431   die meiste Zeit in Rosenheim unterwegs. Sabine arbeitete

8432   noch im Laden, und ich überlegte mir, wie ich mein Leben in

8433   den Griff bekommen sollte. Als ich so eines Tages wieder mal

8434   in unserer Dorfdisco saß, sprach mich die Bedienung an,

8435   warum ich eigentlich nie mit ihr sprechen würde. Tolle

8436   Frage, erstens war sie solide, also uninteressant und

8437   zweitens hatte ich noch mit Marion zu tun, und drittens habe

8438   ich sicherlich alles andere im Kopf gehabt, als wieder eine

8439   neue Beziehung anzufangen, obwohl die Beziehung zu Sabine

8440   auch auf einen Nullpunkt war. Ganz klar, ich hatte ja

8441   erwartet, dass sie mich bei meinem Kummer wegen Marion etwas

8442   mehr in die Arme nimmt. Daran sieht man schon, wie verkehrt

8443   und verblödet sich meine ganze Gefühlswelt abgespielt hat.

8444   Na ja, und nachdem Sabine genau das Gegenteil machte,

8445   nämlich sich abzuschotten, mich links liegen zu lassen, kam

8446   es wie es kommen musste. Ich fing doch etwas mit Evi an,

8447   bzw. sie mit mir, obwohl sie wusste was ich machte, obwohl

8448   sie wusste dass es Sabine gab, und obwohl sie von ihrem

8449   Aussehen und von ihrem Status als Architektin sicher jeden

8450   normalen Mann auch bekommen hätte können, aber nein, sie hat

8451   mich auserkoren und ich nahm die Gelegenheit wahr, durch sie

8452   vielleicht aus dem Sumpf des Milieus zu entkommen und den

8453   Absprung zu schaffen. Zumindest war es einen Versuch wert,

8454   und es sollte noch sehr viel passieren.

8455   Begonnen hat eigentlich alles damit, dass ich überrumpelt

8456   wurde, denn Evi hatte mit ihrer Freundin abgesprochen, mich

8457   auf ganz blöd zu fragen, was ich denn dieses Jahr im Urlaub

8458   machen würde, vollkommen überzeugt davon dass ich es nicht

8459   wüsste und ich sie dann sofort fragen würde was sie tut, und

8460   ob wir nicht gemeinsam in Urlaub fahren sollten. Und eben

8461   genauso einfach sind Männer gestrickt, denn genau so kam es

8462   dann auch und wir verabredeten, gemeinsam nach Ibiza zu

8463   fahren, ich würde die Tickets besorgen und mich mit ihr dann

8464   an irgendeinem Tag, ich weiß nicht mehr wie viele Wochen

8465   später am Flughafen treffen. Keine Ahnung was ich mir dabei

8466   dachte, aber Sabine ging nach dem Rosenheimer Herbstfest

8467   immer nach München zum Arbeiten, wegen dem Oktoberfest, und

8468   ich flog mit Evi nach Ibiza. Das war mal wieder ziemlich

8469   charakterlos, aber zu der Zeit war mir alles was Frauen

8470   anbetraf alles Schiet egal, und ab ging die Post. Am ersten

8471   Abend, nachdem wir in Ibiza angekommen waren, fuhren wir

8472   zuerst nach San Antonio, natürlich gab es keine Zimmer in

8473   der Hauptsaison, so dass wir in einem sündhaftteuren Hotel

8474   abstiegen, danach fuhren wir ins Cafe del Sol und

8475   betrachteten den Sonnenuntergang. Und ja keine schnellen

8476   Schlüsse, bis zu diesem Tag hatten wir uns noch nicht mal

8477   geküsst, wir fuhren ja als Freunde und Bekannte nach Ibiza,

8478   und nicht als Pärchen. Auch die erste Nacht in dem

8479   gemeinsamen Zimmer verlief noch ganz normal, nur nicht der

8480   Morgen, da kniete sie plötzlich vor mir und ich hatte wohl

8481   einen meinen schnellsten Ergüsse, die ich je erlebt habe,

8482   wahrscheinlich war ich so perplex. Anschließend verschwand

8483   sie im Badezimmer und danach war alles so, als sei nichts

8484   geschehen. Keine Ahnung was in dieser Frau vorging, sie war

8485   einfach anders als andere Frauen die ich kannte, also auch

8486 von ihrem Denken und Handeln, einfach anders und ich hatte

8487 den leisen Verdacht, ich könnte mich verlieben. Vor allem

8488 war mir vom ersten Moment an klar, dass diese Frau nur mir

8489 alleine gehören würde, keine Frau für alle, nur für mich

8490 alleine. Sabine hat von all dem nichts mitbekommen, die war

8491 ja in München, der Hund war wieder mal bei seinem

8492 langjährigen Freund Nico, dem Golden Retriever, und somit

8493 war die Bahn frei für mich.

8494 Wir verlebten dann noch eine wunderschöne Woche, Evi erfuhr

8495 in der Zeit noch, dass sie ihr Examen als Architektin

8496 bestanden hat und somit war alles eitel Sonnenschein. Aus

8497 dem Hotel sind wir am nächsten Tag ausgezogen und Richtung

8498 Salinas gefahren, wo wir dann bei Jean-Paul und bei Eileen

8499 ein kleines Häuschen hatten, mit Pool und einer kleinen Bar.

8500 Joe, der Freund aus Österreich kam dann auch noch für ein

8501 paar Tage vorbei, wir waren ja unser Gegenseitiges Alibi,

8502 denn er war auch mit einer anderen da, allerdings hatte er

8503 gesagt, er sei in Italien. Da muss man dann nur aufpassen,

8504 dass das Telefon nie ausgeht, denn sonst kommt die spanische

8505 Ansage, dass man zur Zeit nicht erreichbar ist. Und das

8506 passierte ihm dann auch prompt und genau da hat seine Frau

8507 angerufen, damit war natürlich alles aufgeflogen für ihn,

8508 aber was soll's, Frauen nehmen soviel hin und sind in dieser

8509 Beziehung wirklich mit einer Nashornhaut ausgerüstet.

8510 Zumindest Frauen aus dem Milieu, denn andere kannte ich bis

8511 zu diesem Zeitpunkt ja nicht, da war Evi die erste Frau die

8512 ganz normal ihr Geld verdiente. Und nach dieser Woche fing

8513 der ganze Zirkus erst mal richtig an, denn jetzt verbrachte

8514 ich die Nacht bei Evi, fuhr dann um vier oder fünf nach

8515   Hause, schlief bei Sabine und stand dann am Vormittag auf,
8516   um mit dem Hund raus zu gehen, und das fast Tag für Tag und
8517   Nacht für Nacht. Natürlich merkte Sabine die Veränderung,
8518   aber sie hatte sich seit dem Ende mit Marion sowieso von mir
8519   abgekapselt und damit war da nie eine Frage nach dem woher
8520   und wohin, auch nicht nach dem wer und wieso. Es war einfach
8521   so, und ich lebte plötzlich in zwei Welten, eine solide Welt
8522   mit Evi und die andere im Milieu, denn es gibt ja für einen
8523   Zuhälter nichts schlimmeres, als mit einer soliden Frau
8524   zusammen zu sein und die eigentlichen Frauen weiterhin zum
8525   Anschaffen zu schicken. Aber was sollte ich machen, langsam
8526   fand in meinem Herzen der Platz für Evi immer mehr Raum und
8527   wir planten die Zukunft, wahrscheinlich beide wissend, dass
8528   wir keine hatten. Bis zu diesen Tagen hat auch in Rosenheim
8529   jeder den Mund gehalten, und Sabine bekam auch nicht
8530   wirklich was mit. Aber man stellt sich das nur mal vor, da
8531   hat man eine Frau, die wirklich bis zu diesem Tag alles
8532   ertragen hat, nebenbei super gut aussieht, man hat eine
8533   wunderschöne Wohnung und einen treuen Hund, trotzdem setzt
8534   man alles aufs Spiel, nur weil man eigentlich aus diesem
8535   Leben fliehen möchte, Gott, wie sehr habe ich mir gewünscht,
8536   ich wäre weit, weit weg. Das war ich ja auch, aber nur von
8537   der Realität, denn die Realität hieß noch immer Milieu und
8538   da herrschten eben andere Gesetze. Und die konnte ich auch
8539   nicht verändern, sondern ich musste mein Leben verändern.
8540   Also versuchte ich das zu finden, was ich am Besten konnte,
8541   nämlich ein Geschäft das mit Gastronomie zu tun hatte, am
8542   Besten eine eigene Kneipe. Mit Evi hatte ich dabei einen
8543   energischen Mitstreiter und Berater. Dadurch dass sie

8544　jahrelang in der einzigen Disco in Rosenheim arbeitete, und

8545　ich auch so ziemlich alle Rosenheimer kannte, zumindest die

8546　männlichen, war der Gedanke gar nicht so schlecht und

8547　langweilig war mir ja sowieso den ganzen Tag. Auf meinen Weg

8548　in die Stadt fuhr ich immer an einem geschlossenen Lokal

8549　vorbei, das direkt am Inn lag, zwar etwas schäbig von außen,

8550　aber mit Biergarten und irgendwie gefiel es mir. Wenn ich

8551　mich dann einmal entschlossen habe, etwas zu machen, dann

8552　zog ich das auch in einem rasanten Tempo durch. Es dauerte

8553　keine vier Wochen, da hatte ich den Mietvertrag

8554　unterschrieben und mit Jogi einen Mitstreiter gefunden, dem

8555　auch zusehends langweilig war. Im Februar begannen wir mit

8556　dem Umbau des ganzen Anwesens, rissen alles raus und machten

8557　die heute noch in Rosenheim bekannte „Riverranch" aus dem

8558　ganzen Laden. Alles im mexikanischen, amerikanischen Stil,

8559　mit der dazugehörigen Speisekarte, alles aus der

8560　mexikanischen und amerikanischen Küche, vor allem die

8561　Hamburger und Steaks waren eine Pflicht in Rosenheim, nur,

8562　vom ersten Tag an kochte die Gerüchteküche mehr als unsere

8563　eigene. Da war plötzlich im ersten Stock des Anwesens ein

8564　Bordell, dann war ich nur da draußen, um Geld zu waschen,

8565　natürlich Drogengelder, also da war nichts im Gespräch, was

8566　nicht im Strafgesetzbuch steht, nur eines ist dabei nicht

8567　kaputtgegangen, der Mut, weiterzumachen, zumal wir ja erst

8568　geöffnet hatten. Und so fingen wir an, mit Livemusik und

8569　Veranstaltungen wie den „Poker-Run", ein Motorradtreffen mit

8570　Ausfahrt. Dadurch hatten wir dann doch ganz gut zu tun, auch

8571　wenn die Ausgaben noch höher waren als die Einnahmen, die

8572　Arbeit jeden Tag von in der Früh bis spät in die Nacht ging,

8573 es   machte   unheimlich   viel   Spaß.   Mit   Olin,   einem

8574 tschechischen Koch hatten wir einen Glücksgriff gemacht, und

8575 auch im Service hatten wir bald nette Mädels. Natürlich

8576 wurde wieder Party gefeiert und als Discjockey hatte ich

8577 bald Klaus, einen Freund, den ich heute nicht mehr missen

8578 möchte. Na ja, und der Sex kam auch nicht zu kurz, obwohl

8579 Evi   aufpasste   wie   ein   Luchs,   sie   war   ja   auch

8580 Geschäftsführerin der GmbH, denn wegen meinen Vorstrafen

8581 durfte ich selbst das Lokal nicht führen, somit mussten wir

8582 eine GmbH gründen und Evi als Geschäftsführerin einsetzen.

8583 Zur gleichen Zeit hat   Sabine im Club aufgehört zu arbeiten

8584 und ich habe ihr in einer gut befahrenen Strasse eine

8585 wunderschöne Privatwohnung eingerichtet, die auch ihr

8586 gehörte, und die sie selber führen musste. Sicher habe ich

8587 ihr bei allen Dingen geholfen und auch mit Mitarbeiterinnen

8588 half ich ihr aus, und somit war das Jahr 1998 mit richtig

8589 viel Arbeit versehen. Nicht nur, dass wir das alles machten,

8590 ich hatte auch zusehends Probleme in der Wohnung in

8591 Niedermoosen, denn dort war ja dieser Naturfarbenhersteller,

8592 der angeblich nur gesunde Sachen in seine Farben mischte,

8593 aber ich hatte immer einen fürchterlich trockenen Mund,

8594 Atembeschwerden und auch Rufus trank keinen Schluck von dem

8595 Wasser das wir ihm hinstellten. Außerdem fühlte sich der

8596 kleine Fettsack sowieso bei Evi schon wie zuhause, die ja

8597 noch bei Ihren Eltern wohnte und somit hatte er einen großen

8598 Garten mit Pool, ein ganzes Haus für sich und ständig

8599 Streicheleinheiten, von allen Seiten, denn es gab wohl auf

8600 der Welt nur einen Menschen, der meinen Dicken nicht mochte,

8601 und das war einer meiner Partner, genau der, den ich auch

8602   nicht mochte. Auf alle Fälle hatten wir in diesem Jahr noch

8603   mehrere Umzüge vor uns. Zuerst aber kam der Sommer und damit

8604   der Poker-Run, eine Idee von Jogi, die er aus irgendeinem

8605   Motorradtreffen mitgebracht hatte. Das war ganz einfach, wir

8606   plakatierten die einschlägigen Treffpunkte mit unserer

8607   Veranstaltung und machten Flyers, dann hatten wir ja sowieso

8608   die Motorradfahrer, die als Gäste zu uns kamen und über

8609   Sepp, auch einen mir sehr lieb gewordenen Freund aus diesen

8610   Tagen, jemanden, der wirklich alle und jeden kannte, der nur

8611   annähernd mit einem Motorrad was zu tun hatte. Somit bekamen

8612   wir mit unseren österreichischen Freunden und noch ein paar

8613   aus dem Norden Deutschlands, eine ganz gewaltige Truppe von

8614   120 Motorrädern zusammen.

8615   Der Spaß hat aber schon damit begonnen, dass man für so eine

8616   Veranstaltung natürlich eine Genehmigung braucht. Toll, eine

8617   Genehmigung zum Motorradfahren, aber was soll's, ich also in

8618   das zuständige Amt gelaufen und erklärt, dass ich mit 120

8619   Motorrädern eine Rundfahrt durch das Chiemgau plane, ca. 250

8620   km und anschließend eine Party in der River-Ranch. Tja, die

8621   Party ging in Ordnung, für die Ausfahrt musste ich einen

8622   genauen Plan abgeben, wohin, welche Strasse, welche Uhrzeit,

8623   einfach jeden erdenklichen Quatsch. Gut, das habe ich auch

8624   noch gemacht und mir war klar, dass dann an jeder Ecke ein

8625   Polizist stehen würde. Der Abschluss war, dass alle

8626   Motorräder in einem Korso auf den Marktplatz in Rosenheims

8627   Fußgängerzone fahren und anschließend eine Stadtdurchfahrt.

8628   Soweit der Plan, die Ausführung fand dann folgendermaßen

8629   statt: Genehmigt war eine Ausfahrt im Chiemgau und ein

8630   kurzer Aufenthalt auf dem Marktplatz, keine Stadtdurchfahrt

8631   und Einhaltung der Verkehrsregelung. Also, 120 Motorräder

8632   gehen niemals bei einer Ampelschaltung durch, das ist nicht

8633   möglich und bei einer Vorfahrtsstrasse muss man auch stunden

8634   warten, bis wieder alle zusammen sind. Deshalb fand alles

8635   ganz anders als beantragt und genehmigt statt: Ausfahrt nach

8636   Österreich, wo ich vorher schon alles organisiert hatte und

8637   anschließend gleich die Stadtdurchfahrt und Abschluss auf

8638   dem Marktplatz. Lief auch alles reibungslos ab, gut, die

8639   Verkehrsregeln hatten wir nicht beachtet und auch die

8640   Helmpflicht nahmen wir nicht so ernst in der Stadt und die

8641   einzigen Polizisten, die uns über den Weg kamen, die winkten

8642   einfach resignierend ab, als sie diesen Riesenpulk sahen.

8643   Später wurde mir mal vorgeworfen, von Seiten der Polizei,

8644   ich wollte mit diesem Treffen meine Stärke und die Vielzahl

8645   meiner Freunde präsentieren und die Stadt damit

8646   tyrannisieren, aber ich glaube, die sehen zu viele schlechte

8647   Krimis in der Stadt, denn es gibt wohl kaum einen

8648   unwichtigeren Posten bei der Polizei, als den in Rosenheim,

8649   also müssen die wohl ihren Job durch solche Phantastereien

8650   selbst spannend machen. Denn was sollen die sonst zuhause

8651   ihren gefrusteten Frauen erzählen, was denn alles so

8652   passiert ist. Da passt es doch gut zu sagen „ach, der Walter

8653   ist mit seinen ganzen Freunden ohne Helm durch Rosenheim

8654   gefahren, aber dem haben wir es gezeigt", oder so ähnlich.

8655   Auf jeden Fall, ich fand das dann doch zum Lachen, als ich

8656   die Fotos sah, die die Polizei geschossen hat. Ärgerlich war

8657   für die natürlich, dass sie nicht wussten, was wir jetzt

8658   machen und die haben sich tatsächlich auf der beantragten

8659   Route hingestellt, nur da fuhr kein Mensch und wir hatten

8660 unseren Spaß in Österreich. Selbst die Abfahrt durfte nicht

8661 auf einmal geschehen, sondern hätte in einem Abstand von

8662 einer Minute sein müssen, also genau zwei Stunden

8663 Unterschied vom ersten zum letzten, das ist einfach

8664 hirnrissig, aber es ist so, so steht's im Gesetz und dann

8665 macht man dann das auch genau so, wenn es auch noch so

8666 dämlich ist. Um das zu Überprüfen, hatte man extra zwei

8667 zivile Fahrzeuge postiert, aber wir hatten als Abfahrtsort

8668 nicht die Riverranch ausgemacht, sondern nur den Treffpunkt,

8669 und Abfahrtsort war dann der Grenzübergang Windshausen, was

8670 natürlich alle wartenden Polizeibeamten vor vollkommene

8671 Probleme stellte, denn wir fuhren in vier verschiedenen

8672 Richtungen davon und grüßten auch noch ganz freundlich. Auf

8673 jeden Fall, die waren mal komplett gefrustet und auch die

8674 Rückkehr war ja dann anders als vorgesehen, sodass wir uns

8675 so gegen 18.00 Uhr alle wieder in der Ranch trafen, wo wir

8676 noch bis tief in die Nacht gefeiert haben. Das ganze wurde

8677 dann noch durch einen Burn-out gekrönt, denn der Sepp

8678 machte, allerdings mitten im Lokal auf einem Holzboden, was

8679 natürlich sehr zum Leidwesen aller Anwesenden führte, zumal

8680 im Lokal die Musik aufgebaut war, die dann natürlich wieder

8681 abbauen konnte, sämtliche Instrumente um ein gutes Stück

8682 schwerer, wegen dem Gummi der überall wie eine Schicht aus

8683 Kaugummi lag. Aber war lustig, hat zwar nichts finanzielles

8684 eingebracht, aber eine Unmenge an Publicity und neuen

8685 Bekanntschaften, Gästen und Ärger mit den Ämtern im

8686 Nachhinein, aber das war egal, Party is Party.

8687

8688 So, heute ist Donnerstag, 8. August 2002, und ich muss wach
8689 bleiben, weil ich noch Evi vom Flughafen abholen muss, und
8690 wenn ich einschlafe, dann ist das sicher schlecht, weil ich
8691 dann einen riesigen Anschiss bekomme. Also bleibe ich gleich
8692 wach und versuche mal, ob ich diese Wohnung vielleicht noch
8693 irgendwie sauber bekomme, damit sich mein Täubchen hier
8694 wohlfühlt. Also, wer jetzt nicht so richtig durchblickt,
8695 warum jetzt Evi kommt, und nicht vielleicht Sabine, der muss
8696 sich noch etwas gedulden, denn dieses Kapitel nimmt einen
8697 extra großen Platz ein, aber davon später, ich denke ich
8698 werde die nächsten Tage nicht zum Schreiben kommen, denn
8699 immer wenn ich Besuch habe, dann mag ich nicht schreiben,
8700 vor allem fehlt mir da auch die Ruhe dazu und die braucht
8701 man hierfür auf jeden Fall.

8702

8703 Mittwoch, 14. August 2002, ich denke ich brauch etwas Pause
8704 von Besuchen, denn ich dachte nicht, wie sehr mich das
8705 nervt, wenn jemand in meinem Leben herumstochert und dann
8706 auch noch versucht, 24 Stunden am Tag mit mir zu verbringen,
8707 zumal es jemand ist, Evi, mit der ich eigentlich seit einem
8708 Jahr keine Beziehung mehr habe und mit der mich eigentlich
8709 nur eine lose Freundschaft verbindet. Aber die vergangene
8710 Woche hat mir ganz deutlich gezeigt, warum. Ich war in
8711 meinem Leben wohl immer sehr auf die körperliche Liebe
8712 fixiert und nicht auf das, was vom Herzen kommt, und ich bin
8713 mir heute fast sicher, dass ich die Liebe, die vom Herzen
8714 kommt erst einmal richtig erleben durfte und das war mit
8715 meiner kleinen Prinzessin. Wenigstens eines, was sich Marion
8716 sicher sein kann, egal wann sie diese Zeilen lesen wird.

8717 Nun, die vergangene Woche, seit ich die letzten Zeilen
8718 geschrieben habe, ist so ziemlich nervig gewesen, denn neben
8719 Evi ist auch noch die Freundin von Tom hier und mit ihr ihre
8720 Schwester und eine Bekannte. Also, da war Strand fahren,
8721 Einkaufen, Weggehen, und nach Formentera fahren, all das war
8722 Pflicht, und ich hasse Pflichten. Morgen reisen alle ab und
8723 ich glaube, das wird für mich ein sehr schöner Tag. Nicht
8724 das ich nicht froh bin, wenn sich Bekannte bei mir melden,
8725 aber ich bin hier so fixiert auf mich selbst, dass ich es
8726 als absolut lästig empfinde, wenn ich nicht das tun kann,
8727 was ich will.
8728 Mit Arbeit sieht's auch noch nicht so rosig aus, habe zwar
8729 am Freitag einen Termin in Mallorca, aber ich denke ich will
8730 das eigentlich nicht und ansonsten nehmen die Probleme zur
8731 Zeit wieder Form an: das Wohnmobil muss ich ausräumen
8732 lassen, steht ja noch immer in der Werkstatt in Deutschland,
8733 und ich weiß nicht wohin mit den Sachen, ebenso die Wohnung,
8734 die ist zum 1.10. vermietet und ich muss noch alles
8735 rausräumen lassen. Micha hat da wohl auch noch nicht soviel
8736 damit am Hut, denn es klappt irgendwie gar nichts. Ich habe
8737 mir jetzt schon mal überlegt, ob ich nicht einfach die
8738 nächsten Wochen mal für ein paar Tage nach Deutschland
8739 fliegen soll, aber ich weiß nicht, was sich so alles tut.
8740 Mittlerweile bin ich auch dabei, den Anwalt zu wechseln,
8741 denn mit Alex komm ich wohl auch nicht recht viel weiter,
8742 der ist ziemlich chaotisch und langsam, bekommt keinen Fuß
8743 auf den Boden.
8744 Bin ja mal gespannt, wie das so weitergeht. Jetzt habe ich
8745 mir überlegt, ich mache erst mal eine Handwerkerfirma auf,

8746 denn mit Dienstleistung haben die hier mal gar keinen
8747 Vertrag. Also, Fliesenlegen kann ich, Mauern und Malen kann
8748 ich, kleine Elektroinstallationen kann ich und Teppichlegen.
8749 Ansonsten muss ich ja nicht viel können, das Werkzeug besorg
8750 ich mir zuerst mal über Bekannte hier und inserieren werde
8751 ich wohl in einer deutschen Zeitung hier auf Ibiza. Wollte
8752 auch gerne einen Crepes-Stand aufmachen, aber dazu ist es in
8753 dieser Saison zu spät. Wegen meiner Stelle als Koch auf
8754 einen Schiff tut sich im Moment auch recht wenig, warte noch
8755 auf die Zeugnisse und meinen Gesellenbrief, das kann sich
8756 noch lange hinziehen und was die Pläne mit Australien
8757 betrifft, so wird das etwas schwierig werden, weil wir wohl
8758 nur sechs Monate bleiben dürfen und das ist mir zuwenig,
8759 kostet ja der Flug schon richtig Geld und irgendwie muss ich
8760 ja auch den Rest von meinen Sachen noch unterbringen
8761 können. Das heißt, ich brauche hier auf jeden Fall eine
8762 Wohnung und muss dort alles einstellen, und dann muss ich
8763 hier Miete zahlen, lebe aber in Australien und muss nach
8764 sechs Monaten wieder zurück. Ich weiß nicht, der Gedanke
8765 gefällt mir jetzt gar nicht so sehr. Außerdem habe ich keine
8766 Lust, soviel zu fliegen und jedes Mall durch Passkontrollen
8767 zu wandern, solange bis einem mal mein Name nicht gefällt
8768 und ich ausgewiesen werde, oder abgeschoben, aber dazu auch
8769 später noch nähere Erläuterungen.
8770 Die Ranch lief also die ersten Wochen und Monate sehr gut,
8771 Evi half mit aus, schließlich war sie ja auch
8772 Geschäftsführerin der GmbH und Jogi bewegte sich, wie sein
8773 Name schon sagt, wie der Jogi aus dem Dschungelbuch. Langsam

8774 und mit Bedacht, Schritt für Schritt, ja nichts überstürzen
8775 und nicht in Eile verfallen, egal wie voll der Laden war.
8776 Für mich war es auf jeden Fall, abgesehen davon dass Evi
8777 eine ganz solide Frau war, das erste Geschäft, in dem ich
8778 vom ersten Tag an alles selbst gemacht habe. Wenn ich mir da
8779 Fotos ansehe, ein wüstes Chaos, alles rausgerissen und
8780 erneuert, meine und Evis Ideen verwirklicht und mit eigenen
8781 Händen gemauert, gefliest, gezimmert und gemalert, Sitzbänke
8782 mit neuen Stoffen bezogen und für zig-tausend von Mark Deko
8783 gekauft und angebracht. Also, selbst in den ersten sechs
8784 Monaten war die Ranch ein sehr schönes Lokal und auch wenn
8785 wir mit allen nur erdenklichen Schwierigkeiten zu kämpfen
8786 hatten, was mit der Lebensmittelkontrolle anfing, bis hin
8787 zur Baukommission, wir haben es geschafft und ein relativ
8788 schönes, vor allem einzigartiges, Lokal zu schaffen, direkt
8789 am Inn und unser eigenes. Jogi hat sich finanziell nicht
8790 beteiligen können, aber wir waren trotzdem in der GmbH als
8791 gleichwertige Gesellschafter eingetragen. Damit hätten wir
8792 erreichen können, dass wir uns bei der GmbH anstellen lassen
8793 und somit beide sozialversichert und gesetzlich
8794 krankenversichert wären. Hätten, das ist nun das passende
8795 Wort, denn leider ist einiges dann doch wieder schief
8796 gegangen und zwar mächtig. Jogi´s Frau arbeitete ja auch im
8797 Club in Rosenheim und beide wohnten eigentlich in München.
8798 Nun, Jogi hatte noch seine Ehefrau, mit der war er zehn
8799 Jahre verheiratet und hatte mir ihr einen Sohn, um den er
8800 sich auch sehr bemühte, obwohl die Zeit sehr knapp dafür
8801 war. Jedenfalls war das immer schon ein Streitpunkt in der
8802 Beziehung zu Dionne, und von einem Tag auf den anderen

8803   hatten die Beiden plötzlich richtig Stress, sie trennten

8804   sich, Dionne schlief bei einer Bekannten, sie vertrugen sich

8805   wieder, Dionne zog wieder nach München, also es war ein

8806   ziemliches Chaos zwischen den Beiden.

8807   Als wir, also Jogi und ich, im Sommer nach Lignano fuhren,

8808   wir waren dort auf eine Geburtstagsfeier eingeladen, hatten

8809   wir auf den Weg dorthin richtig Gelegenheit, über alles zu

8810   sprechen und auch darüber, dass wir eigentlich unseren

8811   dritten Partner auszahlen sollten. Auch über seine privaten

8812   Probleme haben wir gesprochen und Jogi äußerte den Verdacht,

8813   dass da wohl etwas mit einem anderen Mann sei, weil eben bei

8814   Dionne ziemliche Ungereimtheiten im Tagesablauf auftreten

8815   würden. Gut, er hat dann das Telefon zu Hause angezapft und

8816   die Gespräche aufgenommen, aber daraus ergab sich auch

8817   nichts. Als wir auf dem Geburtstag waren, ich hatte schon

8818   ziemlich getrunken und aus Jux und Tollerei einen

8819   Irokesenschnitt beim italienischen Figaro machen lassen.

8820   Also, meine langen Haare ab und nur noch drei Zentimeter

8821   breit und einen Zentimeter hoch, das sah schrecklich brutal

8822   aus, aber das war der Spaß wert. Bei dem Geburtstag, es war

8823   der vom Villacher Joe, waren so ziemlich alle Kleinen und

8824   Großen des österreichischen Nachtlebens da und in der

8825   Pizzeria neben dem Friseurladen ging wirklich die Post ab.

8826   Nun, irgendwann gegen zehn Uhr erreichte uns die Nachricht

8827   vom Wirtschafter im Laden, dass Dionne nicht zur Arbeit

8828   gekommen ist und sich auch nicht gemeldet hat. Yogi

8829   probierte es am Telefon und auch das war stumm, also,

8830   Geburtstagsfeier abgebrochen und nach Rosenheim

8831   aufgebrochen. Selten war ich dabei, dass Jogi schnell fuhr,

8832   an diesem Tag fuhr er extrem schnell und nach unendliche

8833   vielen Telefonaten hatten wir dann Aufenthaltsort von Dionne

8834   ermittelt. Ich meine, das ist wiederum das Schöne in einer

8835   Kleinstadt, noch dazu bei meinem Ruf, da versucht dir

8836   wirklich jeder zu helfen und dir einen Tipp zu geben, wo wer

8837   ist und mit wem. Dadurch hatten wir sowohl den Ort, als auch

8838   den Mann und noch dazu, alles unter der Obhut von Ottmar,

8839   meinen Trainer beim chinesischen Wing Chung, das ich

8840   anstelle von Boxen trainierte. Eine der effektivsten und

8841   schnellsten chinesischen Kampfsportarten, die Ottmar und

8842   sein eigner Lehrer Walter, bis zur Perfektion beherrschten.

8843   Das war natürlich nicht so schön, zumal ich mich mit Ottmar

8844   eigentlich sehr gut verstand. Was soll's, wir fuhren zu dem

8845   angegebenen Lokal, und welch Wunder, es war zwar noch Ottmar

8846   da, aber die beiden anderen nicht mehr. Weder Dionne noch

8847   ihr neuer Freund, ein Freier aus dem Bordell, waren noch

8848   anwesend, dafür Ottmar, der hinter diesem Freier stand, weil

8849   er ihn seit Kindheit kannte. Ein großes Problem in so

8850   kleinen Städten, weil da in der Regel jeder jeden von

8851   Kindheit an kennt und somit immer einer da ist, der

8852   dahintersteht, auch wenn es Unrecht ist. Das brachte uns

8853   also auch nicht recht viel weiter, außer dass ich dem ersten

8854   Idioten in dem Lokal, der mich wegen meiner neuen Frisur und

8855   meinen langen Ledermantel blöd ansprach, eins auf die Nase

8856   gab, ohne Vorwarnung, einfach so mit der flachen Hand, da

8857   war dann in dem Lokal auch nicht mehr das große Lachen

8858   angesagt, aber irgendwo war ich mittlerweile stocksauer,

8859   zumal ich das ja mit Marion auch erlebt hatte und das war ja

8860   noch sehr frisch bei mir. Nun, Jogi wollte danach nach

8861   München fahren und dort schauen und ich blieb in Rosenheim

8862   und ging dort von Kneipe zu Kneipe und suchte die Beiden.

8863   Bald wusste ich auch seinen Namen und seine ganze

8864   Lebensgeschichte, Andy und ehemaliger, gescheiterter

8865   Eishockeyspieler, verlobt mit Sonja und ein uneheliches Kind

8866   mit einer Frau aus Köln, die damals auch in einem Club

8867   arbeitete und die er dort rauskaufte. Also, das war ja schon

8868   mal sehr viel, dass seine Familie in Rosenheim sehr

8869   angesehen, wenn auch nicht gerade beliebt, war, das wusste

8870   ich zu der Zeit noch nicht, auch nicht, dass seine Tante

8871   wohl sehr reich sein musste. An meiner letzten Station der

8872   Lokale kam ich dann ins Cäsars, unserer Diskothek, in der ja

8873   auch Evi immer noch arbeitete. Wie immer am Wochenende war

8874   es brechend voll und der Türsteher sagte mir auch, dass die

8875   Personen die ich suchte, nicht im Lokal seien. Mario konnte

8876   ich da vertrauen, dazu kannte ich ihn schon zu lange. Als

8877   ich dann so im Eingang stand, trat mir eine Frau auf den Fuß

8878   und ich war etwas erzürnt, als sie das merkte, sah sie mich

8879   an, holte aus und trat mir noch mal mit Absicht voll auf den

8880   Fuß, lachte dämlich und wollte weitergehen. uvor gab es von

8881   mir noch einen Klaps auf den Hinterkopf, nicht fest, aber

8882   immerhin so, dass sie es spürte und auch den Sinn begriff:

8883   Trottel, was soll das denn? Sollte es bedeuten und genau so

8884   war auch dieser Klaps angekommen. Gezeter und Mordio, sie

8885   wollte ihren Mann holen und keifte besoffen durch die

8886   Gegend, so eine typische Zicke. Also, ihren Mann haben sie

8887   drin schon empfohlen, dass er das besser heute nicht macht

8888   und ich sowieso schon auf 200 bin. Es kam dann auch keiner,

8889 erst viel später klärte sich, wer es eigentlich war. Dazu

8890 aber später.

8891 Auf jeden Fall fand ich sie nicht, dafür fand ich über die

8892 Taxizentrale heraus, wer von dem Lokal aus weggefahren ist

8893 und wohin. Und schwups, hatte ich die Adresse und den Namen,

8894 tolle Sache so eine Kleinstadt. Wenn man sich seine Kanäle

8895 gut gelegt hat, dann funktioniert da auch meist sehr gut,

8896 auch wenn andere das als Tyrannei und Schikane auslegen, ich

8897 fand es ein Geben und ein Nehmen. Dafür half ich jeden bei

8898 seinen kleinen und großen Problemen und mir halfen die

8899 anderen in den seltenen Fall, dass ich ein Problem hatte.

8900 Ich fuhr mit dem Taxi vor das Haus und versuchte irgendwie

8901 rauszufinden, wo man klingelt, denn es waren keine

8902 Namensschilder an den Klingeln. Jogi rief mich dann in der

8903 Zeit an und meinte, er hätte mit ihr telefoniert und treffe

8904 sich morgen mit ihr, nachdem sie ihn versichert hat, da ist

8905 nichts und sie verstehe sich nur gut und er sei ein guter

8906 Zuhörer. Also, da weiß man als Mann spätestens, dass man die

8907 Frau an den guten Zuhörer verloren hat und alles ist, nur

8908 nicht nichts. Sonderbarerweise sind Frauen da in der Regel

8909 ziemlich einfallslos und machen immer die gleichen Fehler,

8910 wahrscheinlich gehen sie auch nicht so oft fremd wie Männer

8911 und von daher fehlt wohl die nötige Erfahrung.

8912

8913 Für mich war damit das Thema eigentlich erledigt und ich

8914 widmete mich wieder der Ranch. Dort war im Sommer, nach

8915 unserem Motorradtreffen, gerade an den Wochenenden die Hölle

8916 los und unter meinen neuen Bekannten befand sich auch Sepp,

8917 der Schreiner und Motorrad-Freak, mit dem sich Jogi und ich

8918   bestens verstanden. Sepp musste mir eine Bar in den Garten

8919   bauen, um die dortige Kastanie herum, eine richtig schöne

8920   Bar mit Strohdach. Nachdem ja Sepp auch sehr gerne trank und

8921   es meist im Chaos endete, wenn wir uns trafen, dachte er

8922   sich wohl, dass es am vernünftigsten ist, mit dem Bau der

8923   Bar am Sonntag in der Früh um sechs Uhr anzufangen. Da bin

8924   ich sicher nicht mehr im Lokal. Da hatte er auch Recht, aber

8925   ich war gerade mit dem Taxi auf den Nachhauseweg und der

8926   führte mich ja zwangsläufig an der Ranch vorbei. Und es war

8927   halb sieben, als ich nach meinen Italienausflug und der

8928   vergeblichen Suche nach Dionne, den anschließenden Drinks im

8929   Club, mit Sabine auf den Weg nach Haus war. Toll, meine

8930   Idee, anzuhalten und das Taxi wegzuschicken. Ich dachte,

8931   Sepp bekommt einen Herzinfarkt als er mich sah, denn damit

8932   hatte er nicht gerechnet. Die Bar wurde an diesem Sonntag

8933   nicht mehr fertig und der Rausch war der gleiche wie immer,

8934   nur dass er diesmal im Inn endete, wo Sepp hineinsprang und

8935   meine Küchenhilfe gleich hinterher. Gut gemacht, Micha, so

8936   hieß das junge Mädchen das ich dazu auserkoren hatte, ihr

8937   weiterzuhelfen. Mit 18 Jahren keine Lehre, mehrfach

8938   vorbestraft und alle schon ausprobiert im Leben. Mit 18.

8939   Ich stellte sie bei mir fest an und gab ihr ein Zimmer im

8940   ersten Stock, ihr erstes eigenes Zuhause, gab ihr Arbeit und

8941   einen guten Lohn. Sie entwickelte sich auch sehr gut, war

8942   fleißig und zuverlässig, bis zu dem Tag an dem sie auch in

8943   den Inn sprang, aus sechs Meter Höhe. Sepp wog vielleicht

8944   120 kg und sprang mit den Beinen voraus in die reißenden

8945   Fluten, Micha wog vielleicht 55 kg und sprang kopfüber. Ende

8946   vom Lied, Micha im Krankenhaus mit einem gebrochenen Wirbel,

8947   ich hatte keine Küchenhilfe mehr, Jogi keine Freundin mehr,

8948   der Laden eine Frau weniger zum Arbeiten und Sepp hatte

8949   seinen Rausch. So, und die Bar war auch nicht fertig und das

8950   alles an einem Tag. Wenn das nicht viel ist und einprägsam,

8951   nicht dass ich solche Tage nicht kannte, aber es war

8952   wahrscheinlich das erste Mal, dass es mich nicht direkt

8953   betraf. Sicherlich, die Micha im Krankenhaus war ein herber

8954   Verlust, aber ich konnte es ja selber auch machen, zudem

8955   arbeitete ja auch noch Peter bei mir, der Sohn von Moni aus

8956   dem Copyshop, auch 18 ohne Ausbildung und ohne Perspektiven.

8957   Manchmal kam ich mir vor wie Mutter Theresa, ich hatte nur

8958   gescheiterte und wohnungslose, mittellose und arbeitslose

8959   Existenzen um mich herum am arbeiten. Olin mein alter

8960   tschechischer Koch, Pleite mit seinen Lokalen, Micha

8961   eingesperrt und vorbestraft wegen Körperverletzung, Peter

8962   arbeitslos und ohne Ausbildung, Petra im Service war schwer

8963   vermittelbar und machte ständig Umschulungen, und dann noch

8964   Jogi und ich, also die perfekte Truppe, aber sie

8965   funktionierte ganz gut und wir waren bald ein eingespieltes

8966   Team. Leider jetzt ohne Micha, die ich auch nie mehr wieder

8967   sah, die hat sich nach diesem Brückensprung nie mehr sehen

8968   lassen, ich weiß bis heute nicht warum, nur, dass sie im

8969   Krankenhaus wieder Kontakt mit ihren alten rechtsradikalen

8970   Freunden gehabt hat und sich mit denen danach wieder, wie

8971   früher und entgegen ihren Bewährungsauflagen, getroffen hat.

8972   Gut. Mein erster gescheiterter Resozialisierungsversuch, es

8973   folgen   noch   mehrere   aus   der

8974   Reihe, „Wie viel Idiot wollen wir denn diesmal sein?". Gut,

8975   also das war dann der Tag an dem so ziemlich alles ins

8976   Rollen kam, aber bergab, nicht bergauf. Es gibt ja Menschen,

8977   bei denen läuft das Glück bergauf, bei mir in der Regel

8978   immer den Bach runter, so auch diesmal.

8979   Rufus fühlte sich in der Riverranch auch sauwohl,

8980   mittlerweile war ja mein Dicker auch schon in die Jahre

8981   gekommen und mit seinen fast 12 Jahren die er mittlerweile

8982   mit mir verbringen durfte, war er zu einem festen

8983   Bestandteil in meinem Leben geworden. Ganz das Gegenteil von

8984   mir, immer ruhig, ja nicht zuviel bewegen, viel schlafen und

8985   in der Sonne liegen, grundsätzlich aber so liegen, dass man

8986   entweder über ihn stolperte, oder nicht an ihm vorbeikam.

8987   Auf jeden Fall, für Rufus war es einfach sein Altersheim, er

8988   hatte ganze zehn Meter bis zu den Inn-Auen und wenn es

8989   regnete konnte er ohne nass zu werden, denn das hasste er

8990   wie die Pest, sein Geschäft unter den Kastanien verrichten,

8991   oder er lief zu einem Hundefreund den Berg hoch, womit er

8992   dann oft für mehrere Stunden verschwunden war. Nachdem er ja

8993   nie an der Leine war, hatte er vom ersten Tag an gelernt,

8994   keine Strassen zu überqueren und wenigstens nach Autos

8995   Ausschau zu halten, wenn er sie auch bis zu seinen letzten

8996   Tag ignorierte. Und Fressen. Das war jeden Tag ein kleines

8997   Fest, denn Olin kochte und bemutterte ihn jeden Tag, mit

8998   Filet, mit Spare-Ribs und mit allen anderen Feinheiten aus

8999   unserer Küche. Er hat es ohne Ende am Schönsten auf dieser

9000   Welt gehabt.

9001   Tja, wie ich so von Jogi erfuhr, hat er sich mit dem Neuen

9002   seiner Freundin getroffen und mit ihm vereinbart, dass er

9003   zwar die Frau behalten kann, aber zwei größere finanzielle

9004   Aktionen, die Jogi noch für Dionne gemacht hat, und von

9005 denen er jetzt ja nichts mehr hat, möchte er doch bezahlt

9006 haben. Eine Schnapsidee, und ich sagte ihm das auch. Ich

9007 hätte es anders gelöst, oder gar nichts gemacht, wie ich

9008 auch bei Marion nichts gemacht habe, aber sicher hätte ich

9009 von einem soliden Menschen keine Mark verlangt, das konnte

9010 nur schief gehen, was es dann auch tat. Und zwar ganz

9011 gründlich. Es war mittlerweile ja so, dass ich Jogi mit der

9012 Ex-Verlobten seines Nachfolgers bekannt gemacht habe, und

9013 wir den ersten Abend gemeinsam zum Essen gingen. Ich

9014 verabschiedete mich aus diesem Treffen, als ich merkte, dass

9015 sich die beiden gut verstehen und etliches zu erzählen

9016 haben. Ich dachte, dass damit dann das Thema erledigt ist,

9017 aber dem war nicht so, nein, Jogi bestand anscheinend

9018 weiterhin auf die Zahlung und so wie es sich später

9019 darstellte, zahlte dieser Trottel auch die ersten Male ganz

9020 brav die vereinbarten Raten. Dann kam wieder mal das

9021 bekannte Herbstfest, wie immer Anlass für besondere

9022 Vorkommnisse. Auch in diesem Jahr wurde ich nicht davon

9023 verschont, bzw. diesmal traf es zuerst und hauptsächlich

9024 Jogi. Ich nutzte die schwache Zeit des Herbstfestes in der

9025 Ranch, um in München die Prüfung für das Gaststättengewerbe

9026 abzulegen, natürlich mit Evi zusammen und als wir gerade

9027 Mittag hatten, rief mich die Kripo an. Mit einem wundervoll

9028 freundlichen Ton wurde ich aufgefordert, sofort nach

9029 Rosenheim ins Geschäft zu kommen, mein Partner, Jogi, ist

9030 verhaftet und ich soll sofort kommen. Nun, mit sofort kommen

9031 meinten die wohl, dass ich in Rosenheim bin. Also erklärte

9032 ich der unfreundlichen Stimme, dass ich erstens sowieso

9033 nicht das mache, was mir am Telefon irgendwer erzählt und

9034   zweitens, dass ich nicht in Rosenheim bin und von daher

9035   sowieso nicht sofort kommen kann. Das war denen wohl auch

9036   noch nicht sooft passiert, aber meine Antipathie gegenüber

9037   Uniformen, speziell denen der Polizei, war fast schon

9038   krankhaft. Ich mag sie einfach nicht, diese arroganten,

9039   bewaffneten und somit angeblich mächtigen Möchtegern

9040   Sherlock Holmes´s. Weder Ausbildung noch geistiger Zustand

9041   sind eine Berechtigung für dieses immer wieder auftretende

9042   Phänomen: gib einem Idioten einen Schlüssel oder eine

9043   Uniform und er wird der Größte. Das ist einfach bei vielen

9044   Hausmeistern zu sehen, die Schlüsselgewalt haben, oder bei

9045   den Bediensteten in den Knästen, oder bei Polizisten die

9046   Pistolen tragen. Jeder dieser Menschen, dem vom Gesetz her

9047   das Recht zugeteilt wird, über Not oder Wohl anderer

9048   Menschen zu bestimmen, wird über kurz oder lang zu einem

9049   arroganten machtbesessenen Menschen. Auch bei manchen Chefs

9050   ist das zu beobachten, die durch Kündigung oder Einstellung

9051   von Arbeitskräften über das Wohl der anderen Menschen

9052   bestimmen können. Ich hasse Machtmenschen in Uniformen. Und

9053   das ließ ich der Stimme am Telefon auch deutlich wissen. Nun

9054   gut, ich wusste aber immer noch nicht, warum er verhaftet

9055   wurde, denn ich dachte ja nicht an die Sache mit dem Neuen

9056   seiner Frau, denn das war ja schon einige Wochen und Monate

9057   her. Also überlegte ich, was es sonst noch sein könnte, gut,

9058   Zuhälterei oder Förderung der Prostitution ist in unserem

9059   Geschäft keine Seltenheit und war auch das nächstliegende,

9060   aber dann hätten sie uns gemeinsam in der Ranch verhaftet

9061   und nicht nur Jogi alleine am Tag mitten in Rosenheim. Also

9062   musste es was anderes sein, ich fand es nicht heraus, aber

9063 ich würde es sicher früh genug erfahren. Auf jeden Fall fuhr

9064 ich nicht selbst hin, hatte sowieso noch keinen

9065 Führerschein, sondern nach unserer Rückkehr aus München ließ

9066 ich Evi hinfahren. Ganz einfach, somit konnte ich, falls sie

9067 mich auch verhaften wollten, noch von heraußen ein paar

9068 Sachen erledigen, Rechtsanwalt, Kaution, etc., da kommt ja

9069 immer einiges zusammen.

9070 Schließlich stellte sich heraus, dass es nicht um mich,

9071 sondern nur um Jogi und seine Aktion mit dem Geld ging. Und

9072 mich brauchten sie nur, um den Tresor zu öffnen, unser

9073 Highlight der Tresorkunst. Da standen sie ziemlich machtlos

9074 davor und selbst die Drohung, sie lassen ihn auf meine

9075 Kosten aufmachen, wenn ich mich weigern sollte, ihn

9076 aufzusperren, entlockte mir nur ein müdes Lächeln. Diese

9077 Idioten. Genau, rufen den Schlüsseldienst an und lassen den

9078 Tresor aufsperren, einfach so, einen Rosenheimer

9079 Schlüsseldienst, der Tag und Nacht nur Türschlösser zum

9080 aufsperren hat und in seinem Leben noch nie einen Tresor

9081 öffnen musste. Dieser Schwachsinn reizte mich und ich

9082 empfahl ihnen, einen Sprengmeister zu organisieren.

9083 Letztendlich kam es dann, das Allerheilmittel der

9084 Ahnungslosen: Erzwingungshaft !!! Man hört es immer wieder

9085 und fast kein Mensch kann mit diesem Wort was Anfangen. Also

9086 was im Mittelalter die Folter war, das ist in der Neuzeit

9087 und der zivilisierten Welt die Erzwingungshaft. Wenn man vor

9088 Gericht nicht das sagt was man hören möchte, sondern die

9089 Wahrheit, dann gibt's Erzwingungshaft, wenn man sich den

9090 Aufforderungen der Polizei widersetzt, dann gibt's

9091 Erzwingungshaft, ganz einfach, oder? „Sperren Sie den Tresor

9092   auf oder wie sperren sie solange ein, bis sie uns die

9093   Kombination verraten und die Schlüssel geben." Die

9094   Schlaumeier hatten nämlich schnell kapiert, dass der Tresor

9095   weder durch die Türe geht, noch mit normalen Mitteln zu

9096   öffnen ist. Abgesehen davon habe ich das Haus auf meinen

9097   Namen gemietet, indem der Tresor stand und das hatte mal mit

9098   Jogi offiziell überhaupt nichts zu tun, aber, wie heißt es

9099   dann so schön, wenn man mal keine Rechtsgrundlage hat?

9100   Genau: „Gefahr in Verzug". Also das ist dann das Recht,

9101   alles zu tun und zu machen, egal ob mit Durchsuchungsbefehl

9102   oder ohne, ob mit Grund oder ohne, Gefahr in Verzug erlaubt

9103   diesen Nasenbohrern wirklich alles zu machen , was sie

9104   wollen. Ein schlauer Mensch hat mal gesagt, man erkennt den

9105   Zustand eines Staates an seinen Gefängnissen und seiner

9106   Polizei. Wenn ich in Bayern beides betrachte, dann nähert

9107   sich der wirtschaftliche Zustand sehr schnell dem der

9108   Polizei und der Gefängnisse: Runter, ganz tief runter...!!!

9109   Wo in der Welt kann ein Mensch 26 Anzeigen wegen

9110   vorsätzlicher Körperverletzung haben und wird 26 Mal

9111   freigesprochen? In Deutschland, aber nur wenn man Polizist

9112   ist. Ich will auf dieses Thema gar nicht mehr weiter

9113   eingehen, da könnte man nämlich ein ganzes Buch schreiben,

9114   um es gerecht zu behandeln, und bei diesem Thema tut es mir

9115   um die Personen in dem Berufsstand leid, die ihren Job aus

9116   Überzeugung und Hilfsbereitschaft machen, und nicht weil sie

9117   in der freien Wirtschaft nicht genommen wurden und dann zur

9118   Polizei oder zur Bundeswehr gingen. Mein eigener Cousar ist

9119   ja auch bei der Polizei, aber bei dem war es Berufswunsch

9120   und mit genauen Vorstellungen nach dem Abitur, also

9121 zumindest einer mit Hirn. Der wollte immer zur

9122 Mordkommission, aber gut, jetzt ist er im Dezernat für

9123 Autoteile-Diebstahl, auch interessant und sicher sehr

9124 anstrengend. Zumindest ist der noch normal geblieben und

9125 hinterfragt selbst auch kritisch die Arbeit seiner Kollegen

9126 und die der Staatsanwälte.

9127 All das nutzte jetzt Jogi aber auch nichts, ich musste den

9128 Tresor aufsperren, denn sie suchten eine Waffe. Na ja, was

9129 auch sonst bei einem Zuhälter. Wir waren ja alle immer

9130 bewaffnet bis unter die Zähne, mit Handgranaten am Gürtel

9131 und der kleinen Scorpion unterm Sakko, am Fußgelenk noch

9132 eine kleine Deringer und natürlich nicht zu vergessen, die

9133 Tretminen im Kofferraum und die ganz schweren Jungs hatten

9134 da ja auch sicher noch die Panzerfaust drin, je nach Größe

9135 des Autos. Jetzt weiß man auch, warum im Milieu alle so

9136 große Autos fahren, muss ja alles reinpassen. Die Wahrheit

9137 ist, dass ich all die Jahre nur ein- oder zweimal jemand mit

9138 Waffe gesehen habe, ansonsten ist es der Baseballschläger im

9139 Auto oder ein Messer, aber sicher keine Waffen, sicher nicht

9140 in Bayern. Jogi hatte nur das Problem, dass er schon einmal

9141 mit einer 8-mm Pistole im Auto aufgehalten wurde, aber damit

9142 kann man nur mit aufgesetzten Schüssen einen Menschen

9143 ernsthaft verletzen. Ich will gar nicht sagen, wer ihm die

9144 besorgt hat, keine Ahnung wie da damals war, auf jeden Fall

9145 hatte er einen Eintrag im Führungszeugnis wegen unerlaubten

9146 Waffenbesitz. Jeder Amerikaner lacht sich darüber kaputt,

9147 dass es so ein Gesetz überhaupt gibt, aber nun, Bayern ist

9148 da wohl anders und ich finde das auch generell nicht

9149 schlecht.

9150

9151

9152   Oh je, heute ist schon wieder Freitag, 16. August 2002, und
9153   ich habe mal wieder alles über den Haufen geworfen.
9154   Eigentlich wollte ich ja nach Mallorca übersetzen, mit der
9155   Fähre, aber nachdem ich mich nicht für diese große Insel
9156   erwärmen kann, und auch nicht wirklich Lust habe, jeden Tag
9157   in der Küche zu stehen, habe ich einfach abgesagt. Was nun?
9158   Ich weiß es auch nicht, aber ich werde jetzt mal in der
9159   Zeitung hier inserieren, Handwerker erledigt zuverlässig
9160   ihre Aufträge, dann werden wir den Winter schon irgendwie
9161   überstehen. Sparen, sparen, sparen. Wahrscheinlich bekommt
9162   Bertl einen Herzinfarkt, wenn er am Ersten seine Rate nicht
9163   bekommt, aber ich kann's jetzt auch nicht ändern, ist eben
9164   so, und ich gehe nicht zurück. Zudem ist da alles unter
9165   Wasser, wie ich so aus der Zeitung ersehe. Mittlerweile lese
9166   ich ja wenigstens Zeitung und nachdem meine Löwen ja auch
9167   gleich das erste Spiel verloren haben und somit nicht um die
9168   Meisterschaft spielen werden, interessiert mich der Fußball
9169   auch nicht mehr so wirklich.
9170   Gestern war ich zur Feier des Tages, dass ich wieder alleine
9171   bin, noch bis acht in der Früh in den verschiedenen Lokalen
9172   und Discotheken, aber ich habe mal wieder festgestellt, das
9173   ist nicht meine Welt, das ist mir alles zu voll, zu laut, zu
9174   teuer und zu unlustig. Sehe wenig Sinn darin, teure Drinks
9175   zu kaufen, eine zappelnde Menge vor mir zu haben und mit
9176   niemanden sprechen zu können, weil es zu laut ist, und
9177   später ist dann sowieso keine mehr ansprechbar. Also werde
9178   ich mich weiter mit meinem Blick auf den Hafen, kurze

9179　Besuche im Mambo und ansonsten mit dem Meer und dem Strand
9180　zufrieden geben. Da war ich gestern auch, in Sa Caleta,
9181　wunderschön, zwar viel los, weil ja Feiertag war, aber kein
9182　Sand am Strand, sondern große Kieselsteine, etwas härter,
9183　aber beiweiten nicht so eklig wie Sand, der dann überall
9184　hängt und klebt. Habe die Gunst der Stunde genutzt und
9185　gleich mal FKK gemacht, damit mein Arsch auch mal Farbe
9186　bekommt. Jetzt ist er rot, Pavian lässt grüßen. Ich habe mir
9187　sogar was zum Essen gekauft, Sardinen gegrillt und mit Öl,
9188　dazu Knoblauchbutter und Oliven. Richtig geschlemmt,
9189　sozusagen. Aber was soll's, ich lebe ja nur einmal und wenn
9190　ich meine derzeitigen Gefühlsschwankungen so betrachte, bin
9191　ich gedanklich immer noch sehr oft bei dem Thema „Suizid“.
9192　Habe mir auch schon die notwendigen Tabletten besorgt. Das
9193　klingt jetzt komisch, aber ich weiß für mich selbst, dass
9194　ich eigentlich in eine psychiatrische Behandlung müsste, und
9195　zwar dringend, denn meine Gedankengänge sind derartig krank,
9196　dass ich oftmals selbst erschrecke. Ich bin ja nun wirklich
9197　nicht der Typ der sich selbst umbringt, aber dennoch habe
9198　ich mindestens einmal am Tag, oft auch wesentlich öfters,
9199　diesen Gedanken, vor allem, wenn ich an die Zukunft denke.
9200　Dann mache ich aber wieder Zukunftspläne, rede von Kindern
9201　und schönem Leben, um im nächsten Augenblick wieder an das
9202　andere Extrem zu denken. Normal ist das sicher nicht. Mein
9203　ganzes Leben ist nicht normal und wie die Menschen auf mich
9204　reagieren ist auch nicht normal. Zum Beispiel meine
9205　Hamburgerin, die ich ja nun wirklich nur ein-, zweimal
9206　gesehen habe und auch sonst nicht sehr viel mit ihr
9207　gesprochen habe; mit der schreibe ich Emails und sms über

die ganze Bandbreite des Sexlebens, was wir alles zusammen
machen werden und wie und wo, wie oft und was weiß ich nicht
noch alles und was macht die Kleine? Die schreibt mir, dass
sie mir total verfallen ist, den ganzen Tag an nichts
anderes mehr denken kann und ich mit ihr machen kann, was
ich auch immer will. Ist doch nicht normal, oder? Evi, mit
der habe ich wirklich über ein Jahr nichts mehr, die macht
mir eine Eifersuchtsszene, weil sie den Verdacht hatte, ich
hätte was mit einer Blonden, die im Mambo arbeitet. Ist doch
nicht normal, oder? Micha will für drei Tage herfliegen um
dann mit einem Mammutrückflug wieder rechtzeitig in ihrer
Arbeit zu sein, und will Kinder und eine Familie.
Wahrscheinlich noch einen deutschen Schäferhund dazu und
Sonntags spazieren gehen. Ist das normal? Sabine schreibt
mir jeden Tag die fast gleiche SMS, manchmal kommt das Bussi
am Anfang und manchmal am Schluss, ansonsten alles wie auf
einer typischen Ansichtskarte, „gehe jetzt schlafen, ich
liebe dich, Bussi" oder eben anders herum. Meine Tiffany
meldet sich gar nicht mehr, keine Ahnung was die hat, geht
weder ans Telefon noch ruft sie an, denke mal, die bin ich
endlich los, wobei ich sie schon gerne hab. Meine
Krankenschwester ist mit ihrem Abschleppfahrer unglücklich
und will zu mir ziehen, obwohl da auch seit Monaten
Funkstille herrscht, außer SMS ist da nicht viel gewesen,
vielleicht einmal Sex, aber ansonsten nichts. Was denken die
alle? Auf jeden Fall wird das alles noch ganz interessant,
ich weiß nur nicht, wie es weitergehen wird. Chris, mein
Geschäftsführer aus einem der letzten Lokale von mir, kommt
jetzt dann auch nach Ibiza, ich denke, dann wird die Sache

9237 richtig lustig, der hat nämlich gleich gar kein Geld. So,

9238 und ansonsten habe ich mich nur geärgert und gewundert. Zum

9239 Beispiel hat mich Claudia angerufen, die bekommt ja die

9240 ganze Post von mir, und hat mir so die Hiobsbotschaften

9241 übermittelt. Finanzamt, Gema, Mahnungen und was weiß ich

9242 nicht noch alles, aber ich kann im Moment einfach nichts

9243 bezahlen. Zudem hat mich meine Werkstatt angerufen, wegen

9244 dem Wohnmobil. Geht ein bisschen im Weg um und lässt sich

9245 mit dem kaputten Motor auch sehr schlecht rangieren, nämlich

9246 gar nicht, zudem ist es ja noch mit meinen Sachen voll und

9247 ich weiß nicht, wie ich die hier her bringen soll und was

9248 ich hier damit tun soll, weiß ja nicht mal, ob ich

9249 eigentlich hier bleibe, ob ich woanders hinfahre, ich weiß

9250 eigentlich gar nichts. Dass sich da mein Anwalt Alex noch

9251 nicht gemeldet hat und auch Bertl nichts hören lässt, das

9252 klingt nicht gut, zumal ich mir jetzt für meine Verhandlung

9253 einen anderen Verteidiger nehmen werde, der hat mir heute

9254 schon seine Vollmacht geschickt. Gott, wie gerne wäre ich

9255 noch weiter weg, weit, weit weg, unauffindbar, spurlos

9256 verschwunden und mit einem neuen Namen, einer neuen

9257 Identität und einer neuen Vergangenheit. Aber nutzt ja

9258 nichts, da muss man eben durch, auch wenn's denn Kopf

9259 kostet.

9260 Aus der Schweiz habe ich auch noch nichts gehört, aber

9261 gestern habe ich für die ganze deutsch-österreichische

9262 Truppe Pfannkuchen gemacht, mal sehen, vielleicht hat's

9263 geholfen und Paul kümmert sich mal darum. Und bis dahin

9264 werde ich eben Häuser renovieren, Fassaden anstreichen und

9265 Fliesen legen, das kann ich ja zur Not ganz gut.

9266 Na ja, ansonsten verbrauche ich eine Unmenge an Geld nur für
9267 das blöde Telefon, aber ich bin wohl noch nicht so ganz von
9268 all meinen Freunden weg, ich muss sie eben hin und wieder
9269 haben, die Kontakte zu der alten Zeit. Heute hat mich Willi
9270 und Hans angerufen, zwei langjährige Freunde, mit denen ich
9271 einiges erlebt habe, aber dazu komme ich später. Heute ist
9272 erst mal richtig ausschlafen angesagt und morgen Strand, ich
9273 weiß nur noch nicht, an welchen ich gehen soll, denke mal
9274 nach Sa Caleta, der war bisher der Beste.

9275 Ach ja, auch meine Bemühungen, einen Verleger zu finden
9276 waren bisher nicht so von Erfolg gekrönt, aber vielleicht
9277 kann mir ja Herr Jauch weiterhelfen, dem habe ich einfach
9278 eine Email geschickt, der kennt ja Gott und die Welt. Aber,
9279 die haben bis 2. September noch Sommerpause, also heißt das
9280 auf jeden Fall mal warten und sehen. Hoffe nur, dass bis
9281 dahin noch ein paar Euros auf mein Konto fließen, sonst
9282 wird's sehr duster und dünn in meinem Budget.

9283 Ich weiß auf jeden Fall, dass ich beim nächsten Mal, was es
9284 ja nicht geben wird, aber rein theoretisch gesehen, zuerst
9285 alles wirklich verkaufe und auflöse und dann gehe, und nicht
9286 so wie diesmal, gehen und andere alles verkaufen und
9287 auflösen lassen. Wahrscheinlich werde ich auch nicht
9288 umhinkommen, dass ich noch mal nach Rosenheim fahre, aber
9289 sicher erst nach dem Herbstfest, nicht vorher, da passiert
9290 mir immer zuviel mit mir.

9291

9292 In Rosenheim überschlugen sich die Ereignisse immer mehr,
9293 nicht nur dass sie Jogi inhaftiert hatten, wegen
9294 räuberischer Erpressung und Menschenhandel, nein, sie hatten

9295 auch   noch   die   Unterlagen   vom   Club   aus   dem   Tresor

9296 mitgenommen. Natürlich fanden sie keine Waffe darin. Nach

9297 und nach wurde auch bekannt, wie und warum das alles so

9298 gekommen ist. Jogi traf sich regelmäßig mit diesem Andy, dem

9299 Neuen, und dieser zahlte ihm auch anscheinend sehr willig in

9300 Raten die geforderte Summe, die aus einem Kredit herrührte,

9301 den Jogi kurz vorher für Dionne noch bezahlt hatte und Jogi

9302 meinte eben, dass dann auch der neue Freund diesen Kredit

9303 für sie zahlen soll, wenn er schon mit ihr zusammen ist.

9304 Eigentlich nichts außergewöhnliches. Da gab es nur zwei

9305 Dinge die dagegen sprachen: Dionne und Alkohol. Als nämlich

9306 Andy mit Dionne auf dem Herbstfest waren, beide richtig

9307 getrunken hatten, erzählte er ihr anscheinend von diesem

9308 Deal mit Jogi und sie flippte völlig aus. Gut, irgendwie

9309 verstand ich das auch, denn sie hat ja schließlich fünf

9310 Jahre lang auch für ihn und auch für sich , angeschafft.

9311 Aber gut, alles normalerweise kein Problem, wenn die beiden

9312 nicht dann im total besoffenen Zustand auf die Polizei

9313 gelaufen wären und eine Anzeige erstattet hätten. Sie wurden

9314 dann gebeten, am nächsten Tag nüchtern wieder zu kommen und

9315 die Aussage zu wiederholen, was sie natürlich auch taten.

9316 Jetzt ging das Ganze seinen Gang, es fehlte nur noch der

9317 richtige Aufhänger, denn wenn man sich mit jemanden einigt,

9318 dass er bestimmte Auslagen ersetzen soll, dann ist das ja

9319 noch kein Verbrechen. Das wurde es erst, nachdem eine

9320 Patrone ins Spiel kam, die es laut Jogi zwar nie gegeben

9321 hat, aber sie wurde eben plötzlich erfunden. Diese besagte

9322 Patrone hätte Jogi dem Andy gezeigt und ihm gesagt, wenn er

9323 nicht zahlt, ist diese Patrone für ihn. So, und jetzt haben

9324   wir den Fall der räuberischen Erpressung, ganz einfach,
9325   zusätzlich ist noch Gefahr in Verzug und somit sind alle
9326   Rechtsmittel zum Ausschöpfen. Wie oft habe ich das schon
9327   erleben müssen und es wird auch immer wieder von der Polizei
9328   praktiziert: Keine Beweise, zuwenig Beweise? Kein Problem,
9329   da machen wir uns noch was dazu, fiktiv, das reicht, muss ja
9330   nicht mehr nachweisbar sein, nur glaubwürdig. Und wer bitte
9331   glaubt das nicht, wenn es zwischen zwei so unterschiedlichen
9332   Klassen zu so einem Konflikt kommt, dass der besser
9333   angesehene von Beiden die Wahrheit sagt. Typische Antwort
9334   von Richtern: Warum sollte der Herr Soundso lügen? Nur weil
9335   Herr Soundso angesehener ist als ein Zuhälter? Genau, reiche
9336   Menschen lügen nicht, warum auch. Angesehene Bürger lügen
9337   nicht, warum auch? Aus den gleichen Grund wie jeder andere
9338   auch lügt: Um seinen Arsch zu retten und sein Gesicht nicht
9339   zu verlieren. Aber was soll's, wer das System kennt, wundert
9340   sich nicht mehr darüber, sondern ärgert sich von Mal zu Mal
9341   mehr darüber.
9342   Na gut, auf jeden Fall haben sie dann Jogi wohl beschattet
9343   und bei einem Treffen in einem Rosenheimer Cafe mit diesem
9344   Andy, wohl verhaftet. Das war blöd. Für mich deshalb, weil
9345   ich damit den Teil meiner Partner verlor, der immer vor mir
9346   stand und auf meiner Seite war, vor allem auch in der Ranch
9347   jetzt noch eine Person weniger war, und für Sonja war es
9348   blöd, weil die mittlerweile von Jogi schwanger war. Also
9349   war es eigentlich für alle ziemlich blöd und das
9350   geschäftlich schlimmste kam dann noch: Die Rosenheimer
9351   Zeitung. Eine auf seriös getrimmte Schmiererei, die mich und
9352   die Riverranch völlig zerstörte, zumindest geschäftlich,

9353   denn gesellschaftlich war ja noch nicht viel zu zerstören,

9354   ich war und blieb immer der Puff-Robert, auch wenn ich

9355   mittlerweile die Riverranch hatte.

9356   Nachdem der Zeitungsartikel erschien, natürlich mit dem

9357   Hinweis auf die Betreiber der Riverranch, war so ziemlich

9358   alles, was wir uns in den ersten fünf Monaten aufgebaut

9359   hatten, wieder am Boden, bei Null, einfach weg. Trotz

9360   Wochenende und schönem Wetter, es war kein einziger Gast

9361   da, niente, niemand, nicht mal meine eigenen Bekannten, denn

9362   jeder meinte, ich sei es, der verhaftet wurde, denn Jogi

9363   kannte man ja immer noch nicht so. Mich schon, ich war seit

9364   14 Jahren in Rosenheim, ich war der mit dem Puff, ich war

9365   der Schläger, ich war das Schreckgespenst der Mitläufer und

9366   der Freund der Schwachen. Damit schien ich mal wieder vom

9367   Schicksal eingeholt worden sein, aber nachdem das ja alles

9368   noch nicht genug ist, hatte ich auch noch mächtig Ärger mit

9369   der Polizei. Eigentlich wäre es ihnen ja ganz lieb gewesen,

9370   wenn ich es gewesen wäre, den sie da verhaftet haben, aber

9371   es war nun mal der unbekannte Jogi. Saublöd, aber für den

9372   Moment nun mal nicht zu ändern. Ein paar Tage später musste

9373   ich sein Handy zu der von mir so geliebten Trachtentruppe

9374   bringen, was in einem Eklat endete, denn nicht nur, dass ich

9375   das für Jogi tat um ihm zu helfen, nein, ich richtete mich

9376   auch noch an die Uhrzeit, die sie mir angegeben haben und

9377   dann lassen die mich eine Stunde wie einen Volldeppen

9378   rumsitzen. Ich war mal ziemlich sauer. Vor der Polizei traf

9379   ich dann die Ermittlerin, die mir dann auch gleich

9380   mitteilte, dass sie ganz genau auf mich aufpassen werden,

9381   und sollte ich auch nur den Versuch unternehmen, die Zeugen

9382   zu beeinflussen, oder Kontakt aufzunehmen, geschweige denn,

9383   zu bedrohen, würden sie mich mit Freuden sofort verhaften.

9384   Na klar, bin ja ein Idiot und habe mir genau das

9385   vorgenommen, also manchmal kam ich mit denen ihrer Denkweise

9386   gar nicht klar. Das ganze Gespräch fand auf der Strasse

9387   statt und als sie sich umdrehte und über die Strasse laufen

9388   wollte, kam gerade ein Auto, auf das ich sie hinwies, weil

9389   sie sonst direkt reingelaufen wäre. Hätte ich sie mal

9390   einfach laufen lassen, denn am nächsten Tag hatte ich sechs

9391   ihrer Kollegen vor meiner Türe stehen die mich sehr massiv

9392   darauf ansprachen. Zuerst verstand ich kein Wort von dem was

9393   die da erzählten, und erst einige Zeit später, ich habe wohl

9394   auch ziemlich blöd geklotzt, kapierte ich was die meinten:

9395   ich hätte ihrer Kollegin gedroht, sie solle beim Überqueren

9396   der Strasse aufpassen und für den Fall, dass ihr jetzt

9397   irgendetwas im Strassenverkehr passieren sollte, wüssten

9398   sie, dass es von mir kommt. Da war ich erst mal richtig von

9399   den Socken. Ich habe ja schon viel gehört, aber so einen

9400   Schwachsinn noch nie, aber, und das war das Schlimmere

9401   daran, das hat mich noch mehr zu einem roten Tuch für die

9402   Polizei werden lassen, als es sowieso schon war.

9403   **Zudem sorgte noch ein Vorfall dafür, dass sie mich noch mehr**

9404   **in ihr Herz geschlossen haben. Eines Morgens kam ich aus der**

9405   **Stadt zurück, zu Fuß, denn das war nicht so weit zu gehen**

9406   **und ich hatte auch keine Lust, immer einen Parkplatz zu**

9407   **suchen, als ich kurz vor der Innbrücke, dort befindet sich**

9408   **das Herzass, in dem ja Marion gearbeitet hat, einen**

9409   **Bekannten traf, der eben aus diesem Lokal kam. Der erzählte**

9410   **mir, es war vielleicht fünf oder sechs Uhr früh, dass der**

9411 Betreiber, jener der damals auch Marion das Kokain verkauft

9412 hat, über mich immer lästert und sich damit brüstet, er

9413 würde es jederzeit mit mir aufnehmen. Das war dann doch

9414 zuviel, zumal der auch gerade zur Tür herauskam. Das muss

9415 man sich einfach vorstellen, ich wandere, der frischen Luft

9416 wegen, zu Fuß in Richtung Heimat und muss mich dann mit

9417 einem Idioten beschäftigen, der seit Jahren von mir nicht

9418 mal mehr gegrüßt wurde. Nun, es kam, wie es kommen musste,

9419 er redete dummes Zeug und ich knallte ihm eine, eine mit der

9420 flachen Hand, mit dem Zorn, den ich für ihn empfand seit ich

9421 wusste, dass er den Frauen im Laden das Gift verkauft.

9422 Leider hatte ich vergessen, dass Menschen die zugekokst sind

9423 unter Größenwahn leiden und auch ein vermindertes

9424 Schmerzempfinden haben. Jeder andere wäre liegengeblieben,

9425 aber er stand auf, drehte sich um und stach mir ein Messer

9426 in den Bauch. Glücklicherweise hatte ich noch eine gute

9427 Reaktion und drehte mich schnell zur Seite, sodass ich das

9428 Messer nur noch durch die Jacke, das Sweatshirt und die

9429 oberen Fettschichten meiner Haut bekam, also keine inneren

9430 Verletzungen. Normalerweise würde es jetzt richtig zur Sache

9431 gehen, aber leider war gerade ein Taxi in den Hof gefahren

9432 und der Fahrer hatte alles beobachtet. Der stieg aus und

9433 schlug mit dem Schirm auf den kleinen Deppen ein, schade,

9434 ich hätte ihn so gerne richtig geschlagen, aber bei so

9435 vielen Zeugen, und wie gesagt, ich hatte nicht den

9436 Notwehrbonus. Der Taxifahrer rief auch die Polizei und die

9437 standen dann irgendwann bei mir in der Ranch um mich zu

9438 verhören. Der andere ist wohl abgehaut und den haben sie

9439 gleich festgenommen. Na ja, ich machte keine Aussage und das

9440 war gut so, denn nach nicht mal einer Stunde hatte ich schon

9441 die ganze Münchner High Society des Rotlichts am Telefon,

9442 die mich daran erinnerten, dass es einen Ehrenkodex gibt, an

9443 den ich mich zu halten hätte, auch wenn ich nichts mehr mit

9444 dem Milieu zu tun hätte. Nun gut, meinem Ansehen bei der

9445 Polizei hat das sicher gut getan, die waren eh schon so

9446 sauer und jetzt machte ich keine Anzeige und keine Angaben

9447 zu dem Vorfall. Sicher sah man die kaputten Klamotten und

9448 auch den Stich, aber wenn ich nichts sage, passiert nichts.

9449 Und es passierte wirklich nichts, es kam nicht mal zu einer

9450 Anklage, und das haben die mir richtig übel genommen, aber

9451 was soll's, ich habe mich mit seiner Entschuldigung begnügt

9452 und somit auch mein Gesicht gewahrt, auch wenn es vollkommen

9453 unwichtig war.

9454 Ein guter Bekannter von mir, zufälligerweise auch bei der

9455 Trachtentruppe, erklärte mir einmal bei einem Bier, dass für

9456 die gesamte Polizei es unverständlich ist, dass sie nie

9457 etwas gegen mich in der Hand hätten, aber ständig mein Name

9458 auftaucht und ich auch noch ganz frech ein Lokal aufmache um

9459 meinen krummen Geschäften nachgehen zu können. Und dann

9460 hätte ich ihnen mal helfen können einen von den Bösen zu

9461 verhaften und da habe ich sie auch im Regen stehen lassen,

9462 dass nahmen sie mir fürchterlich übel. Da fiel mir nichts

9463 mehr ein, denn selbst interne Wetten liefen da ab, wer mich

9464 zum ersten Mal verhaften dürfe. Den Gefallen habe ich bis

9465 dato keinem getan. Auf jeden Fall habe ich Dank Jogi's

9466 Fehler plötzlich die komplette Polizei gegen mich gehabt,

9467 ohne dass ich etwas dafür konnte. Gut, das mit den drei

9468 Polizisten die ich verdroschen hatte war ja noch unter der

9469   Rubrik „verdient" gefallen und hat mir teilweise Sympathie
9470   eingebracht, zumindest von denen, die die drei auch nicht
9471   ausstehen konnten. Eines war auf jeden Fall klar, die zwei,
9472   drei Polizisten, mit denen ich mich verstand und auch privat
9473   öfters traf, wurden alle zum Chef zitiert und mussten
9474   erklären, warum sie denn mit mir Kontakt haben. Das Ergebnis
9475   bei allen war immer das Gleiche: Zurückstufung in der
9476   internen Bewertung der Polizeiinspektion. Eine tolle Truppe,
9477   diese Polizei. Tja, in die Ranch kamen sie auch noch
9478   mehrmals, natürlich immer dann, wenn gerade was los war, ist
9479   ja auch normal, und oft hatte ich mehr Polizei im Geschäft
9480   sitzen als Gäste, wobei natürlich ein Teil unerkannt sein
9481   wollte und aus beruflichen Interesse im Lokal saß. Man
9482   musste mir doch irgendwie noch was anhängen können, aber sie
9483   haben nicht die kleinste Kleinigkeit gefunden, und so wurde
9484   das Gerücht weiter geschürt, im ersten Stock befände sich
9485   ein Bordell. Oft wurde es sooft verdreht, bis Gäste kamen
9486   und in den Keller wollten, weil doch dort ein Bordell sei.
9487   Leider war im Keller nur der Schützenraum, in welchem sich
9488   die Schlossberger Sportschützen trafen und die fanden es gar
9489   nicht so lustig, dass sie als Bordell bezeichnet wurden. Es
9490   verging in der Zeit bis zur Verhandlung von Jogi kein Tag
9491   und keine Nacht, in der nicht mein Parkplatz kontrolliert
9492   wurde, in der nicht mindestens ein Zivilfahrzeug vor der
9493   Türe stand und in der nicht mindestens ein Gast aufgehalten
9494   und auf Alkohol kontrolliert wurde. Eine bessere Werbung für
9495   ein Speiselokal konnte ich mir nicht vorstellen, wirklich
9496   toll. Natürlich war ich geschäftlich am Boden, das wusste
9497   ich und auch jeder andere, aber ich hatte ja noch ein paar

9498   Mark aus dem Club, wobei sich da natürlich der nächste Ärger

9499   anbahnte. Jogi saß im Knast und ich hatte mit dem verhassten

9500   dritten Partner so meine Probleme. Der kam nun ständig, laut

9501   polternd ins Lokal und führte sich auf wie ein billiger

9502   Zuhälter, lange Haare, dicker Bauch, Goldkette und Rolex, SL

9503   auf dem Parkplatz, einfach zusätzlich eine gelungene

9504   Werbeaktion, vollkommen gratis für mich und die Riverranch,

9505   aber egal, es kam ja sowieso niemand mehr, außer meinen

9506   Bekannten und Freunden. Natürlich kam er auch nie alleine,

9507   hatte immer irgendwelche Ossis dabei oder Typen, die ganz

9508   klar in mein Gästekonzept gepasst haben, einfach toll. Und

9509   natürlich wurde ich auch noch dementsprechend unter Druck

9510   gesetzt, ich solle doch den Club verkaufen. Ich hatte zu

9511   Jogi keinen Kontakt, nur über Sonja, die mittlerweile bei

9512   mir gearbeitet hat und hochschwanger war, und somit hatte

9513   ich auch keine Kontrolle darüber, was Jogi darüber dachte.

9514   Eines Tages kam er wieder mit ein paar Leuten und erklärte

9515   mir, Jogi würde auch aus dem Laden aussteigen und er hätte

9516   einen Käufer dafür. Ich wusste genau, dass ich eigentlich

9517   keine Chance hatte, den Laden zu halten, solange Jogi weg

9518   war und ich mit diesem Menschen alleine zu tun hatte. Er

9519   hatte die Kontakte nach München und zu den meisten Frauen

9520   und ich hatte nicht die Zeit, mich um beide Dinge zu

9521   kümmern, sowohl die Ranch, als auch den Club. Abgesehen

9522   davon war es natürlich der ideale Punkt, mit dem Geschäft

9523   endlich Schluss zu machen. Schließlich willigte ich ein und

9524   verkaufte meinen Teil am Geschäft zu einem Spottpreis, den

9525   ich auch noch auf Raten bezahlt bekommen sollte. Egal,

9526   Hauptsache ich hatte mit diesen Menschen nichts mehr zu tun,

9527 der mir nur Bauchweh machte und mich psychisch völlig auf

9528 den Grund zog. Teilweise war ich soweit, dass ich ihn am

9529 Liebsten umgebracht hätte und an manchen Tagen war ich auch

9530 kurz davor, aber das wäre dann doch zuviel gewesen und

9531 dieser Typ war es einfach nicht wert. Großkotzig, falsch und

9532 hinterhältig, mit einem großen Maul und seinem Messer war er

9533 einfach unausstehlich, dass er zudem meist zugekokst war,

9534 das kam noch erschwerend hinzu. Auf jeden Fall, ich war den

9535 Club los, holte noch ein paar persönliche Sachen aus dem

9536 Laden und ein Kapitel von über zehn Jahren war für mich fast

9537 abgeschlossen, noch nicht ganz, weil ja Sabine noch

9538 gearbeitet hat, wenn auch in ihrer Privatwohnung in

9539 Rosenheim, also nicht zu Hause. Was nun, stolzer Krieger,

9540 dachte ich mir, denn somit hatte ich eine Einnahmequelle

9541 weniger, einen kaputten Gasthof am Hals und eine Unmenge an

9542 Feinden in meinem Umfeld. Da war erst mal ganz klar kämpfen

9543 angesagt, was ich dann auch tat. Ich erhöhte die Anzahl der

9544 Liveauftritte im Lokal, verstärkte die Werbung noch mehr und

9545 dank der Weihnachtszeit überstanden wir den ersten Winter

9546 mehr recht als schlecht.

9547 Sabine kam mit ihrer Wohnung ganz gut klar, natürlich war es

9548 für sie auch nicht einfach, jetzt mit mir zusammenzusein, wo

9549 ich ja mit dem Milieu nichts mehr zu tun hatte, oder nur

9550 noch am Rande, aber das ging noch ganz gut. Evi war

9551 glücklich, dass ich den Club los hatte und so fingen wir das

9552 neue Jahr an. Sabine wusste ja von Evi immer noch nichts und

9553 an Silvester musste da etwas passieren, denn es waren ja

9554 beide da. Das war knapp und endete damit, dass Evi kurz vor

9555 zwölf in die Stadt fuhr, heulend und beleidigt, weil ich

9556   mich hauptsächlich um Sabine gekümmert habe. Aber was sollte

9557   ich tun, wir hatten den Laden voll mit guten Gästen und

9558   Freunden und die kannten eben Sabine alle als meine Frau,

9559   und nicht Evi. Evi war für alle einfach meine

9560   Geschäftsführerin und mein Verhältnis.

9561   In dieser Zeit hatte ich auch mehr Kontakt zu Hans und

9562   seiner Freundin, beide aus einer Kleinstadt in der Nähe von

9563   Rosenheim und beide etwas anders in ihrer Lebensauffassung,

9564   vor allem, was den Sex betraf. Vor allem hatten die beiden

9565   Mädels was gemeinsam, sie kamen beide aus dem Schwabenland,

9566   sowohl Susanne, so hieß die Freundin von Hans, als auch

9567   Sabine. SS, Sabine und Susanne, oder Sehr Scharf, blond und

9568   schwarz, eine gute Kombination, leider begann damit auch

9569   mein kläglicher Rest von Wertvorstellungen zu zerbröseln und

9570   ich verrannte mich völlig in den verschobenen Welten der

9571   Gefühle. Warum? Ganz einfach, weil ich zum ersten Mal in den

9572   Genuss einer neuen sexuellen Erfahrung gekommen bin und bis

9573   heute nicht weiß, ob sie mir gut getan oder mehr geschadet

9574   hat, auf jeden Fall erlebte ich in den Folgemonaten einiges

9575   an Stress der psychischen Art. Angefangen hat alles mit

9576   einem harmlosen Abendessen bei Hans im Haus, das dann im

9577   Bett geendet hat und was noch zu allem dazu kam, es war auch

9578   noch schön, erotisch und prickelnd. Auch für Sabine war es

9579   das erste Mal, mit einer Frau etwas zu haben und für mich

9580   das erste Mal, dass ich zusehen konnte, wie sich zwei Frauen

9581   lieben. Ein wirklich bestimmendes Erlebnis in meinem Leben,

9582   vor allem auch, was die zukünftige Auswahl meiner Frauen

9583   betraf, so wollte ich auch in Zukunft diese Art der Liebe

9584   nicht mehr missen. Sabine sah mich mit Susanne zusammen und

9585 ich hatte das Vergnügen, mit beiden, Hans sah am liebsten
9586 nur zu, war ja auch einfacher für ihn, warum weiß ich nicht.
9587 Jedenfalls hatten wir im Laufe der nächsten Wochen noch
9588 mehrere Erlebnisse dieser Art, ob in der Sauna mit einer
9589 Bekannten von Hans aus Wien, die Sabine auch sehr erotisch
9590 fand, und mich auf der Saunabank beglückte wo alle zusehen
9591 konnten, egal, wir hatten enorm viel Spaß und auch bei uns
9592 zuhause hatten wir diese Abenteuer und so verging die Zeit
9593 wenigstens sehr schnell und ich musste nicht immer an die
9594 Probleme in der Ranch denken. Ach ja, Evi bekam davon nicht
9595 recht viel mit, noch nicht, das würde sich noch gravierend
9596 ändern. Ohne dass es mir bewusst wurde, hat sich meine
9597 Beziehung zu Sabine mittlerweile auf das sexuelle reduziert
9598 und es war mir nicht möglich, dem zu entkommen, dafür war
9599 die Sache zu schön. Wie das aber so ist, kam mit der Zeit
9600 Eifersucht auf und so wurde es langsam auch wieder
9601 eingestellt, damit nicht auch noch die Freundschaft darunter
9602 leidet. Die beiden Mädels trafen sich zwar noch das eine
9603 oder andere Mal, aber immer alleine, Hans und ich fuhren
9604 lieber in die Biergärten oder saßen in der Ranch zusammen
9605 und hatten unseren Spaß.
9606 Mittlerweile hatte dann auch Jogi Verhandlung und wie zu
9607 erwarten war, es gab wieder einen netten Zeitungsartikel,
9608 auch über meine Beziehungen zu Rockerclubs weltweit wurde
9609 berichtet, in Anspielung auf unser erstes Motorradtreffen
9610 und welcher Schlag gelungen sei gegen das Rotlichtmilieu in
9611 Rosenheim, na ja, getroffen hat es wohl nur die Riverranch,
9612 nicht mich, und natürlich Jogi, der gleich 3 Jahre und 6
9613 Monate   bekam,   völlig   überzogen,   aber   bei   der

9614 Urteilsbegründung wurde ich mehrfach namentlich erwähnt, als
9615 treibende Kraft im Hintergrund und als der Böse der
9616 eigentlich auf der Anklagebank sitzen hätte müssen. Ich weiß
9617 bis heute nicht, wie ich zu dieser Ehre gekommen bin, denn
9618 das war ganz alleine die Sache von Jogi und nicht von mir,
9619 ich wusste ja bis zum Schluss fast nichts darüber und wenn,
9620 ich hätte es sowieso anders gemacht. Einfaches Beispiel: Auf
9621 diese sozusagen „elegante Art" gab es 30 Monate Gefängnis,
9622 wenn ich es gemacht hätte, dann hätte ich den Andy richtig
9623 geohrfeigt, für den Fall, dass er und die Sache es mir wert
9624 gewesen wäre, und hätte dafür vielleicht eine Geldstrafe
9625 oder eine Bewährungsstrafe bekommen. Daran sieht man, wie
9626 krank unser Strafsystem ist und mit welchen Sanktionen man
9627 rechnen muss, wenn man sich finanziell an jemand bereichern
9628 will, das ist schlimmer, als eine körperliche Bestrafung. Na
9629 gut, aber ich wurde dazu nicht gefragt und war natürlich
9630 jetzt für alle der Sündenbock, vor allem von Seiten der
9631 Münchner Jungs her, die natürlich nicht den Einblick hatten.
9632 Und dann kam das nächste Verhängnis hinzu, nämlich meine
9633 Partnerschaft mit Jogi in der Riverranch. Da hatte ich
9634 natürlich von Anfang an alles bezahlt und Jogi völlig
9635 umsonst mit dazu genommen. Abgesehen davon, dass ich sowieso
9636 verschuldet war und auch in absehbarer Zeit nicht von dem
9637 Schuldenberg runterkomme, habe ich auch keinerlei
9638 Verpflichtung gesehen, Jogi zu unterstützen, denn
9639 mittlerweile habe ich auch erfahren, dass er seinen Anteil
9640 gar nicht verkauft hatte, sondern das alles nur ein falsches
9641 Spiel von unserem dritten Partner war. Somit hatte er eine
9642 Einnahmequelle und was hätte ich auch sonst tun können,

9643 außer ihm zu schreiben und seiner neuen Frau zu helfen, die
9644 jetzt ja bei mir gearbeitet hat. Finanziell hatte er an der
9645 Ranch keinen Anteil und somit war das Thema für mich kein
9646 Thema, zumal mir seine Aktion richtig geschadet hat, sowohl
9647 finanziell als auch beruflich. Aber gut, das ist nun mal so
9648 gewesen und ich habe das auch jeden so erklärt. Natürlich
9649 dachten jetzt die weniger gut eingeweihten Mitmenschen, ich
9650 hätte ihn ausgebootet, aber Jogi hat es sehr wohl richtig
9651 gestellt und es hat auch unserer Freundschaft keinen Abbruch
9652 getan. Als ich dann mit dem Rücken zur Wand stand, aufgeben
9653 wollte ich die Ranch ja auch nicht, nahm ich mir bei einem
9654 Kredithai noch Geld und zahlte fortan für 20000 DM im Monat
9655 1600 DM Zinsen, ohne dass die Summe weniger wurde. Dass es
9656 sich bei dem Kredithai um meinen „Freund" Bertl gehandelt
9657 hat, das ist fast nebensächlich, ich brauchte das Geld zu
9658 der Zeit und er war der einzige, der es mir leihen konnte.
9659 **Ich weiß auch nicht, wie ich das alles so überstehen konnte,**
9660 **denn neben dem schlechten Geschäft, dem Ärger mit der**
9661 **Polizei, dem Ärger mit meinen dritten Partner und meiner**
9662 **privaten Beziehungsprobleme, hatte ich auch noch**
9663 **gesundheitlich ziemlich starke Sorgen mit meiner Lunge und**
9664 **ich suchte einen Arzt auf, den mir Klaus empfohlen hat.**
9665 **Klaus ist seit Anfang der Ranch immer da gewesen, hat am**
9666 **Mittwoch und am Wochenende immer aufgelegt und wurde vom**
9667 **ersten Tag an mein Freund und Vertrauter in allen**
9668 **Angelegenheiten. Manchmal lernt man eben einen Menschen**
9669 **kennen und weiß sofort, dass dies ein Freund fürs Leben**
9670 **wird, dass die Chemie stimmt und man sich gerne näher kennen**
9671 **lernt. Wir sind auch bis zum heutigen Tage die besten**

9672 Freunde und vermissen uns auch richtig. Nun, auf jeden Fall
9673 empfahl er mir einen Arzt, Dr. Dieter Dimler, bei dem er
9674 schon seit Jahren in Behandlung ist und der ihm wirklich
9675 viel helfen konnte. Bei mir begann er auch sofort mit der
9676 Behandlung, allerdings konnte er nur meine körperlichen
9677 Schäden bekämpfen, die seelischen Wunden und
9678 Langzeitschädigungen waren auch für ihn nicht ersichtlich.
9679
9680

9681 Also heute habe ich nicht sehr viel gemacht, so einen
9682 richtig faulen Tag verbracht, was ja für Samstag, 17. August
9683 2002, auch nicht so schwer war, denn ich wollte sowieso
9684 ausschlafen und unter die Leute gehe ich auch nicht, denn
9685 ich habe meine ganze Unterlippe mit Herpes-Bläschen voll,
9686 eine Erscheinung, die ich in den letzten Monaten sehr oft
9687 habe und ich auch immer mit Salbe bekämpfe. Wahrscheinlich
9688 ist mein Immunsystem im Arsch und ich bin einfach anfällig
9689 für solche Entzündungen. Nachdem ich dann noch in der
9690 Apotheke war, habe ich gleich noch mein Gewicht gemessen,
9691 mit Schuhen und Kleidung, 95,8 kg, also zehn Kilo schon
9692 weniger als zu Beginn meiner Reise. Fühle mich auch langsam
9693 untergewichtig, aber mein Appetit lässt einfach auch zu
9694 wünschen übrig und wenn ich den gesamten Gesundheitszustand
9695 betrachte, dann werde ich wohl noch einiges abnehmen. An
9696 manchen Tagen habe ich sehr starke Herzschmerzen und weiß
9697 oft nicht, wie ich mich bewegen soll, so zieht es in den
9698 linken Arm und den Brustbereich. Vielleicht erlöst mich ja
9699 ein Herzinfarkt, obwohl ich wohl die letzten Jahre nicht so
9700 gesund gelebt habe wie die letzten Monate. Fast kein

9701 Alkohol, viel frische Luft, ausreichend Bewegung und fast
9702 kein Sex, na ja, vielleicht liegst daran. Wenn es nicht
9703 besser wird gehe ich auf jeden Fall mal zum Arzt und werde
9704 mich untersuchen lassen, kann ja nicht so schlimm sein.

9705 Ansonsten tut sich hier recht wenig, sind alle ziemlich im
9706 Stress, es ist ja jetzt Hochsaison, nur mich kann
9707 anscheinend niemand gebrauchen, aber das kenne ich ja auch
9708 schon und überrascht mich nicht sonderlich. Die paar Wochen,
9709 bis die Saison vorbei ist, überstehe ich sicher auch noch
9710 und dann ist auch mal das Buch soweit fertig und vielleicht
9711 fange ich dann ein neues Buch an, mal sehen, wird aber dann
9712 wohl etwas ganz anderes werden.

9713 Verdächtig still ist es auch um meine Schuldner geworden, da
9714 meldet sich gar keiner von alleine und ich habe hier keine
9715 Möglichkeit, an meine Kontoauszüge zu kommen, das ist ein
9716 Problem, denn somit sehe ich nicht, wer mir schon was
9717 gezahlt hat, und wer nicht. Da muss ich mir noch eine
9718 bessere Lösung einfallen lassen. Auf jeden Fall werde ich
9719 heute noch ein Fax losschicken, an den neuen Anwalt, damit
9720 ich in dieser Richtung mal etwas beruhigter schlafen kann,
9721 warum, das wird sich im Verlauf des Buches noch aufklären.

9722 Gut gemacht, heute habe ich wieder mal meine Wäsche
9723 gewaschen, also das ist ja wirklich immer wieder ein
9724 Erlebnis, wenn die Wäsche dann so richtig gut riecht und
9725 sauber ist, aber leider hält das hier nicht so lange an, den
9726 in der Regel ist alles nach Minuten nass geschwitzt und man
9727 kann es wieder waschen. Eigentlich habe ich ja in meinem
9728 Leben gelernt, mich selbst zu versorgen, egal ob Betten
9729 beziehen, kochen, bügeln, waschen, flicken, sauber machen,

9730 abspülen und sonstige Hausarbeit, da kenne ich nichts, was
9731 ich nicht kann, sogar das mit dem Verfärben klappt
9732 hervorragend, aber das ist mir hier noch nicht passiert.
9733 Schön ist es auch, dass man in solchen Ländern so wenig an
9734 Kleidung braucht, denn man muss nicht jeden Tag neu
9735 eingekleidet sein, immer mit der neuesten Mode gehen und
9736 Markenkleidung tragen. Sogar meine Adiletten halten was das
9737 Zeug nur hergibt, noch leicht angefressen von Rufus seinem
9738 Schuhtick, eine letzte Erinnerung sozusagen, aber ansonsten
9739 glaube ich, sind die an mir schon festgewachsen. Ich habe
9740 auch die Gelegenheit gleich benutzt, bei Tom im Haus, wo ich
9741 ja Wäsche waschen kann, den Fernseher anzustellen und siehe
9742 da, meine Löwen haben gewonnen, welch Wunder. Da ist doch
9743 der Tag gerettet. Mal sehen was die Nacht bringt, aber
9744 wahrscheinlich bleibe ich zuhause, denn mit meiner dicken
9745 Lippe habe ich nicht viel Lust, raus zu gehen. Mal sehen...
9746 Außerdem ist für mich auch bald ein kleiner Grund zum Feiern
9747 gegeben, denn ich habe bald die 10000.ste Zeile geschrieben
9748 und das finde ich schon enorm. Damit komme ich ja dem Ende
9749 schon ziemlich nahe, wenn es auch noch richtig spannend
9750 weitergehen wird.
9751
9752 Dr. Dimler, also in kurzer Form, Dieter, war für mich eine
9753 große Hilfe, denn ich hatte mal wieder starke
9754 Atembeschwerden und viel zu wenig Sauerstoff im Blut, meine
9755 Herzwerte und meine Blutwerte waren unter aller Kanone,
9756 Dieter kam auch zu mir in die Ranch, wenn ich mal keine Zeit
9757 hatte, in seine Praxis zu kommen und ich zahlte auch alle
9758 Behandlungen selbst, war nicht günstig, aber es hat mir sehr

9759 geholfen. Leider konnte ich nicht mehr weiter von ihm
9760 behandelt werden, weil er eines Tages verhaftet wurde. Dr.
9761 Dimler war kein Arzt, er war von Beruf Friseur und hatte
9762 dann als Heilpraktiker umgeschult, 18 Jahre vorher.
9763 Bamm, das hat mich glatt vom Stuhl gehauen, wird der vor
9764 meiner Nase verhaftet, und ich hätte einen Termin bei ihm
9765 gehabt, also den konnte ich durchwinken. Ganz delikat bei
9766 der ganzen Sache war ja noch, dass sein Sohn bei der
9767 Rosenheimer Polizei ist und von all dem auch nichts gewusst
9768 hat, dafür seitdem ein sehr guter Freund von mir geworden
9769 ist und mir auch am Ende meiner Tage in Rosenheim sehr viel
9770 geholfen hat. Aber zuerst war ich richtig platt wegen dem
9771 Dieter, ebenso alle anderen, denn immerhin hatte er eine
9772 Patientenliste, die war nicht von schlechten Eltern, vom
9773 Bürgermeister angefangen über etliche hochkarätige
9774 Unternehmer hat er so ziemlich alle behandelt, und das auch
9775 noch sehr erfolgreich. Daran sieht man wirklich, dass es oft
9776 nicht alleine das Studium ist, was einen Menschen das werden
9777 lässt, was er eigentlich sein möchte, und obendrein auch
9778 noch wirklich gut und nicht als Scharlatan. Selbst die
9779 Vorgesetzten von ihm, an den Krankenhäusern an denen er auch
9780 gearbeitet hat, unter anderem in einer Krebsklinik, waren
9781 nur des Lobes für ihn und einer sagte bei der Verhandlung
9782 einen Satz, der es wohl auf den Punkt brachte: „ Lieber
9783 einen Dr. Dimler ohne Studium als einen studierten Arzt, der
9784 sich nicht für seine Patienten einsetzt". Also auf jeden
9785 Fall, wenn einer das Pech hat, auch noch einen guten Arzt zu
9786 finden, der ihm helfen kann, dann bin das ich, und dann ist
9787 das sicher auch kein Arzt. Macht mich schon immer wieder

9788 stutzig, wie ein Mensch bei was weiß ich wie vielen
9789 Tausenden von Ärzten, genau den trifft, der kein Arzt ist.
9790 Wäre mir auch egal gewesen, wenn ich es gewusst hätte, denn
9791 er hat mir ja geholfen und das zählte nun mal für mich und
9792 nicht, was sich in seinen Papieren befand. Früher war der
9793 Baader auch Friseur und Arzt gleichzeitig, warum auch nicht,
9794 beides hat mit dem Körper und dem Wohlbefinden zu tun. An
9795 dieser Stelle auch noch mal mein Dank ausdrücklich an den
9796 besten Arzt den ich bis heute getroffen habe. Danke, Dieter
9797 und Kopf hoch, das Leben geht auch nach den fast drei Jahren
9798 Gefängnis weiter, auch wenn es schwer wird. Denn fast drei
9799 Jahre Gefängnis, das war das Ergebnis der Verhandlung und
9800 mittlerweile dürfte er bald wieder in Freiheit sein und dann
9801 sicherlich auch Deutschland verlassen. Ein weiser
9802 Entschluss.

9803

9804 Hhmm, genau, ich wollte ja nicht weggehen! Tja, die
9805 Kombination einer Schlaftablette und mehrere anderer Dinge,
9806 sowie Alkohol war einfach verheerend. Habe mich irgendwann
9807 um vier Uhr nachmittags dann ins Bett gelegt und jetzt ist
9808 es ein Uhr, Montag früh in der Nacht. Bin irgendwie total
9809 belämmert, aber das ist ja wohl normal nach so einem Exzess.
9810 Gut dass das bald alles vorbei sein wird, das hält ja kein
9811 Mensch aus auf Dauer. Mit Sabine habe ich heute auch gleich
9812 noch Schluss gemacht, die schwebt auch auf einer anderen
9813 Wolke. Wieso denken Menschen innerhalb von ein paar Wochen
9814 ganz anders über das, was passiert ist und welche Gründe es
9815 gab, dass man weggegangen ist? Ich weiß es nicht, mir geht
9816 es nur tierisch auf den Geist, dass man immer wieder in

9817 Erinnerung rufen muss, dass es keine Lust und Juxerei war,

9818 die einem zu diesem Schritt bewogen hat, sondern

9819 schwerwiegende Gründe wie Strafverfahren und Schulden,

9820 Konkurs und Arbeitslosigkeit. Aber anscheinend ist der

9821 Mensch ja doch sehr gut darin, alles zu vergessen und zu

9822 verdrängen. Vor allem schlechte Erlebnisse verblassen mit

9823 der Zeit richtig schnell, keine Ahnung warum das so ist.

9824 Auf jeden Fall habe ich mir gestern wieder einiges

9825 geleistet, sowohl finanziell als auch von meinem Benehmen

9826 her. War mal wieder vollkommen daneben mit meinem Benehmen,

9827 aber was soll's, interessiert auf dieser Insel sowieso

9828 keinen. Dass ich keine Arbeit habe, das interessiert mich

9829 mittlerweile auch nicht mehr, ich denke mein Entschluss, wie

9830 das alles weitergeht und endet steht ziemlich sicher fest.

9831 Werde noch ein paar Tage brauchen, um mein Buch fertig zu

9832 schreiben, denn mittendrin aufzuhören, das wäre auch nicht

9833 besonders gut. Wenigstens habe ich somit Gelegenheit, noch

9834 mal etwas richtig gut zu organisieren, zum letzten Mal.

9835 Wer macht sich eigentlich zu Lebzeiten Gedanken darüber, was

9836 nach seinem Tod kommt? Eigentlich jeder normale Mensch, aber

9837 nur, wer seine Lebensversicherung bekommt, wer seinen

9838 Nachlass bekommt, aber nicht, wie die Beerdigung aussehen

9839 soll, wie die Bedingungen sein sollen, das machen in der

9840 Regel immer die Hinterbliebenen. Weiß auch nicht warum das

9841 so ist, finde ich nicht gut, obwohl es ja eigentlich egal

9842 sein könnte, man bekommt es ja sowieso wahrscheinlich nicht

9843 mehr mit, trotzdem, ich möchte das schon selbst bestimmen.

9844 Auf jeden Fall möchte ich verbrannt werden und meine Asche

9845 soll nicht irgendwo eingebuddelt oder eingesperrt werden,

9846   sondern aus dem Flugzeug verstreut werden, am Liebsten über
9847   Rosenheim, dann haben die noch was von mir, und jeder
9848   Polizist kann sich vorstellen, einen kleinen Teil von mir
9849   eingeatmet zu haben. Hihi, das wäre sicher ein Spaß und
9850   sicher auch nicht so schwer zu bewerkstelligen, vor allem
9851   hat Hansi, der Freund von Susanne, ja mittlerweile auch
9852   seinen Flugschein in Deutschland gemacht. Gute Idee, gefällt
9853   mir, genau so soll es dann sein. Und vor allem kein
9854   Trauergottesdienst, ich mag das nicht, zumal ich sowieso
9855   nicht gläubig bin und mir das ganze Kirchen- und
9856   Friedhofgetue bei jedem Todesfall in meinem Freundeskreis
9857   immer schon ein Dorn im Auge war, weil ja sowieso keiner
9858   danach wieder auf den Friedhof geht. Lieber gleich für immer
9859   weg und Schluss.

9860

9861   In der Ranch lief mittlerweile alles wie gehabt, die Leute
9862   fingen langsam an, mich zu akzeptieren, wenn auch nur sehr
9863   zögerlich. Den ersten Winter überstand ich mit viel Glück
9864   und Arbeit, mit Weihnachtsfeiern und das Frühjahr lief
9865   soweit auch ganz gut. Mit Evi planten wir dann eine Terrasse
9866   zusammen, die auf der Flussseite angebracht werden sollte.
9867   Und komischerweise, so dumm und dämlich sich die Brauerei
9868   sonst anstellte, das ging innerhalb von ein paar Wochen über
9869   die Bühne und somit hatten wir mir der Ranch das einzige
9870   Lokal am Inn, mit Terrasse zum Inn und mit einem Biergarten.
9871   Das war in Ordnung so, allerdings mussten wir uns jetzt für
9872   die Innenausstattung etwas einfallen lassen, denn das war
9873   alles nicht so besonders gut, vor allem der Teil, in dem man
9874   Essen sollte war noch ziemlich zusammengewürfelt. Nachdem

9875 der zweite Pokerrun, mein jährliches Motorradtreffen in der
9876 Ranch, stattgefunden hatte, sperrten wir das Lokal für zwei
9877 Wochen zu und begannen mit dem Umbau.
9878 Privat hatte ich meine Position in der Ranch auch weidlich
9879 ausgenützt, zuerst musste eine kleine Aushilfe herhalten,
9880 die wirklich total versaut war. Hatte eine gewisse
9881 Ähnlichkeit mit Steffi Graf, tolle Figur und nachdem in
9882 meinem Büro ein Bett stand, hatte ich die eine oder andere
9883 "Besprechung" mit ihr. Gott, die hatte für ihre 17 Jahre
9884 eine Erfahrung und Wünsche im Bett, dass Olin ganz krank
9885 wurde, weil ich ihm ständig seinen Obst- und Gemüsebestand
9886 aus der Küche stahl, Gurken, Zucchini, Gelberüben, Bananen,
9887 einfach alles, was man irgendwie verwenden konnte, am
9888 liebsten wäre ihr immer ein zweiter Mann gewesen. Gut, es
9889 hat fast keiner mitbekommen und somit war das auch nicht so
9890 tragisch wegen Evi oder Sabine, die auch noch nichts
9891 voneinander wussten, zumindest Sabine. Daran erkennt man
9892 schon, dass ich wohl sexuell einen größeren Bedarf hatte,
9893 als manch anderer Mann, vor allem auch nie Liebe und Sex
9894 verwechselte. Das hatte ich in den Jahren im Rotlicht sehr
9895 gut gelernt und dass ich fast immer alles bekam was ich mir
9896 vorstellte, na ja, das war wohl entweder die Position oder
9897 auch mein Auftreten und meine Erscheinung. Gut getan hat es
9898 mir auf jeden Fall nicht, denn wenn man den Trieb zu jeder
9899 Tages und Nachtzeit folgt, verliert man irgendwann die
9900 richtige Beziehung zu den anderen wichtigen Werten des
9901 Lebens. Vor allem, wenn man wie ich, von seinen Partnerinnen
9902 immer vollkommene Treue voraussetzt. Auch irgendwie ziemlich
9903 schizophren, aber wenn es nun mal so ist, dann muss man auch

9904 damit leben lernen und einfach bei allen anderen Werten
9905 Abstriche machen. Ich weiß bis heute nicht, ob es denn nur
9906 die Suche nach Anerkennung, die Sucht nach Liebe und Sex,
9907 oder einfach der Jagdtrieb war, auf jeden Fall hatte ich
9908 glaube ich zumindest, keine Beziehung, in der ich nicht
9909 wenigstens eine oder mehrere andere Frauen auch noch hatte
9910 und ob mir das letztendlich gut getan hat - ich wage es zu
9911 bezweifeln, denn ich habe doch meist dabei verloren, nie
9912 gewonnen.
9913 Na ja, dann kam das Kapitel mit Adriane, das war dann doch
9914 etwas schwerwiegender, denn mittlerweile bin ich mit Sabine
9915 so mehr oder weniger auseinandergegangen, weil wir uns, bzw.
9916 ich mich sehr weit von ihr entfernt hatte. Sabine bezog in
9917 dem Haus, in dem wir ihre Privatwohnung untergebracht
9918 hatten, eine wunderschöne Dachwohnung, riesengroß und
9919 einfach traumhaft schön und traumhaft teuer. In dieser
9920 Wohnung hatten wir, das heißt Bertl und ich, kurzfristig
9921 versucht, einen kleinen, feinen Club unterzubringen, was
9922 aber an den Drohungen und Verboten von Seiten meines
9923 ehemaligen Partners gescheitert war. Wir hätten sicherlich
9924 das alles so durchsetzen können, aber dann hätte es einen
9925 offenen Krieg gegeben und das war mir die Sache nicht wert,
9926 denn erstens wollte ich ja aus dem Milieu weg und zweitens
9927 war es sowieso nur eine Notlösung, da die Wohnung günstig
9928 zu haben war und wir damit das ganze Haus für uns hatten. So
9929 kam es, dass Sabine die Wohnung bezog und ich alleine in der
9930 Wohnung in Niedermoosen blieb, aber nicht mehr lange, da ja
9931 Rufus sowieso immer in der Ranch schlief, im Zimmer der
9932 neuen Bedienung und bei Peter, und ich durch die Farbenfirma

9933   im Haus mit meiner geschädigten Lunge große Probleme bekam.

9934   Den Prozess habe ich verloren, trotz Gutachten und trotz

9935   Zeugen, die die Verwendung von giftigen, wenn auch

9936   natürlichen, Zusatzstoffen bezeugen konnten. Aber das regte

9937   ich mich schon gar nicht mehr auf darüber, denn das war ja

9938   nun wirklich nicht der Rede wert. Dass ich nie einen Prozess

9939   gewonnen habe, das ist schon legendär in meinem Leben, nicht

9940   mal wegen eines Tickets wegen Falschparkens trotz kaputter

9941   Parkuhr und mit Parkscheibe. Also es gibt Dinge im Leben,

9942   die kann man einfach nicht ändern, so auch diese Sachen.

9943   Nun, mit Adriane begann eine Zeit in der Ranch, die sehr

9944   angenehm war, erstens arbeitete sie sehr gut und hatte auch

9945   im Hotel gelernt, zweitens hatte sie, wie ich, immer Lust

9946   auf Sex, einen schönen Körper und wohnte auch noch gleich im

9947   Haus, das war sehr praktisch. Was die Weiblichkeit anbetraf,

9948   war das natürlich schon ein starkes Stück, denn gut, Sabine

9949   war ja nicht mehr da, zumindest im Moment musste ich mich da

9950   nicht erklären, und Evi kam nicht so oft vorbei, dass das

9951   von Bedeutung gewesen wäre.

9952   Die Riverranch lief mittlerweile auch wieder, nachdem sie

9953   für fast 80.000.-DM umgebaut wurde, mit offenen Kamin und

9954   alles im mexikanischen Stil gemauert und mit viel Holz,

9955   völlig neu dekoriert und die neue Terrasse mit Hollywood-

9956   Schaukeln, da war dann schon ein ganz anderes Bild als

9957   zuvor, auch geschäftlich lief es dann besser, musste es

9958   auch, denn die 80.000.-habe ich mir auch zuleihen genommen

9959   und musste die jetzt in Monatsraten zu 2000 zurückzahlen.

9960   Wie das heute noch gehen soll, weiß ich auch nicht, aber bis

9961   letzten Monat habe ich es immer wieder geschafft.

9962 Ich wollte das eigentlich nicht so teuer werden lassen, aber
9963 was soll's, wenn schon, dann denn schon. Mittlerweile musste
9964 ich ja auch immer wieder erklären, dass Jogi nicht mehr mein
9965 Partner war, und das nahmen mir ziemlich viele Übel. Aber
9966 wie sollte das auch gehen, selbst wenn, ich hätte auf keinen
9967 Fall noch mal das Ganze durchgemacht, selbst wenn ich die
9968 Ranch nach seiner Entlassung noch haben würde, ich würde
9969 nicht mehr wollen, dass er noch mal dort arbeitet, denn dann
9970 hätte ich ja das gleiche Gerede wieder.

9971 Zwischenzeitlich hatte ich in Rosenheim den ersten
9972 Wirteverein gegründet, was natürlich anfangs ganz gut ankam,
9973 aber zum Ende dann, wie alle Vereine in Deutschland, zu
9974 einer reinen Vereinsmeierei wurde und mir dann nicht mehr
9975 gefallen hat. Der Grund für die Gründung war eigentlich,
9976 dass man gemeinsam mehr erreichen kann gegenüber der Stadt,
9977 als der Einzelne und irgendwo hatten alle die Probleme mit
9978 der Stadt, mit den Sperrstunden und was weiß ich nicht noch
9979 alles.

9980 Meine Probleme hatte ich eigentlich nur mit der Polizei.
9981 Denn folgender Vorgang ca. zwei Wochen vor meinem
9982 einjährigen Bestehen: Sperrzeit ein Uhr Nachts, wir gerade
9983 alle am Gehen und Olin machte das Licht aus, wir gingen alle
9984 zur Türe, als uns 25 Mann in voller Uniform und mit Helmen
9985 und Knüppeln entgegentraten. Vor dem Lokal waren vier
9986 Mannschaftsbusse und ein Einsatzwagen gut sichtbar geparkt-
9987 schöne Grüße von der örtlichen Polizei! Wir hüpften alle auf
9988 die Seite und der Zugführer brüllte irgendetwas von
9989 Sperrzeitkontrolle und Jugendschutz. Nun gut, ich teilte ihm
9990 mit, er könne gerne kontrollieren, aber er soll dann das

9991   Licht wieder ausmachen und nicht solange im leeren Lokal

9992   bleiben, weil ich nach Hause möchte. Da standen nun die 25

9993   Mann in meinem Biergarten und das Personal und ich noch

9994   dazu, das wäre ein gutes Geschäft gewesen, hätte ich noch

9995   aufgehabt, aber so, so blieb ihnen nichts anderes übrig, als

9996   unverrichteter Dinge wieder abzuziehen. Am nächsten Tag

9997   beschwerte ich mich bei der örtlichen Dienststelle über

9998   diese massive und sehr werbewirksame Aktion, aber das

9999   brachte wie immer, nichts. Vierzehn Tage später feierten wir

10000   das einjährige Bestehen der Ranch und nachdem zu meinem

10001   vierzigsten Geburtstag über 300 Leute gekommen waren und die

10002   Party zwei Tage durchgehend ging, war man wohl in der

10003   Polizei vorgewarnt. Komischerweise gehörte das Lokal ja

10004   nicht zu Rosenheim, sondern zu Stephanskirchen, und von

10005   diesem Rathaus bekam ich auch meine Genehmigungen. So,

10006   Stephanskirchen hat vielleicht 4000 Einwohner und da störte

10007   sich keiner an meinem Lokal, zumal es einsam und ohne

10008   jegliche Lärmbelästigung an einer Hauptstrasse lag, ohne

10009   jegliche Nachbarn. Gestört hat man da wirklich niemand, nur

10010   die Polizei.

10011   Nun, auf jeden Fall mein legendärer vierzigster Geburtstag

10012   war vorbei, natürlich in einem Eklat geendet, was die Frauen

10013   betraf, denn Evi bekam mit, wie mich Tiffany morgens um zehn

10014   Uhr in die Ranch brachte, mit einem riesengroßen Luftballon

10015   in Herzform, den Arm um mich legend, so stiegen wir aus dem

10016   Taxi und Evi hinter uns mit ihrem Auto. Gut, die rauschte

10017   dann vollkommen beleidigt ab, nachdem ihr Tiffany erklärt

10018   hat, dass wir nur gute Freunde sind und noch weiterfeiern

10019   wollen. Das war dann mein Geburtstag. So vorgewarnt fand

10020 **Wochen später das einjährige Fest statt, welches wieder mit**
10021 **einer Superband und einem großen Aufgebot an Gästen**
10022 **stattfand. So gegen fünf Uhr früh hatten sich noch zehn**
10023 **Leute in der Lokalmitte versammelt, es war aufgestuhlt, die**
10024 **Musik war aus und es hatte auch keiner mehr etwas zum**
10025 **Trinken. Wir standen nur so im Kreis und sangen a capella**
10026 **ein paar alte Gassenhauer. War total nett und lustig, bis**
10027 **die Türe aufging, zwei Polizisten, ein Mann und eine Frau**
10028 **reinkamen, und die Sperrzeit mokierten. Ich habe wohl**
10029 **gesagt, sie sollen sich einen anderen zum Ficken suchen,**
10030 **weil ich erstens die Schnauze voll habe, ständig**
10031 **kontrolliert zu werden, und schikaniert, und zweitens**
10032 **sowieso alles nur Helfer sind. Die nahmen dann noch von Evi**
10033 **die Personalien, dann sagte der kleine Polizist, wenn in**
10034 **zehn Minuten nicht alle draußen sind, räumt er selber leer,**
10035 **wobei ich herzhaft lachen musste und ihm scherzhalber sagte,**
10036 **dass das wohl sehr lustig wäre, wenn wir beide boxen**
10037 **müssten, er 164 cm und ich 198 cm groß. Dann gingen die**
10038 **Beiden, ohne weitere Diskussionen. Für mich war damit das**
10039 **Thema erledigt, ich rechnete mit einer kleinen Geldstrafe**
10040 **wegen Sperrzeitüberschreitung und das wäre es dann gewesen.**
10041 **Denkste, Puppe, da kam es am nächsten Tag knüppeldick auf**
10042 **mich zu. Wir saßen nachmittags im Biergarten, so eine kleine**
10043 **Runde, es war nicht viel los, als wieder mal ein Polizeiauto**
10044 **in den Hof gefahren kam und zwei Polizisten ausstiegen und**
10045 **mir eine Vorladung in die Hand drückten: Vorladung zur**
10046 **Vernehmung wegen Beleidigung mit sexuellem Hintergrund! Also**
10047 **da war ich und alle anderen mal richtig platt, hatte**
10048 **keinerlei Ahnung, was das sollte. Natürlich schaltete ich am**

10049 Montag gleich meinen Anwalt ein und dann stellte sich

10050 heraus, dass die Polizistin mich angezeigt hat. Angeblich

10051 hätte ich folgendes gesagt: Du kannst mit mir boxen, zu

10052 ihrem Kollegen, und zu ihr dann im gleichen Satz, und du

10053 kannst mit mir ficken. Von da ab war klar, das wird ein

10054 offener Krieg zwischen mir und der Polizei, denn diesen

10055 Sachverhalt konnten acht sehr angesehene Bürger von

10056 Rosenheim, allesamt in hohen Positionen oder mit größeren

10057 Firmen selbstständig, ganz klar verneinen. Und dass ein

10058 Richter dann hergeht und allen nicht glaubt und sich dann

10059 noch erlaubt, alle wegen eidlicher oder uneidlicher

10060 Falschaussage zu belangen, das kann ich mir beim besten

10061 Willen nicht vorstellen. Nur, was sollte das werden? Am Tag

10062 nach der Überreichung der Anzeige fuhr ein Zivilauto auf

10063 meinen Parkplatz, gerade als ich gehen wollte, welch ein

10064 Zufall, und der im Auto sitzende Beamte der Zivilfahndung

10065 fragte mich, warum ich denn seine Freundin beleidigt hätte.

10066 Also da hat es mir vollkommen gereicht. Spinnen die denn

10067 alle in Rosenheim? Ich erklärte ihm den Ablauf und meinte,

10068 er soll dann doch mal seine Freundin zum Psychiater schicken

10069 oder ihre Wünsche erfüllen. Erstens würde ich im Leben keine

10070 Polizistin vögeln wollen, nur unter Androhung von Gewalt und

10071 zweitens sei sie auch noch hässlich, also, sie sollen mir

10072 meinen Frieden lassen.

10073 Man ließ mir meinen Frieden nicht, denn von nun an stand

10074 fast jeden Abend zur Hauptverkehrszeit ein Streifenwagen mit

10075 Blaulicht direkt vor dem Eingang der Riverranch. Gar nicht

10076 nett und sehr geschäftsschädigend, aber was sollte ich

10077 machen, wenn ich die Polizisten nach dem Grund fragte, wurde

10078 ich nur schroff abgewiesen und mit knappen Worten

10079 abgespeist. Eines Tages nahm ich meinen Anwalt um 18.00 Uhr

10080 mit ins Lokal, damit er sich das Schauspiel ansehen könnte.

10081 Das tat der dann auch, und prompt, es stand wieder ein Wagen

10082 vor der Tür und nach meinem Anruf bei der Dienststelle und

10083 der Frage nach dem Grund, verschwand binnen Sekunden das

10084 Fahrzeug wie von Geisterhand. Ich hatte es nicht einfach, es

10085 wurde nach allen Regeln der Kunst versucht, mir das Leben

10086 schwer zu machen, aber ich bin ja ein Kämpfer. Auch was

10087 meinen Führerschein betraf, den ich ja wieder bekommen

10088 sollte, allerdings bedarf es dazu der MPU und das ist ja ein

10089 Kapitel für sich. Jetzt war ich ja schon so schlau, und

10090 hatte meinen Motorradführerschein noch erweitert, nachdem

10091 ich ja nur den 1B hatte, weil ich ihn nie umschreiben ließ,

10092 aber schon immer mit der Harley gefahren bin, machte ich

10093 noch in der Zeit der Führerscheinsperre den normalen

10094 Motorradführerschein. Gott sei Dank, wenigstens das rettete

10095 mich davor, dass ich alles noch mal machen musste,

10096 allerdings auch erst nach einem Husarenritt.

10097 Ich also zweimal diese MPU gemacht, einmal in Hamburg,

10098 durchgefallen, und einmal in München, auch durchgefallen.

10099 Mittlerweile war mein Schein schon über zwei Jahre weg und

10100 wenn er länger als zwei Jahre weg ist, muss man alles noch

10101 mal machen, Theorie und Praxis. Das war auch so beabsichtigt

10102 und stand sicher auch zwischen den Zeilen so im Urteil des

10103 Rosenheimer Gerichts. Genau als die zwei Jahre überschritten

10104 waren, machte ich die MPU zum dritten Mal. Toll, jetzt hatte

10105 ich sie in Hamburg bestanden, nachdem mich auch noch so ein

10106 Vorbereitungskurs richtig Geld gekostet hat und nichts

10107 gebracht hat, ich hatte bestanden, aber noch lange keinen

10108 Führerschein. Den wollte man mir nicht geben, nur den

10109 Motorradführerschein, nicht den fürs Auto, den sollte ich

10110 noch mal machen. So, jetzt hat es mir gründlich gereicht,

10111 denn soviel Quatsch hält die Welt nicht aus. Ich also wieder

10112 nach München gefahren, mit dem Motorrad, zum Chef vom

10113 Landratsamt und dem folgenden Sachverhalt erklärt: Ich fahre

10114 jetzt mit dem Motorrad nach München-Erding, zum Flughafen,

10115 fliege mit meinem eigenen Flugzeug nach Mainz und fahre von

10116 dort mit dem Motorrad bis ins Sendestudio von „Wie bitte?",

10117 das es damals noch gab. In dieser Sendung werden die

10118 unmöglichen Dinge des Lebens behandelt, die von Ämtern oder

10119 anderen Institutionen so geleistet werden. Und denen erkläre

10120 ich dann, hoffentlich nass vom Regen, dass ich alles darf,

10121 fliegen, Motorradfahren, aber nicht Autofahren, weil ich das

10122 ja zwei Jahre nicht mehr gemacht habe, obwohl ich meinen

10123 amerikanischen Führerschein vorgelegt hatte, die Abrechnung

10124 der Mietautostation mit mir als Fahrer und dem Nachweis,

10125 dass ich über 5000 Meilen gefahren bin, nein, den

10126 Autoführerschein muss ich noch mal machen. Nein danke, das

10127 werde ich sicher nicht tun. Der Herr Landratsamtsvorsitzende

10128 bat sich eine Stunde Bedenkzeit aus, ich weiß nicht, was er

10129 in dieser Stunde alles angerufen hat, auf jeden Fall bekam

10130 ich danach meinen Führerschein ausgehändigt, ohne weitere

10131 Auflagen. Geht doch, man darf sich nur nicht alles gefallen

10132 lassen.

10133 Für die Rosenheimer Polizei war ich ab diesem Zeitpunkt ein

10134 gefundenes Opfer, es verging fast kein Tag, an dem ich nicht

10135 aufgehalten wurde, kontrolliert und zum Alkotest gebeten

10136 wurde. Das war lästig, aber ich hatte mit nichts anderem

10137 gerechnet. Also, die Anzeige der Polizistin, das tägliche

10138 Blaulicht vor der Ranch, die Alkoholkontrollen und obendrein

10139 noch jedes Wochenende die Sperrzeitkontrolle, wenn einem da

10140 nicht auffällt, dass man unerwünscht ist und Feinde in

10141 Uniform hat, dann muss man ganz schön verblödet sein, bin

10142 ich ja nicht, von daher nahm ich das alles mal so hin und

10143 hoffte auf die Verhandlung.

10144 .

10145 So, hier auf der Insel gibt es auch nichts Neues zu

10146 berichten, ist alles ziemlich abgefahren hier. Pflege zur

10147 Zeit meine entzündete und dicke Lippe, die ich mir wohl

10148 wieder an irgendeinem Glas geholt habe. Zovirax und Blistex,

10149 alles im Einsatz, aber es wird nicht wirklich besser. Nun,

10150 nachdem ich sowieso nichts mit Frauen hier habe, ist es auch

10151 nicht so schlimm, nur lästig. Mambo ist voll, der Rest der

10152 Stadt auch und ansonsten bin ich wohl hier zur Zeit der

10153 einsamste Mensch den es gibt, muss auch sagen, dass ich mich

10154 auch ziemlich zurückziehe, um mit meinem Buch auch fertig zu

10155 werden. Durch Zufall habe ich sogar einen Laden gefunden,

10156 der meine Druckerpatronen hat, und dazu auch noch zu einem

10157 vernünftigen Preis, somit kann ich mal anfangen, meine

10158 Seiten auszudrucken. Mit Micha scheint auch etwas nicht zu

10159 stimmen, hat heute sehr kurz angebunden geschrieben und

10160 seither ist das Telefon aus, bzw. es geht keiner mehr hin.

10161 Ich muss endlich damit aufhören, dass ich mir soviel

10162 Gedanken um das mache, was ich nicht kontrollieren kann.

10163 Denke ständig nur das Schlimmsten, aber wen verwundert das,

10164 wenn man selber so lebt und natürlich denkt man das dann

10165   auch von allen anderen Menschen, auch wenn es zumeist gar

10166   nicht stimmt.

10167   Gekocht habe ich heute auch mal, weiß auch nicht warum

10168   eigentlich, habe fast nichts gegessen, dafür Heike und

10169   Lukas, die im Mambo arbeiten, für die ist das immer sehr

10170   willkommen, wenn sie umsonst essen können. Sonderbarerweise,

10171   und das ist sehr verwunderlich, kam da noch nie etwas

10172   zurück, die Mentalität, nur nehmen und nichts geben, die ist

10173   hier auf der Insel sehr ausgeprägt, leider, denn das

10174   entspricht in keinster Weise meiner Lebenseinstellung. Ach

10175   ja, meine Anzeige in Ibiza heute, der deutschen

10176   Monatszeitschrift, habe ich auch aufgegeben, für Handwerker-

10177   Arbeit, mal sehen was sich da tut. Vielleicht kann man ja

10178   damit ein paar Euro verdienen, aber recht zuversichtlich bin

10179   ich auch da nicht. Ich denke wenn ich mit diesem Buch schon

10180   fertig wäre, dann würde ich sowieso die finale Lösung

10181   bevorzugen, aber im Moment ist das noch nicht der Fall und

10182   so muss ich da durch, auch wenn mir jeder Tag schwer fällt.

10183   Ich kriege auch den Gedanken nicht mehr aus meinem Kopf, und

10184   irgendwie macht mir das auch ganz schön Angst, aber was

10185   soll's, dann ist einfach alles zu Ende, all der Schmerz beim

10186   Atmen, die Krämpfe in der Speiseröhre und der Kampf ums

10187   Überleben. Ach ja, mein Anwalt hat sich heute auch mal

10188   gemeldet, welch ein Wunder, nach Wochen und mehreren Mail,

10189   SMS und Anrufen, da war ich ganz platt, aber leider war ich

10190   gerade nicht am Telefon, sodass ich nur seine Nachricht auf

10191   dem Anrufbeantworter hatte. Und, meine Steuerberaterin hat

10192   sich auch gemeldet, wahrscheinlich wollte die mir nur sagen,

10193   dass sie noch nichts gemacht hat. Auch gut, aber nutzt ja

10194   sowieso nichts, denke mal dass ich mittlerweile ziemlich

10195   tief in der Scheiße hänge, was das Finanzamt betrifft,

10196   nachdem ich ja gar nicht mehr auf die Schreiben reagiere,

10197   aber auch das ist mir mittlerweile egal, weil ich sowieso

10198   nicht mehr nach Deutschland zurückkehren will. Ich will

10199   einfach nur weit, weit weg und ich glaub, ich weiß jetzt, wo

10200   das sein kann.

10201   Guten Morgen, erst mal, heute ist mal ein Dienstag, 20.

10202   August 2002, und ich denke, dass ich heute am frühen Morgen

10203   schon richtige Abenteuer erlebt habe. Zuerst bin ich mal

10204   aufgewacht, so gegen sieben Uhr, nachdem vor meinem Fenster

10205   eine Massenunruhe war. Hat da nicht einer einfach einen

10206   Taxifahrer überfallen. Der ist vor Schreck gleich in den

10207   Roller von Tom gefahren, der bei mir vorm Haus steht.

10208   Anschließend viel Lärm um Nichts, typisch für die Spanier,

10209   aber den Typen haben sie nicht erwischt. Gut, am Roller ist

10210   nicht viel kaputt, eine Schramme mehr, die fällt eh nicht

10211   auf. Habe dann gleich gar nichts gesagt, nur den Roller

10212   wieder richtig hingestellt und bin wieder verschwunden,

10213   sonst hätten die noch die Papiere sehen wollen, und die hab

10214   ich natürlich auch nicht.

10215   Na ja, und dann hat mich die Micha um 8.00 Uhr angerufen und

10216   mir erklärt, sie sei soeben wach geworden. Somit habe ich

10217   jetzt auch diese Beziehung beendet, weil ich es auf den Tod

10218   nicht ausstehen kann, wenn ich belogen werde. Habe 20 Mal

10219   angerufen, die ganze Nacht hindurch und SMS geschrieben und

10220   die hat angeblich nichts mitbekommen. Nun, wird schon

10221   wissen, was sie da mir so erzählt, auf jeden Fall glaube ich

10222   den Schmarrn nicht. Irgendwie ist das jetzt zwar saublöd,

10223 weil ich gar niemand mehr habe, aber was soll's, damit war

10224 sowieso zu rechnen, irgendwann sind alle weg und du stehst

10225 ganz alleine auf dieser beschissenen Welt. Wie viel Anteil

10226 habe ich eigentlich daran, dass ich hier überhaupt nicht

10227 zurecht komme? Diese Frage beschäftigt mich ungemein, aber

10228 so richtig Antwort kann ich darauf auch nicht finden. War es

10229 wirklich nur die Erziehung, die mich so geprägt hat? War es

10230 der Knast, der mich vielleicht doch mehr zu so einem

10231 zerrissenen Menschen gemacht hat, oder beides zusammen? Habe

10232 ich den Faden verloren, als ich mehr vom Leben wollte, als

10233 mir zu stand? Ging alles dann den Bach runter, wie ich mit

10234 der Zuhälterei angefangen habe und Menschen wie Ware

10235 behandelte? War es mein gestörtes Verhältnis zu Frauen,

10236 Liebe und Sex? Ist es vielleicht mein Sternzeichen, das mich

10237 so unstet werden ließ? Ich weiß es nicht und ich kann auch

10238 keine passende Antwort finden, ich suche die Schuld nicht

10239 bei den anderen Menschen, die mich in meinem Leben begleitet

10240 haben, sondern in erster Linie bei mir, aber ich finde sie

10241 nicht richtig, die Schuld, den Anlass und das Warum? Ich

10242 meine, dass ich heute so zerrissen bin und mein Tun und

10243 Handeln nicht mehr mit Logik zu erklären ist, das kann ja

10244 noch zu verstehen sein, wenn man den Rest meines Lebens

10245 kennt, dass ich aufhöre zu kämpfen, aufhöre mir Sorgen über

10246 die Zukunft zu machen, das ist nur ein Ergebnis der

10247 jahrelangen Misswirtschaft mit meinen Kopf, meinen Körper

10248 und meiner Psyche. Aber was ist das für ein Leben? Immer in

10249 Angst und immer mit schlechtem Gewissen? Immer in Hektik und

10250 immer in Panik, es könnte irgendetwas schief gehen?

10251　Ich könnte mir auch sagen, okay Robert, du warst vom ersten
10252　Tag an einfach anders als die anderen, egal ob in der Schule
10253　oder später im Leben, du warst anders. Gut, damit wäre das
10254　alles abgehandelt und ich würde so weitermachen wie bisher,
10255　aber mir gefällt diese einfache Lösung nicht. Es kann nicht
10256　sein, dass man sich als Kind schon vorstellt, wer wohl alles
10257　an seinem Grab stehen würde, wenn man jetzt tot wäre. Also
10258　das ist nicht normal. Und was mich zunehmend verwirrt, das
10259　ist die Lockerheit, mit der ich mein Ende plane. Nicht als
10260　große Inszenierung mit Gefährdung anderer, nein, still und
10261　leise, gehen ohne Aufsehen und am liebsten nie gefunden
10262　werden und weit, weit weg sein. In einer neuen Welt, in
10263　vielleicht einer schöneren, aber sicher mit der Chance, noch
10264　mal von vorne anzufangen und alles besser zu machen. Ich
10265　habe immer gesagt, ich bereue keinen Tag von meinem Leben,
10266　ich habe gelebt, vieles erlebt, und oftmals soweit über die
10267　Stränge geschlagen, dass es fast für alle anderen
10268　unerträglich war, ich habe gesoffen, gehurt und geliebt, Sex
10269　in fast allen Variationen gehabt und die Welt mehr gesehen
10270　und erfahren als die meisten Menschen auf diesen Planeten.
10271　Wenn ich heute gefragt werden würde, was ich anders machen
10272　würde, ich wüsste es nicht, denn mit den schlechten
10273　Erfahrungen die ich machte, hatte ich das Wissen, die guten
10274　Erfahrungen zu genießen. Mit den guten Erfahrungen hatte ich
10275　die Sicherheit, noch mehr schlechte Erfahrungen zu
10276　vermeiden. Gebracht hat es mir nicht viel, in der Summe habe
10277　ich mit mehr Aufwand, mehr gelebt und dafür kürzer. Jede
10278　Erfahrung die ich in meinem Leben gemacht habe, hat ihren
10279　Preis gehabt, auch wenn er oftmals nicht gleich zum Bezahlen

10280 war, sondern erst viel später. Durch das Gefängnis in den

10281 jungen Jahren hatte ich viel versäumt, was ich danach unter

10282 großen Anstrengungen, wahrscheinlich bis heute, versucht

10283 habe nachzuholen. Ich weiß es nicht, mir bleibt auch nicht

10284 die Zeit, es noch herauszufinden, aber ich habe keine Angst

10285 davor. Nein, Angst habe ich nur davor, dass es schief gehen

10286 könnte. Vielleicht ist es für manche Menschen auch ein

10287 Anlass nachzudenken, sich darüber Gedanken zu machen, wie

10288 man lebt und warum man auf der Welt ist. Für viele ein Grund

10289 mehr, intensiver zu leben, für viele ein Grund, vom Gas zu

10290 gehen. Wer weiß das schon so genau, abgerechnet wird immer

10291 erst zum Schluss, bei allen Dingen im Leben, man muss nichts

10292 im Voraus bezahlen, erst am Ende. Wie bei einem guten Essen

10293 und beim Trinken, alles wird am Ende bezahlt, egal ob es

10294 zuviel war oder zuwenig, ob es gut war oder schlecht,

10295 bezahlen muss man die Zeche am Ende. Und hin und wieder hat

10296 man dann eben am nächsten Tag einen Kater und kann

10297 bestimmen, ob es das alles wert war. Selten, wird man sich

10298 wohl dann sagen, aber eben erst hinterher.

10299

10300 Heute werde ich auf jeden Fall mal wieder an den Strand

10301 fahren, denn damit habe ich dann wenigstens das Gefühl, mit

10302 der Weite des Meeres und der Urgewalt des Wassers ein Stück

10303 näher an der Natur zu sein. Ich liebe es, auf das offene

10304 Meer zu blicken, die Kraft und die Ruhe des Meeres zu spüren

10305 und mir sicher zu sein am Ufer. Das Wetter ist dabei egal,

10306 es ist sehr stark bewölkt und ich denke nicht, dass es einen

10307 schönes Sonnenbad werden wird, aber zumindest wird es wohl

10308 nicht so schlecht werden, wie in Deutschland zur Zeit. Nach

10309 mir die Sintflut, das waren meine Gedanken, als ich von dort
10310 wegfuhr. Ich wollte nicht, dass es so wörtlich genommen
10311 wird, aber die Sintflut ist ja wohl wirklich dort
10312 eingetroffen. Die Rechnung, die die Natur an uns Menschen
10313 stellen wird, die wird auch kein Mensch mehr bezahlen können
10314 und somit bleibt der Menschheit nichts anderes übrig, als
10315 Konkurs anzumelden. Und wie bei einem Konkurs im richtigen
10316 Leben, da holt sich dann der Konkursverwalter all das
10317 zurück, was noch da ist und von dem Geld gekauft wurde:
10318 Autos, Grundstücke, Strassen, Brücken, Kraftwerke,
10319 Tankstellen, alles was er bekommen kann, holt er sich
10320 zurück. Tja, und dann stehen die Menschen da und weinen, ach
10321 Gott, warum ist nur alles kaputt und weg, mein Haus, mein
10322 Auto, mein Geld, alles. Hätte man sich das nicht fragen
10323 müssen, als man sich alles geleistet hat? CO2 in Unmengen in
10324 die Luft schleudern, für Fahrspaß pur ohne
10325 Geschwindigkeitsbegrenzung? Für Fabriken, die Dinge
10326 herstellen, die man nie gebraucht hätte? Für die
10327 Teakgarnitur im Garten, für die wohl der eine oder andere
10328 Baum in den Regenwäldern dran glauben musste? Für Kerosin um
10329 mit den Flugzeug in die Welt zu fliegen und die Überreste
10330 der zerstörten Naturvölker zu betrachten? Für Unmengen von
10331 Abfall, die verbrannt und die Schadstoffe in die Luft gejagt
10332 werden, nur damit der geneigte Kunde das farbig und bunt
10333 verpackte Waschmittel kauft? Nein, dazu ist die Natur zu
10334 schlau, das geht nicht ohne Bezahlen, man kann nicht alle
10335 Flüsse begradigen, damit man Strom gewinnt und die gesamten
10336 Güter noch schneller transportiert werden können, ohne den
10337 Preis dafür eines Tages zu bezahlen. Einmal begradigter

10338 Fluss kostet Minimum einen Deichbruch. Tja, so ist das eben

10339 im Leben, man muss für alles bezahlen, nichts ist umsonst.

10340 Und wenn das nicht mit Geld möglich ist, dann kostet es eben

10341 manchmal auch das Leben.

10342

10343 Bevor ich die Verhandlung mit der Polizistin hatte, war

10344 allerdings noch die Verhandlung vor dem Verwaltungsgericht,

10345 wegen der damaligen Sperrzeitüberschreitung, und die habe

10346 ich mit Pauken und Trompeten, nein, man wird es nicht

10347 glauben, gewonnen. Selbst die Aussage der Polizistin,

10348 wirklich ein hässlicher Vogel, es wären acht Männer im

10349 Ringelreihen tanzend und singend im Lokal gewesen, hatte dem

10350 Richter nur ein Lächeln entlockt. Ich erklärte ihm, dass um

10351 fünf Uhr früh sicher keiner mehr nüchtern war und wir

10352 einfach unseren Spaß auch ohne Musik und ohne Getränke

10353 hatten und außerdem, alle beim Aufräumen geholfen hätten,

10354 die Stühle waren ja auch schon auf den Tischen. Freispruch,

10355 keine Geldstrafe und die erste schmerzhafte Ohrfeige für die

10356 Polizei.

10357 Zweiter Akt: Verhandlung, Wochen später, wegen Beleidigung

10358 mit sexuellem Hintergrund. Erst mal, dass ich so einen

10359 Straftatbestand gehört habe. Die Verhandlung glich einem

10360 königlich-bayrischen Amtsgericht aus der gleichnamigen

10361 Fernsehsendung. Nachdem die Liste meiner Vorstrafen

10362 vorgelesen wurde, was ja auch mittlerweile eine geraume Zeit

10363 in Anspruch nahm, wurden meine acht Zeugen in den Saal

10364 geholt, allesamt Gäste und Freunde von mir. Aber keiner

10365 dabei, der jetzt für mich eine Falschaussage gemacht hätte,

10366 oder seine berufliche und gesellschaftliche Stellung dafür

10367 aufs Spiel gesetzt hätte. Die Aussagen aller Zeugen, außer

10368 der von Evi, glichen sich wie ein Ei dem anderen und selbst,

10369 dass Evi dann noch aussagte, es könnte so was ähnliches wohl

10370 gefallen sein, aber nicht in dem Zusammenhang, war ja auch

10371 meine Aussage zu Beginn der Verhandlung. Als Schlusswort

10372 hatte ich mir dann eine fünfseitige Stellungnahme

10373 vorbereitet, in der exakt und penibel alle Vorfälle der

10374 letzten Jahre , vor allem Monate, aufgelistet waren. Und

10375 das muss man sich merken, Schlussworte dürfen von keinem

10376 Richter unterbrochen werden, oder abgelehnt werden. Durch

10377 die langen de Zeugenvernehmungen war es sowieso schon

10378 ziemlich spät geworden und der Richter wurde zusehends

10379 unruhiger. Bei Seite 3 erklärte er die Verhandlung für

10380 beendet und ich bekam einen Freispruch erster Klasse, da der

10381 zweite Polizist auch nicht die Aussage seiner Kollegin, die

10382 erst gar nicht erschienen ist, bestätigen konnte. Damit war

10383 ich zwar erst mal Sieger, aber die Polizei erst recht

10384 stinksauer, denn das konnte erst mal die Karriere der

10385 Polizistin ziemlich schädigen und dann auch noch mir

10386 Oberwasser geben. Das wollte ich nicht, deshalb zog ich es

10387 vor, nach einem Gespräch mit dem stellvertretenden

10388 Polizeidirektor, alles in die Schublade zu werfen und die

10389 Sache zu vergessen, wenn ich denn auch in Zukunft meinen

10390 Frieden hätte und nicht mehr ständiges Opfer von

10391 „Werbemaßnahmen" wäre. So war es dann auch am Anfang

10392 ziemlich ruhig um mich und die Ranch.

10393 Dieses Jahr in der Ranch war geprägt von vielen

10394 Außenveranstaltungen, egal ob bei einem Baumarkt ein

10395 Westernwochenende stattfand, die Einweihung eines

10396 Firmengebäudes, große Hochzeiten, die Ranch war einfach
10397 gefragt und es lief alles reibungslos, außer mein Koch, der
10398 wurde krank und so musste ich selbst in die Küche gehen.
10399 Aber egal, es lief alles nach Plan, auch wenn die Finanzen
10400 nicht stimmen konnten, weil einfach der Aufwand für die
10401 Küche zu groß war und die Leute nicht mehr das getrunken
10402 haben, was sie eigentlich trinken sollten, damit das
10403 Verhältnis stimmt.   Oft hatten wir Monate mit fast 75%
10404 Küchenumsatz, das macht zwar das Finanzamt froh, aber nicht
10405 den Wirt und die Brauerei. Von 250 hl Getränkeumsatz im
10406 ersten Jahr, fielen wir auf 200 Hl im zweiten Jahr zurück,
10407 nicht gut, aber nicht zu ändern, denn da kam noch die 0,5
10408 Promillegrenze und die Gäste tranken noch bewusster, zumal
10409 man unser Lokal auch nur mit dem Auto oder Fahrrad erreichen
10410 konnte.
10411 Dann überschlugen sich wieder mal die Ereignisse in meinem
10412 Leben. Im Sommer 99 hatten wir das erste Stadtfest in
10413 Rosenheim und das war mit über 50000 Besuchern ein voller
10414 Erfolg. Der von mir gegründete Wirteverein veranstaltete an
10415 einem der schönsten Stellen sein eigenes Wirtefest. Wieder
10416 mal etwas was ich organisieren konnte und auch mit
10417 Leidenschaft tat. Das Stadtfest an sich war eine sehr gute
10418 Sache, leider geschahen etliche unangenehme Dinge die mir
10419 den Spaß richtig nahmen. So bekam einer der größten
10420 Wichtigtuer der Wirte erst mal den Kopf von mir gewaschen
10421 und immer wenn bei mir Ärger und Alkohol zusammentrafen, gab
10422 es fürchterliche Folgen. So auch diesmal. Es hatte so um die
10423 35 Grad, blauer Himmel, und ich jeden Stand mit meinem
10424 Besuch beehrt. Um sechs Uhr abends hatte ich schon ziemlich

10425 Ziel und Zeit verloren. Um vier Uhr wollte ich mit meiner

10426 Harley, die in der Mitte des Platzes stand, nach Hause

10427 fahren, was vor der Diskothek endete und in der Disco mit

10428 dem nächsten Eklat, weil ich Evi ein Glas hinter die Theke

10429 warf, nachdem sie meinen Motorradschlüssel eingesteckt hat.

10430 Sicherheitshalber schafften sie das Motorrad dann noch ins

10431 Lokal und ich habe im HerzAss geschlafen. Wie das so ist,

10432 der Kater am nächsten Tag war einfach mal wieder grandios

10433 und wie so oft hatte ich die lästige Pflicht, mich wieder

10434 mal bei allen zu entschuldigen. Normalerweise hätte ich die

10435 Schreiben vorfertigen können und dann nur noch verteilen

10436 brauchen, so schlimm war ich in dieser Zeit der inneren

10437 Zerrissenheit in meinen privaten und geschäftlichen Leben.

10438 Nachmittags setzte ich mich auf mein Motorrad und fuhr

10439 schnurstracks nach Jesolo, dort hatte ich seit Jahren ein

10440 Hotel, die mich schon sehr gut kannten und sich über nichts

10441 mehr wunderten. Egal ob ich mit Motorrad kam, mit dem Auto,

10442 mit ständig anderen Frauen, oder auch mal mit zehn Bekannten

10443 aus dem Milieu, was natürlich für Verwirrung am Hotelpool

10444 sorgte.

10445 In dieses Hotel fuhr ich, rief von unterwegs sowohl Sabine

10446 als auch Evi an und teilte beiden mit, dass ich jetzt in dem

10447 Hotel bin, das ja beide kannten. Ich sagte auch beiden

10448 gleich, das ich beide angerufen habe um endlich ein für alle

10449 Mal die ganze Beziehungsscheiße zu klären. Tja, mit was ich

10450 am wenigsten gerechnet hatte, das war eigentlich, dass beide

10451 auch gekommen sind, jede mit dem eigenen Auto und jede

10452 ziemlich locker. Nach einem aufklärenden Gespräch von mir,

10453 dass ich so nicht weiterleben will und entweder, wir führen

10454 eine Beziehung zu dritt, ich wollte ja auf keine verzichten,

10455 oder ich trenne mich von beiden, denn anders ist das alles

10456 nicht zu schaffen. Die Nacht endete zu dritt im Bett und ich

10457 denke, die beiden haben sich auch darin von Anfang an gut

10458 verstanden. Ob es nur mir zuliebe war oder die Lust, ich

10459 weiß es nicht, es war auf jeden Fall eine sehr schöne Nacht

10460 und ein sehr schöner Aufenthalt, mit sehr viel Sex und sehr

10461 vielen Gesprächen und eigentlich schien alles sehr gut zu

10462 klappen. Ich hatte mittlerweile auch das Verhältnis zu

10463 Adriane etwas eingestellt, nachdem die sich immer wieder mit

10464 ihrem Ex traf und auch mit ihm ins Bett ging und zudem, Evi

10465 und Sabine nicht so richtig damit einverstanden waren,

10466 besser gesagt, stocksauer darauf waren, aber im Bett war sie

10467 einfach auch gut. Na ja, und um es vorwegzunehmen, ich

10468 genoss das auch noch ein paar Mal mit ihr, natürlich auch

10469 mal wieder bei Hans und Susanne, einfach um zu sehen, wie

10470 weit sie gehen würde und sie ging ganz weit, was später auch

10471 noch zu unliebsamen Überraschungen geführt hat.

10472 Nun, fortan hatte ich soweit wieder alles im Griff und es

10473 wurde ein sehr schöner Sommer, wir drei hatte ja alle

10474 unseren eigenen vier Wände und nach dem Herbstfest

10475 beschlossen wir, gemeinsam nach Ibiza in Urlaub zu fahren.

10476 Bis dahin verbrachten wir die meiste Zeit bei Sabine in der

10477 Wohnung, bzw. im Bett und Rosenheim war nicht nur sprachlos,

10478 sondern auch etwas neidisch. Ich genoss das und hatte meinen

10479 Spaß dabei. Das Herbstfest endete natürlich auch wieder mit

10480 einem kleinen Eklat, wie so oft, eigentlich wie immer.

10481 Ziemlich an den ersten Tagen versuchten ein paar Rastafaris

10482 aus dem Umland sich mit einem Freund von mir anzulegen, sie

10483   waren sieben und wir zu zweit, danach waren wir auf der
10484   Flucht vor der Polizei und die am Boden. Ich natürlich
10485   sofort zum Flughafen, in der Früh um sechs, mit dem Taxi,
10486   und ab nach Düsseldorf zu meinem Freund Tom. Einer der
10487   sieben Rastas war nämlich mit dem Kopf voll gegen einen
10488   Bordstein geknallt und ich dachte, der ist sicherlich
10489   mindestens schwerer verletzt. Und ich kannte das ja schon
10490   zur Genüge, bei mir zählte vor Gericht keine Notwehr, da war
10491   ich immer der Schlimme. Also ab nach Düsseldorf und dort
10492   erst mal abgewartet, wie sich das in der Heimat so
10493   entwickelt. Tom war „not amused" als ich mit der Tracht und
10494   komplett besoffen bei ihm im Club auftauchte und alle Mädels
10495   mit Champus auf seine Kosten versorgte. Das anschließende
10496   Saufgelage in der Altstadt mit Stroh-Rum, das war sicherlich
10497   auch ganz lustig für uns, nicht für die Kellner. Irgendwann,
10498   nach 35 Stunden durchgehend saufen und nicht schlafen,
10499   Sabine kam auch noch mit dem Abendflieger und brachte mir
10500   frische Sachen nach Düsseldorf, fiel ich dann mitten auf dem
10501   Grünstreifen an der Kö in Tiefschlaf. Aufgewacht bin ich
10502   dann im Hotel wieder mit einem riesengroßen Kater. So
10503   gesehen, langweilig wurde es mit mir niemanden, der mich
10504   kannte und in meinem Umfeld war.
10505   Die Ranch hatten wir ja über das Herbstfest zu und in diesem
10506   Jahr war die Außenfassade dran, während des Betriebsurlaubs.
10507   Na ja, und dann kam der Urlaub in Ibiza. Das Ende einer
10508   meiner interessantesten Beziehungen. Das Warum habe ich nie
10509   verstanden, aber in diesem Urlaub erfuhr Sabine, dass ich
10510   mit Evi schon zwei Jahre vorher da war und wir uns da kennen
10511   gelernt hatten. Und das, während sie in München Geld

10512 verdienen musste. Ich denke, das hat ihr einen Knacks

10513 gegeben und der Urlaub verlief, nachdem er eigentlich auch

10514 sehr schön angefangen hatte, nicht mehr sehr erotisch. Nach

10515 unserer Rückkehr war es dann auch vorbei und seither hat es

10516 nie wieder ein gemeinsames Erlebnis gegeben. Ich nutzte

10517 natürlich die Situation aus und habe mich wieder mehr um

10518 Adriane gekümmert. Mit ihr lernte ich dann auch Micha

10519 kennen, aber dazu später.

10520

10521 Gestern war wieder so ein Tag, der in die Geschichte

10522 eingehen könnte, wenn ich nur nicht so blöd wäre. Angefangen

10523 hat wieder mal alles im Mambo, und entgegen meiner guten

10524 Vorsätze, hatte ich zwei Mojitos, ansonsten ja nur immer

10525 einen, und später dann im Blues noch vier Longdrinks mit

10526 Havanna, da war das Maß wieder voll und ich fuhr komplett

10527 begeistert mit ins Puff. Franco, Gianni und ich, das war

10528 wieder ein Spaß. Ich habe ja dort seit dem ersten Tag ein

10529 Mädchen kennen gelernt, wenn sie nicht spanisch sprechen

10530 würde, dann wäre das Marion, klein, zierlich, supernett und

10531 anschmiegsam und auch verliebt, küsst wie der Teufel und

10532 ansonsten spielt sich nicht sehr viel ab, weil ich einfach

10533 immer zu betrunken bin und noch immer nicht in einem Puff

10534 zahlen kann, da sträubt sich mein ganzer Körper dagegen.

10535 Aber ich denke, die ist auch in mich verliebt, wobei man das

10536 bei den Frauen ja nie sagen kann. Mal sehen, ich habe ihr

10537 jetzt mal meine Telefonnummer gegeben, vielleicht meldet

10538 sie sich ja bei mir, würde mein Leben etwas mehr

10539 durcheinanderbringen, aber ist ja eh egal.

10540 Heute, Mittwoch, 21. August 2002, werde ich mal wieder ganz
10541 anständig zuhause bleiben, mit dem Essen klappt das auch
10542 noch nicht so gut, aber was soll's, bis zum Hungertod habe
10543 ich noch über 50 kg hin, das dauert. Mich hat heute die Frau
10544 aus Mallorca noch mal angerufen, ob ich nicht doch zum
10545 Arbeiten kommen will, aber ich will nicht auf diese Insel,
10546 weiß auch nicht warum, aber die ist nicht gut für mich, so
10547 etwas spüre ich, wobei Ibiza nicht viel besser ist, aber
10548 immerhin kenne ich mich hier nun doch auch schon ein
10549 bisschen aus.
10550 Sabine hat wieder mal ihre Art an den Tag gelegt und tut so,
10551 als sei nie etwas gewesen, ist total verliebt und schreibt
10552 süße SMS, Micha hat zur Zeit etwas gesundheitliche Probleme
10553 und ist mit der Auflösung der Wohnung wohl etwas
10554 überfordert, generell wohl mit ihrem Leben zur Zeit, Evi
10555 schreibt Emails und meine Krankenschwester sorgt sich um
10556 mein Herz, das zur Zeit komische Geräusche und Stiche von
10557 sich gibt, bis in den linken Arm. Nun, die holde
10558 Weiblichkeit ist noch immer auf meinen Fersen, das werde ich
10559 wohl nie abstellen können. Mein großes Glück, teilweise auch
10560 Pech, ist, dass ich das Spanisch immer noch nicht so gut
10561 beherrsche, dass ich Mädchen ansprechen könnte, denn sonst
10562 hätte ich hier sicherlich auch schon mehr erlebt, aber das
10563 ist im Moment ganz gut so.
10564 Nur gut, dass es mir heute psychisch etwas besser geht, und
10565 ich hatte auch das erste Mal seit vielen Tagen wieder Lust,
10566 mich mit der Zukunft zu beschäftigen. Vielleicht liegt es
10567 daran, dass morgen Chris kommt und ich damit hoffentlich
10568 jemand habe, mit dem ich mal über was anderes reden kann,

10569 als über Drogen und Partys. Das ist eben auf solchen Plätzen
10570 so, dass die Leute vierzehn Tage oder eine Woche hier sind
10571 und da flippen sie völlig aus, ohne sich noch um was anderes
10572 zu kümmern. Aber gut, heute habe ich einen alten Bekannten
10573 aus Augsburg getroffen, den ich auch schon seit Jahren nicht
10574 mehr gesehen habe und der sich aus dem Milieu auch völlig
10575 zurückgezogen hat. Haben uns ganz gut unterhalten, aber eben
10576 auch nur über alte Zeiten und das, was mal war.
10577 Vergangenheit ist nicht mehr und zählt nicht mehr.

10578

10579 Nach meiner Rückkehr dauerte es nicht sehr lange, bis ich in
10580 der Innenstadt von Rosenheim das nächste Lokal eröffnete,
10581 eigentlich kann man es nicht als Lokal bezeichnen, eher war
10582 es ein Dreckloch, abgewirtschaftet und ohne Zukunft, aber,
10583 mir gefiel es und ich hatte damit auch in der Stadt ein
10584 Lokal, was mir sehr gut gefiel. Das „New York", so nannte
10585 ich es, war vom ersten Tag, nachdem wir vier Wochen
10586 geschrubbt, geputzt und renoviert hatten, eine gute Adresse
10587 in der Rosenheimer Innenstadt und ich hatte auch mit der
10588 Sperrzeit keine Probleme, die war von Beginn an bis vier Uhr
10589 früh und nachdem wir im ersten Stock waren, sah man nicht,
10590 wenn noch offen war. Glücklicherweise sah auch die Polizei
10591 nicht, ob wir noch da waren, obwohl sie oft vergeblich
10592 geklopft und mit der Taschenlampe geleuchtet haben. Ich war
10593 schon schlauer geworden, wenn es darum ging, die
10594 Trachtentruppe auszutricksen und es gelang mir ganz gut.
10595 Einmal kamen sie schon um zwanzig Minuten nach vier, und der
10596 Beamte war anscheinend vorher beim Militär, so einen Ton
10597 hatte der und das kann ich ja auf den Tod nicht ausstehen.

10598 Ich erklärte ihm unmissverständlich, dass er so nicht hier

10599 auftreten kann, er kann mich anzeigen und das war's dann,

10600 und wenn er seinen Ton nicht mäßigen will, solle er das

10601 Lokal verlassen, umgehend. Dann ging's plötzlich und es gab

10602 auch keine Anzeige. Die Retourkutsche bekam ich zwei Jahre

10603 später, aber das werde ich dann noch genauer schildern.

10604 Jedenfalls, das Lokal hatte ein Bistro und im anderen Teil

10605 einen Spielsalon mit zwei Billardtischen und auch noch

10606 einer Bar. Die Pacht war nicht günstig, aber es ließ sich

10607 etwas erwirtschaften und so lief es nach ein paar Wochen

10608 ganz passabel vor sich hin. Sabine arbeitete mittlerweile in

10609 der Ranch, die hatte auch ganz aufgehört zu arbeiten und

10610 damit war auch klar, dass wohl Adriane ausziehen musste,

10611 weil Sabine wieder mal zu mir zog. Somit wohnten wir wieder

10612 zusammen, diesmal in der Ranch im ersten Stock, wo ja noch

10613 immer das Puff sein sollte. Also dieses Gerücht hat sich in

10614 Rosenheim wohl bis zum Ende gehalten. Nun, in der Ranch

10615 arbeiten nun sechs Leute und im New York drei, somit hatte

10616 ich schon neun Menschen in Arbeit und Brot, was mir nicht

10617 immer gedankt wurde, denn allesamt waren wohl in ihrer Art

10618 schwer vermittelbar. Pam, die arbeitete in der Ranch und im

10619 New York abwechselnd, war früher Tabledancerin und sehr

10620 burschikos, kurze Haare und eine gute Figur. Marco, mein

10621 schwuler Kellner hatte das New York früher mit seinem Freund

10622 zusammen und war mein größtes Sorgenkind, immer pleite und

10623 immer mit Problemen, aber ein guter Barmann und einer der

10624 die Leute ins Lokal brachte. Dann hatte ich noch Petra,

10625 gerade neunzehn und absolut daneben, aber sonst ganz nett

10626 und fleißig. In der Ranch arbeitete noch Olin, zwar nicht

10627 mehr lange, denn er war zwar ein super Koch, aber mit
10628 Hygiene und Sauberkeit hatte er keinen Vertrag, was mir des
10629 öfteren mit den Behörden des Gesundheitsamtes
10630 Ärger einbrachte. Dann hatte ich noch Themis, den Griechen,
10631 eigentlich, zusammen mit Sabine, die einzigen „Normalen“,
10632 wenn man es so bezeichnen kann, wobei Sabine durch ihre
10633 frühere Tätigkeit sicher auch nicht leicht wieder Arbeit
10634 gefunden hätte, obwohl, bei ihrer Art und so fleißig wie sie
10635 ist, sicher doch. Na ja, an der Bar war noch Adriane und
10636 später dann eben Pam. Somit verlief das Jahr 2000 eigentlich
10637 ganz gut und ich hatte auch finanziell alles ganz gut im
10638 Griff. Ich hatte keine Miete mehr für irgendwelche
10639 Wohnungen, und zwei Lokale, wobei ich mit dem New York mehr
10640 Geld verdiente als mit der Ranch.. In der Riverranch hatte
10641 ich eben die weit höheren Ausgaben und dazu kam noch die
10642 Livemusik, um den Laden voll zu haben, das kostete alles
10643 richtig Geld. Einmal spielte Willi Michel dort, der mit
10644 seinen Isarindianer auch schon bessere Tage gesehen hatte
10645 und auch nicht den gewünschten Erfolg hatte, aber es war ja
10646 eine Privatveranstaltung und ich musste nichts dafür
10647 bezahlen, von daher war es mir egal. Lustig war's auf jeden
10648 Fall.
10649 Und dann fing der stetige und konstante Abstieg an, den ich
10650 in keiner Situation mehr stoppen oder beeinflussen konnte,
10651 denn zu viele Dinge trafen dabei aufeinander, für die ich
10652 nur bedingt die Verantwortung übernehmen konnte.
10653 Irgendwann im Oktober hatte ich das Vergnügen, wieder mal
10654 ein Krankenhaus von innen zu sehen, denn ich hatte mir den
10655 Fuß gebrochen. Wer jetzt denkt, den Fuß gebrochen,

10656   eingegipst und fertig, der irrt gewaltig. Bei einem Sprung

10657   über ein Podest übersah ich den tieferen Abgrund dahinter

10658   und knallte mit durchgestreckten rechten Fuß mit der Ferse

10659   auf den Beton. In Sekundenschnelle war ich vor Schmerz wie

10660   betäubt und die Diagnose ließ nichts Gutes ahnen: Fersenbein

10661   komplett gebrochen, unteres Sprunggelenk mit Splitterbruch

10662   und oberes Sprunggelenk ebenfalls mit beeinträchtigt. Nach

10663   einer Irrfahrt mit dem Taxi und drei Kliniken, eine in

10664   Rosenheim und zwei in München, landete ich im Rechts der

10665   Isar und ich hatte das Glück, dass in der Notaufnahme ein

10666   Spezialist für solche seltenen Verletzungen anwesend war.

10667   Der erklärte mir zuerst mal, dass es vom Schwierigkeitsgrad

10668   her so aussieht, dass ich ein Chance von 50:50 habe. Also

10669   Operation und ich habe 50 % Heilungschance, ohne

10670   Komplikationen, oder 50% Heilungschance, ohne

10671   Komplikationen, mit Gips und sehr langer Heilungszeit.

10672   Allerdings waren bei beiden Möglichkeiten auch jeweils 50 %

10673   von möglichen Komplikationen enthalten, das sollte man nicht

10674   vergessen. Also eine Operation schloss ich sofort aus, davon

10675   hatte ich genug und somit ließ ich mir die Ferse einrichten

10676   und in eine Gipsschale legen. Der Krankenwagen brachte mich

10677   nach Rosenheim und dort musste ich dann die ersten acht

10678   Wochen, unter größten Schmerzen und oft nur mit starken

10679   Schmerzmitteln erträglich, liegen. Ich musste acht Wochen

10680   liegen, nicht auftreten und nicht bewegen. Letzteres war

10681   auch nicht so schlimm, denn jede Bewegung hatte einen

10682   Schwall von Schmerzen zur Folge, sodass ich gerne im Bett

10683   lag und den Fuß hoch lagerte. Nur, genau in der Zeit hatte

10684   ich ja schon die Probleme mit Olin und ich konnte nicht

10685   liegen, ich musste ja kochen, jemand musste einkaufen, die

10686   Abrechnungen machen, die Lieferanten zahlen, es musste ja

10687   weitergehen, und das alles genau zu der Zeit, als die Ranch

10688   wieder nach dem Sommer so richtig zum Laufen begann. Ich

10689   weiß es nicht, aber es war einfach ein fürchterliches Pech

10690   für mich, denn es lief nichts mehr rund in der Ranch. Im New

10691   York konnte nicht soviel schief laufen, außer dass die

10692   Abrechnungen nicht stimmten, aber da hatte ich ja auch noch

10693   Pam und Marco oben, sodass das einigermaßen kontrollierbar

10694   war. Evi machte die Inventur so gut es ging und ich rechnete

10695   nach, und auch wenn es nicht stimmte, ich konnte es nicht

10696   ändern. Für die Ranch suchte ich einen jungen Koch, den ich

10697   mühevoll anlernte und der meinen Geschäftswagen bekam,

10698   sodass ich am Tag immer eine oder maximal zwei Stunden in

10699   der Küche war, immer den Fuß auf der Krücke und am gleichen

10700   Platz stehend. Natürlich hat es mich einmal voll auf einer

10701   fettigen Stelle auf den Fuß geknallt und die Schmerzen waren

10702   die nächsten Wochen um so größer, aber was soll's, es musste

10703   ja weitergehen.

10704   Ach ja, natürlich hat mir der neue Koch versichert, dass er

10705   einen Führerschein hat, und so sah ich auch kein Problem,

10706   ihm das Auto zu geben. Dass er nicht aus seiner Wohnung flog

10707   hatte er meiner Großzügigkeit zu verdanken, denn ich lieh

10708   ihm 2000 Mark, die ich natürlich bis heute nicht bekommen

10709   habe. Ach ja, und als sie ihn in der Nacht mal aufgehalten

10710   hatten, stellte sich heraus, dass er gar keinen Führerschein

10711   hat und besoffen mit meinem Geschäftswagen unterwegs war.

10712   Alles kein Problem, ich brauchte ihn zum Kochen, aber als er

10713   mir dann auch noch das Geld für die Bierlieferung in der

10714 Nacht aus der Kühlung klaute, da war das Maß voll und ich

10715 stocksauer. Zum Glück hatte ich noch Hermann, die

10716 Küchenhilfe, ein ehemaliger Maurer, was er aber nach der

10717 ersten Verurteilung abgebrochen hat, war ja schon 20 Jahre

10718 alt, der Kerl, und kochte gerne und auch gut. Natürlich auch

10719 eine gescheiterte Existenz, wohnte zuerst noch bei der

10720 Diakonie, wo ich ihn dann rausholte und in der Ranch eines

10721 der freien Zimmer gab. Der musste nun kochen, und ich immer

10722 länger in der Küche sein, aber es ging nicht anders,

10723 natürlich litt die Qualität des Essens darunter, aber was

10724 sollte ich machen. Nach drei Monaten durfte ich langsam

10725 anfangen, mit dem neuen Gehgips, den Fuß zu belasten und

10726 stand ab dem Tag immer in der Küche, es war Weihnachtszeit

10727 und wir hatten etliche Weihnachtsfeiern im Lokal. Ich muss

10728 sagen, es haben in diesen schweren Monaten alle geholfen,

10729 und jeder tat sein Bestes, aber letztendlich merkte ich dann

10730 eben an den Umsätzen, dass wir grottenschlecht waren. Auch

10731 meine Steuerberaterin hatte mir nahegelegt, darüber

10732 nachzudenken, die Ranch zuzusperren, aber noch war ich nicht

10733 bereit, das was ich mir mühevoll aufgebaut hatte und mit

10734 hohen Schulden belastet war, einfach aufzugeben und

10735 wegzuwerfen. So verging der Winter und Sylvester war nichts

10736 für mich, hatte ja mit meinen Gips nicht soviel Freude, nur

10737 Rufus freute sich, denn ich war lange nicht mehr soviel

10738 zuhause und immer da, wie in dieser Zeit.

10739 Der Wirteverein hatte sich über die Sommermonate auch etwas

10740 verkleinert, zumal bei der Abrechnung größere

10741 Unstimmigkeiten aufkamen, die daher rührten, dass sich wohl

10742 einer der Wirte an der Kasse gütlich getan hatte, was wir

10743   natürlich nicht mehr nachweisen konnten, ich schon gar

10744   nicht, da ich ja beim Fest nicht mehr ansprechbar gewesen

10745   bin. Jedenfalls, es lief alles nicht so gut wie es laufen

10746   hätte können, wenn nicht das mit dem Fuß passiert wäre, aber

10747   jammern half jetzt nichts, da musste ich einfach durch.

10748   Das Jahr 2001 fing somit nicht sonderlich lustig an, ich

10749   hatte noch meinen Gipsfuß, die Lokale liefen mehr oder

10750   weniger mit Stotternd und ich konnte nichts tun. Nachdem ich

10751   dann im März vom Gehgips befreit wurde, musste ich mehrmals

10752   in der Woche zur Reha um wieder das Gehen lernen zu können,

10753   damit hatte ich auch nicht gerechnet. Finanziell hielt mich

10754   nur meine Unfallversicherung und die Krankenkasse über

10755   Wasser, denn das Geld floss fast gesamt in den Erhalt der

10756   beiden Lokale. Zudem entschloss ich mich auch, aus der Ranch

10757   auszuziehen, und mich in der Innenstadt anzusiedeln, denn

10758   mit dem zweiten Lokal hatte ich in der Nacht sowieso in der

10759   Stadt zu tun und damit wollte ich auch der ständigen

10760   Kontrollen aus dem Weg gehen. Wobei, Klaus und ich hatte uns

10761   mittlerweile zusammen und nur so zum Spaß für kleines Geld

10762   einen Tigerente gekauft, also einen C4 in der Tigerenten-

10763   Lackierung. Das hatte in Rosenheim erneut mal wieder für

10764   Furore gesorgt, denn ich ließ dieses Auto auch mit der

10765   Werbeaufschrift der Riverranch versehen. Ich hatte ja zu

10766   meiner Harley noch eine Kawasaki ZZR 1100 gekauft, mit der

10767   ich ab dem Sommer dann mehr als waghalsig durch die Lande

10768   raste, aber immer mit dem notwendigen Respekt, den man bei

10769   290km/h doch haben sollte. Bevor es aber soweit war, hatte

10770   ich mit meiner ersten Harley noch einen verheerenden Sturz

10771   in Kufstein, als sich das Getriebe auf einer Serpentinen-

10772 Straße sperrte und den Hinterreifen blockierte. Ich raste
10773 dann erst mal den Steilhang hinunter und zum Glück schaffte
10774 ich noch den Absprung, bevor die Kiste anfing, sich zu
10775 überschlagen. Somit hatte ich mit dem Motorrad auch meinen
10776 ersten Sturz und war von dem Tag an mit den alten Harleys
10777 etwas vorsichtiger. Da entstand auch mein Entschluss, das
10778 ich mir eine etwas technisch ausgereiftere Maschine kaufen
10779 werde.
10780 Nun, ich fuhr nun mit der Tigerente in der Stadt spazieren,
10781 und mit dem Motorrad übers Land. Ansonsten hatte ich ja nur
10782 noch meinen Lieferwagen, aber ich hatte mir die
10783 Autoliebhaberei vollkommen abgewöhnt.
10784 Nun folgte der erste Angriff auf meine Lokale von Außen,
10785 denn der Eigentümer des „New York‟ hatte festgestellt, dass
10786 ich mit dem Lokal gut wirtschafte und forderte nach Ablauf
10787 des ersten Jahres eine um 40% höhere Pacht. Das wollte ich
10788 nicht bezahlen, und somit verlängerte ich den Pachtvertrag
10789 nicht mehr länger, sondern ließ ihn zum 31.10. 2001
10790 auslaufen. Zuvor sicherte ich mir einen Vertrag über ein
10791 anderes Lokal etwas außerhalb der Stadtmitte, aber gut
10792 geeignet für Jugendliche, die ich ja alle auch im „New York‟
10793 hatte. Das war nicht ungeschickt, zumal ich den Pachtvertrag
10794 über dieses Lokal zum 30.9. 2001 anlaufen ließ und somit
10795 genügend Übergangszeit und Möglichkeit hatte alles
10796 herzurichten und fertig zu machen, aber das sollte noch
10797 schwer werden. Eigentlich habe ich es nicht so gewollt,
10798 aber ich hatte ja soviel Personal lange Zeit bei mir, dass
10799 ich eigentlich nicht wollte, dass die alle auf der Strasse
10800 standen. Marco hatte ich zwar zwischenzeitlich gekündigt,

10801   nachdem die Unregelmäßigkeiten zu groß wurden, aber das
10802   kommt später.

10803

10804   Chris ist gekommen und nachdem er sich bei ein paar Bier
10805   akklimatisiert hatte, führte ich ihn in die Gemeinschaft des
10806   Mambos ein und später fuhren wir dann zu einem der schönsten
10807   Plätze und Strände in Ibiza, an dem eine geniale
10808   Vollmondparty stattfand. Das war wirklich ein überragendes
10809   Erlebnis, welches ich in meinem Leben nicht mehr missen
10810   möchte, denn die Stimmung, das beleuchtete Wasser, der
10811   Vollmond mit den paar Wolken hinter denen er immer wieder
10812   mal verschwand, dazu tolle Musik, zuerst von einer Band und
10813   dann von dem Discjockey der damals auch bei der Privatparty
10814   in Salinas schon aufgelegt hat, also einfach genial und
10815   vollkommen relaxed. Um sieben Uhr sind wir dann aufgebrochen
10816   und noch in das Santa Fee, wie eben so üblich, zudem lag es
10817   ja auch auf den Weg. Dass wir dort noch zwei brasilianische
10818   Schönheiten, na ja, wollen nicht übertreiben, kennen gelernt
10819   haben, das ist nur insofern interessant, weil es sich mal
10820   wieder um Prostituierte gehandelt hat, die mich angesprochen
10821   haben. Ich bin wirklich überzeugt, dass ich gerade bei
10822   diesen Frauen die meisten Chancen habe, wobei ich nicht
10823   weiß, warum und es heute auch gar nicht mehr will. Chris ist
10824   mit denen noch mitgefahren und ich fuhr heim, nach dem
10825   Frühstück, hatte heute einiges zu tun. Erstens musste ich
10826   ins Internet, um nach Arosa ins Hotel Eden zu schreiben, mit
10827   der Besitzerin, der Valerie, hatte ich ein paar Tage zuvor
10828   telefoniert, und sie wollte noch einen Lebenslauf von mir
10829   haben. Gut, und auch Fotos, die ich aber wieder mal erst

10830 scannen lassen musste. Na ja, und dann musste ich mal zu
10831 meinem Feind, den Geldautomaten, und da stockte mir der
10832 Atem, denn es war kein Geld drauf. Somit stand ich mit
10833 meinen letzten 20 Euros und 200 Euros die ich von Chris noch
10834 bekam, da und tobte. Jetzt habe ich mich dazu entschlossen,
10835 dass ich morgen oder am Sonntag erst mal nach Deutschland
10836 fliege und mir mein Geld persönlich abhole. Vorher musste
10837 ich erst mit einem Freund von der Polizei telefonieren, der
10838 mir Auskunft geben wird, ob ich mich in Deutschland noch
10839 frei bewegen kann. Das Warum werde ich in den nächsten
10840 Seiten erzählen.
10841 Außerdem bin ich mir nicht sicher, wie es dann weitergehen
10842 wird, also ich habe da ja doch einiges an Arbeit, wenn ich
10843 in Rosenheim bin, angefangen von meinem Rechtsanwalt, den
10844 ich fürchterlich beschimpft habe, bis hin zu meiner
10845 Steuerberaterin, die sich bis heute nicht bei mir gemeldet
10846 hat. Dann noch das Wohnmobil ausräumen und die
10847 Wohnungseinrichtung mehr oder weniger verteilen, oder
10848 verkaufen. Dann zu meinen Schuldnern und Geld eintreiben und
10849 dann noch meine Bemühungen, einen Verlag zu finden, was sich
10850 von Deutschland aus sicher einfacher erledigen lässt. Gut,
10851 Chris ist auch leicht unentspannt, der sitzt hier mit seinen
10852 Sachen und glatten 350 Euros, also wie man mit 30 Jahren
10853 noch so naiv sein kann, das verstehe ich nicht. Der will
10854 zwar sofort arbeiten, aber bitte, das will ich auch schon
10855 seit ich da bin und schaffe es nicht. Er hat sich jetzt mal
10856 mit einem Bekannten telefonisch in Kontakt gesetzt, der in
10857 Marbella beheimatet ist, ob es dort mit Arbeit in der
10858 Gastronomie besser aussieht, was es auch anscheinend tut.

10859 Ich denke, wenn ich dann noch das Geld habe und die Kraft,

10860 dann werden wir wohl die Insel nach meiner Rückkehr Richtung

10861 Marbella verlassen. Geht ja ganz leicht, mit dem Auto und

10862 der Fähre und dann ein paar hundert Kilometer Autofahren und

10863 schon ist man da. Bin ja mal gespannt, aber meine Zuversicht

10864 ist äußerst gering, dass ich das noch alles mitmache, frage

10865 mich sowieso, warum ich das alles Überhaupts noch mache,

10866 aber bevor nicht dieses Buch fertig ist und ich wenigstens

10867 einmal in meinem Leben etwas zu einem guten Abschluss

10868 gebracht habe, werde ich nicht aufgeben - was dann ist, das

10869 steht in den Sternen oder Beipackzetteln.

10870 Auch sonst tut sich nicht recht viel hier, auch nicht in

10871 Deutschland, die Flut ist anscheinend gedämmt und die

10872 Zeitungen widmen sich schon wieder anderen Dingen. Die

10873 Zuverlässigkeit der Inselbewohner, egal ob deutsch oder

10874 spanisch ist auch, nach wie vor, nicht zu übertreffen und

10875 einzigartig auf der mir bisher bekannten Welt. Nichts was

10876 sie sagen halten sie ein, aber wirklich gar nichts.

10877

10878 Bevor es aber soweit war, dass ich Personal entlassen

10879 musste, geschahen noch eine Reihe von Dingen in meinem

10880 Leben, die meine Zukunft maßgeblich beeinflusst haben. So

10881 hatte zum Beispiel die Adriane eines Tages mit mir zusammen

10882 im „New York" gesessen, sie war ja mittlerweile in eine

10883 eigene Wohnung gezogen, und wir lernten Micha kennen, die

10884 sich auch im Lokal aufhielt, damals knappe 19 Jahre alt, für

10885 ihr Alter schon sehr reif und auch an allen Dingen des

10886 Lebens sehr interessiert. Auch Adriane hatte sich wohl das

10887 Erlebnis mit Susanne zu Herzen genommen   und lebte jetzt

10888　auch die Leidenschaft für Frauen vollkommen aus. Ich glaube,
10889　in der ersten Stunde standen die Beiden küssend in der
10890　Toilette und es entwickelte sich eine längere ernsthafte
10891　Beziehung zwischen den Beiden, die fast ein halbes Jahr
10892　hielt. Zwischendurch war ich mal wieder an der Reihe und
10893　dann brach der Kontakt zu beiden vollkommen ab, wobei mir
10894　Micha sehr gut gefallen hat, aber sie war eben noch sehr
10895　jung. Nachdem ich Marco dann gefeuert habe, fing Micha an,
10896　im „New York" als Aushilfe zu arbeiten und das klappte auch
10897　ganz gut so. Nachdem sie dann mit Adriane auseinander ging,
10898　denke das ist eben ein natürlicher Vorgang in diesem Alter,
10899　kamen wir uns beide etwas Näher, natürlich reizte mich der
10900　Gedanke, eine Frau zu haben, die mit meinen verkommenen
10901　Fantasien zurechtkam und auch gerne mitmachen würde. So
10902　probierten wir eines Tages auch noch die Situation mit
10903　Adriane aus, also mal wieder zu dritt im Bett, aber das war
10904　es nicht, in gar keinem Fall so wie in den vorhergegangenen
10905　Erlebnissen. Somit war dieses Thema auch ganz schnell wieder
10906　erledigt und wir sind heute noch zusammen und finden auch
10907　hin und wieder ein lustiges „Spielzeug" fürs Bett. Natürlich
10908　weiß Sabine nichts davon, oder zumindest sagt sie nichts
10909　dazu, denn Sabine ist ja damals als ich in die Stadt, in den
10910　Gilizerblock zog, nicht mitgegangen, sondern hat sich auf
10911　dem Land ein schönes kleines Häuschen gemietet, mit großem
10912　Garten und einem Hund, Tasso, ein Mischling. Den Hund hatten
10913　wir einem Punk weggenommen, der ihn mit seinen drei Monaten,
10914　mit der Kette geschlagen hat. Ich denke der Punk wird diese
10915　Kette nicht vergessen in seinem Leben. Auf jeden Fall hatte
10916　Rufus einen neuen Kameraden, auch wenn er nicht mehr zum

10917 Spielen zu begeistern war, er war ja jetzt doch schon ein

10918 alter Hunde. Opa geworden. Leider, denn das tat schon weh,

10919 wenn man sieht, wie sich ein Hund langsam dem Ende nähert,

10920 den man fast 15 Jahre nun schon als seinen Begleiter bei

10921 sich hat.

10922 Auf jeden Fall, es kam der Tag, an dem sich mein Leben

10923 erneut um viele Grade gedreht hat, wieder einmal ohne mein

10924 Verschulden. Zwei Fälle, die fast zeitgleich abgelaufen sind

10925 und ein Fall, der schon alt war und ein weiterer, der durch

10926 meine Art, den Mund nicht halten zu können, zustande kam.

10927 Fall:

10928 Petra, die bei mir im „New York" arbeitete, hatte entweder

10929 durch Dummheit, oder durch ihre Kindheit, angefangen,

10930 Drogen zu nehmen. An sich etwas, was jeder für sich selbst

10931 verantworten muss, aber ganz entschieden zuviel, wenn er die

10932 Drogen in meinen Gaststätten kauft und dazu auch noch mein

10933 Geld dazu benutzt. Erfahren hatte ich es durch Marco, der

10934 die ganze Zeit ja mit Petra gearbeitet hat, und bei einer

10935 Überprüfung der Umsätze und des Lagerbestandes stellte sich

10936 heraus, dass eine hübsche Stange Geld fehlte. Bei dem

10937 anschließendem Gespräch mit Petra, anlässlich einer

10938 Personalbesprechung in der Riverranch, gestand sie auch ihre

10939 Verfehlungen ein und auch, dass sie Drogen konsumieren

10940 würde. Gut, jetzt bin ich natürlich wieder der Idiot gewesen

10941 und wollte sie auch nicht auf die Strasse setzen, was dem

10942 unweigerlichen Ende ihrer jungen Jahre gleich gekommen wäre.

10943 Ich gab ihr noch eine zweite Chance, so wie ich sie jedem

10944 bisher im Leben gegeben habe, wenn ich dazu in der Lage war.

10945 Zugleich informierte ich das Rauschgiftdezernat von

10946 Rosenheim, wo, oh Schreck, die Polizistin mittlerweile

10947 arbeitete, die mich damals angezeigt hat. Aber egal, ich gab

10948 mein Wissen zu Protokoll und bat darum, doch mit Petra zu

10949 sprechen, wer den der Dealer ist, der ja bekannt war, und

10950 wie viel sie von ihm gekauft hatte. Passiert ist nichts, gar

10951 nichts, nada, njente, nichts. Bis dann vier Wochen später

10952 wieder eine Überprüfung der Bestände ergab, dass wieder Geld

10953 fehlte. Ich stellte Petra erneut zur Rede und sie gestand

10954 mir ein, wieder vor Zeugen, dass sie nicht von dem Zeug

10955 loskommt und eben das Geld gebraucht habe. Damit war bei mir

10956 natürlich das Maß voll. Ich ging zuerst zum Essen, trank

10957 eine Flasche Wein und war bitterlich enttäuscht über diese

10958 jungen Menschen, denen ich allen zusammen, eigentlich nur

10959 helfen wollte. Das frustete ganz gemein, denn wenn ich den

10960 Koch nehme, der mit meinem Auto ohne Führerschein gefahren

10961 ist, mich bestohlen hat und mir meine finanzielle Hilfe

10962 nicht zurückzahlte, wenn ich Marco nahm, dem ich sicherlich

10963 mehrere tausend Mark geliehen und dann geschenkt habe, weil

10964 ich sowieso nur mein eigenes Geld zurückbekam, das eben

10965 vorher aus den Einnahmen abgezweigt wurde, oder Peter, der

10966 am Anfang bei mir gearbeitet hat und dann lieber wieder ins

10967 Nichts fiel, oder Bertl, ein junger Kerl, der alles hinwarf,

10968 nur weil er nie aufstehen mochte, oder ich wüsste noch

10969 etliche Fälle in meiner Karriere, die mit Undank endeten und

10970 jetzt dazu führten, dass ich mir das von Petra nicht einfach

10971 so gefallen ließ. Bei der an mein Essen anschliessenden

10972 Aussprache waren noch acht, oder neun Gäste im Lokal. Ich

10973 wollte von Petra den Namen und die Telefonnummer ihres

10974 Dealers haben, packte sie an den Schultern, um sie

10975 wachzurütteln, ihr Leben nicht den Drogen zu opfern, schrie
10976 und weinte vor Wut und Enttäuschung und ließ dann ihre
10977 Eltern anrufen, die ich zwischenzeitlich auch kannte. Ich
10978 sagte ihr, sie solle sich auf den Billardtisch setzen und
10979 warten, bis ihre Eltern da sind um alles weitere zu
10980 besprechen. Selbst ihr Einwand, sie müsse auf die Toilette,
10981 hatte keinerlei Erfolg, ich sagte ihr nur, sie soll auf den
10982 Tisch pinkeln. Soweit so gut, mit Gino, einem italienischen
10983 Freund hatte ich noch einen Dialog über soviel
10984 Nichtsnutzigkeit, die nicht mal zu einem Job als
10985 Prostituierte reichen würde. Das war's, irgendwann war Petra
10986 verschwunden und ihre Eltern kamen ins Lokal, wo ich ihnen
10987 die ganze Geschichte erzählt habe. Aber Petra war
10988 verschwunden, Handy aus und ich Idiot machte mir mal wieder
10989 Sorgen. Als wir sie bis fünf Uhr in der Früh nicht erreicht
10990 und gefunden hatten, entschloss ich mich, die Polizei zu
10991 informieren. Immerhin hatte ich ja auch damals meine
10992 Erkenntnisse mitgeteilt, und vielleicht würde ja jetzt etwas
10993 getan. Es wurde dann auch alles getan, um mir die Schuld in
10994 die Schuhe zu schieben. Denn am Ende der Ermittlungen, Petra
10995 war irgendwann aufgetaucht, bekam ich eine Anzeige;
10996 Freiheitsberaubung, Körperverletzung, Bedrohung und
10997 Nötigung. Da war ich sprachlos. Gut dass mir nicht auch noch
10998 der Handel unterstellt wurde.
10999 Diese Unterstellung hatten die Rosenheimer Polizisten ja
11000 schon Monate vorher gemacht, als sie einen Gast der
11001 Riverranch und Freund von mir, wegen Drogenbesitzes
11002 festnahmen, nicht in der Ranch, nein, bei ihm vor der
11003 Haustüre. Das Angebot der Staatsanwaltschaft lautete: Wenn

er aussagt, dass er die Drogen von mir gekauft hat, bekommt er mildernde Umstände und nur die kleinst mögliche Mindeststrafe. Allerdings war damals das nicht vom Erfolg gekrönt, denn der Gast kannte meine Aversion gegen Drogen und hat das auch unmissverständlich gegenüber den Polizisten vertreten. Opfer war ich dennoch.

2.Fall

Eine Politesse kontrollierte, wie immer sehr diensteifrig, parkende Autos in der Strasse des Stammcafes von mir. Natürlich, schönes Wetter und ich saß auf der Terrasse und beobachtete die Ungerechtigkeit, mit der ein im Auto sitzender Mann, der ohne Behinderung anderer, auf seine Frau wartete, von der Politesse auf das dümmste und frechste angesprochen wurde. Er solle da gefälligst wegfahren sonst setzt es einen Strafzettel. Der Ton macht die Musik, und der Ton war komplett daneben, ebenso die logische Grundlage, denn er behinderte keinen Verkehr, saß im Auto und wartete in einer selten befahrenen Seitenstrasse. Und, die war auch noch aus Ossideutschland oder zumindest irgendwo aus dem Norddeutschen Raum, was mich dann zu einer Diskussion mit der Dame hinreißen ließ. Ihr geschrieener Satz war nur, ich soll mich nicht wichtig machen, wo mir dann der Kragen platzte und ich ebenfalls etwas lauter antwortete, dass mir das ein Saupreis sicher nicht zu sagen hätte, noch dazu eine Person, die von meinem Steuern mitbezahlt wird. Gut, es kam wie es kommen musste, die rief die Polizei, nachdem ich ihr meine Personalien nicht gegeben hatte und nachdem ich ja

11032 nicht unbekannt war, hatte man auch ganz schnell meine

11033 Personalien und ich eine Anzeige wegen Beleidigung.

11034

11035 3.Fall

11036 Ich hatte ja von dem Vorfall mit dem jungen Koch erzählt,

11037 der mit meinem Geschäftswagen erstens betrunken und zweitens

11038 ohne Führerschein fuhr, obwohl er letzteres mir und meinen

11039 Geschäftsführer gegenüber nachhaltig bekräftigte, das er

11040 einen Führerschein habe. Nun, ich musste zur Vernehmung und

11041 hatte kein schlechtes Gewissen, denn ich hatte den

11042 Führerschein zwar nicht gesehen, aber Marco hatte mir

11043 versichert, dass er ihn gesehen hat. Gut, dachte ich, das

11044 ist ja auch normal, dass ein junger Mann mit 23 Jahren den

11045 Führerschein hat und hätten sie ihm den genommen, wäre es

11046 sicher in Rosenheim und in seinem Umfeld bekannt gewesen.

11047 Also, das zu Protokoll gegeben, und selbst bei der Aussage

11048 des Kochs stand noch, dass er einen Führerschein hat. Na

11049 also, alles in Ordnung, dachte ich, aber weit gefehlt: Ich

11050 bekam eine Anzeige wegen Zulassens des Führens eines KFZ

11051 ohne gültige Fahrerlaubnis. Toll. Drei Verfahren, wobei ich

11052 noch mein blaues Wunder erleben sollte. Es kam noch

11053 schlimmer, und das alles in einem Jahr, wirklich nicht so

11054 toll.

11055

11056 4. Fall

11057 Ich hatte an einem Wochenende eine große Westernstadt-

11058 Veranstaltung bei einem der Baumärkte im Umland. Die

11059 Veranstaltung hatten wir schon vor einem Jahr gemacht und

11060 wegen des großen Erfolges haben die Verantwortlichen die

11061   Wiederholung gewünscht. Wie das bei so Festen ist, kleidet

11062   man sich auch mit den dementsprechenden Klamotten, in meinem

11063   Fall, die Riverranch machte den kulinarischen Teil der

11064   Veranstaltung und den Bierausschank, trug ich einen

11065   originalen Westernmantel mit Fransen an den Ärmeln. Nach

11066   zwei Tagen Fest, Hunderten von Kindern, und dem

11067   abschließenden Aufräumen, hatte ich die Schnauze voll, fuhr

11068   am Samstag spät nachts, so gegen zwei Uhr waren wir mit

11069   allem fertig, in die Stadt, stellte mein Auto ab und begab

11070   mich in die Diskothek „Caesar", jedem mittlerweile bekannt,

11071   dort arbeitete ja immer noch Evi, meine Exfreundin,

11072   Exgeschäftsführerin und Ex von Sabine. Also, die stand an

11073   ihrer kleinen Bar und ich stellte mich dazu, bestellte ein

11074   Wasser und nahm es mir vom Tresen. In diesem Augenblick

11075   stieß mich jemand von der Seite an die Schulter und erklärte

11076   mir, ich soll ein wenig aufpassen und ja nicht Ärger machen,

11077   er habe die besseren Anwälte. Völlig entgeistert schaute ich

11078   den Zwerg an und fragte, ob er lebensmüde sei, was er

11079   eigentlich von mir will. Der war ziemlich betrunken, hatte

11080   zwei Mädels dabei, denen er wohl imponieren wollte und er

11081   ermahnte mich erneut, ich soll ja nichts machen, er habe die

11082   besseren Anwälte. Na gut, dachte ich mir und auch der Blick

11083   von Evi gaben mir Recht, das war ein Vollidiot. Ein zu groß

11084   geratener Liliputaner auf der Suche nach der Herausforderung

11085   des Abends. Ich ignorierte ihn und drehte mich weg, redete

11086   mit Evi und anderen Gästen an der Bar. Irgendwann war dieser

11087   Gnom verschwunden und ich nutzte die Gelegenheit auf die

11088   Toilette zu gehen, und siehe da, das Männchen stand das

11089   schon wieder und fing sofort wieder mit dem Krakeelen an,

11090   als er mich sah. Mittlerweile hatte meine Geduld ein Ende,

11091   ich nahm ihn am Hemdkragen, hob ihn wie in alten Bud Spencer

11092   Filmen, an der Wand hoch und empfahl ihm, Land zu gewinnen,

11093   bevor ich mich vergesse. Schreiend rannte er aus der

11094   Toilette, in der auch mittlerweile Evi vorbeischaute, da ihr

11095   wohl die Mädels von dem Gnom gesagt hatten, dass der Kleine

11096   auch auf der Toilette ist. Nun, das war eigentlich alles was

11097   passiert ist, bis der Türsteher kam und mir sagte, dass der

11098   Wicht die Polizei gerufen hat. Ich dankte und verließ das

11099   Lokal durch den Hintereingang, ging nach Hause und hatte

11100   genug von dem Tag. Eine sofort durchgeführte Vernehmung lass

11101   sich dann wie ein Schwerverbrechen: Bis zur Ohnmacht

11102   gewürgt, mehrmals mit dem Kopf gegen die Fliesenwand

11103   geschlagen und mit der Faust auf die Schläfe gehauen, also

11104   schwerste Körperverletzung. Eine durchgeführte

11105   Alkoholkontrolle ergab einen Wert von 1,8 Promille und die

11106   Untersuchung in der Klinik wegen Kopfschmerzen ergab keine

11107   einzige Verletzung, keine Beule, kein Hämatom, keine

11108   Schramme, keine Würgemale und nicht mal ein klitzekleiner

11109   Bluterguss. Nichts. Tage später hat der Wicht, seines

11110   Zeichens Zahnarzt in der Praxis seines Vaters, ein

11111   stadtbekannter Alkoholiker, seine Forderung gestellt:

11112   Zigtausend Mark für eine verschrammte Lederjacke, selbiges

11113   noch mal für seine Uhr und für die im Krankenhaus verbrachte

11114   Zeit den Ersatz des Verdienstausfalls. Ich erklärte ihm

11115   freundlich, dass es von mir nichts gibt für was ich nichts

11116   kann und das war's dann. Wir haben uns noch ein paar Mal

11117   getroffen und er wollte am Ende nichts mehr, nur noch seinen

11118   Krampf mit der falschen Anzeige aus der Welt schaffen, aber

11119   die Anklage kam: Schwere gefährliche Körperverletzung

11120

11121   Damit hatte ich wohl das beste Jahr in meinem Leben

11122   vollbracht, zumindest was das Strafrecht betraf. Keine

11123   Ahnung wie ich aus dem Meer von Verfahren jemals

11124   ungeschoren, und das wäre gerecht gewesen, rauskommen

11125   sollte, aber noch war ja Zeit, alles kam ja nicht auf

11126   einmal, alles kam Stück für Stück.

11127   In der Ranch fiel im Sommer dann noch die Bierkühlung aus

11128   und die Brauerei weigerte sich, sie zu erneuern, obwohl sie

11129   schon über zwanzig Jahre alt war, Pech, dann gab's eben nur

11130   noch andere, kühle Getränke, kein Bier mehr. War nur dumm. ,

11131   als wir dann bei unserem wieder statt findeben Motorrad-

11132   Treffen von einer fremden Brauerei Bier bestellten, das in

11133   Flaschen war und so gekühlt werden konnte. Blöd nur, dass

11134   die Bosse der kleinen Dorfbrauerei das mitbekamen und noch

11135   blöder, dass mich das nicht störte. Am Abend vor dem

11136   Motorradtreffen hatte ich dann noch das Vergnügen, einen der

11137   Vorstände der Brauerei, tobend im Lokal zu haben, mit

11138   fristloser Kündigung drohend und schreiend, bis ich mich mal

11139   mit ruhiger Stimme zu Wort meldete und ihm erklärte, dass

11140   mir das scheißegal ist, ob er mir kündigt, ich schenke

11141   dieses Bier aus und basta. Das ist Samstag und Sonntag, und

11142   seine Kündigung kann er mir dann am Montag in den Arsch

11143   schieben und ich nehme sie an. Punkt. Ab da war das ganze

11144   Thema kein Thema mehr und ich musste etwas

11145   brauereifreundlicher Umdekorieren und den Jever-Bierwagen,

11146   den ich mir auch noch vertragswidrig auf den Parkplatz gestellt habe, mit den Schildern der Brauerei überkleben. Na gut, das störte nicht, ich schenkte ja sowieso kein Jever Bier aus, es war nur der Wagen mit der Reklame voll. Jedoch hatte ich ab diesem Punkt den Entschluss gefasst, die Riverranch auch zu kündigen, denn ich wollte diesen Ärger einfach nicht mehr mitmachen. Kein Koch, kein beständiges Geschäft, keine Hilfe der Brauerei, die kaputte Bierkühlung, das Finanzamt schrieb fast jeden Tag, die Krankenkasse kassierte ein Vermögen und dann noch die ganze Euro-Scheiße, das musste ich nicht mehr haben, zumal mir meine Steuerberaterin klipp und klar die Verluste vorgerechnet hat, mit der Live-Musik und der Deko, den Events und Werbeausgaben, den Gema-Gebühren, den GEZ-Gebühren und was weiß ich nicht noch alles, es war einfach nicht zu rechnen. Mein Fuß wurde auch nicht besser, ich hatte noch immer enorme Schmerzen und lief von einem Arzt zum Nächsten, mittlerweile bis nach Traunreuth, aber der konnte mir auch nicht helfen, sodass mir nichts anderes übrig blieb, als meine ganzen Vorhaben in die Tat umzusetzen. Also, zuerst kamen die ganzen Umzüge dran, Sabine zog in ihr Haus und ich räumte den ersten Stock der Ranch langsam leer, nur noch mein Büro blieb einstweilen noch da. Alle anderen Zimmer sollten von Hermann, dem neuen Koch, der ja eigentlich Maurer war, gestrichen werden, dafür konnte er umsonst dort wohnen. Na ja, der hat wohl die verbliebenen Sachen, die ich noch nicht einlagern konnte, als sein Eigentum erklärt und nichts gestrichen. Der nächste Akt war dann das „New York" ausräumen, und das neuen Lokal, das „Fat Mexicana" in einen

11175 brauchbaren Zustand zu versetzen. Also, richtig viel Arbeit
11176 gegen Ende des Jahres 2001.

11177

11178 Ich denke mal, dass ich heute Freitag, 23. August 2002,
11179 nicht mehr viel machen werde. Chris liegt komplett erledigt
11180 auf der harten Bank und schläft seit Stunden und ich
11181 schreibe ohne Unterbrechung, damit ich mit diesem Buch
11182 fertig werde. Ich habe auch keine rechte Lust, mich wieder
11183 im Mambo aufzuhalten, möchte morgen nach Deutschland fliegen
11184 und dann zuvor niemanden etwas sagen, die sollen nicht alles
11185 wissen. Chris ist ja noch da, der soll sich die Tage um
11186 Arbeit bemühen und dann sehen wir schon was wir machen, wenn
11187 ich wieder da bin. Meine Essensvorräte gehen auch langsam
11188 dem Ende entgegen und bei diesen Temperaturen hat man nur
11189 noch einen Schweißausbruch nach dem anderen und könnte alle
11190 Stunde duschen, oder man findet sich mit dem Gestank einfach
11191 ab. Und zudem habe ich auch nicht mehr soviel Geld, dass ich
11192 mir eine Apfelschorle für sieben Euro leisten kann. Super,
11193 auch nicht mehr leisten will, denn das ist einfach purer
11194 Nepp für den Service, denn sie hier dafür bieten. Nein
11195 Danke, brauchen wir nicht mehr in unserem Leben.

11196

11197 Ende des Herbstfestes in Rosenheim, hatte ich die glorreiche
11198 Idee, eine der ältestesten Diskotheken in Rosenheim, mitten
11199 in der Stadt, wieder in Betrieb nehmen zu wollen. Hierzu ist
11200 noch zu sagen, dass dieser Laden seit Jahren geschlossen
11201 war. Ich bemühte mich also um einen Termin bei der
11202 Besitzerin, einer Brauerei in Niederbayern. Nach etlichen
11203 Terminen mit den Vertretern der Brauerei hatte ich es

11204 endlich geschafft. Der   Vertrag war unter Dach und Fach.

11205 Jetzt ging der Stress erst richtig los und die Arbeit wuchs

11206 langsam und stetig immer mehr über meinen Kopf. Jeden Tag um

11207 vier Uhr aufstehen und dann zuerst die Arbeiter nach

11208 Ebersberg bringen, zum Abbau der Großdisco. Anschließend in

11209 das neue Lokal und dort die Arbeiter einteilen, dann Schutt

11210 und Abfall wegfahren, vier Wochen nur mit dem 7,5 to.

11211 unterwegs und abgebautes Mobiliar geholt, zwischengelagert

11212 und weggebracht. Dann einkaufen für die Ranch und das

11213 Mexicana, abends die Arbeiter wieder abgeholt, die letzten

11214 Fuhren noch nach Bad Endorf ins Lager gebracht und dann in

11215 die Lokale gefahren, gekocht und abgerechnet um dann um ein

11216 Uhr nachts ins Bett zu fallen. Drei Stunden Schlaf, mehr war

11217 es in der Regel nicht, und das über die nächsten drei

11218 Monate. Ich machte die Arbeit schon sehr gerne, aber es war

11219 auch am Limit der körperlichen Belastbarkeit, oftmals auch

11220 darüber. Zudem hatte ich auch noch die komplette Arbeit mit

11221 der Werbung, den neuen Getränkekarten, den Bestellungen, die

11222 Außenreklame musste entworfen und bestellt werden und ebenso

11223 der Einkauf geplant werden. Zusätzlich musste ja auch die

11224 Eröffnungsfeier noch vorbereitet werden, mit Livemusik, Zelt

11225 und großen Tamtam. Zuvor stand jedoch noch eine ganze Menge

11226 Arbeit im Raum und wenn man einen leeren Raum von 250 qm

11227 komplett mit allen notwendigen Strom- und Wasserleitungen

11228 versehen muss, dann ist das schon eine Aktion, die nicht so

11229 ohne   Probleme   vonstatten   geht.   Zuerst   musste   die

11230 Elektroinstallation vollbracht werden, was sicherlich ein

11231 Meisterstück war und dem Elektriker sehr viel Geduld

11232 abverlangte, wollten wir doch alle zwei Minuten wieder einen

11233 neue Leitung ein neues Licht hier und neue Lautsprecher da,

11234 ebenso die Kühlanlagen, die Theken, einfach alles von Grund

11235 auf neu.

11236

11237 Die letzten Tage waren Stress pur für mich. Ich flog am

11238 Montag ja nach Deutschland und da erwartete mich eine

11239 Unmenge an Arbeit. Zuerst musste ich mir Geld besorgen,

11240 wobei ich dafür zuerst mal meine Schuldner abklapperte und

11241 auch ganz erfolgreich war. Anschließend hatte ich den Termin

11242 beim Steuerberater und beim Finanzamt, beides sehr

11243 erfolgreich und steuerlich bin ich jetzt wohl aus dem

11244 Schneider. Dann musste ich mich noch mit meinem Rechtsanwalt

11245 treffen und den auch ermahnen, die Prozesse etwas zu

11246 beschleunigen. Für die Strafsachen habe ich mir auch noch

11247 einen neuen Anwalt genommen, zusätzlich. Gut, dann musste

11248 ich noch nach München, um mich mit Claudia zu treffen, die

11249 noch Schecks vom Finanzamt hatte, auch noch mal 1300 € für

11250 den armen Auswanderer. Dass sich mit der Wohnung nichts

11251 getan hat, das war mir fast klar und so musste ich da auch

11252 noch richtig klotzen, damit sich die Wohnung bis zur Mitte

11253 des Monats auch erledigt hat. Und somit lagere ich jetzt so

11254 ziemlich alles ein und wenn ich dann mal mit meinem Leben

11255 wieder auf der Reihe bin, dann lasse ich die Möbel mit der

11256 Spedition nach Spanien bringen. Heute habe ich mit Chris

11257 telefoniert und auch festgestellt, dass wir morgen gleich

11258 nach Denia übersetzen mit der Fähre, dann weiter fahren nach

11259 Marbella. Anscheinend hat sich dort eine Arbeitsmöglichkeit

11260 ergeben und die wollen wie natürlich sofort wahrnehmen.

11261 Schade, dann sehe ich meine kleine Prinzessin gar nicht

11262 mehr, die kommt erst am 2. September aus Alicante zurück und

11263 hat wohl auch meine Telefonnummer nicht mehr, sonst hätte

11264 sie sicherlich schon angerufen.

11265 Mit Bertl habe ich auch so meine Probleme und er tut so, als

11266 wäre die Welt an allem seinen Unglück Schuld, nur er nicht.

11267 Das ist schon immer wieder faszinierend, wie sich manche

11268 Menschen nie eigene Fehler und Versäumnisse eingestehen

11269 wollen. Leider ist nun mal das Leben kein Wunschkonzert,

11270 aber immerhin kann ich mir die Bedingungen selber schaffen,

11271 unter denen ich mich wohl fühle und nicht ständig dann

11272 versuchen, meine eigenen Fehler anderen anzulasten. Auf

11273 jeden Fall habe ich mir überlegt, dass ich ihm einen netten

11274 Brief schreiben werde und mich erst gar nicht mehr mit ihm

11275 telefoniere. Sind ja sowieso alles Idioten und Deppen für

11276 ihn, nur er selbst nicht, obwohl er wohl beim Zocken

11277 innerhalb der letzten Monate über eine Million Euro verloren

11278 hat und somit der Verlust, den er durch mich hatte nicht

11279 ganz so schlimm ist, aber dazu später mehr.

11280 Tja, dann hatte ich ja noch mein immer währendes

11281 Frauenproblem. Zuerst Micha, dann Sabine und auch noch

11282 Tiffany, die wohl auch nie aufgibt. Das gab zum Ende so

11283 einen Zirkus, dass ich gleich zum Flughafen gefahren bin und

11284 jetzt hier sitze und auf einen Flieger warte, der

11285 hoffentlich bald kommt. Durch diese Panik habe ich keinen

11286 Flug nach Ibiza sondern nach Mallorca und ob ich da einen

11287 Platz bekomme ist auch noch sehr fraglich. Zumindest bin ich

11288 mal am Flughafen. Viel weiß ich nicht mehr von den letzten

11289 Stunden gestern Abend, bin wohl absolut betrunken gewesen,

11290 nachdem wir bei meinem kleinen italienischen Freund im Lokal

11291 etliche Liter Weißwein hatten. Jedenfalls gab es dann mit

11292 Sabine Stress, wobei ich nicht mehr weiß, wie und warum,

11293 dann mit Tiffany, da weiß ich noch weniger und zu guter

11294 Letzt hatte ich noch eine Fetzerei mit Micha. Na ja, zuviel

11295 ist eben zuviel, vor allem wenn man nichts mehr gewohnt ist.

11296 Jetzt bin ich froh, wenn ich wieder an meinem Meer bin, die

11297 Ruhe und Kraft habe, das Buch fertig zu schreiben, die Dinge

11298 alle zu regeln, die zu regeln sind, und mich nach Marbella

11299 absetzen kann. Das wird sicherlich wieder eine neue

11300 Erfahrung werden. Marokko ist da auch nicht weit weg und so

11301 kann ich mich dann ja weiter und weiter weg begeben, je

11302 nachdem wie es mir gefällt und wie lange mein Geld reicht.

11303 Wenn ich mal Arbeit habe, wird das schon werden, hoffe ich.

11304 Mein Communicator hat den gestrigen Tag auch nicht überlebt,

11305 der flog wohl gegen die Wand und ich bin auch mal wieder

11306 richtig flippig gewesen, leider kann ich nicht mal sagen,

11307 warum. Gut, ansonsten ist jetzt alles andere in Deutschland

11308 soweit erledigt, dass ich sicher nicht mehr hin muss, bevor

11309 nicht die Verhandlungen sind.

11310

11311 Die Tage der Ranch waren mittlerweile auch gezählt und ich

11312 hatte bis zum letzten Tag keine Einigung mit der Brauerei

11313 erzielen können, was die Einrichtung betraf, aber nachdem

11314 ich ja sowieso schon im Umbau, Ausbau, Einbau und

11315 Lagerstress war, riss ich mir meine eigene Seele aus dem

11316 Leib und machte das eigenhändig gebaute Lokal dem Erdboden

11317 gleich. Da staunte die Brauerei, als ich ihnen einen leeren

11318 Raum übergab. Die wollten für null Mark die komplette

11319 Einrichtung von mir haben und zum Dank sollte ich auch noch

11320   das Lokal in der Farbe weiß streichen, damit sie es besser

11321   neu vermieten können. Das ging natürlich nicht mit mir und

11322   die Handwerker waren fast eine Woche nur damit beschäftigt,

11323   wirklich alles aus der Ranch zu entfernen, was in drei

11324   Jahren sich so angesammelt hat. Nicht einen Schraube ließ

11325   ich drin. Meine Kaution von 27.000 DM habe ich bis heute

11326   noch nicht zurück bekommen, aber das ist jetzt auch die

11327   Sache von meinem Freund Alex, seines Zeichens Anwalt

11328   Für mich ging damit ein Traum kaputt und ich musste in

11329   diesen Tagen sehr oft mit den Tränen kämpfen, wenn ich die

11330   Ranch so sah, leer und vollkommen trostlos. Ein Traum war

11331   vorbei. Ein Traum der mich auch richtig Geld gekostet hat

11332   und den ich so nicht erleben wollte, dieses Ende hatte

11333   keiner verdient, nicht einer der Menschen, die all diese

11334   Jahre für die Ranch gekämpft haben und sich dafür eingesetzt

11335   hatten. Vorbei, aus und leider nicht mehr rückgängig zu

11336   machen.

11337   In diese Zeit fiel dann auch das nächste Erlebnis, das mich

11338   weiter aus der Bahn geworfen hat, denn Micha erklärte mir

11339   eines Tages, dass sie schwanger ist, kein Mensch weiß, wie

11340   das ging, aber es war eben so, manchmal hilft eben auch die

11341   Pille nicht. Aber was jetzt zu tun ist, das war mir nicht so

11342   richtig klar, ich hatte so eine Situation noch nicht erlebt.

11343   Wenn schon kompliziert, dann wenigstens richtig kompliziert.

11344   Recht viele Möglichkeiten hatte ich eigentlich nicht, Micha

11345   ist damals 19 Jahre alt gewesen und ich war gerade dabei,

11346   den Rest meines Geldes zu verlieren, also entschlossen wir

11347   uns, wohl mehr ich als sie, dass das Kind weggemacht werden

11348   muss. Ich habe schon oft deprimierende Erlebnisse gehabt,

11349 aber das zählt zu den Dingen, die ich wohl nicht verarbeiten
11350 konnte. Die Abtreibungsgegner vor der Türe zur Klinik, eine
11351 Häuflein Elend in Form von Micha und dazwischen ich, der mit
11352 dieser Situation nicht umgehen konnte und auch mit niemanden
11353 darüber reden konnte. Ich verlor mehr und mehr den Boden
11354 unter den Füssen und wusste nicht, wie ich das je wieder in
11355 die Reihe bekommen sollte. Vielleicht habe ich es auch bis
11356 zum bitteren Ende nicht wahrhaben wollen, dass sich unter
11357 mir immer mehr und mehr ein großes Loch öffnet, und die
11358 Wolke auf der ich stand, immer dünner wurde. Vielleicht
11359 hatte ich auch nur Angst, mir tatsächlich einzugestehen,
11360 dass ich in fast allen Bereichen gescheitert bin und keine
11361 Wege mehr in eine andere Richtung führen, immer nur die
11362 Augen zu und durch, ja nicht zurück schauen, ja nicht
11363 einsehen, dass es eigentlich gelaufen ist. Wie ein Hamster,
11364 rein in das Rad und laufen, auch wenn man sich nicht von der
11365 Stelle bewegt, vollkommen egal, Hauptsache laufen und
11366 laufen, am liebsten, weit, weit weg.
11367 Neue Dinge fanden ihren Weg in mein Leben, neue Lokale und
11368 neue Freunde, aber es war nichts mehr so wie früher in
11369 meinem Leben. Ich versuchte, mich aus dem Tagesgeschäft mit
11370 dem Fat Mexicana weitgehend rauszuhalten, da das Publikum
11371 sehr jung war und ich eigentlich nur immer als Schlichter
11372 und Helfer gebraucht wurde. Saufen und Feiern konnten die
11373 auch alleine ganz gut und Micha gab sich sehr viel Mühe, den
11374 Laden zum Laufen zu bringen. Sicherlich bekam sie von mir
11375 die notwendige Unterstützung und die Ratschläge, aber
11376 letztendlich musste sie sehr eigenverantwortlich arbeiten,

11377　zumal ich ja auch noch sehr mit den Umbauten und Abbauten

11378　beschäftigt war.

11379　Langsam rückte auch der Tag der Eröffnung der Diskothek

11380　näher und ich hatte soweit alles gut geplant und

11381　organisiert, wir wurden termingerecht fertig und ich hatte

11382　sogar die Genehmigung der Stadt bekommen, für die Eröffnung

11383　ein großes Partyzelt aufzustellen und die Strasse zu

11384　sperren. Also das war auf jeden Fall eine gelungene Party

11385　und Rosenheim hatte ihre „alte" neue Diskothek wieder.

11386　Zeitungen, Fernsehen, einfach alles war anwesend bei dieser

11387　Eröffnung, und auch die Polizei, die kam gleich am ersten

11388　Abend, weil es zu laut gewesen sein soll.

11389　Zu laut? In einer Disco? Das konnte jetzt mal gar keiner

11390　verstehen und somit hatte ich ein ganz großes Problem.

11391　Tatsache war, dass sich in den oberen Stockwerken des

11392　Hauses, Wohnungen befanden, die an ältere oder

11393　pflegebedürftige Menschen verkauft wurden, nach der

11394　Restaurierung des Gebäudes. Betreutes Wohnen mitten in der

11395　Stadt und mitten in dem Straßenlärm. Aber warum hörten diese

11396　Menschen das? Ganz einfach, der Bauherr hatte schlichtweg

11397　vergessen, oder eingespart, die notwendigen Lärmdämmungen im

11398　Deckenbereich anzubringen, und die neu betonierten

11399　Zwischendecken wurden einfach im alten Mauerwerk fixiert.

11400　Toll, jetzt hatten die Bewohner in den vier oberen Etagen

11401　jede Nacht richtig laute Beschallung, und sogar wenn das

11402　Lokal voll war, hörte man Reden und Lachen der Gäste. Das

11403　war mal richtig bescheiden und wir mussten uns ganz schnell

11404　etwas einfallen lassen, oder den Laden wieder zusperren.

11405　Letztendlich entschieden wir uns für die letztere Variante,

11406 nachdem wir durch die Lokalbaukommission erfuhren haben,

11407 dass der Bauherr seit Jahren aufgefordert wurde, die

11408 notwendigen Lärmschutzmassnahmen nachzuweisen, ansonsten

11409 gäbe es keine Konzession für das Lokal. Tja, und wer sich

11410 jetzt denkt, die hätten uns das ja auch vorher sagen können,

11411 dem sei gesagt, dass es das Ordnungsamt ist, welches die

11412 Konzessionen erteilt, und die wussten von dem fehlenden

11413 Lärmschutzgutachten nichts. Von daher hatten wir zwar die

11414 Konzession, aber die Voraussetzungen waren nicht gegeben.

11415 Vier Wochen offen und am 30. März haben wir das „Pub" wieder

11416 zugesperrt. Und so ist es heute noch zu, vollkommen

11417 eingerichtet, betriebsfertig und einsatzbereit, leider ohne

11418 Konzession.

11419 Das damit auch mein letztes Geld flöten ging, das war noch

11420 das eine, das andere war, dass wir nun das Lokal räumen

11421 mussten, das heißt, die Sachen die wir nicht mehr im Lokal

11422 lassen konnten, Schnaps, Gläser, Platten, CDs und etliches

11423 mehr, musste raus und eingelagert werden. Ich hatte sowieso

11424 eine Unmenge von Arbeit mit den anderen Lagern, so hatte ich

11425 in Bad Endorf 600qm Lager mit den Resten der Großdisco voll

11426 bis unter die Dachkante. In Aibling hatte ich ein Lager voll

11427 mit all den Sachen aus der Ranch, Töpfe, Pfannen, Geschirr,

11428 Gläser, Einrichtung, etc., also auch eine Unmenge an Sachen,

11429 die relativ schwer zu verkaufen, aber zu Schade zum

11430 Wegwerfen waren. In Thansau hatte ich einen Holzschuppen mit

11431 den sperrigen Sachen aus der Ranch, dem Grill und was weiß

11432 ich nicht noch alles, und in der Stadt hatte ich einen

11433 großen Lagerkeller und meinen Speicher, und alles war voll

11434 und voll und voll, eine Katastrophe nahm ihren Lauf, denn

11435 das musste alles weg.

11436 Heute sind noch drei Schankanlagen bei einem befreundeten

11437 Installateur untergestellt und Stefan, der Sohn meines

11438 „Arztes" hat alle anderen Lager in ein großes Lager

11439 zusammengefasst und verkauft seither nach und nach die

11440 Dinge, die der Mensch nicht wirklich braucht.

11441 Das Lager in Bad Endorf hat Vitus aufgekauft und leider

11442 musste der wegen einer Zahlung ans Finanzamt, auf den Rest

11443 verzichten. Jetzt stehen die Sachen eben weiterhin in

11444 Aibling in dem letzten und großen Lager, ein Teil wurde in

11445 die Tschechei verkauft, ein anderer Teil über ebay und der

11446 Rest, na ja, das wird die Zeit wohl bringen. Wenn man sich

11447 so überlegt, was da so alles an Umzügen und Auflösungen

11448 gemacht wurde, dann ist das schon eine ganze Menge an

11449 Material, was sich im Laufe der Jahre in jedem Lokal

11450 ansammelt. Die Ranch, die Großdisco, dann das „New York",

11451 die Wohnungen in der Ranch, die Sachen aus dem „PUB", und

11452 dann noch zum Schluss, die Sachen aus dem „Fat Mexicana",

11453 denn das sperrte ich dann im April auch zu, weil es einfach

11454 zu schlechte Umsätze machte und ich zu dem Zeitpunkt

11455 eigentlich schon beschlossen hatte, das Land zu verlassen.

11456 Ich musste nur noch die Verhandlung abwarten, die ich wegen

11457 dem Zahnarzt hatte und dann nichts wie weg, weit, weit weg.

11458

11459 Zuvor hatte ich noch richtig viel Stress mit den Anwälten

11460 und mit Bertl, denn die Anwälte brauchten jede kleine

11461 Rechnung und jeden Lieferschein für die Klage gegen die

11462 Brauerei, und Bertl war mit der Welt am Ende. Er, der sich

11463 damit rühmte, ein perfekter Rechner zu sein, hat sein ganzes

11464 Geld verzockt und war jetzt auf den Erlös aus dem Pub

11465 angewiesen. Aber das geht eben nicht innerhalb von Stunden,

11466 sondern dauert in der Regel Monate und teilweise Jahre.

11467 Nachdem ich ja nicht soviel Geld mehr hatte, hat Bertl alles

11468 finanziert und muss jetzt natürlich sehen, dass die Dinge

11469 ihren Lauf nehmen und er wieder zu seinem Geld kommt. Das

11470 ist wohl nicht so einfach als er dachte, vor allem nicht so

11471 schnell. Und mich machte er ständig dafür verantwortlich,

11472 wobei ich nun ja für fehlenden Lärmschutz wirklich nichts

11473 konnte. 100% nicht. Gut, das war nun eben nicht zu ändern,

11474 viel tragischer für mich war, dass ich ja jetzt keine Arbeit

11475 mehr hatte, und somit auch keine Einnahmen mehr.

11476

11477 Ich sitze immer noch am Flughafen in München, und irgendwie

11478 mag die Zeit gar nicht vergehen. Abgesehen davon, dass mich

11479 auch niemand anruft, ist das alles schon sehr komisch.

11480 Sabine meldet sich erst mal gar nicht, ich denke, die wird

11481 sich wohl auch nie wieder bei mir melden. Blöd dass ich

11482 nicht weiß, was vorgefallen ist. Gut, Micha kann nicht, der

11483 ihr Telefon geht nicht und Tiffany hat schon geschrieben,

11484 ich denke, das habe ich wieder im Griff. Hier putzt ein

11485 Neger schon das vierte Mal den Boden, obwohl kein Mensch

11486 hier ist, außer ein paar versprengten Touristen, die auf den

11487 ersten Flug warten und wohl nicht zu Hause bleiben wollten.

11488 Ist ja auch ganz schön blöd, wenn der erste Flug um 6.00 Uhr

11489 geht und die erste Bahn oder Busverbindung erst um 7.00 Uhr

11490 am Flughafen ist, oder noch später. Schlechte Planung in

11491 unserem Land, aber dafür sind die ja bekannt, gut, man kann

11492   auch wegen ein paar Fluggästen nicht einen Zug eher fahren

11493   lassen, ist sicher eine Kostenfrage.

11494   Bin ja mal gespannt, wie sich das mit dem Fliegen so

11495   entwickeln wird, jetzt, wo die Wirtschaft immer schlechter

11496   geht, der Euro wirkt und die Menschen sparen, da werden die

11497   Flugpreise immer niedriger. Sonderbar. Blöd ist nur, dass

11498   man jetzt zwar keine verschiedenen Währungen mehr hat, aber

11499   dafür kann sich kein Mensch mehr einen Urlaub leisten.

11500   Zumindest nicht im Ausland, vielleicht noch in Deutschland.

11501   Für mich haben Flughäfen und Bahnhöfe immer einen großen

11502   Reiz,   ich   liebe   diesen   Flair,   das   Treiben   der

11503   verschiedensten Menschen, die alle nur ein Ziel haben: Weg.

11504   So wie ich, weit, weit weg. Auch wenn es mittlerweile eine

11505   Reise ins Ungewisse wird, die sich nicht mehr planen lässt,

11506   die keine Grenzen und keine Einschränkungen mehr hat, die

11507   überall und nirgends enden kann, so bin ich doch ganz froh,

11508   wenn ich diese Beamtendiktatur wieder hinter mir lassen

11509   kann.

11510   Mittlerweile befinde ich mich zum großen Glück schon in der

11511   Luft und düse in Richtung Mallorca, da werde ich mich dann

11512   mal umsehen, ob es sich mit der Fähre oder mit dem Flieger

11513   Richtung Ibiza bewerkstelligen lässt. Ist ja alles nicht so

11514   einfach und das um 7.00 Uhr in der Früh. Voll korrekt würde

11515   ich da sagen, der Preis war auch wieder der Hammer, 79 Euro

11516   und ein paar Mark Flughafengebühr, sorry, Euro natürlich.

11517   Mein Computer spinnt auch, seit ich mich am Flughafen

11518   gespielt habe. Das ist immer wieder das gleiche, zuerst

11519   funktioniert alles und dann bastelt man vor Langeweile und

11520 schon geht nichts mehr. Aber zum Glück habe ich jetzt wieder

11521 Zugang, sonst könnte ich ja nicht weiter schreiben.

11522

11523 Nachdem ich also die ganzen Einlagerungen und Verkäufe

11524 getätigt hatte, war die erste Verhandlung und ich hatte mich

11525 vor Gericht zu verantworten, für eine Tat, die ich nicht

11526 begangen habe, aber die mir der Staatsanwalt vorgeworfen

11527 hat. Der Zahnarzt neigt, was auch von Zeugen ausgesagt

11528 wurde, zu starken Übertreibungen, es gab keine einzige

11529 feststellbare Verletzung, und dennoch wurde ich für diese

11530 „Tat!" zu 18 Monaten Gefängnis ohne Bewährung verurteilt. Da

11531 blieb mir die Spucke weg, zumal mir die Richterin auch noch

11532 eine schlechte Sozialprognose stellte. Sicherlich, Frau

11533 Aßbichler, ich bin ein notorischer Verbrecher, Schläger und

11534 Beleidiger. Dass ich nach dieser Verhandlung erst mal

11535 sprachlos war, über die verlogenen Aussagen, die Art und

11536 Weise, wie Zeugen mehrfach vernommen wurden, solange, bis

11537 die Aussage ins Konzept passte. All das war mehr als

11538 frustrierend und ich war mehr denn je, der Überzeugung, dass

11539 dieses Land nicht mein Land ist und ich sicher ganz weit weg

11540 musste, und zwar schnell. Zuerst stellte sich aber die

11541 Frage, wie geht's weiter, ich hatte ja noch die Wohnung in

11542 der Stadt, die Lokale waren alle leergeräumt und soweit es

11543 ging, habe ich alles verkauft und nun war ich natürlich auf

11544 der Suche nach einem passenden Gefährt. Hierzu bot sich

11545 natürlich ein Wohnmobil an, denn damit konnte ich so

11546 ziemlich alles Sachen mitnehmen, die ich für eine lange

11547 Reise in die Ungewissheit brauchte, oder auch nicht.

11548 Das passende Wohnmobil war bald gefunden und ich hatte mich

11549 nach wochenlangen Gezerre mit dem etwas verwirrten Verkäufer

11550 auch noch auf einen guten Preis einigen können. Jetzt musste

11551 nur noch der TÜV geschafft werden, das Wohnmobil eingeräumt

11552 und geputzt werden, dann kann es eigentlich losgehen.

11553

11554 Großer Gott, waren die letzten Tage anstrengend und

11555 aufreibend, das kann man keinen Menschen erzählen. Der Reihe

11556 nach, heute ist ja auch schon Dienstag, 3. September 2002,

11557 und ich bin nicht mehr in Ibiza.

11558 Das kam einfach dadurch, dass ich nach meiner Rückkehr am

11559 Donnerstag, ich glaube es war der 29. August 2002, von Chris

11560 vom Flughafen abgeholt wurde. Ziemlich fertig mit der Welt,

11561 denn ich flog ja in der Früh um 6.20 Uhr in München wieder

11562 ab und sofort nach Mallorca, denn das war der einzige Flug

11563 den es gab. Von dort flog ich dann die letzten 25 Minuten

11564 nach Ibiza, anders ging es nicht, sonst hätte ich noch einen

11565 Tag am Flughafen verbringen müssen. Auf jeden Fall hat mich

11566 Chris dort abgeholt und wir sind in die Stadt gefahren. Auf

11567 dem Weg erzählte mir Chris, dass er mittlerweile Neuigkeiten

11568 aus Marbella hat und wir auf jeden Fall dort Arbeit

11569 bekommen. Nun gut, dachte ich, warum eigentlich nicht. Ist

11570 mir ganz recht, ich hatte von dieser Partyinsel sowieso

11571 genug und sehnte mich nach etwas mehr Ruhe, was in Marbella

11572 sicherlich wahrscheinlicher zu sein scheint. Nachdem ja

11573 Chris die Fährverbindung abgecheckt hatte, angeblich,

11574 packten wir alle Koffer und Habseligkeiten ins Auto, putzten

11575 die Wohnung noch und fuhren dann Richtung Fähre, das heißt,

11576 genau auf die andere Straßenseite. Ich brachte zuerst noch

11577 die Schlüssel von der Wohnung von Tom zu einem Bekannten und
11578 parkte den Roller vor der Bäckerei und dann ging's in
11579 Fährbüro. Super, Chris, nix Fähre, nix heute und nix morgen,
11580 alles ausgebucht bis auf den letzten Platz. Weder von Ibiza
11581 noch von San Antoni, alles voll. Toll, Chris, jetzt haben
11582 wir alle Sachen im Auto verstaut und die Schlüssel
11583 abgegeben, haben praktisch kein Dach mehr über den Kopf und
11584 keine Fähre. Stehen mit unserem Auto blöd in der Gegend rum
11585 und wissen nicht weiter...aber nicht mit mir, und ich habe
11586 mich genau gegenüber der Fähre hingesetzt, gewartet, und
11587 siehe da, es war noch genau soviel Platz frei, dass der
11588 kleine Lieferwagen auf die Fähre passt. Jetzt aber schnell
11589 zum Lademeister, mit meinen paar Brocken spanisch gefragt,
11590 ob ich nicht diesen kleinen Platz noch haben könnte, und ,
11591 schwups, saßen wir auf der Fähre nach Denia.
11592 Die Sonne knallte die gesamte Überfahrt ziemlich heftig auf
11593 unsere Köpfe und an schlafen war nicht zu denken, also war
11594 ich die vier Stunden auch wieder vollkommen wach. In Denia
11595 hatte mich dann das Festland wieder und ich weiß, dass ich
11596 von Inseln endgültig geheilt bin. Ich fühlte mich einfach
11597 gleich um ein vielfaches besser, wieder festen Boden unter
11598 den Füssen zu haben. Nachdem wir getankt und uns mit etwas
11599 Proviant eingedeckt hatten, fuhr ich noch die ersten 200 km
11600 immer an der Küste entlang, bis mir die Zigaretten ausgingen
11601 und auch meine Augen große Probleme bekamen, dann fuhr Chris
11602 weiter, immer weiter Richtung Süden. Eigentlich dachte ich,
11603 wir würden mal halten und in ein Hotel gehen, ich war
11604 hundemüde, mittlerweile war ja auch schon Samstag Früh, aber
11605 Chris fuhr und fuhr, und irgendwann bin ich dann wohl

11606　eingeschlafen. Aufgewacht bin ich nicht im Hotel, sondern

11607　vorm Hotel, denn Chris hat es noch bis zum Parkplatz

11608　geschafft und ist dort gleich eingeschlafen. Um zehn Uhr

11609　vormittags sind wir dann aufgewacht, Autotüren offen, die

11610　Beine nach draußen gelegt und gefroren wie ein Hund.

11611　Gegen Mittag haben wir dann Marbella erreicht und irgendwie

11612　hat es mich dann vollkommen erschlagen von der Schönheit

11613　dieser Küste, den Bauten und Häusern, den ganzen Reichtum

11614　und der Art, wie er zur Schau gestellt wird.

11615　Jetzt kam erst mal das nächste Problem auf uns zu, denn wir

11616　mussten ja irgendwo übernachten und das war bei der Anzahl

11617　der 5 und 6 Sterne Hotels etwas schwierig, also sind wir so

11618　30 km noch aus der Stadt raus und haben uns jetzt die

11619　letzten drei Tage in einem ganz netten Hotel einquartiert.

11620　Die Nacht im Doppelzimmer für 55 €, das ging vom Budget her

11621　noch. Chris hat sowieso keine müden Cents mehr, so dass ich

11622　im Moment die Haushaltskasse führen muss, und hoffen kann,

11623　dass sich das mit der Arbeit auch wirklich so verwirklichen

11624　lässt, ansonsten haben wir ein ernsthaftes Problem.

11625　Dieses Problem habe ich mit Bertl auch schon, denn der will

11626　unbedingt, dass ich ihn anrufen soll, aber das sehe ich gar

11627　nicht ein. Sicherlich, er hat damals gebürgt, für meinen

11628　Privatkredit, und jetzt ist es eben so, dass ich nicht

11629　zahlen kann, ich kann es auch nicht ändern. Er hat fast drei

11630　Jahre lang jedes Monat richtig kassiert von mir, also kann

11631　er auch mal für etwas gerade stehen. Ich mache das zwar

11632　nicht gerne, aber gewisse Sachen kann man einfach nicht

11633　ändern. Auf jeden Fall habe ich jetzt mein Handy immer aus

11634　und verbreite mich nur noch übers Internet. Somit kann ich

11635 wenigstens mit Micha noch Kontakt halten, damit die die

11636 Wohnung noch fertig ausräumt und die Möbel einlagert. Zur

11637 Zeit ist ja auch noch Herbstfest in Rosenheim und da sind

11638 alle mächtig im Stress, Ausnahmezustand und ich bin nicht

11639 dabei. Mal sehen, ich bekomme sicherlich eine Anzeige,

11640 obwohl ich gar nicht da bin, aber was soll's, das

11641 interessiert mich auch nicht mehr so wirklich.

11642 Am Samstag, nachdem wir das Hotel gefunden hatten und ich

11643 nach drei Tagen endlich duschen konnte, Zähneputzen und mich

11644 der Länge nach auf ein normales Bett gelegt hatte, fuhren

11645 wir nur noch zu einem der unzähligen Chinesen-Lokale zum

11646 Essen, und dann sofort nach Hause. Sonntag war ausschlafen

11647 angesagt und anschließend sind wir in die Stadt. Übliche

11648 Station war Internetcafe und danach haben wir die ersten

11649 Erkundungsausflüge gemacht. Ich bin immer noch vollkommen

11650 erschlagen von dem ganzen Reichtum, aber die Menschen sind

11651 recht nett hier. Nachdem Horst sich mächtig aufgeregt hat,

11652 dass ich die Wohnung nicht auch noch im September behalten

11653 habe, was so auch nicht ausgemacht war, bin ich ganz froh,

11654 dass hier, außer mir und Chris, wohl keiner Geldprobleme

11655 hat. Aber mit Arbeit hat das hier noch nicht viel zu tun,

11656 obwohl ich mir sofort die örtliche Zeitung besorgt habe und

11657 festgestellt habe, dass sie sehr viele Kellner und

11658 Hilfsköche suchen. Also das wäre auf jeden Fall mal eine

11659 Alternative zu allem anderen.

11660 Nachdem wir dann noch durch das kleine Vergnügungsviertel in

11661 Port Banus gewandert sind und uns über die unmögliche Art

11662 der Spanier belustigt haben, einen gastronomischen Betrieb

11663 zu führen, sind wir nach Hause gefahren und auf dem Balkon

11664   musste dann der letzte Barcelo-Rum und eine Flasche Wein

11665   dran glauben - bis die Sonne genau vor unseren Augen in

11666   einer feuerroten Scheibe, aufgegangen ist, was natürlich bei

11667   mir für absolute Romantik gesorgt hat. Das Rauschen des

11668   Meeres und die Morgendämmerung, dazu die aufgehende Sonne,

11669   das war wirklich ein tolles Erlebnis. Ich ging dann aber

11670   doch mal schlafen und Chris telefonierte noch mit unserem

11671   Kontaktmann in Marbella, der zum Glück erst morgen Zeit hat,

11672   sich mit uns zu treffen. Das wird richtig ernst werden, denn

11673   der baut zur Zeit 25 Hotels an der andalusischen Küste und

11674   hat von den Auftraggebern die Vorgabe, nur mit deutschen

11675   Personal in der Führungsebene zu arbeiten. Bei den

11676   Betreibern handelt es sich auch ausschließlich um deutsche

11677   Hotelgruppen, oder amerikanische Teilhaber, die natürlich

11678   wissen, dass der Spanier in der Regel keine Ahnung von

11679   Gastronomie, Service und Hotels hat. Das wäre natürlich die

11680   große Chance, die ich mir wünsche, aber ich denke das ist

11681   noch ein weiter Weg bis dahin. Heute Vormittag haben wir auf

11682   jeden Fall den Termin mit dem Herrn, dann sehen wir mal

11683   weiter. Nur, ich weiß wirklich nicht, wie das eigentlich

11684   weitergeht, wenn das nichts wird und in meinen Kopf sind die

11685   letzten Tage wieder so massiv die Gedanken an das Beenden

11686   dieses Dramas zurückgekehrt, dass mir richtig Angst ist. Was

11687   ich feststelle, ist, dass ich in keinster Weise mehr

11688   psychisch belastbar bin und bei der kleinsten Unruhe oder

11689   beim kleinsten Problem im privaten oder finanziellen Bereich

11690   sofort ans Aufgeben denke, etwas, was ich von mir so

11691   eigentlich nicht kenne und was mir sehr zu schaffen macht.

11692   Sicherlich, ich mach natürlich immer wieder die gleichen

11693   Fehler und werde mich wohl auch nicht mehr ändern, wenn ich
11694   da so an meine Affären denke, aber das alleine ist es ja
11695   nicht, ich fühle mich ständig verfolgt, habe ständig den
11696   Eindruck, dass man mich beobachtet und komme innerlich nicht
11697   zur Ruhe. Jetzt trinke ich aber nichts und nehme auch sonst
11698   keine Drogen zu mir, aber es wird nicht viel besser.
11699   Als ich dann gestern mal die Küste in Richtung Gibraltar
11700   gefahren bin, habe ich so schöne kleine Fincas gesehen,
11701   nicht mal teuer zum mieten, mit Blick aufs Meer und mit viel
11702   Grund drumherum, dass ich mir wieder gewünscht habe, ich
11703   könnte viele Dinge in meinem Leben rückgängig machen und
11704   unter anderen Voraussetzungen hier sein. Und das Schöne ist,
11705   wenn man nur 50 km von Marbella entfernt ist, wird alles
11706   natürlich und etwas rauher, billiger und schöner, ich habe
11707   mich auch sofort in einen kleinen Ort namens San Diego
11708   verliebt, der wirklich ein Kleinod ist. Mal sehen, wie sich
11709   das alles so entwickelt und wie ich meinen Trieb in den
11710   Griff bekomme, immer weiter und weiter weg zu wollen. Allzu
11711   weit kann ich sowieso nicht mehr weg, denn mein
11712   Bargeldbestand beläuft sich im Moment auf 1638 € plus zu
11713   erwartende Erlöse aus Wohnung, Kaution und Ablöse für die
11714   Küche, sowie den Erlösen aus dem Verkauf den Stefan für mich
11715   macht. Wobei ja das alles hypothetisch ist und keineswegs
11716   planbar oder zeitlich vorhersehbar, da muss ich mich einfach
11717   überraschen lassen. Dabei fällt mir ein, dass ich Micha noch
11718   darauf hinweisen muss, dass sie Stefan die neuen
11719   Telefonnummern gibt, denn die wechselt zur Zeit die Nummern
11720   wie die Unterwäsche, weil jedes Telefon gesperrt wird, bei

11721 diesen Unmengen an Kosten die ich ihr verursache. Muss ich

11722 wohl auch mal wieder gut machen.

11723 Letztendlich hat das mit meinem Wohnmobil noch gut geklappt

11724 und ich war praktisch abreisefertig.

11725 Zuerst hatte ich aber noch ein großes Versprechen

11726 einzulösen, ich musste nach Griechenland. Das war eine sehr

11727 schöne Reise und auch die Vorgeschichte war nicht von

11728 schlechten Eltern. Eigentlich müsste ich die Geschichte ja

11729 mit meinem gebrochenen Fuß beginnen, denn damit hat es

11730 angefangen. Themis, mein griechischer Kellner in der

11731 Riverranch hat eines Tages verkündet, dass er heiraten wird,

11732 und zwar seine langjährige Freundin und auch eine ehemalige

11733 Angestellte von mir, Emma. Emma verkörperte auch genau das,

11734 was ihr Name verspricht, bayrisches Gemüt und ein super

11735 angenehmes Wesen, das auch auf die gute alte bayrische Art

11736 durchschlagen kann, im wahrsten Sinne des Wortes. Nun, auf

11737 jeden Fall hatte Themis an dem Tag meines Unfalls seinen

11738 Junggesellenabschied mit uns gefeiert und das wurde sehr

11739 spät, auch wegen der Fahrt ins Krankenhaus und alle was eben

11740 noch so dazu gehört. Emma war natürlich stinksauer und ich

11741 habe sie damit getröstet, dass ich bei der kirchlichen

11742 Hochzeit in Griechenland dafür anwesend bin und mit dem

11743 Motorrad kommen werde. Gesagt getan, die Hochzeit war Ende

11744 April, bei uns herrschte bestes Wetter und ich startete zu

11745 meiner letzten großen Fahrt mit meiner Kawa. Auf den Hinweg

11746 fuhr ich nur bis nach Ancona und setzte dort mit der Fähre

11747 über. Nachdem ich auf der Fähre noch mein neues Handy liegen

11748 habe lassen, was mich fürchterlich geärgert hat, fuhr ich

11749 die letzten dreihundert Kilometer bis fast zur albanischen

11750 Grenze durch das griechische Gebirge und kam eine halbe
11751 Stunde vor Beginn der kirchlichen Trauung dort gesund an.
11752 Toll, hundemüde, kaum geschlafen, von den vielen Serpentinen
11753 gestresst, und dann bei Monstertemperaturen noch in eine
11754 enge Kirche stellen, mit Anzug natürlich, und dieser
11755 stundenlangen Zeremonie zusehen. Aber es war ein wirklich
11756 wunderschönes Erlebnis für mich und ich bin Themis und Emma
11757 noch heute dankbar, dass ich so etwas erleben durfte.
11758 Nachdem dann die Dorfkapelle den ersten Walzer gespielt
11759 hatte, fing der deutsche Tisch mit Uozo saufen an, den es
11760 vorsichtshalber schon als Flaschen auf den Tisch gesetzt
11761 bekam. Dann der selbstgemachte Wein, natürlich auch in der
11762 handlichen Halbliter Flasche, ohne Glas, ein sonderwürdiges
11763 und merkbares Essen, Lamm und Huhn, denke ich mal, mit am
11764 Tag vorher fertiggemachten kalten Pommes, und dann kam der
11765 Sirtaki. Bis um drei Uhr früh gab es richtig Party und es
11766 war einfach nur noch lustig und schön. Am nächsten Tag war
11767 dann die Rückreise angesagt. Ohne Brille und ohne Ohrring.
11768 Diese Angewohnheit hatte ich schon immer, dass ich Menschen,
11769 die mir sympathisch waren, alles geschenkt habe, was ihnen
11770 an mir gefallen hat. Themis sein Vater wollte meine
11771 Sonnenbrille und ist auch ganz stolz damit im Dorf
11772 herumgelaufen, und die Großmutter mit fast 90 Jahren hat mir
11773 erklärt, nachdem sie mit mir getanzt hat, dass Männer keine
11774 Ohrringe tragen, sondern nur Frauen, also habe ich ihr den
11775 gleich geschenkt und sie hat ihn in ihr leicht verschmutztes
11776 Taschentuch gewickelt und tief in ihren schwarzen langen
11777 Rock gesteckt. Alles nicht so einfach, dachte ich, aber es
11778 war nett. Leider hat es mir sehr pressiert, nachdem ja Bertl

11779 noch soviel erledigt haben wollte und ich noch die gleiche

11780 Woche den Lieferwagen nach Ibiza bringen musste.

11781 Das war dann auch so eine geniale Idee von mir: Bringe den

11782 Lieferwagen nach Ibiza und suche mir gleich eine Arbeit,

11783 fliege zurück und komme dann gleich mit dem Wohnmobil.

11784 Zuerst musste ich auf Ibiza eine Hochzeit ausrichten und für

11785 300 Leute das Essen, die Salate und das Gegrillte

11786 zubereiten, weil ein Bekannter von mir nicht in der Lage

11787 dazu war. Dafür weiß er heute, wie der weltbeste

11788 Kartoffelsalat schmeckt. Oder, Markus? Nun, und als ich mich

11789 dann gegen frühen Morgen in eine Ecke gesetzt habe, hat mich

11790 Sabine angerufen um mir zu sagen , dass es Rufus, meinen

11791 dicken Hund, der nie dick war, sehr, sehr schlecht geht und

11792 er nicht mehr von alleine aufstehen kann. Das war wie ein

11793 Schock für mich und ist es auch heute noch, denn da fiel mir

11794 erst wieder auf, wie wenig ich mich die letzten Monate

11795 eigentlich mit ihm beschäftigt habe. Aber er war die Monate

11796 zuvor einfach nicht in der Lage, lange zu gehen oder im

11797 Garten zu tollen, er war einfach 15 Jahre alt und das ist ja

11798 doch eine ganze Menge. Ich besorgte mir sofort einen Flug

11799 zurück, der leider nur über Nürnberg ging, und im Zug von

11800 Nürnberg nach München hat mich dann Birgit, eine Freundin

11801 von Sabine angerufen, dass mein Dicker gestorben ist.

11802 Einfach so gegangen, ohne noch mal mit seiner weichen Zunge

11803 über meine Hand zu fahren, ohne mich noch mal mit seinen

11804 großen braunen Augen anzusehen, ohne ein Grunzen und ohne

11805 noch einmal zum Abschied mit dem Schwanz zu wedeln, er war

11806 einfach nicht mehr da, nie mehr in meiner Nähe und nie mehr

11807 zum Streicheln und zum Erzählen. Ich habe ihm doch immer

11808 alles erzählt, alle meine Sorgen, meine Probleme und mein

11809 Glück. Meine Fehler, jeden Blödsinn den ich angestellt

11810 hatte, einfach alles. Und ich weine noch heute wenn ich

11811 daran denke, ich habe ihn einfach tief in meinem Herzen und

11812 wir hatten ausgemacht, keiner geht vor dem anderen, aber es

11813 hat ihm wohl mit mir zu lange gedauert. Machs gut, Dicker,

11814 du fehlst mir so sehr, ich hoffe ich sehe dich wieder, egal

11815 wo, und wenn es auf Wolke sieben ist, auf der wir beide oft

11816 geschwebt sind.

11817 Damit war mein Herz auch noch zerrissen und ich hatte fast

11818 alle verloren, was mir lieb und wichtig war, jetzt musste

11819 ich noch mit Bertl in die Reihe bekommen, dass ich nicht

11820 mehr da bin und auch nicht mehr seinen Laufburschen machen

11821 kann. Das war das nächste Stück, was mich richtig Nerven

11822 gekostet hat, denn der Mensch wurde zusehends ungerechter

11823 und egoistischer mit seinen Ansichten, und dachte nie

11824 darüber nach, dass ich eigentlich auch alles verloren hatte,

11825 was sich so in meinem Leben angesammelt hatte. Schließlich

11826 war es mir einfach egal und ich gab mir keine Mühe mehr auch

11827 nur irgendetwas zu tun, sodass ich mit dem guten Gefühl

11828 fahren konnte, mal wieder alles in Schutt und Asche gelegt

11829 zu haben, Schuld zu sein am Unglück aller Menschen.

11830 Bevor ich aber fahren konnte, hatte ich noch die nette

11831 Nachricht von meinem Anwalt bekommen, dass ich wegen der

11832 Sache mit Petra und dem gestohlenen Geld, eine Anklage vor

11833 dem Schöffengericht bekommen habe, was mich natürlich in

11834 Anbetracht der letzten Verhandlung nicht wirklich froh

11835 stimmte, denn ich kann mir gut ausmalen, wie die Sache wohl

11836 ausgehen wird. Eigentlich darf nichts rauskommen, aber wie

11837   soll ich das je beeinflussen? Sicher, das Wort Gericht kommt

11838   von Gerecht, aber das habe ich bis heute ganz selten so

11839   erlebt, auch wenn man vielleicht sagt, dass das immer an

11840   der Sicht des Betrachters liegen mag, generell ist einfach

11841   ein Richter auch nur ein Mensch, der sich durch die Vorgaben

11842   beeinflussen lässt. Aus dem Grund bin ich nicht ein Freund

11843   der Führungszeugnissen, denn die verleiten mit Sicherheit

11844   dazu, dass man voreingenommen an eine Sache ran geht, ich

11845   würde das wahrscheinlich auch machen. Besser wäre es

11846   allemal, alle Angeklagten würden anonym bleiben, bis zur

11847   Urteilsverkündung, und dann würde erst der richtige Name

11848   auftauchen, dann wäre keiner vorbelastet, auch nicht der

11849   Richter, die Schöffen oder der Staatsanwalt. Wenn ich mir

11850   das so vorstelle, das wäre v errückt, denn da würde ja der

11851   Prominente plötzlich keinen Bonus mehr haben und Urteile

11852   einfangen, dass ihm schlecht wird. Boris Becker lässt

11853   grüßen. Nun, das muss wohl nicht so werden, schade

11854   eigentlich, wäre sicher lustig.

11855   So, mein Wohnmobil hatte ich endlich und jetzt musste dieses

11856   Monsterschiff erst mal bepackt werden, was ich dann auch den

11857   ganzen lieben langen Abend getan habe und um neun Uhr abends

11858   war ich dann fertig zur Abreise. Micha hatte ich vorher

11859   schon verabschiedet, denn die musste in die Arbeit und hat

11860   Rotz und Wasser geheult, nur gut, dass sie wenigstens noch

11861   in der Wohnung geblieben ist, damit habe ich mir die Miete

11862   für die nächsten Monate gespart und auch sonst noch etliches

11863   an Arbeit und Ärger. Natürlich hat das wiederum Sabine

11864   überhaupt nicht gepasst, aber ich musste in diesem Fall

11865   einfach den besten Weg finden, und das war der beste Weg.

11866 Ich hatte ja Micha die Kaution für ihre Wohnung gegeben und
11867 da sie ja nun bei mir wohnte, bekam ich die Kaution zurück,
11868 was mir gut getan hat.

11869 Mein Motorrad hat Richard wieder gekauft, von dem ich es
11870 gekauft hatte und die Harley nahm die Leasing zurück, die
11871 muss noch verkauft werden. Mein Auto stand ja schon in
11872 Ibiza, das hatte ich Wochen vorher mit Chris mal
11873 runtergefahren und somit hatte ich nicht mehr viel in
11874 Rosenheim. Nur noch viele Gefühle und Menschen, die mir
11875 sicherlich fehlen würden, aber ich konnte und wollte nicht
11876 mehr zurück.

11877 Alleine ein Vorfall hat mich einfach zusätzlich noch richtig
11878 verärgert. Ich hatte einmal in das Fat Mexicana einen jungen
11879 Kerl nicht mehr reingelassen, weil er immer Ärger gemacht
11880 hat. Am nächsten Tag waren bei meinem Auto alle vier Reifen
11881 zerstochen, ich wusste sofort wer es gewesen ist und später
11882 hat sich das auch bestätigt. Als ich diesen kleinen Penner
11883 dann auf der Strasse gesehen habe, habe ich ihm ganz ruhig
11884 erklärt, was ich mit ihm mache, für den Fall, dass ich es
11885 ihm einmal nachweisen könnte. Das hat gereicht, denn ich
11886 habe eine Anzeige bekommen, wegen Bedrohung. Das muss man
11887 sich einfach mal überlegen, wie diese Polizei hinter mir her
11888 war, und ich weiß bis heute nicht, warum. Wochen später kam
11889 dann einer der jungen Typen zu mir und hat sich
11890 entschuldigt, dass er bei dieser Aktion mit dabei war. Er
11891 hätte es nicht gemacht, aber auch nicht verhindert. Gleiches
11892 hat er der Polizei dann auch gesagt, vor allem, dass es
11893 dieser kleine Penner war, den ich von Anfang an in Verdacht
11894 hatte. Jetzt bin ich mal gespannt, wie die jetzt mit der

11895 Sache weitermachen, denn bis heute habe ich nichts mehr
11896 davon gehört. Mir hat dieser kleine Vorfall aber deutlichst
11897 gezeigt, dass ich wohl auf jeden Fall aus dieser Stadt
11898 verschwinden muss.

11899 Das tat ich dann auch und der Abschied von Sabine war sehr
11900 tränenreich, vor allem von meiner Seite, denn ich habe mit
11901 dieser Frau soviel Glück gehabt, wie ich in allen anderen
11902 Dingen Pech gehabt habe und wer jetzt am Ende dieses Buches
11903 weiß, wie viel Pech und Unglück es war, der weiß auch, wie
11904 viel Glück ich mit Sabine hatte.

11905 Ich denke, dass sie es verdient hat, einmal einen Mann zu
11906 treffen, der so aussieht wie ich, der so denkt wie ich und
11907 der so redet wie ich, nur, der nur für sie alleine da ist
11908 und sie so vergöttert, wie sie es verdient hat.

11909 Ich fuhr auf jeden Fall in der Nacht noch los von Rosenheim
11910 und als ich mal nicht geweint habe, manches mal vor Wut über
11911 die Polizei und deren jahrelange Verfolgung, manches Mal vor
11912 Wehmut und Trauer über alles was ich nicht mehr hatte,
11913 manches mal wegen Sabine und manches mal wegen der
11914 bevorstehenden Einsamkeit, sah ich noch mal die Berge, die
11915 Stadt Innsbruck, wegen Marion , und so fuhr ich Stunde um
11916 Stunde immer weiter und weiter weg, bis nach Südfrankreich,
11917 wo ich ja diesen kapitalen Motorschaden hatte, und damit ist
11918 eigentlich mein Leben erzählt. Sicher fallen mir noch immer
11919 genügend Geschichten ein, aber es muss einfach einmal
11920 Schluss sein und das ist auch gut so, denn je länger man an
11921 einer Sache rührt, umso mehr wird sie zäh, das ist beim Teig
11922 nicht anders als beim Erzählen.

11923

11924 Wie ich mein Leben jetzt leben werde und ob ich noch die

11925 Kraft habe, wirklich alles hinter mir zu lassen und neu

11926 anzufangen, das weiß ich nicht, ich weiß nur, dass ich wohl

11927 Deutschland nicht mehr sehen werde, wenigstens nicht aus

11928 freien Stücken, denn die Welt ist so groß und ich bin ein so

11929 kleiner Teil davon, dass es gar nicht auffallen wird, dass

11930 ich nicht mehr da bin. Außer vielleicht der Polizei, also,

11931 denen ganz sicher.

11932

11933 Ich habe in diesem Buch einen Menschen ganz bewusst nicht

11934 erwähnt, eigentlich einen sehr lieben Menschen, der mir auch

11935 sehr viel bedeutet, der aber wohl noch nicht die Reife

11936 hatte, mit all den Gefühlen und Verwirrungen, die das Leben

11937 so bietet, umzugehen. Wenn ich Anfangs sagte, dass

11938 diejenigen die nicht erwähnt sind, es nicht wert waren, dann

11939 sei für diese eine einzige Person gesagt: Du wärst es wert,

11940 ein Buch alleine für Dich zu schreiben.

11941 In meinen Gedanken bin ich sehr oft bei Dir und wünsche Dir

11942 für dein Leben alles Liebe und Gute, ohne Engel und ohne

11943 geweihtes Wasser, das Du trinken musst, um gesund zu sein.

11944 Fang einfach zu denken an und sei dir selbst am meisten

11945 wert, dann schaffst du deinen Weg ganz sicher und ganz

11946 alleine. Hab dich lieb.

11947

11948

11949

11950

11951

11952

11953 **Epilog**

11954

11955 Ich wollte mit diesem Buch kein schriftstellerisches
11956 Meisterwerk abliefern, dazu sind gelernte Schriftsteller
11957 sicher besser geeignet. Ich wollte mit diesem Buch mir
11958 helfen, mein Leben wenigstens einmal zu verstehen und zu
11959 hinterfragen. Ich wollte mit diesem Buch niemand verletzen,
11960 obwohl das sicher der Fall sein wird, zumindest was all
11961 meine Frauen betrifft. Ich wollte mit diesem Buch nicht
11962 wichtig sein, sondern den jungen Menschen zeigen, wie es
11963 laufen kann, wenn es schief läuft. Ich wollte mit diesem
11964 Buch niemand die Schuld geben für mein Leben, obwohl ich
11965 weiß, dass an vielen Dingen meine Erziehung und meine
11966 Kindheit Schuld hat. Ich wollte mit diesem Buch kein Geld
11967 verdienen, dazu ist es zu schlecht, aber helfen wollte ich,
11968 und das wollte ich mein ganzes Leben lang. Ich wollte mit
11969 diesem Buch nicht nach Hilfe schreien, obwohl ich die
11970 sicherlich notwendig gebraucht hätte. Ich wollte mit diesem
11971 Buch nur eines: Frieden finden mit mir selbst, mein Leben
11972 aufarbeiten und dann in Ruhe den Weg zu Ende gehen, der mir
11973 vorgegeben ist - egal wohin er führt - und vielleicht gibt
11974 es eine Wiedergeburt, dann werde ich mir als Erstes dieses
11975 Buch kaufen und hoffen, dass ich nicht die gleichen Fehler
11976 mache, wie der Verfasser dieses Buches.

11977

11978

11979

11980

11981

11982

11983

11984

11985

11986

11987

11988

11989

11990

11991

11992

11993

11994

11995

11996

11997

11998

11999

12000

12001

12002

12003

12004

12005

12006

12007

12008

12009

12010

12011

12012

12013

12014

12015

12016

12017

12018

12019

12020

12021

12022

12023

12024

12025

12026

12027

12028

12029

12030

12031

12032

12033

12034

12035

12036

12037

12038

Herstellung und Verlag:
Books on Demand GmbH, Norderstedt
ISBN: 978-3-8391-8196-6